원자론의 가능성

근현대철학에서 고대적 사유의 반향

원자론의 가능성

근현대철학에서 고대적 사유의 반향

타가미 코이치 · 홍고 아사카 편

이규완 역

이 논문 또는 저서는 2020년 대한민국 교육부와 한국연구재단의 지원을 받아 수행된 연구임 (NRF-2020S1A5B5A16082201)

일러두기

1. 이 책은 아래 원서의 번역이다.
田上孝一, 本鄕朝香 編(2018)『原子論の可能性: 近現代哲学における古代的思惟の反響』. 東京: 法政大学出版局 (Tagami Koichi 1967-, Hongo Asaka 1972-)
타가미 코이치, 홍고 아사카 편. (2018)『원자론의 가능성- 근현대철학에 있어서 고대적 사유의 반향』. 도쿄: 법정대학출판국.
2. []는 논자에 의한 번역상의 보충이고, 또 **진한 글**은 논자에 의한 강조이다. ()는 인용 원텍스트에 첨부된 것을 표시한다.
3. 그리스어 개념어는 영어 알파벳으로 표기하고, 필요한 경우에 그리스어 원문을 병기하였다.
4. 한글 표기의 경우, 이를테면 무성 대기음(ph, th, ch)과 무성 무기음(p, t, c)은 동일하게 표기하였다. 또한 고유명사의 장음표기는 원칙적으로 구분하지 않았지만, 관용에 따른 경우도 있다.
5. 외래어는 외래어표기법에 따랐으나 인명 등의 독음은 원어 발음을 존중해 그에 따랐다.
6. 본문에서 인용하는 일본어역 저술들의 경우에는 인용출처와 쪽수 등의 일치를 위하여 일본어 서명과 출처를 사용하였다.

서문

타가미 코이치(田上孝一)

이 책은 원자론이 어떤 것이고, 그것이 현대에 어떠한 이론적 의미를 지니는가를 탐구하기 위하여 고대부터 현대까지 원자론을 논하였던 주요한 연구자와 원자론을 둘러싼 중요한 논점을 취해서 각 주제를 전공하는 필자들의 연구논문을 모아 하나의 책으로 만든 것이다.

　본서에서 다루는 원자론은 '아토미즘Atomism'의 번역으로, 세계는 그것 이상으로 분할될 수 없는 '원자atom'라는 최소단위로 구성되어 있다는 학설이다. 이 철학 이론은 최초 고대 그리스에서 소크라테스 이전의 철학자였던 레우키포스Leucippus와 데모크리토스Democritus가 주장하였으며, 이후에 헬레니즘 시대 철학자인 에피쿠로스Epicurus, 고대 로마의 루크레티우스Lucretius에 의해 발전되었다. 고대철학자들이 생각한 원자는 현대물리학에서 말하는 원자와 곧바로 일치하는 것은 아니지만 그것이 물질세계를 구성하는 극소의 단위라고 주장한다는 점에서 동일하며, 현대물리학과 마찬가지로 원자의 집적에 의해 물체가 구성된다는 기본적인 사고방식을 공유하고 있다. 다시 말해 고대원자론은 세계를 물질적인 원리로 설명하려는 철학이며, 그것의 전체적인 입장은 유물론이다.

그러나 그것은 원자론이 역사적 전개과정에서 반드시 유물론과 동일성을 유지하였다는 의미는 아니다. 철학자들 중에는 세계를 어떤 최소단위의 집적으로 설명하려는 원자론적 정신으로 사색한 결과, 그것의 기본요소는 오히려 물질적인 것에 있을 수 없다고 생각한 이들도 있었다. 대표적인 인물이 라이프니츠Leibniz로서, 라이프니츠는 운동하는 극미의 물질은 오히려 세계를 구성하는 근본적 원리에 상응하지 않고, 비물질적인 모나드monad가 진실한 원자atom라고 주장했다. 그리고 이 모나드론은 본래의 유물론적인 원자론과 함께 이후의 철학에 깊은 영향을 남겼다. 이것은 또한 원자론이 지닌 철학으로서의 넓은 다양성을 보여주는 것이라고 할 수 있다.

이 책은 원자론에 관련된 논집이지만 원자론 철학의 평이한 입문서는 아니다. 입문서와는 반대로 다양한 주제에 대한 전문적인 연구논문으로 구성되어 있다. 그 때문에 각 장의 내용이 예비지식이 없는 독자가 곧바로 이해할 수 있도록 서술되어 있지는 않다. 그 대신 다양한 주제에 관해서 전문적으로 깊이 있게 탐구하고자 하는 독자의 기대에 부응하는 것을 목적으로 하였다.

또한 이 책의 주안점은 고대원자론 자체에 대한 연구논문집이 아니라, 고대원자론이 근현대철학에 미친 영향을 찾아보는 데 있다. 그런 이유에서 주로 근대 이후의 철학자가 선택되었다. 또 이 책에서의 접근은 근현대의 고전적인 철학자들의 학설에 대한 해석을 통해 현대적인 현실태actuality를 시사한다는 간접적인 수단을 채택하고 있다. 그 때문에 고대원자론을 돌연 현대과학에 적용시켜 그 타당성을 묻는 것과 같은 직접적인 방법은 채택하지 않았다.

그렇다고 하더라도 원자론철학에 관한 논문집이라고 주장한다면, 독자들이 정당하게 요구하는 고대원자론과 현대물리학에 관한 장이 없다면 지나치게 불친절한 결과가 될 것이다. 그래서 이 책에서는 처음과 끝에 각각 고대원자론과 현대의 양자역학에 대한 개론적인 장을 배치하였다. 이로써 독자들이 원자론의 원래 형태와 최첨단 과학에서의 그 잔상을 확인할 수 있게 하였다.

이상의 언급을 바탕으로 각 장에 관해 간단히 언급해 두고자 한다.

제1장은 앞에서 서술한 바와 같이, 본서가 원자론에 관한 논문집이라는 의미에서 전체의 도입을 겸하여 고대원자론을 상세히 해설한다.

고대그리스철학은 일본에서도 풍부하게 연구되어 있는 분야이지만, 플라톤과 아리스토텔레스라는 주요연구대상에 비교하면 원자론에 관한 연구는 여전히 소수에 불과하다. 고대원자론을 주제로 한 전문연구서로서 단행본은 동일한 저자에 의한 2권의 저술이 있을 뿐이다(니시카와 아키라西川亮,『데모크리토스 연구』. 理想社, 1971;『고대그리스의 원자론』. 溪水社, 1995). 이와 같은 현실 가운데, 이번 장은 고대철학 연구를 전문으로 하는 집필 담당자가 데모크리토스와 에피쿠로스의 원전을 세밀하게 소개하고 분석하여 고대원자론의 주요

학설을 제시하였다. 때문에 이 장은 고대원자론에 대한 최상의 안내일 뿐만 아니라, 일본에서 그리스철학 연구의 빈틈을 메우는 역할을 하게 될 것이다. 편집자로서는 이 장이 수록된 것만으로도 이 책 출판의 의의가 크다고 생각한다.

제2장에서 다루는 가상디는 철학과 사상사 연구자에게는 매우 친숙한 이름이지만, 데카르트나 칸트라는 유명인Big Name에 비하면, 일반적으로 무명이나 마찬가지인 철학자이다. 그러나 가상디의 중요성은 누구나 아는 거장에 뒤지지 않는다.

고대원자론은 데모크리토스로부터 루크레티우스까지 크게 발전하다가 그리스도교의 중세에는 유물론적인 이단사상으로 기피되어 역사의 암흑에 묻혀 오랫동안 망각되었다. 그것은 르네상스 시기에 재발견되어 후에 재평가되었는데, 이 원자론의 재생에 크게 기여한 사람이 바로 가상디이기 때문이다.

가상디는 사제이면서 원자론자였다. 원자론의 교의와 그리스도교가 모순되지 않도록 에피쿠로스를 재해석하였지만 거기에는 자연히 무리한 점도 있었다. 독자들은 이 장을 읽음으로써 묘기라고 할 만한 가상디의 원자론 해석에서, 시대적 제약이 있음에도 불구하고 진리를 추구하여 고투하는 철학자의 진지한 자세와 노력을 볼 수 있을 것이다.

제3장에서 다루는 로크John Locke는 말할 것도 없이 영국 경험론의 대표자이다. 그러나 그것이 그가 자신의 인식론에서 지식의 원천을 전부 경험으로 환원하였다는 말은 아니다. 경험의 근저에는 물리적

인 실체가 있다는 점이 전제되어 있다. 여기에서 로크와 원자론의 관계가 생긴다. 로크는 인식의 전제라는 실체를 입자粒子적인 것으로 원자론적으로 이해했다고 할 수 있다. 로크와 원자론의 관계에 대해 본 장의 저술 담당자는 문헌연구에 기초한 현대 로크연구의 경향에서 세밀한 텍스트 해석을 제시한다.

그 해석의 타당성은 말할 것도 없이 전문연구자에게 맡겨져야 하겠지만, 할 수 있는 한 오리지널한 자료에 근거해서 철학자의 사유의 원형을 복원하려 한 담당 집필자의 노력은 철학연구에 있어 하나의 모범적 사례를 보여준다고 할 수 있다.

라이프니츠Leibniz를 다룬 제4장도 역시 모나드론에 의한 극복의 과정을 성실히 추적하여 모나르론 발상의 원천을 잘 파악할 수 있게 구성되어 있다.

앞에서 기술한 바와 같이, 라이프니츠의 모나드론이 등장함에 따라 원자론과 유물론이 필연적 연관에서 해방되어 이후 원자론적 사유의 발전에 결정적인 영향을 주게 되었다. 그런 의미에서 모나드론에 대한 이해는 원자론을 고찰하는 데 필수적이 되었다. 이 장의 신중한 해설은 모나드론에 대한 훌륭한 안내서이다.

제5장은 흄Hume과 원자론의 관계를 반목적적인 세계 설명의 문맥에 놓고 그것을 다윈주의Darwinism로 끌어들여 해석한 것으로, 원자론의 현대적인 현실태actuality를 직접적으로 내세우려고 한 의욕적인 작품이다.

흄의 원자론 그 자체의 해석이라기보다는 현대진화론과의 연결

가능성이라는 측면에 집필 담당자가 전념해서 그런지, 제2장과 같은 매우 세세한 텍스트 분석의 전제가 보이는 것은 아니지만, 독자들은 도킨스Dawkins와 데닛Dennett에 의한 현대 진화론과 관련된 현실적 관점을 흄의 에피쿠로스 해석에서 엿볼 수 있을 것이다. 이것도 역시 현대적인 철학연구의 한 가지 방법이라 하겠다.

제6장에서 다루는 칸트Emmanual Kant가 그의 주요 저서 『순수이성비판』에서 라이프니츠의 모나드론을 비판했다는 사실은 잘 알려져 있지만, 필자에 따르면 그것은 칸트 자신의 자기비판이기도 했다. 이 장에는 전비판기의 칸트가 어떻게 모나드론에 의거하고 있는지 살펴보고, 그것이 『순수이성비판』에서 어떻게 비판되었는가를 해설한다.

칸트의 라이프니츠 비판에서 주안점은 비판기 칸트가 전제하는 입장인 '코페르니쿠스적 전회'를 명료하게 드러낸다는 점과, 라이프니츠가 현상과 물자체를 구별할 수 없었다는 점에서 인식의 기본관점에 차이가 있었다. 그런 의미에서 라이프니츠는 칸트의 비판대상이고, 이전의 형이상학적 사고의 대표자라는 위치를 차지하고 있다. 이와 같은 비판은 칸트의 입장에서는 완전한 것으로 생각할 수 있겠지만, 이 장의 담당 필자는 마지막에 칸트의 비판이 실은 모나드론을 뒤집은 것이 아님을 암시하면서, 칸트의 비판을 절대시하지 않는 유보적 자세를 보인다.

제7장에서 다루는 마르크스Karl Marx로 말하자면, 그는 『자본론』의 저자로서 회자膾炙되지만, 젊었을 때 취득한 철학박사에서 그의 연구주제는 에피쿠로스였다.

에피쿠로스를 논한 젊은 마르크스의 입장은 헤겔주의로서, 의식이 존재를 규정한다는 관념론적 사고는 수년 후 자기 자신에 의해 부정된다. 하지만 피안이 아니라 차안此岸에서 이상을 추구하여 현실로부터 이상의 소외를 문제삼는 사고양식은 그의 전생애를 관통하는 주제가 되었다.

이 장에서는 마르크스 철학인 소외론을 최초로 전개한 저작으로 그의 학위논문을 놓고, 그 논문의 독창적 내용의 일단을 보여준다. 마르크스라고 하면 무엇보다도『자본론』인 건 틀림없지만,『자본론』에 국한되지 않는 이론의 풍요로움을 보여준다.

제8장의 니체Friedrich Wilhelm Nietzsche(1844-1900)와 원자론은 일반 독자뿐만 아니라 니체를 전공하지 않은 철학연구자에게도 무척 의외의 연결이 아닌가 생각될 것이다. 그렇지만 실제로 니체에게는 원자론에 대한 적지 않은 언급이 있으며, 더구나 그것이 분명히 니체의 사상형성에 있어 적지 않은 역할을 했다고 생각된다.

이 장의 집필자는 니체의 원자론 이해가 단적으로 드러난『선악의 저편』에서 해당 개소를 길게 인용하여 제시하고, 그것을 상세하게 검토하는 것으로 니체와 원자론의 관계를 분명히 하려고 한다.

원자론이라고는 하지만 니체가 긍정적으로 수용한 것은, 라이프니츠를 경우한 비유물론적인 이론으로서, 특히 보스코비치Boscovich의 질점質點, material point이론이었다.

이 질점이론의 연장선에서 니체가 도출한 것은 '주체복합체로서의 영혼'이라는 사고방식이다. 이 장의 담당자는 그것이 인간 본연의 자세를 고찰한 후에 어떤 이론적 함의를 갖는가를 니체의 비극론과 결부하여 고찰하면서 구체적으로 제시해 간다.

니체라고 하면 정형화stereotype된 통속적 해석이 널리 유통되어 비연구자에 의해서도 대중적인 책의 출판이 끊이지 않는 철학자이지만, 이 장의 니체론은 그처럼 속류화된 니체상에 대한 하나의 조용한 저항protest이 될 것이다.

제9장의 하이데거Martin Heidegger(1889-1976)도 역시, 의외로 원자론과의 연관이 보이는 철학자 가운데 한 사람이다. 더구나 하이데거는 주저『존재와 시』를 출판하기 1년 전에 행한 강의에서 고대원자론을 다루고 있어 하이데거의 원자론 이해가 주저의 기본내용과도 연관되어 있다는 것이 이 장 담당 필자의 주장이다.

하이데거가 원자론을 논하였다고는 해도, 그가 논한 것은 오로지 레우키포스와 데모크리토스로서, 원자론을 논하는 데 반드시 다루어야 할 에피쿠로스와 루크레티우스는 주제로 다루어지지 않았다. 그래서 하이데거의 원자론 해석은 통상의 문헌해석이 아니라, 논점이 하이데거 자신의 존재론적 관심에 결부된 그 나름의 '현상학적 해석'이다. 이러한 하이데거류의 원자론 해석에서는 원자론과 파르메니데스의 연관성이 통상의 철학사 이상으로 강조된다. 원자론자가 파르메니데스의 영향하에서 새로운 존재를 사유한 것이기는 하지만, 파르메니데스가 엿보았던 존재의 심연을 잘못 파악했기 때문에 하이데거 자신이 몸소 심연에 도달할 수 있다고 하는 자부심이 그에게서 감지된다.

그런 의미에서 하이데거의 원자론 해석은 원자론 연구 자체라기보다는 하이데거의 존재론 연구에 하나의 통로로써 역할을 확립한 것이다. 본 장의 하이데거 해석은 지금까지의 하이데거 연구와는 색다른 하이데거상을 보여주는 것으로써, 하이데거 연구에 하나의 파문을 일으키는 것이라 말할 수 있다.

지금까지 각 장에서는 오직 서양에서 원자론의 전개를 추적했을 뿐이지만, 제10장에는 이 같은 원자론이 일본에서는 어떻게 수용되었는지를 이노우에 엔료井上円了, 이노우에 테츠지로井上哲次郎, 키요자와 만시清沢満之라는 3인의 메이지시대 철학자를 선택하여, 명확하게 밝히려 한다.

메이지시대 철학자들의 공통적인 전제는 그들이 과학철학적인 관심으로부터 원자론에 접근한 것이 아니라, 그들 나름의 형이상학적인 철학체계를 수립하기 위한 요소로써 원자론을 수입하려 했다는 점에 있다. 또한 메이지시대 철학사 이해의 다수는 헤겔주의자인 슈베글러Friedrich Schwegler(1819-1857)의 철학사에 의거하고 있으며, 그곳에는 자연히 각 철학자에 대한 인식에 적절하지 않은 바이어스bias가 걸려 있었다.

그와 같은 연구조건의 제약으로 인해 초기 원자론 수용은 학설에 대한 정확한 이해에 근거하여 이루어졌다고 말하기는 어렵다. 이런 의미에서 메이지시대 철학자의 저작으로부터 원자론연구 그 자체로서 유의미한 내용을 도출할 수는 없다. 그러나 그 시기 철학자는 현재 철학연구자들 다수가 잊어버리기 쉬운, 독자적인 철학체계를 수립하려는 의욕에 충만해 있었다. 그렇기 때문에 그들의 철학사 이해 자체는 지금으로 친다면 빈약한 점이 있지만, 선대 철학자들의 학설을 자신의 철학을 위한 자양분으로 삼고자 하는 의지가 높았다는 점에서 현대의 철학자들도 배울 점이 많지 않을까 생각한다.

마지막 장에서는 앞에서 서술한 바와 같이, 이제까지 각 장이 채택하였던 고전적인 철학자의 학설에 대한 검토를 통해 원자론의 현실태actuality를 보여준다는 간접적인 방법에 대하여 직접적으로 현대 과학에서 원자론이 어떤 위치를 점하고 있는가라는 질문에 대해 고찰한다.

이 장에서는 현대 양자역학의 소립자가 원자론적인 사고구조로서 이해될 수 있는가라는 문제를 '소립자가 씨알같은 미세한 입자에 비교되는 입자인가?'라는 논점으로 좁혀서 검토한다. 이 장에서는 물리학과 과학철학을 전공하지 않는 독자들도 이해할 수 있도록 수학 공식의 사용을 금하고, 알기 쉬운 도표와 비유를 사용하는 방법으로 주의 깊게 해설해 나간다. 본 장 담당 필자의 결론은 확실히 입자라고도 아니라고도 말할 수 없는, 뭔가 맺고 끊는 맛이 없는 것이지만, 이것은 담당 필자의 인식 부족 때문이 아니고 현대 물리학이 들여다본 마이크로한 물질세계의 불가사의한 측면을 진솔하게 표명한 성실한 대답이라고 받아들여야 할 것이다.

이와 같이 각 장을 돌이켜 볼 때, 그곳에 많은 결락과 부족한 점을 어쨌든 통감하지 않을 수 없다. 로크Locke는 포함되어 있는데, '데카르트Descartes와 홉스Hobbes를 다룬 장이 없는 이유는 무엇인가?'라는 비판은 그대로 받아들일 수밖에 없다.

편집자로서 아쉬운 점은 비서양 원자론의 전통을 검토할 수 없었다는 것이다. 고대 인도에서 원자론과 특히 이슬람에서 원자론에 관해 해설한 장을 게재하고 싶었지만, 편집자의 역부족으로 인해 뜻을 이룰 수 없었다. 이후 비슷한 책을 다시 간행할 기회가 주어질지는 알 수 없지만, 만약 할 수 있다면 이번보다는 더 완성된 저작을 만들어 보고픈 생각이다.

불완전함은 말할 것도 없이 잘 알고 있지만, 이와 같이 원자론을 중심 테마main theme로 한 하나의 큰 주제로 모은 전문 논문집은 세계적으로도 유례가 드문 시도이다. 따라서 이 책의 간행이 이후 철학연구의 발전에 조금이라도 기여할 수 있지 않을까, 집필자 일동은 믿고 있다. 본서에 대하여 식자들의 비판적인 검토를 기다린다.

지금까지 많은 편저를 출간하였던 경험으로부터 편집자의 출판에 우여곡절이 있다는 점은 익히 알고 있었지만, 그럼에도 본서의 출간은 무척이나 어려운 작업이었다.

본서의 기획이 언제부터 시작되었는지는 지금도 정확히 기억이 나지 않는다. 편집자 2인은 지금까지 두 권의 책을 공저로 출간하였는데(田上孝一, 黑木朋興 助川行逸朗 편. 『「인간」의 계보학』. 동해대학출판회, 2008년; 西田照見, 田上孝一 편. 『현대문명의 철학적 고찰』. 사회비평사. 2010년), 두 책의 출판 직후에 가진 술자리에서 홍고 아사카 本鄕朝香 씨가 원자론을 테마로 한 책이 있으면 좋겠다는 말을 했다면 그것이 시작이 아니었을까 생각한다. 홍고 아사카 씨의 제안에 내가 호응하여 그렇다면 2인으로 원자론집을 출간하자고 말하였다.

그렇게 말했다고 해서 실제 진정으로 실현되리라고는 믿었던 것은 아니다. 그 이유는 어떻게 책을 구성하든 원자론 논문집을 만든다면 고대 그리스와 현대물리학의 해설은 필수적이고, 이 두 가지 주제의 장에 적당한 집필자가 쉽게 찾아질 것이라고 생각할 수 없었기 때문이다.

그런데 묘한 일로 인해 그 두 주제도 최적의 필자를 찾아 술자리에서 즉흥적인 생각이 돌연 현실성을 띨 수 있게 되었다. 또한 출판사 선정도, 내친김에 출판한다면 명문 출판사에서 출판하는 것으로 멋대로 마음먹고 있던 차에 이것도 법정대학 출판국이 떠맡아 주기로 하였다. 망상이 현실이 되고 만 것이다.

이와 같이 뜻밖의 호조건에 힘입어 본서의 출판이 기획되었지만, 그 후에는 '나올 원고는 곧 바로 나오지만, 나오지 않을 원고는 지금까지도 나오지 않는다'는 상투어에 해당하는 케이스도 발생하여 진행은 더디고 느렸다. 그간에 어떤 장은 집필자가 교체되는 사태도 있었고 너무 늦어지기도 하여, 그런 경우에 익숙해진 나로서도 이번에는 흘러가는 대로 체념하였다. 집필자 가운데에는 글을 망쳤다고 잘못 생각한 분들도 적지 않았다.

이와 같은 사태가 구제된 것은 전적으로 법정대학 출판국의 코우마 마사토시郷間雅俊의 덕택이었다. 코우마 마사토시는 우리 편찬자가 이 책의 출판을 타진한 때부터 5년 이상의 장기간에 걸쳐서 참을성

있게 줄곧 기다려 주었다. 그 결과 편찬자 자신은 거의 체념하려 하고 있었는데도, 원고 전부의 모집이 실제 당초의 계획대로 진행되어 한 장도 누락 없이 출판될 수 있었다. 뒤돌아 보면, 8년이 넘는 계획이 실현된 것이다. 또한 코우마 마사토시는 이 고도로 전문적인 논문집에 대하여 솜씨 좋게 편집작업을 인도해 주었다. 만약 다른 출판사였다면, 과연 생각한 바와 같이 이 책이 햇빛을 볼 수 있었을까 의심된다. 이제 여기에서 코우마 마사토시 선생에 대해 편찬자와 집필자 일동은 다시 한번 깊은 감사의 인사를 드린다.

차례

제1장

고대원자론

데모크리토스와 에피쿠로스,
2인의 원자론 차이에 대하여

/

카나자와 오사무(金澤 修)

제1장
고대원자론
데모크리토스와 에피쿠로스, 2인의 원자론 차이에 대하여

카나자와 오사무(金澤 修)

들어가며

이 장의 목적은 후대에 「고대원자론」으로 정립된 사상에 대하여 자연철학적 관점을 중심으로 살펴보는 것이다. 그렇지만 간단한 개론은 아니고, 근세 특히 가상디 등이 원자론을 '부활'시켰던[1] 때에, 빈번히 「고대원자론」으로 일괄되었던 레우키포스와 데모크리토스의 원자론과 에피쿠로스 원자론의 차이를 묘사하는 것이다. 그러므로 안

---

[1] 저작의 제목에서 알 수 있는 바와 같이, 가상디는 에피쿠로스학파의 원자론을 중시하고 있다. 가상디의 원자론에 관해서는 다음 장을 참조하기 바란다. 또한 유럽에 재도입된 원자론의 영국철학에서 전개에 관해서는 로크의 우주관과 원자론을 다룬 제3장을, 그것에 연결된 계보로 다루어진 흄에 관해서는 제4장을, 또 대륙에서 원자론의 전개로서 라이프니츠의 문제에 관해서는 제5장을, 칸트 사상과의 관계에 관해서는 제6장을 참조하기 바란다.

타깝지만 이번 장에서는 원자론적 자연관을 기반으로 전개된 각각 매력이 넘치는 인간론과 윤리학적 관점에 대해서는, 아주 조금밖에 언급하지 않는다. 그와 동시에 근현대의 과학사적인 관점에서의 비교에 기초한 고대원자론적 세계관에 대한 평가나 고찰도 아쉽지만 다룰 수 없었다.[2]

제1절에는 '소크라테스 이전의 철학자'에 포함되는 레우키포스와 데모크리토스를 다루고, 그들의 생애에 관한 전승과 저작에 대해 언급한다. 이 두 사람을 하나의 그룹으로 분류하는 이유는 본문에서 제시하였다. 그다음 후대의 증언에 기초하여 사상내용을 재구성하였다. 그것은 '고대원자론'의 기본적 구조를 확인하는 작업이다. 그에 기반하여 선행하는 철학자들과 그들의 주장이 어떻게 관련되어 있는지를 검토한다. 그곳에서 목적은 그들이 원자론을 성립하였던 목적과 배경을 철학사의 틀 안에서 고찰하는 것이다.

제2절에서는 헬레니즘 시대로 초점을 이동하여, 에피쿠로스의 원자론을 검토한다. 이곳에서는 먼저 에피쿠로스의 생애와 주요한 교설을 개관한다. 고대철학을 검토할 때에 적잖이 따라다니는 자료적

---

2   레우키포스와 데모크리토스, 그리고 에피쿠로스의 원자론에서 운동개념의 차이점, 그것에 의해 묘사된 우주론의 전체상의 차이, 또한 윤리학과의 관계에 관해서 마르크스는 학위논문에서 다루고 있다. 그 점에 대해서는 이 책 제7장을 참조하기 바란다. 니체가 원자론을 어떻게 다루었는가에 관한 흥미깊은 문제에 관해서는 제8장을, 다시 하이데거에 의해 행해진 고대원자론에 대한 현상학적 해석에 관해서는 제9장을 참고하기 바란다. 가상디에 의해 유럽에 재도입된 원자론이, 유럽사상을 도입한 메이지유신에서 어떻게 다루어졌는가에 대한 문제에 관해서는 제10장을, 물질과 현상을 어떻게 이해할 것인가, 현대 최첨단의 물리학의 문제에 관해서는 제11장을 참조하기 바란다.

제약에 관해서는 각각 기회가 있을 때마다 다루겠지만, 특히 에피쿠로스의 주장을 이해하기 위해서 로마시대의 시인철학자였던 루크레티우스를 인용한다. 왜냐하면 루크레티우스의 철학시詩에는, 자연학과 윤리학을 연결하는 다리 역할에도 불구하고, 에피쿠로스 자신의 자료에서는 사라져 버린 '원자의 비낌'이라는 중요한 개념이 전해지고 있기 때문이다. 이것에 주목하는 이유는 바로 그것이 데모크리토스와 가장 상이한 지점이기 때문이다.

또한 그리스어와 라틴어 원문의 번역을 제시한 곳에서, [ ]는 논자에 의한 번역상의 보충이고, 또 **진한 글**은 논자에 의한 강조이다. ( )는 인용 원텍스트에 첨부된 것을 표시한다. 이들 일련의 텍스트와 문헌을 취급할 때 사용하는 약호와 표기방법에 관해서는 이 장의 말미에 있는 참고문헌표를 참조하기 바란다. 또 본문과 각주에는 개념의 그리스어 발음을 한글과 영어알파벳으로 표기하였다. 한글표기의 경우에 이를테면 무성 대기음(ph, th, ch)과 무성 무기음(p, t, c)은 동일하게 표기하였다. 또한 고유명사의 장음표기는 원칙적으로 구분하지 않았지만, 관용에 따른 경우도 있다. 한글과 영어 알파벳 표기에서 원칙적으로 관사의 표기는 생략하였지만, 필요한 경우에는 드러내 표기하였다. 라틴어는 특히 발음에 주의가 필요한 경우를 제외하고는 발음표기를 하지 않았다.

1
레우키포스와 데모크리토스

1) 레우키포스와 데모크리토스의 생애와 저작

여러 가지 전설이 있기는 하지만,[3] 레우키포스와 데모크리토스가 고대 그리스철학에서 원자론의 창시자라는 사실에는 의심의 여지가 없다. 그렇지만 이 두 사람을 논하는 데 있어 무엇보다 자료적 제약이 존재한다는 사실을 확인해 두어야 한다.

그들의 작품이 전부 소실되었기 때문에 그들의 주장은 아리스토텔레스를 비롯하여 후대 인물에 의한 단편과 증언에 기초하여 재구성하지 않을 수 없기 때문이다. 요컨대 우리는 단편과 인용을 전하는 자들의 사상적 필터를 통해서만 그들의 교설에 접근할 수 있다. 환언하면, 그런 이유로 인해 항상 유보적인 자세를 취할 필요가 있다. 이런 판단을 전제로 해서, 먼저 그들의 생존연대에 관해 살펴보겠다.

레우키포스의 전체 삶에 관해서는 아리스토텔레스의 시대에도 이미 불투명하였던 것 같다. 후대가 되어 그의 존재를 부정했다고 추정되는 에피쿠로스의 증언이야 어떠하든,[4] 『지성에 관하여Peri nou』의

---

3   섹스투스 엠피리쿠스(Sextus Empiricus)에 따르면(『학자들에 대한 논박』 IX. 363), 스토아학파는 원자론의 창시자를 페니키아인(Phoenician)인 모쿠스(Mochus, mokōs)에게 돌리고 있다. 이 인물은 스트라보에 의하면(『지리지(地理誌)』 XVI. p.757= DK67.A55), 트로이전쟁 이전의 시돈 출신이라고 한다. 이것과 유사한 기록이 4세기 신플라톤주의 철학자 이암블리쿠스(Iamblichus, ca. 242-ca. 325)의 『피타고라스적인 삶』 14절 등에서도 발견된다. 그렇지만 현대의 철학계에서는 이 기록을 사실로 받아들이지는 않는다.

단편이 남아 있는 이상[5] 확실히 실존했었다는 것이 일반적인 견해이다. 생애에 관해서는 제논Zenon에게[6] 혹은 파르메니데스에게 사사하였다는 증언이 있다.[7] 그렇지만 그것은 사실을 반영한 것이라기보다, 그들의 원자론이 엘레아Elea학파의 교설과 관련 속에서 만들어졌다고 해석하는 후대의 철학사적 관점으로부터 산출되었다고 생각된다.

출신지는 밀레토스Miletos일 가능성이 높다고 생각되지만, DL.IX.30 (=DK67.A1)과 DK67.A8 등 복수의 증언에는 엘레아 또는 밀레토스라고 한다. 여기에서도 엘레아학파와의 접점을 찾으려는 후대의 의도를 상정해야 할 것이다. 생년에 관해서는 서기전 5세기 중반(440년

---

4   DL.X.13.
"[에우릴로쿠스(Eurylochus)에게 부친 편지에서] 레우키포스 등이라고 하는 철학자가 존재했다는 점을, 에피쿠로스 자신도, 또한 [그를 계승한] 헤르마르코스(Hermarkhos, ca. 325~ca. 250BC)도 부정한다."
이 증언에 관해서 버넷(Burnet, 480)은 "레우키포스라는 인물이 실존했었는지 아닌지는 알 수 없다"는 직설적인 표현에 관해서, 그것은 존재 자체의 부정이 아니라 '그의 주장이 논할 가치가 없다'는 취지의 발언이었을 가능성을 지적하였다.
5   아에티우스의 『학설지』 I.25.4(=DG, p.321)에 단편이 남아있다. 또한 DL.IX. 46(=DK67.A33)에는 데모크리토스에 돌려지는 『대우주체계』라는 작품을, 테오프라스투스(Theophrastus, 371~287 BCE)에 의하면, 레우키포스가 저술했다고 한다.
6   DL. IX. 30. (=DK67.A1)
"레우키포스는 엘레아인이다. 그렇지만 그를 압데라인이라고 하는 사람도, 밀레토스인이라고 하는 사람도 있다. 그는 제논에게서 수학하였다."
7   심플리키우스의 『아리스토텔레스의 자연학 주해』 28.4(=테오프라스투스의 『자연에 관한 견해』「단편」(=DG. p.483=DK67.A8)
"이 레우키포스는 엘레아인 또는 밀레토스인으로(사실 그에 관해서는 양쪽 다 전해지고 있다) 파르메니데스와 철학에 관해 교류하였다."

경)이 그의 '한창 때'[8]였다는 증언에 기반하여, 서기전 480년경 정도로 연구자들은 추정하고 있다.[9] 그러나 이러한 추정도 타인의 생존연대로부터 추산에 불과하다.

레우키포스의 학설은 출신지와 출생년도 이상으로 불확실하다. 그의 학설이 데모크리토스와 어떤 점에서 차이가 나는지, 혹은 데모크리토스는 레우키포스의 주장을 어느 정도 발전시켰는지에 대해 자료적 관점에서 엄밀하게 판별하기는 어렵다고 생각된다. 실제 아리스토텔레스는 『형이상학』 제1권 제4장 서론의 거의 모든 인용문에서 양자의 학설을 구별없이 취급하고 있기 때문이다.[10] 이 장에서는 이런 방식을 따라서 레우키포스의 학설을 데모크리토스와 구분 없이 취급하려고 한다.

이제 데모크리토스의 생애에 관해 살펴보고자 한다. 디오게네스 라에르티우스Diogenes Laërtius에 의하면[11] 데모크리토스의 출생은 서기

---

8   고전 그리스에서는 인생의 절정을 40세로 보고, 그것을 근거로 출생을 추정하는 경우가 흔하다.

9   베일리에 의하면(p.66) 아마도 430년 전후에 40세 정도로, 따라서 서기전 470년 이전에 출생한 것이 된다. 그러나 이 주장에 반대하는 의견이 많아서, 일반적인 견해로는 받아들여지지 않고 있다.

10   레우키포스가 『대우주체계』를 데모크리토스가 『소우주체계』를 저술하였다고 일반적으로 인정되고 있지만, 내용적인 차이는 명확하지 않다. 다만 DK는 (p.80) 아리스토텔레스와 테오프라스투스는 양자의 저작을 구별하고 있지만, 그것은 양자의 활동지역인 마케도니아와 앗소스에서 레우키포스 등의 압데라학파와의 접촉을 통해 무언가 정보를 획득하였기 때문일 것으로 추측한다. KRS에 의하면, 테오프라스투스의 『감각에 관하여』 「단편」(=DK68.A135 이하)에는 데모크리토스를 단독으로 다루고 있으며, 그런 한에서 양자의 학설을 구분하고 있다고 하는데, 아마도 이것이 그 사례일 것이다.

전 470년부터 460년 전후로 보인다. 매우 장수하여 109세에 사망하였다는 일화가 있는데,[12] 그에 따르면 사망한 때는 서기전 360년부터 350년 전후가 된다. 결국 데모크리토스는 제논(500년 혹은 490년경 출생)이나, 아낙사고라스(ca. 500-420 BCE), 엠페도클레스(ca. 490-430 BCE)보다 한 세대 정도 후에 출생하였고, 소크라테스(ca. 470/69-399 BCE)와 동시대의 인물이 된다. 그런 범위 안에서 원자론자가 활동한 시기는 파르메니데스나 제논 등에 의한 초기 자연철학자 비판 이후에 위치하게 된다.

그의 관심은 광범위하였고, 저작은 자연학, 수학, 음악부터 윤리학 등의 영역에 걸쳐 매우 다작을 지은 것으로 전하고 있다. 플라톤의 저작을 4부작으로 편찬했던 트라쉴루스Thrasyllus는 데모크리토스의 작품 52편도 13편의 4부작으로 구성되어 있었다고 전한다.[13] 그렇

11　DL.IX.41(= DK68.A1)
　　연대 문제에 있어서는, 그(데모크리토스) 자신이 『소우주체계』라는 책 가운데 기술하고 있는 바와 같이 아낙사고라스가 노년이었던 때 그는 아직 젊어서 아낙사고라스보다 40세 연하였다고 한다. [...] 그렇다면 아폴로도루스(Apollodorus)가 『연대기』에서 주장한 바와 같이, 데모크리토스는 제80회 올림픽 기간(460-457 BCE)에 출생하였을 것이다. 그러나 트라쉴루스(Thrasyllus of Mendes, ca.-36CE)가 『데모크리토스를 읽기 위하여』라는 제목의 저술에서 주장한 바와 같이, 제77회 올림픽 기간의 3년째(470-469 BCE)에 출생하였다면, 그가 말한 것처럼 소크라테스보다 한 살 연상이 될 것이다. 그렇다면 데모크리토스는 아낙사고라스의 제자인 아르켈라우스(Archelaus)나, 오이노피테스(Oenopides of Chios, ca. 490-420 BCE) 학파의 사람들과 같은 연대가 될 것이다. 실제로 데모크리토스는 오이노피테스에 관해서 언급하고 있다.

12　DL.IX.43(= DK68.A.1)

13　DL.IX.43(= DK68.A33). 그렇지만 전부가 원작이라고는 생각하지 않는다.

지만 유감스럽게도 이하에서 검토할 자연학에 관한 직접적인 단편은 남아 있지 않다. 인용문에 많은 단편이 남아 있는 것은 오히려 윤리학에 관한 교설이며, 그것 역시 하나의 온전한 저술로 남아 있는 것은 없다.

2) 레우키포스와 데모크리토스의 원자론

A. 원자의 기본적 성격

그들의 원자론에서 주요 교설을 살펴보도록 하겠다. 그들은 물체의 궁극으로서 '그 이상 분할이 불가능한 것'을 상정하였다는 사실은 잘 알려져 있다. 일반적으로 알려져 있는 것처럼, '원자'를 의미하는 '아톰atomon, τὸ ἄτομον', '아토모스atomos, ἡ ἄτομος'14는 그리스어에 따르면, '분할(동사, temnō, 동사 tomē)을 허용하지 않는 것'이다. 아리스토텔레스의 저술이 그것을 보여준다.

> 아리스토텔레스 『형이상학』 제7권 12장 1039A9. (+ DK67.A42)
> 실제로 (데모크리토스는 정당하게도) 두 개의 사물로부터 하나의 사물이 생성하는 것도, 하나의 사물로부터 두 가지 사물이 생성하는 것도 불가능하다고 주장하고 있다. 참으로, 그는 **분할 불가능하고 크기를 갖는 것**을 '존재하는 것'과 동일시하기 때문이다.

---

14   to atomon은 중성형이고, 이후에는 '물체(sōma)' 또는 '모양(ideā)'이 생략된 것으로 생각된다. 또한 hē atomos는 여성형이므로 '형태(ideā)' 등과 접속된다.

이하에는 원자의 기본적인 성격이 제시되어 있다. 그에 따르면, 원자는 우리의 감각에 의해서는 지각되지 않을 정도로 작은 것으로 여겨진다.

> 심플리키우스 『아리스토텔레스 천체론 주석』 294.33. (= DK68.A3)]
> 아리스토텔레스의 『데모크리토스에 관하여』로부터 인용한 것에서 그들의 생각이 명확해질 것이다. 데모크리토스가 생각하고 있었던 것은 다음과 같다. '영원한 것'은 미세한 존재로서 수량으로는 무한하다. 그들과 별개의 것으로 크기에 있어서 무한한 '장소'를 상정하고 있다. 그는 그 장소를 '허공to kenon' 또는 '무제한인 것to aperion'이라고 칭하고, 존재하는 것의 각각을 '사물to den'15이나 '단단한 것to nastos'이나 '있는 것to on'이라 한다. **이들 존재하는 것은 매우 작아서 우리의 감각을 벗어나는 정도**라고 데모크리토스는 생각하였다.

확실히 아리스토텔레스의 증언에 기초하면 원자는 분할할 수 없는 것으로, 그것이 원자의 가장 기본적인 성격이라고 데모크리토스가 생각했다는 점을 알 수 있다. 더욱이 원자가 작다고 여겨졌다는 사실도 심플리키우스에 의해 알려진 것이다. 그러나 그것들만으로는 원자의 불가분할성이 그것의 작음에 기반한 것인지는 분명하지

---

15 '것(to den)'이란 '있지 않은 것(to ouden)', 즉 '존재하지 않는 것'에서 부정에 해당하는 ou(ū)를 제거함으로써, 그것이 존재하는 것이라는 점을 표시하려고 했으며, 중성단수명사이다. 따라서 '있지 않은 것'과 대조적으로 사용되고 있기 때문에 단어의 뜻에서는 '있는 것'을 의미하지만, 파르메니데스를 따라 여기에는 to on을 '있는 것'으로 하고, to den을 '것, 사물'로 번역하였다.

않다. 환언하면 불가분할성의 이유는 (1) 단지 작기 때문에 실제로 분할할 수 없는 것인가? (2) 분할될 부분을 갖지 않기 때문에, 이론적으로 분할할 수 없는 것인가? (3) 아니면 어떤 본성에 의한 것인가? 등이 반드시 명확한 것은 아니다. 우선 (1) '작기 때문에 분할할 수 없다'는 갈레누스Claudius Galenus의 증언을 보도록 하자.

> 갈레누스 『히포크라테스에 의한 스토이케이아Stoicheia에 관하여』 I.2.
> (=DK68.A49)
> 제1의 물체가 비수동적이라는 것을 상정하는 사람들이 있고, 그 동안에 그것이 파괴되지 않은 것은 그것의 견고함에 의해서라고 주장하는 사람도 있다. 이것이 에피쿠로스학파이다. 또 **'작기 때문에 그것들이 분할되지 않는다'고 주장하는 사람**도 있다. 이것이 레우키포스학파이다.

이것에 따르면 비수동적이라는 점, 환언하면 원자가 분할작용을 받지 않는다는 것에 관해, 에피쿠로스학파가 이유를 '견고함(단단함)'에서 구하는 것에 비해 레우키포스학파는 '작음'이 그 원인이라고 말했다는 것이다.

그렇지만 앞에서 기술한 아에티우스에서는 불가분할성과 작음의 관계에 의심을 던지는 증언이 존재한다. 즉 그들이 '우주와 동일한 정도로 큰 원자'를 상정하였다는 점이다.

아에티우스『학설지』I.12.6. (= DG.p.311 = DK68.A47)

데모크리토스는..... 우주와 동일한 정도로 큰 제1물체도 존재할 수 있다고 주장하였다.

에우세비우스Eusebius에 의해 보존된 할리카르낫소스Halikarnassos의 디오니소스Dionysos(=DK68.A43)에도 불가분할성이 견고함 때문이라는 주장과 동시에, 크기를 갖는 원자의 존재를 데모크리토스가 기술하였다는 점, 그리고 그것이 에피쿠로스 원자론과의 상이점이라는 증언이 확인된다. 만약 그 정도 크기의 원자를 데모크리토스가 상정했다고 한다면, 분할 불가능한 이유를 원자의 크기에서 구할 수는 없을 것이다.

더욱이 아에티우스에는 분할이 진행하지 않는 이유를 (2) 원자에서 부분의 유무와 관련짓는 서술이 있다.

아에티우스『학설지』I.16.2. (=DG. p.315 = DK68.A48)

불가분한 것hē atomos을 주장한 사람들은, 부분을 가지지 않은 것에 대해 그것이 무한한 분할로 향하지 않는다고 생각한다.

원자에 부분이 없음을 증언하는 이 인용문은, 분할불가능한 원자는 생성소멸을 벗어나 있기 때문에 '영원한 것'이라고 규정하는 DK68.A37과 호응한다. 확실히 부분이 없는 것이라면 분할은 이론적으로 불가능하게 된다.

더욱이 심플리키우스는 이하와 같은 기록을 남겼다.

심플리키우스 『아리스토텔레스 「자연학」 주해』 925.10 (= DK67.A13)

.... 레우키포스와 데모크리토스는 제1물체 '원자'가 분할될 수 없는 이유는 비수동성뿐만이 아니고, 그들이 작은 부분을 갖지 않기 때문이라고 생각한다. 단지 후대에 에피쿠로스는 그들이 부분을 갖지 않는다고는 하지 않고, 비수동성이기 때문에 그것들이 분할될 수 없는 것이라고 하였다.

이곳에서는 원자의 비수동성이 무한분할이 불가능한 근거로 되어 있는데, 이것은 (3) 원자의 본성에 의한 설명이라고 이해될 수 있다. 단지 여기에는 작음이 비수동성과 부분을 갖지 않음과 함께 분할이 불가능한 이유로 거론되며, 그런 점에서 각각의 이론이 병기되어 있다고 할 수 있다. 그렇지만 앞의 아리스토텔레스 증언에서 원자는 '크기를 갖는 것'이었다. 크기를 갖는 것이라면 기하학적으로는 분할 가능함에도 불구하고, 분할 불가능하다는 점을 고려하면, 원자의 작음 그 자체는 불가분할성의 이유가 될 수는 없다.

또한 원자의 비수동성을 앞에서 언급한 바와 같이 '애초에 원자에는 부분이 없고, 그렇기 때문에 분할작용을 벗어난 것'이라고 이해한다면, (2)와 (3)은 동일한 사태를 다른 표현으로 서술한 것으로서 필요충분조건의 관계가 된다고 말할 수 있을 것이다. 그렇다면 작음은 오히려 필요조건의 하나에 불과하고, 앞에서 우주 크기의 원자의 불가분할성 문제는 오히려 원자 자신의 본성을 묘사하기 위해서 주장된 것으로 추측할 수 있다.

그렇다면 원자의 무게에 대해서는 어떻게 생각되었을까? 실제로

이 문제에 관해서는 서로 모순되는 자료가 존재해서 연구자를 당혹하게 한다. 우선 아리스토텔레스와 계속하여 테오프라스투스Theophrastos의 언급을 살펴보도록 하겠다.

> 아리스토텔레스 『생성소멸론』 제1권 제8장 326a9 (DK68.A60)
> 다만 데모크리토스는 '다양한 원자의 크기가' 초과함에 따라서 원자는 무거워진다고 주장하였다.

> 테오프라스투스 『감각에 관하여』 단편61절 (= DK68.A135)
> 그런데 데모크리토스는 원자가 무거운가 가벼운가를 크기에 의해서 결정하였다. .... 그렇지만, '합성체'에 대해서는 허공을 더 많이 포함하고 있으면 보다 가볍고, 허공이 더 적으면 보다 무겁다고 몇몇 개소에서 기술하였다. 그러나 그는 다른 곳에서는 단순히 희박한 것이 가볍다고 기술하였다.

테오프라스투스의 증언에서 '합성체'라는 것은 이후에 보는 바와 같이 원자와 허공으로 구성된 구성체로 일반적인 의미에서의 물체라고 생각해도 좋을 것이다. 또한 '단지 희박한 것'이 불火에 관한 것을 말한다면,16 데모크리토스는 원자에 무게를 인정했다고 생각해도

---

16 아리스토텔레스 『천체론』 제3권, 제4장 303a12(=DK67.A15)에서 불의 원자가 구형이라는 기술과 심플리키우스 『아리스토텔레스 「천체론」 주해』 712.27 (= DK68.A61)에서 불이 상대적으로 가볍다고 하는 서술로부터 그처럼 상정할 수 있다.

좋을 것이다. 그러나 그것을 부정하는 이하의 기술도 존재한다.

아에티우스 『학설지』 I.12. (= DG.p.311 = DK68.A47)
데모크리토스는 제1물체는 '단단한 고체nastos'이지만, 그것에 무게
는 없고, 상호 충돌에 의해 무한한 공간에서 운동한다고 주장했다.

바로 앞의 인용문과 정합성에 관해서 몇 가지 해석이 있지만, 주
로 아리스토텔레스나 데모크리토스의 증언이 풍부한 자료를 포함하
고 있는 것으로 인정받고 있으므로, 이곳의 데모크리토스에 관한 아
에티우스의 증언이 직전의 에피쿠로스에 관한 고찰과의 대비를 통
해 이루어지고 있는 점을 고려한다면, 그의 증언과는 반대로 원자는
무게를 가지고 있다고 데모크리토스가 생각했다고 해야 할 것이다.
왜냐하면, 에피쿠로스 원자운동의 경우 원자가 가진 무게에 의해 '아
래로' 운동하지만 데모크리토스에는 그런 언급이 없다는 사실로부터
아에티우스가 원자에는 낙하운동을 일으키는 무게가 없다고 무리한
비약을 범하였기 때문에 그와 같이 기술하였다고 추측되기 때문이
다.[17]

B. 허공의 존재

사물의 구성요소인 불가분할한 원자는 앞에서 인용한 DK67.A42에
보이는 바와 같이 몇 가지 다른 호칭을 가지고 있다. 그렇지만 그것

---

17   KRS가 시사하는 바에 근거하고 있다(p.530).

만이 세계를 구성하는 원리는 아니다. 원자가 운동하는 '장소'가 필요하다고 데모크리토스 등은 생각하였다. 이 원리도 허공을 비롯한 수많은 이름으로 불리고 있지만, 이것들을 포함해서 레우키포스와 데모크리토스 원자론의 골자를 전하고 있는 아리스토텔레스의 증언을 보도록 하자.

> 아리스토텔레스 『형이상학』 제1권 제4장 985b4. (= DK67.A6)
> 레우키포스와 그의 벗 데모크리토스는 '충실체to plēres'와 '허공to kenon'이 사물의 요소라고 주장하고, 그 위에 충실체를 '있는 것to on', 허공을 '있지 않은 것to mēon'이라고 했다. 여기에서 가득 차고 단단한 것을 '있는 것'이라 하고, 공허"해서 희박한 것"을 '있지 않은 것'이라고 했다(그러므로 그들은, '있는 것'이 '있지 않은 것'과 동등한 정도로 '있다'고 하는 것이다. 왜냐하면 '허공'은 '물체'에 못지않게 '있는' 것이기 때문이라고 주장했다). 그런 점에서 그것들을 존재하는 것에 대한 소재로서의 원인이라고 한다. [존재하는 것의] 기저에 있는 실체를 하나로 해서, 그 실체의 양태에 따라 다양한 존재가 생성한다. 따라서 희박과 조밀이 이러한 양태의 원리라고 하는 사람들과 같이,[18] 그들도 그것과 같은 방식으로 [충실체의] 차이가 다양한 존재의 원인이라고 주장했다. 그리고 그들은 그 차이가 세 가지라고 주장한다.
> 다시 말해, '형태schēma', '배열taxis', '위치thesis'의 세 가지이다. 왜냐하면, 그들은 '있는 것'은 '형상rhysmos', '늘어선 방식diathigē', '방향

---

18 선행하는 개소에서 거론되었던, 아낙시메네스, 헤라클레이토스 등을 지시한다.

tropē'에 의해서만 차이가 난다고 말하는데, '형상'이라는 것은 '형태'이고, '늘어선 방식'은 '배열'이며, '방향'은 '위치'이기 때문이다. A는 N과 형태에서 차이가 나고, AN은 NA와 배열에서 차이가 있으며, ㅏ와 ㅗ는 위치/방향에 있어서 차이가 나기 때문이다. 그렇지만 운동에 있어서는 그것이 어디로부터 일어나는가[운동의 기원], 그래서 어떤 방식으로 '있는 것'으로 존재하는가에 대해서는 다른 사람들과 마찬가지로 그들도 경솔한 설명을 하지 않은 채 남겨둔다.

아리스토텔레스 『생성소멸론』 제1권 제1장 315b6. (= DK67.A9)
데모크리토스와 레우키포스는 다양한 형태의 것[원자]을 [구성요소]로 세우고, 성질변화와 생성이 그것들로부터 일어난다고 하였다. 생성과 소멸은 그것들의 분리와 결합에 의해, 성질변화는 배열과 위치에 의한다고 말한다. 왜냐하면, [감각기관에] 현현하는 것에 진실이 있다고 그들은 생각하지만, 그러나 현현한 것은 서로 반대되거나 무수히 많거나 하기 때문에 [원자의] 형태를 무한하다고 했다. 그 결과 그것의 구성이 변용하는 것에 의해 동일한 것이라도 사람에 따라 반대로 생각하고, 또 소량이 유입하여 섞여 들어와도 변동이 발생한다. 그래서 하나의 변동이 발생할 뿐이지만 전체로서는 [그때까지의] 차이가 난 것이 현현한다고 말한다. 실제로, 비극도 희극도 동일하게 문자[라는 구성요소]로 만들어져 나온 것이기 때문이다.

레우키포스와 데모크리토스는 '원자'를 '있는 것'이라 한다. 이것이야말로 세계를 구성하는 최소단위, 말하자면 존재하는 물체의 구성요소이자 원리이며, 이것이 '충실체'라고도 불린다. 앞에서 언급한 DK67.A6 또는 DK67.A9에도 있는 바와 같이, 이것들에는 형태적인 종류가 있으며, 세계의 다양성은 상이한 형태의 '있는 것'에 의해, 또 그것이 집합한 장소의 배열에 의해, 또한 때로는 그것의 위치에 의해 설명된다. 이것에 대해, 세계의 구성에 꼭 필요한 한 가지가 '허공'이라고도 불리는 '있지 않은 것'이다.

> 히폴리투스 『이단논박』 I.13. (= DK68.A40)
> 데모크리토스는 충만과 허공이라는 구성요소에 대하여 레우키포스와 마찬가지로, '충실체'를 '있는 것', '허공'을 '있지 않은 것'이라고 했다. 그리고 '있는 것'은 '허공' 중에서 항상 운동하고 있다고 말한다.

'허공'이라는 것은 '충실체'의 운동을 받아들이는 공간이며, '있지 않은 것'이라고도 한다. 그렇다면 도대체 '있는 것'은 어떤 의미로서 '있다'는 것인가? 먼저 이것을 생각해 보고, 다음에 부정사를 넣은 '있지 않은 것'을 검토해 보겠다.

원자의 '있는 방식'은 두 가지라고 한다. 하나는 감각과의 관계이고, 다른 하나는 그것의 본성과의 관계이다. 우선 감각과의 관계로서 원자가 '있다'는 점에 대해서 검토해 보겠다. 확실히 DK68.A37에는 "이들 존재하는 것은 너무도 작아서, 우리의 감각을 벗어날 정도이다"고 하며, 원자는 감각대상이 되지 않는다고 언급한다. 너무 작아서 육안으로는 파악할 수 없다면, 원자는 감각에 있어서는 '있지 않은 것'이며, 사고에 의해 그것의 존재가 추론될 수밖에 없는 것이다. 그렇지만 최소단위로서 그것 자체로는 감각대상이 아니라 해도 앞의 인용문에서 언급된 바와 같이 아주 조금만 흘러들어도 전체의 '현현'을 변화시킬 정도라면, 집합체로서의 원자는 감각기관에 '대상이 있는 방식'을 제공하는 것이라는 의미에서는 '있는 것'이라 해도 좋을 것이다.

그렇다면 '허공'이란 어떤 의미에서 '있지 않은 것'인가? 레우키포스와 데모크리토스의 원자론에서 모든 감각내용은 '형상', '늘어선 방식', '방향' 등 원자의 운동상태에 의해 설명된다. '허공'이란 감각대상으로서의 원자가 '있는 방식'을 실현하는 장場이다. 그렇지만 허공은 감각대상이 아니라는 의미에서 감각기관에 아무것도 '있는 방식'을 제공하는 것이 없다. 이것이 '있지 않은 것'이라고 하는 이유이다.

그러나 여기서 이 '있지 않은 것'으로서 '허공'이 DK67.A6에서는 "물체에 못지않게 '있다'", 환언하면, '있지 않은 것'이 있는 방식[존재]은 '있는 것'과 동일한 정도라고 말해진다는 점도 생각해 둘 필요가 있다. 다시 말해 '허공'은 '있지 않은 것'이고 동시에 '있는 것'이기도 하다. 이것은 무슨 의미인가?

원자는 DK68.A37에서 '영원한 것'이라고 한다. 확실히 원자라는 것은 세계에서 생성소멸을 되풀이하는 다양한 사물의 구성요소이지만, 부분을 갖지 않기 때문에 그 자신은 생성소멸하지 않는다. 더욱이 DK67.A6에 언급된 바와 같이, 예를 들어 '위치'에 의해 '있는 방식'을 바꾸는 일은 있어도 원리의 측면에서 '있지 않은 것'이 되는 것은 아니다. 이런 의미에서 원자는 항상 '있는 것'이다. 여기에서 '허공'이

'있는 것'이라고 하는 확실한 이유가 인정된다. '허공'도 또한 그것 자신은 생성소멸의 대상이 아니라는 의미에서는[19] 생성소멸로부터 벗어난 것이고, 그런 점에서 이것도 원리의 측면에서는 영원히 '있는' 것이다.

다시 '허공'이 원리의 측면에서 '있다'고 하는 근거에 대해서 살펴보겠다. DK68.A40을 볼 때, 원자의 운동에 '허공'이 필수적이다. 모든 감각을 원자의 운동에 기반해서 설명하는 이상, 그것은 감각대상으로서는 '있지 않은' 것이다. 그렇지만 다양한 감각이 실현된다는 사실에 기반할 때, 그것의 실현에 필수조건으로서 '허공'의 존재가 요청되는 것이다. 결국 '허공'이라는 것은 운동하는 원자에 대한 사유의 결과로 획득되는 존재이고, 원자론이 기능하기 위해 필요한 이론적 전제라고 생각된다. 그런 절차를 밟은 후에 획득된다면, '허공'은 사고 대상으로서 '있는 것'이라고 말할 수 있을 것이다.[20]

---

19 다만 부분을 갖지 않기 때문에 원자가 불생불멸이라고 하는 것과는 다른 의미이다.

20 데모크리토스에 의한 '허공은 있는 것이다'라는 주장에 관해서는, 아리스토텔레스 『자연학』 제1권 제3장 187a1-3(=DK.29A22)을 참조. 다음과 같은 추론에 의해 고찰된다.

    운동이 있기 위해서는 허공이 필요하다.
    운동이 있다.
    그러므로 허공이 있다.

이것은 엘레아학파, 특히 멜리수스(Melissus of Samos)와의 관계를 강하게 의식한 추론이다. 운동을 부정하기 위해서 엘레아학파는 다음과 같은 삼단논법을 보여준다.

    운동이 있기 위해서는 허공이 필요하다.
    그러나 허공은 있지 않다.

C. 원자론과 다수 세계설

DK68.A37에 언급된 바와 같이 세계를 구성하는 원자와 허공은 수적으로 무한하다. 그 결과, 그것으로 구성되는 세계도 수적으로 무한하게 된다. 이것은 레우키포스와 데모크리토스가 이 세계의 유일성을 부정하고 다수 세계, 다중 우주론을 주장했다는 것을 의미한다. 이하의 인용에서는 우선 앞에서 인용하였던 히폴리토스 『이단논박』에 이어진 부분을 살펴보고, 그들이 다수 세계설을 취하였다는 점을 자료를 통해 확인한다. 그런 다음에 세계를 만들어 내는 원인으로서 '소용돌이'에 대하여 설명하고 있는 부분을 살펴보고자 한다.

> 히폴리토스 『이단논박』 I.13. (=DK68.A40)
>
> 세계cosmos21는 무수히 존재하지만 크기에는 차이가 있다. 어떤 세계에는 태양도 달도 없지만, 어떤 세계에는 우리 세계에 있는 태양과 달보다 큰 것이 있고, 또는 어떤 세계에는 우리 세계보다 더 많은 태양과 달이 있다. 여러 세계끼리의 간격은 일정하지 않고, 다수의 세계가 있는 곳도, 거의 없는 곳도 있다. 어떤 세계는 성장기에

그러므로 운동은 존재하지 않는다.

이 두 가지 삼단논법을 비교해 보면, 레우키포스와 데모크리토스의 원자론은 파르메니데스와 대전제를 공유하고 있어 두 학파의 강한 관계성이 엿보인다. 다만 이 삼단논법에서 보이는 엘레아학파의 입장이 파르메니데스 자신에게 귀속시킬 수 있는지는 추정할 수 없다.

21 '세계(cosmos)'는 우리가 거주하는 지구 혹은 그곳에서 보이는 혹성 또는 천체 등을 포함하는 것이고, 이곳에서 인용하는 DK67.A1의 '만유(to pān)'는 수적으로 무한하다고 하는 그것을 포함한 총체를 지시한다고 생각되지만, 언제나 엄밀하게 구분하여 알 수 있는 것은 아니다.

있고, 어떤 세계는 최성기에 있으며, 어떤 세계는 쇠망기에, 어떤 세계는 생성기에, 어떤 세계는 결핍기에 있다. 그들 여러 세계는 상호 충돌해서 소멸한다. 동물이나 식물, 온갖 수분을 가진 것과는 관계가 없는 세계도 몇 개는 존재한다. 외부로부터 어떤 것도 더 이상 받아들이는 것이 불가능할 때에 그 세계는 전성기에 있다.

이 인물은 인간 세계에서 일어나는 만사는 웃어넘길 일이라 하며 모든 것을 웃어 넘겼다.

이 인용문의 최후에 첨부된 데모크리토스의 '웃음'이 어떤 의미인지는 분명하지 않다. 그러나 많은 세계의 존재를 긍정하는 입장에서 본다면, 이 세계에서 일어나는 모든 일들은 항상 상대화될 것이다. 어쩌면 그 웃음의 원인이 거기에 있을지도 모른다. 어찌되었든 아래 인용은 레우키포스에게 돌려지고 있지만, 데모크리토스에게도 공통되는 이론이라고 이해해 볼 수 있다.

DL.IX.31. (=DK67.A1)

앞에서 서술하였지만, '만유萬有, to pān'는 무한하다고 그는 주장한다. 만유의 안에는 충실체가 있고, 그 위에 허공이 있지만, 그는 이 둘을 [만유의] 구성요소로 두고, 무한한 모든 세계는 그 구성요소로부터 생성하며, 다시 그것들을 구성요소로 분해해 나가는 것이다. 그래서 모든 세계는 다음과 같은 방식으로 생성한다. 예를 들어, 형상의 위에 다양한 물체[원자]가 '무한한 것에서 절단되어'[22] 광대한 허

---

22 '무한한 것으로부터 쪼개져(kata apotomēn ek tēs apeirou)'는 에피쿠로스 『퓌토

공으로 움직여 간다. 이것들이 집합해서 하나의 '소용돌이dīnē'를 만들어 낸다. 이 소용돌이에서 물체는 상호 충돌하고, 다양한 방식으로 회전하고 있는 가운데 유사한 종류가 이것저것 선별된다. 결국 그 수의 방대함으로 인해 이미 균형을 유지하면서 회전운동하기가 불가능해지므로, 체로 치듯이 가벼운 것은 바깥쪽의 허공으로 나가게 된다. 하지만 그 이외의 것들은 모두 그 장소에 남아서 서로 결합하고 상호 운동을 한다. 그렇게 해서 구형球形의 최초 구성물을 만드는 것이다.

DL.IX.32.

그런데 이 구성물로부터[23] 그 자신 가운데 다양한 종류의 물체[원재를 포함한 '껍질hymēn'과 같은 것이 분리된다. 이들 물체가 중심부에서 움직이는 힘에 의해 소용돌이를 휘감고 있기 때문에, 그것을 덮고 있는 껍질은 서로 이웃하는 물체가 소용돌이와 접촉하기 때문에 항상 흘러나가 버리게 되어 점차로 얇아진다. 이렇게 하여 [소용돌이의] 중심에서 운동한 물체가 아래쪽에 남은 것으로 대지가 생성된다. 그런데 껍질과 같은 그것 자체는 외부로부터 물체의 유입에 의해[24] 증대한다. 소용돌이에 의해 그것이 회전하기 때문에 접촉하는 것이면 무엇이든 끌어들이는 것이다. 끌어들인 물체는 서로 결합해서 구성물을 만드는 것도 있다. 이 구성물은 처음에는 축

크레스(Pythocles)에게』 쓴 편지에 동일한 표현이 있다. DL.X.88을 참고.

23   가쿠(加來)는 touto를 toutou로 고쳐 읽고, Hicks와 야먀모토(山本)는 변경하지 않는다. 여기서는 가쿠씨의 방식을 따른다.

24   가쿠는 사본대로 epekrysin으로 읽지만, Hicks는 Heidel이 시사한 바에 따라 epekrisin으로 읽는다. 여기서는 사본에 있는 대로 읽는다.

축한 진흙과 같은 상태이지만, 이후에 건조되어 전체의 소용돌이와 함께 운동하게 되고, 이후에는 발화하여 별들을 만들게 된다.

DL.IX.33.

그런데 태양의 궤도는 [지구로부터] 매우 멀리 있고, 달의 궤도는 훨씬 가깝게 있다. 그 이외의 별들의 궤도는 양자의 중간에 있다. 모든 별들은 그 운행속도가 빠르기 때문에 불이 붙어 있는데, 태양은 다른 별들보다 더 불타고 있다. 달도 적기는 하지만 불을 나누어 갖고 있다. 일식과 월식은 [...결락...] 황도대黃道帶, the zodiac의 경사는 대지가 남쪽으로 기울어져 있기 때문이다. 북방지역은 항상 눈에 덮여 있고 매우 추워서 얼어 있다. 일식은 매우 드물게 발생하지만, 월식은 정기적으로 발생한다. 그것은 양자의 궤도가 같지 않기 때문이다.

세계에서 생성이 있는 것과 같이 **어떤 필연성에 근거하여**kata tiva anankēn 성장도 쇠퇴도 소멸도 있다고 하지만, **그 필연성이 무엇인가를 레우키포스는 특정하고 있지 않다.**

레우키포스와 데모크리토스는 세계가 수적으로 무한하고, 우주에는 '동물이나 식물, 온갖 수분을 가진 것과는 관계가 없는 세계도 몇 개는 존재한다.'고 생각했다. 이 표현은 또 우리들이 머물고 있는 세계와 동일한 세계 또한 다수 존재한다는 것을 의미한다.[25] 그렇다

---

25 이런 결과는 당연하면서도, 이 세계의 유일성을 강조하는 플라톤주의 혹은 후대의 그리스도교의 사고와는 조화하지 않는다.

면 무한한 우주는 어떠한 방식으로 나타난 것인가? 여기에는 '어떤 필연성에 근거하여'라고 말하고 있다. 그렇지만 디오게네스 라에르티우스가 지적한 바와 같이 이 '필연anankē'의 실상은 명확하지가 않다. 이하에서는 이 '필연'에 대하여 고찰해 보고자 한다.

D. 레우키포스와 데모크리토스의 원자론에 있어서 '소용돌이'를 둘러싼 필연과 우연

DK에서 레우키포스에게 돌려지는 아래의 단편에서 '필연'이라는 개념이 서술되어 있음을 알 수 있다.

> 레우키포스『지성에 관하여』(= 아에티우스『학설지』I.25.4. = DG.p.321 = DK67.B2.)
> 만물은 '필연anankē', 다시 말해 "'운명heimarmenē'에 근거하여 일어난다고 레우키포스는 주장하였다. 실제로 레우키포스는 『지성에 관하여』에서, '무의미하게matēn' 발생한 사물은 없다. 모든 사물은 '이유logos' 때문에 필연에 의해 발생한 것이다."고 주장한다.

이곳에는 만물을 발생시키는 것으로서 '필연'과 '운명'을 들고, 계속해서 레우키포스의 저서명과 함께 인용하고 있다. '로고스'는 그것만으로는 애매하지만, '무의미'와 대비하여 사물의 생성에서 인정되는 '의미' 혹은 '이유'라고 이해할 수 있을 것이다. 그렇다면 모든 현상은 '필연'에 기반하여 성립하며, '이유' 없이는 발생하지 않는다고 서술되어 있는 것으로 이해할 수 있다. 그렇다면 '필연'이란 무엇인가? 원자운동을 모형화한 형식으로 생각해 보고자 한다.

원자A는 시점 t1에서 운동의 방향과 속도가 결정되어 있다고 하자. 그렇다면 미래의 시점 t2에서 A의 상태는 t1에서 A의 행동에 따라 한 가지로 결정된다. 이 생각을 과거에도 적용해 보면, 시점 t1에서 원자 A가 가지고 있는 운동상태는 과거 시점 t-1에 의해 이미 결정되어 있다고 생각할 수 있다. 그 다음에 이런 생각을 모든 원자의 운동상태로 확장해보자. 현 시점 tn에서 모든 원자 A, B, C ... Z의 운동상태가 결정되어 있다면, 미래 시점 tf에서의 원자 A, B, C ... Z의 행동도 결정되어 있다. 미래 시점 tf에서 운동상태의 결정은 다시 그 앞의 시점 tff에서 원자 A, B, C ... Z의 운동상태도 결정한다. 당연한 일이지만, 현재의 운동상태는 과거의 시점 tp에 의해 이미 결정되어 있으므로, 따라서 tp의 운동상태도 이미 과거의 tpp의 시점에서 결정되어 있었던 것이다. 결국 어떤 시점의 원자의 운동상태는 언제나 선행하는 시점의 원자의 운동상태에 의해 미리 결정되어 있는 셈이다. 마지막으로 이것을 모든 원자의 모든 운동시간으로 확장해 보자. 그러면 원자로부터 성립된 모든 사물의 현시점에서 상태는 이미 과거 시점의 각 원자의 행동에 의해 결정되어 있고, 또 미래까지도 결정되어 있는 것이 된다.

이렇게 모든 시점의 운동상태가 선행하는 시점의 운동상태로부터 기계적으로 결정되고, 동시에 그 결정과 분리된 행동이 있을 수 없다면 원자론에 있어서는 우연에 의해 발생하는 사물은 존재하지 않게 된다. 앞의 인용에서 적어도 레우키포스는 이와 같은 원자운동의 연쇄를 '필연'으로 기술했다고 생각된다.[26] 그렇지만 '필연'을 우주생성의 단초로서 발생하는 '소용돌이'와 관련시켰다는 아리스토텔레스『자연학』의 증언은 이 '필연' 개념과는 그 자체로 조화하지 않는다.

> 아리스토텔레스『자연학』 제2권 제4장 195b31-196b7. (= DK68.A68, 또 A70을 포함)
>
> '우연tychē'과 '자기발생automaton'[27]은 모두 원인에 속하고, 결국 다수의 사물이 '우연'과 '자기발생'에 의해 존재하고 생성한다고 말한다. 거기에서 '우연'과 '자기발생'은 (이 앞의 개소에서 언급된) 여러 원인 중 어떤 형식에 들어가는가, 또 '우연'과 '자기발생'은 동일한 것인가, 혹은 다른 것인가? 또 일반적으로 말해서 '우연'과 '자기발생'의 본성은 무엇인가 등이 고찰되어야 한다.
>
> 실제로 이러한 원인이 있는지 없는지를 궁금해하는 사람들이 있다. 왜냐하면, 어떤 것도 우연으로부터는 생성하지 않으며, 오히려 우리가 '자기발생' 혹은 '우연'으로부터 생성한다고 말하는 모든 것에도 어떤 원인이 있다고 그들은 주장하기 때문이다. 예를 들어, '만나고 싶어 하지만 어디에서 언제 만날지는 생각하지 않았던 사람과

---

26 '모든 사물'에 인간이 포함되는 이상, 원자의 운동을 기술하기 위해서 사용된 '필연'은 인간의 행동에 대해서는 '운명'이 된다는 추정도 가능하다. 어느쪽이든 '필연'과 '운명'은, 신이나 신적인 지성이 어떤 목적과 의도에 따라서 세계를 정돈하고, 그런 점에서 만물이 '본연의 상태'가 결정되어 있다는 이미지와는 다르게 물체운동에 적합한 것으로 생각된다. 그래서 이 '필연'에 기초한 원자론의 우주론은 목적을 결여하고 있다는 의미에서 아리스토텔레스의 우주론과도, 또 후대의 스토아학파의 운명론과도 다르다고 말해진다.

27 '자기우발'은 동물의 발생을 논하는 경우에는 중요한 개념이다. 아리스토텔레스의 동물학에서 개체의 발생은 '인간이 인간을 낳는다'고 하는 동종 간에서의 생식과 '벌레가 땅에서 솟아오른다'고 하는 '자기우발(자연발생)'이라는 두 가지 개념에 의해 설명된다.

마주치는 경우'는 '아고라에 갔다는 우연으로부터' 일어난 일이지만, 그들은 '아고라에 가서 물건을 사려고 하는 것'이 원인이라고 말한다. ...

더욱이 이 우주와 세계의 모든 것에 대한 (생성) 원인을 '자기우발自己偶發'에서 찾는 이들이 있다. 실제로 그들은 자기우발로부터, '소용돌이dīnē'가 지금 이 '현재 세계가 가지고 있는' 질서로 만물을 분류하여 정리한 운동이 발생했다고 한다. 이것은 매우 놀랄 만한 일이다. 왜냐하면, 그들은 동물과 식물조차도 우연으로부터 존재하는 것이 아닐뿐만 아니라 생성하는 것도 아니며, 그 원인은 자연이나 지성, 혹은 그와 비슷한 다른 것이라고 주장하면서(실제로 그것들의 종자로부터 엉뚱한 것이 발생하는 것이 아니고, 어떤 종자로부터는 올리브가, 어떤 종자로부터는 인간이 발생하기 때문에), 그리고 우주와 [눈에] 분명한 사물 가운데 가장 신적인 존재[천체]는 '우발'에 의해 생성한 것으로서, 동물이나 식물에 대해서 인정할 수 있었던 어떤 원인조차 전혀 인정하지 않는다.

그러나 만약 그렇다면 이 자체도 고찰해 볼 가치가 있는데, 이것에 관해서 무엇인가 설명이 된다면 결함이 없게 될 것이다. 그러나 실제로 그들이 서술하는 것은 매우 불합리하다. 게다가 한층 더 불합리한 점은, **우주의 중심에서는** 무언가 '자기우발'에 의해 생성한 것이 아닌 것을 그들이 보고 있음에도 불구하고, 또 [그들이] 우연으로부터가 아니라고 [주장하는] 많은 사물 [동물과 식물]에서는 우연으로부터 생성하는 것을 보고 있음에도 불구하고 그와 같이 주장한다는 점이다. 그럼에도 실제로는 그것과 반대의 일이 발생한다고 하는 편이 타당할 것이다.

또한 [우연은 원인이 있기는 하지만, 그것은 오히려 무엇인가 신적인 혹은 악마적인 것으로서 인간의 사고에는 불분명한 것이라고 주장하는 사람들도 있다.

　여기에서 비판대상의 이름이 거론되지는 않았지만, '소용돌이'라고 하는 말에서 이해되는 바와 같이 데모크리토스 등 원자론자를 지시하는 것은 명확해 보인다.[28] 아리스토텔레스의 우주론을 이곳에서 자세히 상술할 수는 없지만, 우주에 제1원인으로 지성이 존재하여 모든 것을 이끌고 있다는 목적론을 상기하면 충분할 것이다. 그렇다면 여기에서 비판의 포인트는 이 우주 가운데 모든 것의 생성에 대해서 '필연'이라는 관점에서 설명되고, 그런 점에서 '우연'이 배척되고 있음에도 불구하고, 만물생성의 원인이라는 '소용돌이'에는 '자기우발 [자연발생]'이라는 설명밖에 주어지지 않는다는 점이다.[29] 결국 문제는 '자기우발'적으로 발생하고, 만물을 생성에 이르게 하는 '소용돌이'와 역시 만물을 출현시키는 '필연'과의 관계라고 해도 좋겠다. 그렇다면 주요하게 두 가지 추측이 가능하게 된다.

　(1) 아리스토텔레스의 보고가 정확하고, '필연'이라고 이름 붙여진 '소용돌이'에 '자기우발'의 측면이 존재하는 것을 데모크리토

28　후대의 주석가인 심플리키우스도 이 곳에 관해서 동일한 것을 기술하고 있다. DK68.A68 참조.

29　'자기우발(자연발생)'은 확실히 원인으로서 사물의 발생을 설명하는 것이지만 제1원인은 될 수 없다는 아리스토텔레스의 입장에 관해서는 앞에서의 인용 개소에 이어지는 『자연학』 제2권, 제6장 198a5 이하를 참조.

스가 인정했다.

(2) 아리스토텔레스의 보고가 정확하고, 데모크리토스는 단적으로 '소용돌이'를 '자기우발'이라고 했다.

물론 아리스토텔레스의 보고는 부분적으로 부정확하다고 할 가능성도 있다. 그렇지만 아리스토텔레스와 동시대의 테오프라스투스 Theophrastos(371-287 BCE)의 증언을 신뢰하지 않고는 원자론을 재건하기 어렵다는 점을 알아둘 필요가 있다. 그런데 (1)과 (2)는 모두 '소용돌이'와 '자기우발'을 연결시킨다는 점에서 공통하지만, 어떤 조건을 인정하는가 하는 점에서는 차이가 있다. 요컨대, (1)의 '필연'이란 인간의 사유능력에 의해서는 '자기우발'이라고 밖에는 보이지 않지만, 그러나 우리의 이해력을 초월한 것, 예를 들어 신神을 들고나와, '관점의 차이'에 의해 양자를 조정해 보려는 시도이다.[30] 확실히 후대에는 그와 같은 사고를 가지고 있었다는 증언도 존재한다.

아에티우스 『학설지』 I.29 (=DG, p.326 = DK68.A70 = DK59.A66)
우연에 관하여
아낙사고라스와 데모크리토스와 스토아학파는[31] 그것이 인간의 추

---

30 이것의 해결책에 관해서는 Taylor, C. C. 'The Atomists', *The Cambridge Companion to Early Greek Philosophy*, edited by Long, A. A. (1999) Cambridge University Press, pp.181-204 참조.

31 다만 '아낙사고라스'는 스토바이우스(Stobaeus)에는 없고, Diels에 따라 위플로티누스에서 보충한 것이다. 문제는 그것이 DK에는 있지만, DG 본문에는

리판단 능력에 의해서는 불분명한 원인이라고 주장한다. 결국 사물에는 필연에 기반하여 생기하는 것도, 운명에 기반하여 생기하는 것도, 선택에 기반하여 생기하는 것도, 우연에 기반하여 생기하는 것도, 자기우발에 기반하여 생기하는 것도 존재한다.

언뜻 보면 해결책을 도출하는 그런 방법이 있을 것 같지만 거기에는 문제가 있다. 왜냐하면, 앞의 『자연학』에서 인용을 보면 알 수 있듯이, '소용돌이'를 '자기우발'이라고 하는 사람들에 속하고, 아에티우스에 의한 증언과 동일한 '관점의 차이'를 기술한 사람들이 기록되어 있기 때문이다. 따라서 그와 같이 읽는다면, 아리스토텔레스는 '소용돌이'의 '자기우발'을 비판한 직후에 '관점의 차이'에 의해 원자론자를 구제하고 있는 셈이어서 비판 그 자체에 의미가 없어지게 된다. 그런 점에서 '관점의 차이'는 원자론자와는 다른 상대를 향해 있다고 보는 방향이 아리스토텔레스의 독법으로서 정합성이 있다.[32]

이제 (2)를 검토해 보기로 한다. 우주형성의 초기상태를 이끈 '소용돌이'를 '자기우발[자연발생]'이라고 하였거나, 아니면 적어도 '필연'에 의한 설명을 하지 않았을 가능성이 있다. 그런 경우 다음과 같이 생각하는 것이 가능하다. 즉, 그들은 '소용돌이' 그 자체의 생성과

'데모크리토스'의 이름이 없고, 스토바이우스 혹은 위플루타르코스에서도 확인할 수 없다는 데 있다.

32 실제로 로스(Ross)는 아낙사고라스 등을 상정하고 있다. *Aristotle's Physics, a Revised Text with Introduction and Commentary*, Ross, W. D. (1936) Oxford 해당 개소의 주석을 참조.

'소용돌이'에 의해 발생한 원자운동을 구별했다. '필연'이란, 운동이 처음부터의 상태, 말하자면 원자 간 움직임의 연쇄에 관해 말한 것으로 '소용돌이'에 의해 발생한 만물의 관계를 기술하는 개념이다. 그리고 그런 한에서는 확실하게 '우주 안에서 어떤 자기우발로부터 생성한 것은 없다'는 것이다. 이에 대하여 '소용돌이'는 원자에서 운동이 실현하기 위한 제1전제이고, '필연'과는 관련이 없다. '자기우발' 혹은 '우연'이라는 말은 운동의 출발지점으로서의 '소용돌이'가 선행하는 상태로부터 그것의 행동을 도출하지 않는다는 이유로, 비필연성을 의미하는 말로 사용된 것이 아닐까? 우주의 안에서 생성한 만물이 예외 없이 그렇게 따르지 않을 수 없다는 의미는, 원자론자가 주장하는 '필연'이 자연법칙이라고 하는 개념에 가깝다고 이해할 수도 있을 것이다. 그것은 예를 들어, 빅뱅에 의해 성립된 우주 전 존재의 움직임은 '네 가지 힘'에 의해 설명되기는 하지만, 빅뱅 자신의 발생은 '네 가지 힘'에 의해 기술되지 않는다는 현대 우주론과 유비적으로 생각하는 것도 가능하다. 어느 쪽이든 간에 그들이 '소용돌이'의 생성에는 원자운동에 의한 필연성이 인정되지 않는다는 점에서 '자기우발'이지만, 만물의 생성은 원자의 행동에 기반한다는 의미에서 '필연'이라 주장한다고 이해하면, 아리스토텔레스 비판의 정당성과 함께 원자론자 주장의 구조틀과 그 목적도 적당하게 위치시킬 수 있을 것이다.

E. 인간의 마음과 원자의 운동
원자로 구성된 모든 존재가 필연에 기반하고 있다면 자연에 포함된 인간도, 더하여 인간의 마음과 감정도 물체와 인과관계를 가진다는 점에서 원자의 운동상태에 환원된다고 추측할 수 있다. 다음에는 레우키포스와 데모트리토스의 원자론이 영혼의 문제와 관련되어 있을 가능성을 살펴볼 것이다.

> 스토바이오스Joannes Stobaeus 『명언선집Anthology』 III.1.210. (= DK68.B191)
>
> 실제로 인간에게는 즐거움의 적절함이라는 생의 균형에 의해 '쾌활euthymiē'이 성립한다. 그러나 [그것들의] 결핍과 초과는 급격한 변화를 일으켜 영혼에 커다란 움직임을 가져오는 경향이 있다. 큰 진폭으로 움직이는 영혼은 안정되지도 않고 쾌활한 것도 아니다.

이런 경우, 영혼에 초래되는 '큰 진폭'이 원자운동이라고 하면, 영혼의 안정으로서의 '쾌활'을 생각하는 데모크리토스에게 그것은 신체 중의 원자의 안정에 다름 아니다. 물론 그것은 영혼이 원자와 허공으로 환원되는 한, 마음이 원자의 운동에 지배된다는 것을 전제로 한 가정에 지나지 않는다. 그런데 데모크리토스가 영혼을 원자로부터 구성된다고 생각했다는 점을 엿보게 하는 증언은 다수가 남아 있다.

> 아에티우스 『학설지』 IV.3.5. (= DG. p.388 = DK.66.A102)
>
> 데모크리토스는 [영혼이] 불火과 같은 합성체이고, 이성에 의해 고찰되는 것으로 구성되어 있다. 그것은 외견으로는 구형球形이고, 기능으로는 불의 성질을 지니고 있으며, 틀림없이 물체라고 주장한다.

이 단편으로부터 원자의 운동이라는 자연학과 영혼과 마음의 상태를 고찰하는 윤리학 간에 어떤 이론적인 가교가 존재한다는 사실을 충분히 엿볼 수 있다. 그렇다고 하더라도, 그런 한에서 그들의 원자론은 자연학에 머물러, 윤리와 자연, 영혼과 원자, 마음과 몸 사이의 인과관계를 어떤 식으로 묘사하는지는 명확하지가 않다.[33]

3) 레우키포스와 데모크리토스의 원자론의 목적과 철학사적 위치

다음으로는 레우키포스와 데모크리토스 원자론의 철학사적 위치를 그것이 목적하는 관점으로부터 검토해 보고자 한다. 이에 즈음하여 주의해야 하는 점은 DK67.A6 "'있는 것'은 '있지 않은 것'과 동일한 정도로 '존재한다'"라는 문장에서 사용된 '있는 것'과 '있지 않은 것'이라는 용어이다. 그것들이 엘레아학파의 시조 파르메니데스의 시詩 한 부분과 관계가 있다는 점은 명백하다.

> 심플리키우스 『아리스토텔레스 「자연학」 주해』 117 (=파르메니데스 「단편」 6 =DK28.B6)
>
> 말해지고 사유될 수 있기 위해서는 '있는 것'이지 않으면 안 된다.[34]

---

33 현재의 정신의학에서도 어떤 두뇌물질이 부족할 경우에 감정이 변화한다 - 예를 들어, 우울한 상태가 된다 - 는 인과관계를 알고서 부족물질을 투약하여 보충하는 것이 가능하다. 그렇지만 왜 그 물질이 부족한가 하는 근본적인 원인은 해명되어 있다고는 말할 수 없고, 그런 점에서 '몸과 마음'의 상관관계가 모든 점에서 판명되었다고는 말할 수 없다.

34 khrē to legein te noein t'eon emmenai 한 문장은, 이 이외에도 "'있는 것'을 '있다'고 말하는 동시에 사유하는 것이 필요하다" 등 다양한 번역이 있다. 상세한 내용에 관해서는 KRS(pp.319-320)와 버넷(pp.260-261) 등을 참조하기 바란다. 여기서는 기본적으로 양자의 해석에 따른다. 또한 Long에 의한 앞의 저술(주

왜냐하면, '있다'는 있을 수 있지만, '있지 않다'는 있을 수 없기 때문이다. 내의 여신은 이런 것을 마음에 담아두라고 당신에게 명령한다. 왜냐하면, 이 ['있지 않다'로 가는 길은 내가 당신을 '어디로 가지 않도록' 만류하는 최초의 탐구의 길이기 때문이다.

더욱이 그 후에는 어떤 것도 알지 못하는 죽을 운명인 자,

두 개의 머리를 가진 [괴물]이 방황하는 길로부터 [당신을 만류한다]. 실제로, 그들의 가슴 속에서는 곤혹이 방황하는 사유를 이끌기 때문이다.

그리고 마치 귀가 들을 수 없는 것, 눈이 볼 수 없는 것과 같이 흐릿해져서 사물을 알지 못하는 무리가 되어 그들은 끌려다닌다.

그들은 '있다'와 '있지 않다'는 동일하면서 동일하지 않다고 간주하고 있다.

그들 모두는 '모든 것에서 역으로 되돌아가는 길'을 걷고 있다.

이곳에서 파르메니데스를 포함한 엘레아학파를 상술하기는 불가능하지만, 대체로 말하면 생성, 운동을 부정하고, '사유 [혹은 지성] 누스nūs'에 의해 세계를 파악, 즉 하나의 총체로서 '있는' 세계를 주장하고, 동시에 감각에 기반한 다양한 세계의 파악을 부정하는데, 이것이 '있는 것은 있어야 한다'는 한 문장으로 집약된다. 그런 한에서 '있는 것'은 '있지 않은 것'에서 유래하는 것이 아니다. 결국 '있지 않은 것은 있을 수 없는' 것이고, 양자를 동일한 것으로 취급하는 것은 '사물을 알지 못하는 한 무리'가 행한 일이라고 여긴다. 그리고 '모든 것

---

30 참조) 가운데 Sedley, D. 'Parmenides and Melissus', p.116.도 참조.

에서 역으로 되돌아가는 길'이라는 구절에서는 '역으로 되돌아가는 조화'(DK22.B51)에 의해 세계가 '있는 방식'의 다양성을 주장한 헤라클레이토스 등을 비판대상으로서 염두에 두고 있음이 틀림없다.[35]

여기에서 헤라클레이토스의 '오르막도 내리막도 동일한 [하나의] 길', 원주상에서는 처음도 끝도 동일한 '있는 방식'의 제시를 목표로 하는 것, 그리고 그 세계관이 생성, 결국 운동의 성립을 전제하고 있음을 알 수 있다. 그렇다면 파르메니데스가 상기 인용으로 비판했던 것은 헤라클레이토스 한 사람이 아니고, 하나의 원리로부터 다양한 현상을 옹호하여 세계의 생성을 설명하였던 아낙시메네스와 아낙시만드로스 등 밀레토스학파의 자연철학자들도 그것에 포함한다는 사실을 이해할 수 있을 것이다. 그러면 여기에서 헤라클레이토스를 위시하여 세계의 다양성을 주장하는 사람들과 그것에 반대하는 엘레아학파 사이의 대립구도가 부상한다.[36]

그런데 레우키포스와 데모크리토스의 "'있는 것'은 '있지 않은 것'과 동일한 정도로 '있다'"(DK67.A6)는 주장, 즉 '허공'이라는 방식으로 '있지 않은 것'의 테제를 여기에서 상기할 필요가 있다. 언뜻 보아도 알 수 있는 바와 같이 이 주장은 파르메니데스의 "'있다'는 있을 수

---

35 히폴리토스 『이단논박』 IX.9 (=헤라클레이토스 「단편」 DK22.B51)
"그들이 이해하지 못한 것은, 사물이 어떻게 해서 자신과 어긋나면서도 일치하는가였다. 또한 어떻게 해서 어긋나지 않는가 하는 점이다. 활이나 현악기 리라(lyra)와 같이 사물에는 '반대로 마주하는 조화'가 있는 것이다.

36 이것의 철학사적 관점에 관해서는 플라톤 『테아이테토스』 152 이하를 참조.

있지만, '있지 않다'는 있을 수 없다"37는 주장에 반대한다. 엘레아학파가 추구하는 것은 '세계에 대한 다양한 파악의 부정'이라는 점, 그것이 상대주의자와 자연철학자에게 향해져 있다는 점, 그럼에도 불구하고 원자론에 대한 앞에서의 설명이 주장되었다는 점을 고려한다면, 그들의 원자론은 엘레아학파가 완전히 부정한 세계의 다양성을 자연철학자들이 사용했던 단일원리와는 다른 방식으로 다시 확보하려고 시도했다고 말할 수 있다. 결국 그들은 '있는 것'으로서의 원자와 '있지 않은 것'으로서의 허공에 의해 현상의 다양성을 설명한 것이다. 이것은 이미 앞에서 인용하였던 DK67.A9에서도 명백하게 드러난다.

그렇지만 원자론이 다루는 것과 같은 주장의 방향성은 파르메니데스가 더듬어 간 길에서 완전히 일탈한 것은 아니다. 왜냐하면 원자론에서는 '있지 않은 것'이 관점을 바꾸면 '있기' 때문이다.

플루타르코스Plutarchos(46-119 CE) 『콜로테스Colotes 논박』(= DK68. B156)
[그 가운데 데모크리토스는] '[있는] 것to den'은 '있지 않은 것to mēden'과 동등하게 '있다'고 하고, 물체를 '있는 것'으로, 허공을 '있지 않은 것'으로 칭했다. 허공은 고유의 본성과 일정한 존립을 가지고 있기 때문이다.

---

37 『소피스테스』 236D에서 '없는 것은 없다'는 관점을 고수하면서, '어떤 점에서는 없는 것이 있다.'를 도출하려 하면서, 241D에서 '부친'을 염려한 플라톤을 상기하지 않을 수 없다.

앞에서 살펴본 바와 같이 '있지 않은 것'으로서 허공은, 현상의 설명이라는 측면에서는 '있는 것', 결국 원자와는 다른 것으로서 '있지 않은 것'이었다. 그러나 그것은 사유의 대상으로서 '있는 것'이고, 불생불멸한 측면에서도 '있는 것'이다. 어떻든 원자와 허공은 양자 모두 세계를 구성하는 원리로서 현상의 근저에서는 '있는 것'이다. 그렇다면 세계는 '있지 않은 것으로부터' 출현한 것이 아니게 된다. 이 점에서 레우키포스와 데모크리토스는 파르메니데스「단편」 8(DK28.B8)에서 "나는 그것이 '있지 않은 것'으로부터라고 그대가 말하는 것도, 사유하는 것도 허락하지 않을 것이다."라고 한 여신의 말에 충실하다고 생각된다.

다시 말해, 그들의 이론은 한편으로는 운동이나 현상의 다양성을 인정하려는 상대주의와 자연철학의 입장에서 엘레아학파에 대한 반론으로 되어 있고, 다른 한편으로는 '있지 않은 것'으로부터의 세계의 생성에 반대해서 세계의 근저에는 '있는 것'만을 인정하는 엘레아학파 주장의 전승으로 이루어져 있는 것이다. 그리고 그와 같은 관점에서라면, 허위의 가능성이라는 방식으로 파르메니데스의 말을 돌파한 플라톤에 대해서 데모크리토스는 원자론이라는 방식으로 돌파했다고 말해도 좋을 것이다.

2
에피쿠로스

1) 에피쿠로스의 생애와 교설

A. 에피쿠로스의 생애

원자론의 중심사상을 '그 이상 분할 불가능한 원자atom와 그것이 운동하는 공간인 허공kenon으로 세계가 구성되어 있다'고 정의한다면, 그 사상은 헬레니즘세계에서 에피쿠로스에 의해 계승되었다고 말할수 있다. 이것은 에피쿠로스가 데모크리토스학파의 나우시파네스Nausiphanes에게 사사師事하였다는 증언에서도 알 수 있다. 그렇지만 그런 한편 에피쿠로스 자신은 데모크리토스학파로 자칭하지 않았고, 오히려 '누구에게도 배우지 않았다'고 자신의 독자성을 선전하기도 하였다. 다음의 증언을 보도록 하겠다.

> DL.X.13.
>
> 아폴로도로스Apollodoros는 『연대기』에서 '이 인물 [에피쿠로스]는 [데모크리토스학파의] 나우시파네스라는 [페라파토스학파의] 프락시파네스에게 사사師事하였다'고 말한다. 그러나 에피쿠로스 자신은 「에우릴로쿠스 서한」에서 그것을 부정하고, 자기 자신으로부터 사사하여 [독학하였다]고 말한다. 무엇보다 에피쿠로스학파의 아폴로도로스 등 레우키포스가 데모크리토스의 스승이었다고 주장하는 사람도 있긴 하지만, 마그네시아Magnēsia의 데메트리오스Demetrios는 에피쿠로스가 크세노크라테스Xenokratēs에게도 사사하였다고 말한다.

이 정도로 독창성을 주장하는 에피쿠로스의 원자론은 어떤 것인가? 그리고 데모크리토스와 어떤 점이 공통되고 어떤 점에서 차이가 있는가? 다음에는 그것에 관해 검토하겠다. 그러나 먼저 계속해서 그의 생애를 디오게네스 라에르티우스의 증언에 근거하여 살펴보겠다.

DL. X. 1-2.

에피쿠로스는 네오클레스Neocles와 카이레스트라테Chaerestratē의 아들이고, 가르게투스Gargettus 지역 출신의 아테네 시민으로 필라이다이Philaidae가문의 일원인데, 그 사실은 메트로도로스Metrodorus가 『고귀한 삶에 대하여』에서 말하고 있다. 이것은 많은 이들이 말하는 것이지만, 특히 헤라클레이토스가 『소티온Sotion의 발췌록』에서 기술하고 있는 것에 따르면, "아테네인들이 사모스섬에 이주하여 들어간 이후에 에피쿠로스가 그곳에서 자랐다. 18세가 되어 그는 아테네로 돌아왔지만, 그 무렵에는 크세노크라테스가 아카데미아에서 가르치고 있었고, 아리스토텔레스는 칼키스Chalcis에 체류하고 있었다. 그러나 마케도니아의 알렉산드로스가 죽고, 아테네인이 페르디카스Perdiccas에 의해 [사모스섬으로부터] 추방되었으므로, 에피쿠로스는 콜로폰에 있는 부친에게로 옮겨갔다. 에피쿠로스는 잠시 동안 그곳에 머물면서 제자들을 모았으며, 다시 아테네로 돌아간 것은 아낙시크라테스Anaxicrates가 아르콘archon직에 있을 때였다. 그리고 어느 시기까지는 다른 철학자들과 함께 [연구를 하였지만, 그 후에 그의 이름으로 불리게 되는 학파를 창립하고, 독자적인 학설을 기술하였다"는 것이다. 그렇지만 에피쿠로스 자신은 '14세가 되어 처음으로 철학에 접하였다'고 말하고 있다.

같은 책. 14-15.

아리스톤Ariston이 『에피쿠로스의 생애』에 쓴 글에 따르면, [....] [데모크리토스학파의] 나우시파네스Nausiphanes에 사사했을 뿐만 아니라, 사모스섬에서 플라톤학파의 팜필루스Pamphilus에게도 사사했다고 한다. 또 에피쿠로스는 12세 때에 철학을 시작하고, 32세에 학원을 개설하여 지도를 시작하였다. 아폴로도로스는 『연대기Chronology』에서, 에피쿠로스는 제109회 올림픽 기간의 3년, 소시게네스Sosigenes가 아르콘직에 있던 시기의 가멜리온Gamelion달 [현재의 1월 후반에서 2월 전반] 7일에 태어났다고 한다. 그해는 플라톤이 죽은 지 7년째였다. 에피쿠로스는 32세가 되어서 처음에는 미틸레네Mitylene와 람프사쿠스Lampsacus에 학원을 창건하고, 그곳에서 5년을 보냈다. 그 후에 아테네로 이주하여 제127회 올림픽 기간의 2년, 피타라투스Pytharatus가 아르콘직에 있던 해에 72세로 사망하였다. 그의 학원은 아게모르투스Agemortus의 아들 헤르마르쿠스Hermarchus가 계승했다. 에피쿠로스는 요도가 결석으로 막혀서 사망했다고 한다. 이것은 헤르마르쿠스도 서간에서 서술하고 있는 바와 같으며 에피쿠로스는 14일 가량을 투병하였다고 한다.

이들 기록에는 다소의 동이同異가 있기는 하지만, 에피쿠로스가 성장한 시대상황을 투영하고 있어서 흥미롭다. 에피쿠로스의 생애를 개관하면, 그는 기원전 3세기 중반(서기전 341년이 유력)에 아테네[38]에서 태어났다. 철학을 시작한 나이는 확정할 수 없지만, 어느 쪽이

---

38   사모스 섬이라고도 한다.

든 18세가 될 무렵에는 플라톤학파의 팜필루스를 따르고 있었으며, 그 후(323 BCE)* 아테네로 향하여 크세노크라테스의 강의를 들었다. 그해가 알렉산드로스 대왕이 죽은 해이지만, 뤼케이온Lykeion에서는 테오프라스투스의 강의도 들었다. 다음 해, 마케도니아의 페르디카스Perdiccas 왕에 의해 아테네 식민거주자들이 사모스로부터 일소되는 사태가 벌어지자 상황이 변화하지 않을 수 없었다. 그 후에 로도스Rhodes에서 페리파토스Peripatos(소요학파)의 프락시파네스Praxiphanes에게 사사師事한 것 같지만, 다시 데모크리토스학파의 나우시파네스에게도 배웠다고 전해진다. 머지않아 서기전 311년경, 레스보스Lesbos 섬에서 그는 독자적인 학파를 창립하고, 그 후 아테네로 돌아와서 306년에 학원을 열었다. 그 후 서기전 270년에 71세로 사망하였다. 이런 전승들에서 중요한 점은 그의 사상의 핵심을 이룬 데모크리토스학파뿐만 아니라 플라톤학파, 아리스토텔레스학파에도 관련이 있다는 사실, 다시 말해 그의 교설이 일종의 사상적 편력을 통해서 구성되었다는 점이다.

B. 에피쿠로스의 원자론

에피쿠로스의 교설을 살펴볼 때에도 레우키포스와 데모크리토스의 경우와 마찬가지로 자료적인 문제가 발생한다. 그들보다는 나은 편이지만 저작의 태반이 소실되었다.[39] 그럼에도 그의 사상을 알 수 있

---

* 원문에는 423BC로 착오가 있으나, 323 BCE로 수정하였다. (역자)
39 DL.X.26에서 그의 저술은 300권 이상이라고 말하고, 다음 절에서 몇 편의 제

는 것은 디오게네스 라에르티우스에 3편의 서간(『헤로도토스 서간집』,『퓌토클레스 서간집』,『메노에케우스 서간집』)의 인용문과『주요교설』이 있기 때문이다. 게다가『헤로도토스 서간집』에는 에피쿠로스의 우주론과 자연론 그리고 그것이 포함하는 영혼론이,『퓌토클레스 서간집』에는 우주론과 자연현상(주로 기상학)이,『메노에케우스 서간집』에는 윤리학적인 교설이 남아있어서 그것들을 통해 에피쿠로스 사상에 접근하는 것이 가능하다. 또『주요교설』은 그(에피쿠로스) 자신의 손에 의한 것은 아니지만 그의 사상에 충실하기 때문에 일반적으로 중요한 자료로서 간주되고 있다. 이하에는 이들 자료를 중심으로 자연학이론을 살펴볼 것이다. 에피쿠로스의 자연철학을 지지하는 중심적 이론이 '원자론'이라는 점은『헤로도토스 서간집』에서 확인된다.

> DL.X.39.
> [....][40] '우주만물to pān'은 '온갖 물체|sōmata'와 '허공kenon'으로 [구성된 것]이다. 왜냐하면, 물체가 있다고 하는 것은 바로 감각이 모든 사람 앞에서 증명하는 바이며, '[감각에] 분명하지 않은 것 [=허공]'은, 앞에서도 서술한 바와 같이, 감각에 기반한 **추론에 의해**tō logismō [그것이 있음을] 판단할 필요가 있다.

목이 소개되어 있다. 그 리스트를 보면, 저작은 규준론이나 윤리학설 등 넓은 범위에 걸쳐 있음을 알 수 있다. 주 (73)도 참고.

40 후대의 주석이 혼입되어 있다. 이하, DL.X.43 장까지 동일한 개소는 [...]로 표기한다.

'물체'와 비교해서 '있지 않은 것'으로 간주되는 '허공'은 추론에 의해서는 '있는 것'이라고 명확하게 서술되고 있어 기본적인 사유는 데모크리토스와 차이가 없어 보인다.

동 40.
만약 '허공'이든 '장場, chōra'이든 '감각에 의해 지각되지 않는 것'으로 우리가 칭하는 것이 존재하지 않는다면 물체가 존재하는 곳[장소]을 갖지 못할 것이고, [현실에서는] 물체가 분명하게 운동하고 있음에도 불구하고 그것을 통해서 운동하는 곳[물체가 운동하는 공간]도 갖지 못할 것이다. 이들 [물체와 허공], 다시 말해 완전한 것으로 파악되는 동시에 이것에 속하는 성질이나 우연성으로 파악되지 않는 것, 이와 같은 것 이외에는 상상에 의해서든 [이전에 했던] 상상과 비유하는 방식이든 사고하는 것이 불가능하다. [....]
물체에는 '합성체'와 '그것으로부터 합성체가 만들어질 수 있는 [합성체의 구성요소]'가 있다.

동 41.
이들 [구성요소]는 '불가분不可分, atoma'[41]이고 불변하는 것이다. 만물은 '있지 않은 것to mē on'으로 소멸하지 않고, 합성체가 분해하는 즈음에서는 오히려 그 구성요소가 강고한 것으로 남아있는 이상 결국 구성요소란 '충실한 것ischyonta'이고, 어떤 점에서도, 또 어떠한 방식

---

41 atoma는 atomon의 복수이고, 여기서는 술어이지만, 명사화된 경우에는 '원자(아톰)'이다.

에 의해서도 분해되는 것은 아니다. 따라서 물체의 '원리arché'는 '불가분'한 것이 필연적이다.

또 우주 만유萬有는 무한하다. 왜냐하면 '한계가 있는 것'에는 '가장자리'가 있다. '가장자리'는 [그것의 앞에 있는 다른 것의] '가장자리'와 접하는 것이 인정된다(그렇지만 만유에는 다른 것과 접하고 있는 '가장자리'가 인정되지 않는다).[42] 그러므로 만유에는 '가장자리'가 없기 때문에 '한계'가 없다. 한계가 없기 때문에 만유는 '무한'한 것이고, '한계가 있는 것'이 아니다.[43] 게다가 만유는 물체[원자]의 수량에 있어서도, 허공의 크기에 있어서도 무한하다.

동 42.

왜냐하면 만약 '허공'이 [크기에 있어서] 무한하고, 물체[원자]가 [수적으로] 유한하다면, 물체는 머무르지 않고 무한한 허공으로 운동해서 흩어져 버리고 말 것이다. 충돌에 의해 [그 물체가 위치에 안정을] 유지하고, 또 [그 물체가 운동해서 온 반대 방향으로] 되돌려 보내는 다른 물체와 만나는 일이 없을 것이기 때문이다. 또 만약 허공이 유한하다면, 수적으로 무한한 물체에는 그것이 있어야 할 곳[장소]이 없을 것이다.

그것들에 덧붙여 물체 중에서도 불가분하고 조밀한 것 - 그것으로부터 '합성체'가 성립하고, 그것으로 분해해 가는 것 - 에는, 파악할

---

42 우제너(Hermann Usener)에 의한 보충이다. 디오게네스 라에르티우스의 최신 교정본인 Diogenes Laertius, *Lives of Eminent Philosophers*에는 기재되어 있지 않다.

43 '끄트머리'란 경계에 의한 것이라고 생각하면 이해하기 용이하다. 그래서 이 '끄트머리'는 사물을 한계짓는 '한정(peras)'이며, 이 '한정'이 인지할 수 없는 우주 만유를 '무한(apeiron)'이라고 한다.

수 없을 정도의 '형태schēma'의 차이가 있다. 왜냐하면, 우리에게 파악되는 것과 같은 [정도의 제한된 종류의 원자] 형태로부터 [만유에 존재하는] 이런 정도까지의 [합성체의] 차이가 출현한다는 것은 불가능하기 때문이다. 그리고 그것들의 형태마다 유사한 원자가 무한히 존재하지만, 형태의 차이에서는 무한하지 않고 단지 우리가 파악할 수 없는 정도로 수가 많다고 할 뿐이다. […]

동 43.
[....] 원자는 연속해서 영원히 운동하고 있지만, A) 서로 떨어져 거리를 두고 운동하는 것이 있다면, B) 그것의 장에서 '충격衝撃진동palmos'을 발생하는 것도 있다. B-1) 그것은 그 원자가 [합성체의 요소로서] 서로 얽혀 갇혀 있는 곳이거나, B-2) 서로 얽혀 있는 다른 합성체에 의해 덮혀 있는 곳이다.

원자의 운동상태를 기술하는 앞의 인용문은 좀 이해하기 어렵지만, 그 가운데 A는 기체상태의 원자를, B-1은 고체상태를, B-2는 액체상태를 설명하고 있다. 주목해야 할 것은 기체와 액체, 고체라는 물체의 삼상三相의 차이가 물체 자신의 성질이 아니고, 허공에서 원자의 운동상태에 기반해 있다고 설명되고 있다는 점과, 그 위에 고체상태와 액체상태에 관해서까지 충격진동이라는 일종의 운동상태가 상정되고 있다는 점, 다시 말해 모든 원자는 운동상태에 있다고 생각되고 있다는 점이다.

그런데 무한한 허공 중에 운동을 계속하고 상호 뒤섞이는 무한한 원자에 의해서 만유가 있을 수 있다면, 아래와 같이 세계 무한성에 관한 기술이 나온다 해도 이상할 것은 없다.

DL.X.45.

당연히 '세계cosmos'의 수는 무한하고, 그 세계와 유사한 것이 있다면, 유사하지 않은 것도 있을 것이다. 왜냐하면, 앞에서 입증된 바와 같이 무한하게 존재하는 원자는 매우 멀리까지도 운동해 가기 때문이다. 실제로 세계가 그것들로부터 생성되어 있고 또는 그것에 의해 생성되어 왔다면, 하나의 세계에 대해서든 혹은 수적으로 일정한 세계에 대해서든, 그 세계가 이 세계와 비슷하건 다르건 간에 전부 소진되는 일은 없을 것이다. 따라서 세계는 무한히 존재한다는 사실에는 어떤 문제도 없다.

『헤로도토스 수신 서간집』을 보고 알 수 있는 바와 같이, 세계는 원자와 허공으로부터 출현하며, 그럼에도 그것이 무한하기 때문에 세계의 수도 역시 무한하다. 세계의 수에 관해서 에피쿠로스의 견해도 원자의 수적 무한에 기반한 이론으로 귀결하고, 레우키포스 혹은 데모크리토스의 견해도 대부분 동일하다.[44] 그렇다면 그 차이는 어디에 있는 것일까? 다음으로 그 점을 살펴보고자 한다.

---

44   히폴리투스의 『이단논박』 I.13(=DK68.A40, 이 책 15쪽)을 참조.

2) 데모크리토스의 원자론과 에피쿠로스의 원자론 차이점

A. 원자의 비낌과 인과율로부터의 자유

데모크리토스와 에피쿠로스 두 사람의 고대원자론에서 차이는 무엇일까? 에피쿠로스가 원자의 무게를 처음으로 주장했다는 점에서 두 사람의 원자론에 차이를 찾아내려고 하는 연구자들도 있다. 그렇지만 이미 살펴본 바와 같이 아리스토텔레스와 테오프라스투스의 증언에 따르면, 데모크리토스는 원자의 크기에 따라 무겁고 가벼움을 구별했던 것처럼 보이므로[45] 속단은 유보할 필요가 있다. 그렇지만 (1) 원자의 무게를 원자 운동의 원인이라고 한 점, (2) 그럼에도 불구하고 무게의 경중은 운동속도와는 관계가 없다고 한 점, (3) 더욱이 그 운동은 '소용돌이'의 회전운동에 의한 것이 아니고, 기본적으로는 직선이라고 한 점에서 에피쿠로스는 데모크리토스와 분명하게 차이가 있다(다만, '직선운동'이라는 설명에는 보충설명이 필요하겠지만, 그것은 후술하기로 한다). 게다가 에피쿠로스의 경우, 원자의 직선운동은 하강운동하는 것이다. 이것들을 자료에 입각해서 살펴보도록 하겠다.

> DL.X.61.
> 또 원자가 충돌하지 않고 허공 중에서 운동하는 경우에는 **필연적으로 등속 운동한다.** 예를 들어, [크고] 무거운 원자 쪽이 작고 가벼운 원자보다 - 그 작은 원자에 무엇인가 충돌하지 않는 한에서는 - 보

45　DK68.A60과 A135(이 책 15쪽)을 참조.

다 빨리 운동하는 것은 아니기 때문이다. 또 모든 원자는 [자신과] 일치하는 경로를 가지고 있기 때문에 작은 원자 쪽이 큰 원자보다 - 그 큰 원자에 무엇인가 충돌하지 않는다는 한에서는 - 보다 빨리 운동하는 것도 아니다. 또 [원자끼리의 충돌에 의해 발생하는] 충격에 의한 상하운동이나 측면운동, 원자 고유의 무게에 의한 하방운동도, 속도를 변화시키는 것은 아니다. 예를 들어, 어떤 운동을 하려면 외부로부터 무엇인가 충돌하던가 혹은 타격을 준 것에 대항하는 자신의 무게에 의해 [그 운동의 속도가 약하지 않은 한에서는] 원자가 '사고思考'와 동일한 속도로 운동하기 때문이다.

그런데 데모크리토스의 원자론에는 세계생성의 출발점인 '소용돌이'로부터의 운동이 원자에 작용할 경우, 그것은 '필연'이라고 한다.[46] 이것은 목적 없이 전 우주에 작용하는 일종의 법칙이며, 이에 기반한 자연관이 바로 기계론이다.

이에 대하여 에피쿠로스는 원자에는 그같이 기계론적 결정론이라고 말할 수밖에 없는 '필연'에 따르지 않는 운동도 존재하는데, 그것을 '원자의 비낌'이라는 개념에 의해 주장했을 가능성이 높다. 그 결과, 그가 묘사하는 우주의 모습은 데모크리토스의 우주론과도, 아리스토텔레스가 주장하는 목적론적 우주론과도, 스토아학파의 결정론적 우주론과도 다르며, 일정 정도의 우연이 존재한다는 의미에서 비필연적이고 비결정론적인 동시에 무목적적인 우주론이 된다. 아

---

46 DL.IX.31 (= DK67.A1), DL.IX.33 혹은 레우키포스『지성에 관하여』(= DK67.B2)를 참조.

래에서는 에피쿠로스가 '필연'을 부정했던 이유와 그 방식을 살펴보겠다. 다만 그것을 도출한 단편은 유감스럽게도 현존하는 에피쿠로스의 어록으로는 인정되지 않는다. 그곳에서 이 우주상을 가져온 '원자의 비낌'에 관해서, 원자론과는 거리를 둔 키케로에 의한 비평과, 이어서 열정적인 에피쿠로스학파 시인이었던 루크레티우스에 의한 증언을 살펴보도록 하겠다.

키케로『선악의 한계에 관하여』I.vi.18-20.
에피쿠로스는 데모크리토스에 따르는 교설에서는 거의 실패하는 일이 없다. [....] 그렇지만 [원자를 합성체로 이끄는 힘에 관한 양자의 견해는 그들 모두 결점이 있다. 그러나 아래에서 다루는 것은 에피쿠로스의 고유한 결함이다. 왜냐하면, 그는 동일한 고체물체로서 원자는 자신의 무게에 의해 일직선으로 아래쪽으로 움직인다고 생각했는데, 이것을 모든 물체에 미치는 운동이라고 했다. 머리가 영민한 이 인물은 모든 것이 아래로, 그래서 서술한 바와 같이 직선으로 운동한다면 확실히 어떤 원자가 다른 원자와 접촉하는 일은 일어나지 않을 것이다. 그런 식으로 해서 [...결락...] 그곳에서 그는 지어낸 이야기를 가져온 것이다. 그는 아주 조금, 그 이상은 불가능한 정도로 미세하지만 원자는 '비껴간다declinare'고 주장했다. 이 '비낌'이 원자들 상호간에 복합체의 합성과 결합과 밀착을 만들어 내고, 이것에 의해 세계가, 세계의 모든 부분이, 또 이 세계에 존재하는 것이라면 모든 것이 만들어졌다고 한다. 이같은 설명은 모두 어린애같이 꾸며낸 이야기로 머무는 것에 그치지 않고 에피쿠로스가 바라는 [자연학의 교설]을 완성시키는 일도 방해한다. 왜냐하면, '낙하게도에서 벗어난 이탈declinatio'47은 자의적으로 지어낸 이야기이기 때문이다 (왜냐하면 에피쿠로스가 주장하는 것에는 원자가 원인 없이 낙하궤도를 이탈한다고 하지만, 무엇인가가 원인 없이 발생한다고 하는 것 이상 자연학자로서 어리석은 일은 없기 때문이다). 더욱이 에피쿠로스는 무게를 가진 모든 것은 보다 아래쪽 장소를 찾는다고 하는 자연운동을 자신이 정해두고도, 그러나 원자로부터 [이같은 자연 운동을] 이유도 없이 빼앗아 버렸다. 그 때문에 이와 같은 말을 애초에 만들어 낸 그 목적도 달성해내지 못하는 것이다. 왜냐하면, 모든 원자가 이탈한다면 원자끼리의 밀착은 없을 것이고, 어떤 원자는 이탈하지만, 어떤 원자는 그 자신이 가진 하강성에 의해 직선으로 움직인다면, 그것은 첫째로 어떤 것은 직선운동을, 어떤 것은 이탈하는 운동을 하는 방식으로, 말하자면 특수한 역할을 다양한 원자에 부여하는 것과 같으며, 둘째로는 (이것은 데모크리토스도 그곳에서 뺀 것이지만) 그같은 원자끼리의 혼란스러운 충돌에서는 세계에 질서를 만들어 내는 것이 불가능하기 때문이다.

고대원자론에서 데모크리토스가 '소용돌이'를 들고나온 것처럼, 운동하는 원자는 어떤 방식으로 다른 원자와 접촉하지 않으면 복합체가 될 수 없다. 그렇지만 이미 DL.X.61에서 확인한 바와 같이, 에피쿠로스의 경우 원자의 운동은 자신의 무게에 기반해서 아래쪽으로 직선운동을 한다. 그리고 그때 원자의 속도가 등속이라면, 원자 상호간의 충돌은 일어나지 않는다. 에피쿠로스는 이것을 피하기 위하여

---

47 동사 '이탈하다(declinare)'의 명사형.

'원자의 비낌'을 도입하지만, 키케로는 그것을 '어린아이같이 유치한 말장난'이라고 평가한다. '원자의 비낌'이 모든 원자에 미치는 것이 아니고, 그것이 몇 개이든 간에 '원인 없이' 발생한다고 했기 때문이다.[48] 다시 말해, 에피쿠로스는 세계의 생성에 관해서 원자운동이라는 '원인'에 의해 설명을 시도하면서도, 핵심적인 장면에서는 '원인 없이' 발생하는 현상을 들고나오고, 그런 점에서 사물의 원인을 탐구하는 자연학으로서는 실패했다고 키케로는 논하고 있다. 옳고 그름이 어떠하든 어떤 원자가 이탈하여 직선운동을 하는 다른 원자에 접촉하고, 그곳에서 충돌을 개입시켜 구성이 시작된다는 것이 에피쿠로스의 원자론에서 합성체 성립에 대한 설명이다. 그렇지만 이 '비낌'은 원자의 운동상태에만 관여하는 것이 아니다. 다시 키케로의 다른 보고를 보도록 하겠다.

> 키케로『신들의 본성에 관하여』I.xxv.69.
> 에피쿠로스가 이해하는 바와 같이, 만약 원자가 자신의 무게에 의해 아래쪽으로 움직인다면 우리에게 가능한 것 [자유의지] 등은 없게 될 것이다. 예를 들어, 원자의 운동이 확정적이고 필연적인 것이기 때문이다. 이곳에서 그는 필연성으로부터 벗어나는 기술을 발견한다. 그것은 데모크리토스가 간과하였던 것이다. 에피쿠로스가 주

---

48 현대에서라면 확률개념으로 설명할 수도 있겠지만, 당시에는 필연개념을 상쇄하기 위해서 우연개념을 꺼내들 수밖에 없었다고 말할 수 있다. 이것은 데모크리토스가 '소용돌이'에 대해 필연이라는 말을 사용하지 않았다는 점과 유사하다.

장하는 것은 원자가 자신의 무게와 그 힘에 의해 아래쪽으로 움직일 때 간신히 이탈한다는 것이다.

이곳에는 '원자의 비낌'이 '자유의지'의 문제와 중첩되어 있다. 그렇다면 어떤 점에서 관계가 있는 것인가? 루크레티우스를 살펴보도록 하겠다.

> 루크레티우스 『사물의 본질에 관하여』 II.216-224.
> 이 문제에 관해 우리들은 그대에게 더욱 아래의 내용을 이해시키고 싶다.
> 물체[49]가 그것의 고유한 무게에 의해 직선으로 아래쪽으로 '허공'[50]을 통하여 운동할 경우에,
> 불확정인 때, 공간 가운데 불확정의 장소에 [낙하궤도로부터] 미세하게 이탈한다는 것을.
> [하강의] 운동이 변했다고 당신이 말할 수 있는 정도이지만.
> 그렇지만 만약 궤도가 이탈하는 것이 언제나 있는 것은 아니라면, 모든 사물은 아래쪽으로,
> 마치 비가 내리듯이, 깊은 허공을 통하여 낙하하는 것이 분명하고
> 원칙적으로는[51] 충돌도 일어나지 않고 충격도 발생하지 않겠지. 이

---

49 '물체(corpus)' [복수형 corpora]'는 원자를 의미한다. 그리스어 '물체(sōma)'에 해당한다.

50 '허공(inane)'. 이후의 '허공(vacuum)'과 동일한 의미이다.

51 '원리(principium)'도 원자에 상응하는 의미이다. 그리스어 '원리(archē)'에 해당한다.

와 같이 자연은 어떤 것도 창조하지는 않았을 것이네.

여기에서 루크레티우스가 서술하고 있는 것은 원자의 수직하강 운동에서 발생하는 '이탈'이고, 키케로가 증언한 말과 다른 것은 없다.[52]

동 225-250.

그러나 만약 누군가가 이렇게 믿고 있다면, 다시 말해, 보다 무거운 사물이

'허공'을 통하여 아래쪽으로 보다 빠르게 이동하고,

따라서 위쪽으로부터 보다 가벼운 사물을 향해서 낙하하고,

[합성체를] 생성하는 운동을 발생시키는 충격을 일으킨다면,

[그렇다면, 이렇게 믿는 사람은] 바른 추론으로부터 멀리 떨어져 있다.

왜냐하면, 어떤 물과 희박한 공기를 통과하여 떨어지는 것은,

그 무게에 상응하여 낙하하는 것을 끌어당기는 것이 필연적이다.

왜냐하면, 물이라는 사물도 공기라는 희박한 본성도,

사물[53]의 낙하 = 원자의 낙하속도를 어디든 동등하게 늦추는 건 정할 수 없기 때문.

아니, 보다 무거운 사물에 승복하여, 재빨리 양보하기 때문이다.

---

52 에피쿠로스의 원자론에 반대한 키케로와 그것에 찬동한 루크레티우스의 보고가 일치하는 것을 통해 양자의 보고내용이 신뢰할 수 있다는 점을 보여주려고 이 구절을 기술하였다.

53 '사물'이라고 번역한 'res'도 원자를 의미한다(역자주: 저자는 res를 'モノ', 즉 '것', '물체', '사물'의 의미 영역으로 번역하였다.).

그것과는 반대로 '허공'[54]이라는 공간은 어떠한 때에도,

사물에 저항하는 등이 불가능하다.

허공이 바라는 것은 원자의 통과를 계속하게 하는 것이다.

그 때문에 모든 것은 무저항의 허공을 통과하고,

각각 무게가 다름에도 동등하게 움직인다.

그러므로 보다 무거운 사물이 위쪽으로부터 보다 가벼운 사물에 충돌하는 것도

자연이 만물을 만들어내고, 다양한 운동을 일으키는 충돌이

저절로 생기하는 것도 불가능하다.

그렇기 때문에 되풀이 말하지만, 아주 미세하게 사물이 이탈하는 것이 틀림없다.

그러나 진정으로 미세할 뿐이다. 그렇지 않으면 비낌의 운동을 조작한 것이라고 우리는 간주할 것이다. 그렇지만 그것은 진실이 논증하는 바이다.

왜냐하면, 우리가 이처럼 말한 것은 당연하고 명백한 일이라고 생각한다.

다시 말해, 보다 무거운 것은 그것이 원자에 있는 한 위쪽으로부터 낙하는 때에

당신이 그것을 확인할 수 있을 정도로, 비껴서 나아가는 것이 가능하지 않다는 것을.

하지만 그 궤도가 절대로 수직방향으로부터 이탈하는 것은 아니라고, 도대체 누가 그것을 확인하는 것이 가능할까?

---

54 '허공(vacuum)'. 앞의 '허공(inane)'과 동일하다.

동 251-262.

한번 더, 만약 모든 운동이 항상 연쇄해서,

새로운 운동이 오랜 운동으로부터 확고한 질서를 가지고 이끌어진
다면,

그래서 만약 [원자의 낙하궤도가] 이탈하는 것에서,

'운명의 규칙'[55]을 파괴하는 출발점을 원자의 새로운 운동이 만든
다면,

그리고 원인이 원인을 무한히 뒤따라 일어난다면,

도대체 어떻게 '자유의지libera voluntas'[56]는 이 대지 전체 생물들에 존
재하는가?

내가 기술하였듯이, 도대체 어떻게 자유의지는 운명으로부터 [생물
에게로] 빼앗아 온 것인가?

이것을 통해서 우리는 어디서 '유쾌voluptas'[57]가 이끄는 곳으로 나아가

그것과 마찬가지로 우리도 그 운동을 이탈하는 것이 아니겠는가?

불확정한 때에,

불확정한 장소에서, 그러나 '마음mens'[58]이 이끄는 그 장소에서.

---

55 '운명의 규칙(fati foedra)'은, 스토아학파의 운명론은 물론 모든 사태들이 선행
하는 운동상태에 의해 결정되어 있다고 생각할 때에 발생하며, 데모크리토
스의 기계론적 결정론도 포함하는 것으로 생각할 수 있다.

56 '자유의지(libera voluntas)'는 물론 원죄와의 관계에서 전개된 그리스도교적인
의미와는 다르다.

57 '유쾌(voluptas)'가 거론되는 것은 인간의 행동원리가 쾌락과 관련되어 있다는
것을 의미한다. 이것은 에피쿠로스가 추구하였던 '마음의 무동요(평정,
ataraxia)'와 관계한다. 이러한 상태와 자연학의 관계에 관해서는 후술하도록
한다.

58 '마음'이라고 번역하였지만, 'mens'는 마음을 담당한다는 점에서 '영혼'도 의
미하는 단어이다.

왜냐하면, 의심할 바 없이 각각의 사물에 대해서, 또 그 사람에 대해서도, 그 '의지voluntas'가 '시원始原, principium'59이 되어서,

또 이 의지에 의한 운동[행위]이 신체 각 부분을 통해서 행해지기 때문이다.

이상으로부터 알 수 있는 바와 같이 '원자의 비낌'이라는 사유방식은 에피쿠로스에게 부정적인 입장의 키케로뿐만 아니라,60 에피쿠로스학파의 루크레티우스에 의해서도 거의 변화가 없다. 반대와 찬성의 양자에 의해서 거의 동일한 보고가 이루어지고 있기 때문에 '원자의 비낌'이라는 개념이 에피쿠로스에 귀속되는 것, 또 이 개념이 의지와 영혼의 자유를 확보하기 위해서 중요한 역할을 한다는 사실이 이해되어야 할 것이다. 어느 쪽이건 '원자의 비낌'은 다음과 같이 정리할 수 있다.

1) 직선운동이 아니라는 점에서, '원자의 비낌'은,

   1-A) 원자끼리의 충돌의 원인이고, 그 충돌에 의해 발생하는 다양한 방향으로의 운동의 원인으로 정해진다.

   1-B) 그것에 근거한 운동이 복합체 생성의 원인이다.

---

59 '시원(principium)'은 각자의 행위가 시작하는 기원이다. 자유의지가 존재하지 않으면, 모든 행위는 필연적으로 발생하는 것으로 위치 지어진다.

60 키케로 자신은 회의주의(신 아카데미학파)의 입장에서 에피쿠로스에게 찬성하지는 않지만, 대화형식으로 쓰인 『선과 악의 한계에 관하여』에서는 에피쿠로스학파의 아티쿠스(Atticus)의 주장을 대변하고 있다.

2) 발생이 필연적이지 않다는 점에서, '원자의 비낌'은,

  2-A) 모든 의지가 필연적으로 속박되어 있지 않다는 점, 그런 의미에서 자유의지가 생물에 존재하는 원인으로 정해진다.

  2-B) 자유의지가 확보된 결과로, 행위도 또한 필연적이 아니라는 설명의 근거가 된다.

(1)에 관해서는, 원자론 일반이 필요로 하는 것은 아니다.[61] 에피쿠로스의 경우 원자운동이 직선운동하고, 그럼에도 고유의 운동경로를 가지고 있기 때문에 낙하궤도의 변경이 없다면 충돌 자체가 성립하지 않기 때문에 직선운동으로부터의 이탈과 원자끼리의 충돌을 이끌어내는 것으로서 '원자의 비낌'이 채택되었다.

(2)에 관해서는, '원자의 비낌'이 '자유의지voluntas'라는, 자연학과는 조금 다른 국면에서 요구된다. 이것이 필요하게 되는 배경을 이해하기 위해서는 '필연necessitas'과 '운명fatum'이라는 개념을 살펴볼 필요가 있다. 왜냐하면 '원자의 비낌'이 그것들을 부정하기 위해서 끌어들인 개념이기 때문이다.

B. 에피쿠로스학파에서 '자유의지'의 철학적 위치부여

에피쿠로스가 '원자의 비낌'에 의해 대항하였던, 필연적 - 또는 기계

---

61 데모크리토스의 경우에는 '소용돌이'의 존재가 원자들끼리 충돌과 그것에 수반하는 조직구성체의 성립을 함의한다. 또한 레우키포스의 『지성에 관하여』(=DK67.B2)에는 만물의 생성이 필연적으로 기반이 되어 있다.

론적 - 자연관은 선행하는 원자의 운동상태에 의해 후속하는 원자의 운동상태가 결정된다는 것이었다. 다시 말해, 과거가 그 이전의 원자운동에 의해 결정되어 있는 것처럼, 미래의 사태도 원자운동의 상태에 의해 결정되어 있다. 그리고 이 연쇄의 존재가 자연에 의해 초래되어 모든 사물과 현상에 미친다고 생각하는 경우 - 그것에는 인간의 의지적 선택이라는 심리적 사태와 그것에 기반한 행위도 포함된다 - 모든 사물이 이미 결정되어 있다는 결정론이 부상하게 된다. 이것은 말할 것도 없이, 레우키포스와 데모크리토스의 '필연'을 기치로 한 기계론적 원자론으로부터 귀결하는 것이다.[62] 다만 헬레니즘시대로부터 로마 공화제정기共和帝政期에 있어서 과거에서 미래의 결정, 다시 말해 운명의 존재를 보다 강하게 주장한 것은 오히려 스토아학파였다. 따라서 영향력이라는 관점에서 본다면, 에피쿠로스학파가 실제로 대항하였던 것은 철학사적으로는 스토아학파의 운명론이었다고 말할 수 있다.

> SVF. II. 1000 (= Gellius, Noctes Atticae, VII 2.)
> '운명fatum', 그것은 그리스인들이 '헤이마르메네heimarmenē'라고 말하는 것이지만, 그것에 관해서 스토아철학의 수장首長이었던 크뤼시포스Chrȳsippos는 바로 다음과 같은 말로 정의하고 있다.

---

62 미래의 사태들이 사물의 인과연쇄에 의해 항상 결정되어 있다는 강한 결정론을 채택하는 입장에서는 원자라고 하는 자연관은 공유하지 않지만, 스토아학파도 유사하다고 해도 좋을 것이다. 헬레니즘시대 이래 에피쿠로스학파와 스토아학파는 이 점에 관해서 논쟁을 전개하였다고 추측된다.

가로되, '운명이란 영원히 변화 불가능한 사물의 계열이고, 연쇄란 [선행하는] 원인으로부터 [일어나는 결과가 다음 사물의 원인이 되어] 발생하는 것이며, 영속적으로 [그와 같은] 인과의 질서에 의해 자신을 끌어들이는 연쇄작용이다.'라고. 이 정의는 크뤼시포스의 것으로, 기억에 확실한 것에 한해서 다시 부기해 둔다. 그것은 나의 이 [라틴어] 번역이 애매하다고 생각하는 사람이 있으면, 크뤼시포스 자신의 말에도 시선을 돌릴 수 있도록 하기 위해서이다. 『섭리에 관하여』 제4권 중에 그는 '헤이마르메네란 영원히 지속하고, 사물 전체가 어떤 자연적인 질서에 있고, 서로가 잇따르고, 또 서로 연관되어 있는, 그러한 얽힘이 상도를 벗어난 것이 아니라는 것이 성립한다'고 기술하고 있다.

스토아학파가 주장한 '운명'이란, 그들의 우주론과 더불어 매우 강고한 것이었다. 우주만유는 지성과 질료에 의해 구성된 신 - 말하자면 우주의 종자 - 이 자기전개한 형태로 이해된다. 우주는 공간적으로 무한하지도 시간적으로 영원하지도 않고, 어떤 전개를 멈추고, '대연소燃燒'에 의해 다시 원래의 신으로 회귀한다. 그리고 그것으로부터 다시 세계가 전개한다고 생각하였다.[63] 이 두 번째 자기전개는 이전과 완전히 동일한 과정을 따라가서 마치 동일한 DVD를 몇 번이고 재생하는 것처럼 그때마다 동일한 내용이 차례로 펼쳐진다. 이것에 관해서 로마제정기의 황제 마르쿠스 아우렐레우스의 한 구절을 살펴보고자 한다.

---

[63] 스토아학파의 우주론에 관해서는 DL.VII.34 이하(= SVF.I.185)를 참조.

마르쿠스 아우렐리우스 『자성록』 VII-19.

물체는 모두 만물을 구성하는 존재를 마치 강물이 빠르게 흐르는 것과 같이 관통해서 흐르고 있다. 그 [물체 모두]는 만유[우주]와 본성을 공유하고 있고, 마치 우리의 신체 각 부분이 상호 협력하는 것과 동일하다. 영원한 시간[우주주기]은 크뤼시포스도 소크라테스도 에피쿠로스도 몇 명이고 삼켜 왔다. 어떠한 종류의 인간이건, 어떠한 종류의 행위건, 모두에 대해 동일하게 꼭 들어맞는다는 사실을 자네는 잊지 말게나.

우주가 반복될 때마다 소크라테스가 태어나고 다시 죽는다. 이런 한에서 마르쿠스 아우렐리우스는 자신도 그런 한 사람이라는 것을 인정하고, 자신에게 일어난 무수한 고난을 이미 몇 명인지 알 수 없는 마르쿠스 아우렐리수스가 인내하고 또 인내해야 할 것으로 받아들인다. 스토아학파의 '운명론'이란, 그와 같이 동일한 세계가 영원히 반복된다는 세계관이다.

스토아학파를 대표하는 결정론과 기계론적인 우주관에서 인정되는 인과관계의 연쇄를 타파하하는 것이 '원자의 비낌'이라는 개념이다. 불확정적으로 발생하는 '비낌'에 의해 어떤 시점에서 원자의 운동이 근본적으로 장래 원자의 운동상태 – 다시 말해 미래의 사태 – 를 결정한다는 것은 성립하지 않게 된다. 원자론이란, 세계 전부를 원자와 허공, 그리고 그 사이에서 성립하는 원자의 운동상태로 환원하고, 그리고 우리도, 우리의 마음도 그것들로부터 나왔기 때문에 그것만으로는 우리의 현재의 심리상태가 과거의 어떤 시점에서 결정되고,

미래의 심리상태도 또 현 시점에서 결정되어 버린다. 그런 이유로 '원자의 비낌'이란, 과거의 상태에 의해 미래가 일의적으로 결정되지 않는다는 의미에서 '필연'과 '운명'에 기반하지 않은 영혼의 행동이 - 그것에 의해 '의지'가 결정되어 있지 않다는 의미에서 '자유'로운 '의지'가 - 존재할 수 있다는 점을 이론적으로 보증하는 원리이다.

그렇게 해서 '비낌'이라는 개념은 자연학에서 정립되었지만, 자유의지를 형성한다는 의미에서는 윤리학에 관련되어 있다.[64] '원자의 비낌'에 기반한 '자유의지'가 행위에 관련된다면, '비낌'은 자유로운 생기를 가능하게 하는 근거이다. 그렇다면 자신의 생기는 어떻게 만들어 내는 것인가? 이것을 보여주는 것이 '현자'라고 하는 규범이다. 에피쿠로스는 이것을 통하여 이상理想의 생기를 묘사해 내지만 유감스럽게도 여기서 자세히 설명할 수는 없다.[65] 어느 쪽이든 '원자의 비낌'에 기반해 있는 세계관은 레우키포스나 데모크리토스가 원자운동에서 추구하였던 '필연'과 '운명'에 기반한 세계관과는 전체적으로 큰 차이가 있다고 말할 수 있다.

---

64 에피쿠로스학파는 운명론을 주장하는 스토아학파만이 아니라 에피쿠로스 본인이 '필연'이나 '운명'을 담당하는 신들의 의도의 존재도 부정하기 때문에 그것을 주장하는 사람들과도 대립하였다. 단지 신의 존재를 부정한 것만이 아니다. 다만 세계가 원자와 허공으로 성립되어 있는 이상, 신들도 또한 물체라고 생각하였다. 그런 위에 인간에 관심을 가지기 때문에 자신에 대한 태도에 의해 개인의 운명이 좌우된다고 하는 종래의 신의 존재방식에 관해서도 그는 반대하였다.

65 에피쿠로스가 생각한 '현자'에 관해서는 DL.X.117-121을 참조.

3) 에피쿠로스 자연학의 특징과 목적

에피쿠로스학파에 대한 개괄에 즈음하여 자연학 전반에 대한 특징
과 그 목적에 관해서 다루어 보고자 한다. 에피쿠로스는 자연학 중에
서도 특히 천공天空에서 발생하는 현상의 원인에 관해서 원자론에서
전개한 것과 마찬가지로 일의적一義的인 설명을 하지 않았다고 할 수
있다. 그것은『퓌토클레스 서간집』서두에 언급되어 있다.

> DL.X.85-86.
> 우선 천공의 현상에 관한 지식에서 찾을 수 있는 목적이란 그것들
> 의 현상이 다른 사항과 관계지어 논의되거나, 혹은 그것만이 분리
> 되어 논의되어도 바로 '마음의 무동요ataraxia'라는 확고한 신념을 획
> 득하는 것밖에는 없다고 이해해야 한다. 이것은 그와 다른 사항의
> 인식에서도 동일하다. 천공의 현상에 관해서는, 불가능한 설명을
> 무리하여 억지부리지 않고, 그와 같은 현상 전부에 있어서 '인생에
> 관한 논의(윤리학)'나 '천공 이외 자연학상의 문제의 해명에 대한
> 논의' 등과 유사한 방식으로 고찰을 해야만 하는 것도 아니다. [그들
> 의] 예를 들어, 우주만유가 '물체'[=원자]와 '감각에 의해 지각되지
> 않는 것'[=허공]에서 출현한다는 것, 또는 그 '구성요소'가 '원자'라고
> 하는 것, 또한 감각에 드러나 있는 사태에 대해 합치하는 하나의 방
> 식으로 설명할 수밖에 없는 모든 부류에 관해서 논의한다. 그렇지
> 만 천공현상의 경우에는 '하나의 방식으로 설명할 수밖에 없다'는
> 것이 꼭 들어맞지는 않는다. 오히려 이들 현상은 그것의 생성에 관
> 해서도 복수의 원인이 있고, 그것의 존재에 있어서도 감각과 합치
> 하는 복수의 서술이 있다.

'천공의 현상'이란, 현재라면 천체현상으로 분류되는 항성과 혹은 별의 운동, 달의 차고 기욺, 일식, 월식 등과 기상현상으로 분류되는 강우, 강설이나 천둥, 낙뢰, 지진 등을 포함한다.[66] 원자와 허공으로 환원한다는, 말하자면 '하나의 방식으로 설명'에 의해 세계를 설명하는 에피쿠로스의 자세에서 본다면, 그것이 '천공현상의 경우에는 꼭 들어맞지는 않는다'고 하는 앞에서의 방침은 크게 다른 것처럼 생각된다. 그렇지만 그의 태도는 일관해 있다. 구체적인 예로써 『퓌토클레스의 서간집』에서 달의 차고 기욺에 관한 설명을 살펴보자.

> DL.X.94.
> 달이 기울고 다시 차는 것은 달이라는 물체의 회전에 의해서도 발생할 수 있고, 공기가 만드는 형태에 의해서도 발생할 수 있다. 또 다른 물체가 [달과 우리 사이에] 끼어드는 것에 의해서도 마찬가지로 발생할 수 있다. 다시 말해 우리의 앞에 나타나는 [달의 차고 기욺이라는] 현상은 그것을 설명하기 위해 우리가 가져오는 어떠한 방식에 의해서도 발생할 수 있다. 만약 어떤 사람이 '하나의 방식만으로 설명'하여 [현상을] 설명하는 것에 완전히 만족해 버려서 그것 이외의 설명을 근거 없이 물리치는 것이 아니라면 [다양한 설명이 가능하다].

'천공현상의 경우에는 하나의 방식으로 설명할 수밖에 없다는 것

---

66 이것에 관해서는 DL.X.90-116을 참조.

이 꼭 들어맞지는 않다'는 것은 거기에 복수의 방식으로 설명이 성립하고, 또한 어느 쪽이든 근거가 있을 수 있는 경우이다. 그리고 그런 경우, 에피쿠로스는 무언가 하나를 적극적으로 선택하여 붙잡는 태도를 정하지 않는다.

> DL.X.87.
> 우리의 생활은 불합리하고 덧없는 억측 등은 이제 필요하지 않고, 오히려 마음이 흐트러짐 없이 사는 것이 필요하다. 거기서 감각에 나타나는 [현상]과 일치하면서, 복수의 방식으로 설명되는 모든 사항들에 관하여, 만약 어떤 사람이 납득할 수 있는 설명으로 해서 그럴듯하다고 받아들인다면, 전체는 혼란이 발생하지 않는다. 그러나 어떤 사람이 [복수의 설명 가운데] 어떤 설명은 받아들이고, 어떤 설명은 [받아들인 설명과] 동일한 정도로 나타난 [현상]과 일치함에도 불구하고 거부한다면, 그 사람은 자연연구에서 '신화적 설명mythos'으로 완전히 추락해 버릴 것이다.

에피쿠로스의 자세는 당시 자연학자들의 단정적인 태도에 비해서 매우 자제하는 편이다. 그 때문에 에피쿠로스학파의 자연학은 특히 천공현상에 관해서는 다른 학파에 비해 체계적인 이론을 구축하지 않았다. 이 소극적인 자세는 우주를 신들이 관리한다고 하는, 에피쿠로스가 비판한 '신화적 설명'에 대한 강렬한 반대에 기반해 있다.

> DL.X.81.
> 그렇지만 이들 모두에 더해 전반적으로 말하자면, 아래의 사실을

변별해 두어야 한다. 인간의 영혼에 의해 가장 동요하게 되는 것은, 이런 [천체들]은 지복至福하고 불멸하면서 동시에 그것과는 완전히 반대인 의지[악의]와 행위[악행]나 그 동기를 가진다고 생각하는 것에서 발생한다. [....] 이 경우에, 그 사람은 공포에 제동을 걸지 못하기 때문에 이런 [죽음에 처한 고통과 사후에도 공포가 존속하는 것을 생각하는 것과 같은 정도 혹은 그 이상으로 격렬한 동요를 받게 된다.

에피쿠로스 자신은 '전체들이 지복하고 불멸하다'고도, '신이 천공현상을 운영하고 있다'고도 생각하지 않고[67] 점복占卜도 부정하였다.[68] 그렇지만 그가 살았던 시대에 천체는 신이고, 그것의 위치관계가 인간에 영향을 준다고 생각한 사람들이 다수였던 것도 사실이다.[69] 별의 운동에 의해 일어나는 영향을 사전에 알 수 있는 것이 점성술이라면,[70] 이 점이 성립하기 위해서는 원인 결과라는 계열의 흔

---

67 DL.X.76-77을 참고.

68 DL.X.135를 참고.

69 시대는 내려가지만, 플로티누스의 『엔네아데스(The Enneads)』 II-3, '별은 지상의 사태를 일으키는가'로부터, 당시 천체운동이 빈부의 격차나 질병에 관계하여 혹은 천체 그 자체가 악하게 존재하고, 다시 선악이 천체의 위치에 의해 유전한다고 하는 등의 사상이 있었다는 점을 엿볼 수 있다. 당시 점성술의 사고방식에 관해서는, 예를 들어 섹스투스 엠피리쿠스의 『점성술사에 관하여』에 보다 상세한 설명을 볼 수 있다.

70 점술의 전반에 관해 말하자면, 로마제국에서는 조점관(鳥占官)이라는 관직이 존재하였으며, 소 등의 간장에 의해서도 미래의 예측이 가능하다고 생각하였다. 키케로 당시의 점쟁이도 미래나 운명 등과의 문제에 관해서는 키케로 『운명에 관하여』를 참고하라. 또한 동물의 행동이 자연현상의 전조가 된다는 주장을 에피쿠로스는 부정하였다. 이것에 관해서는 DL.X.116을 참고.

들림 없는 연쇄, 다시 말해, '운명'의 존재가 필요하다.[71] 왜냐하면 점이란 '이미 결정된 미래'를 엿보는 기술로 자리 잡기 때문이다. 그리고 직접적인 영향력의 행사이든, 미래의 예시이든 천공의 현상이 우리의 생활에 관해서 결과적으로 공포를 만들어내고 있는 것이라면 상대가 천체인 만큼 인간은 무력하고 그것에 복종할 수밖에 없다고 생각하는 사람들도 있다. 그런 한에서 '원자의 비낌'에 의한 미래의 우연성과 자유의지를 주장하는 에피쿠로스가 이것들을 부정하고 반대하는 것은 당연하다.

때문에 어떤 사람이 그와 같은 사태에 관해서 '하나의 방식으로 설명'을 받아들이고 영혼이 동요하는 정도라면, 거기에는 복수의 설명이 존재하고 그것에 의해 그 사람이 '마음의 무동요ataraxia'를 획득하는 쪽이 더 중요하다고 에피쿠로스는 생각했던 것이다.[72] 이 목적에 이바지하는 것이 아니라면 천공현상에 대한 설명은 아무래도 상관없다. 다시 말해 에피쿠로스에게 원자론이란 자연학으로 정립되어 있기는 하지만,[73] 그 이론에 의해 별들을 비롯한 자연현상 전반을 일의적으로 설명하려고 계획한 것이 아니고 오히려 '비낌'에 의해 자

---

71 스토아학파도 점술에 관해서는 효력이 있다고 확신하였다. 이에 관해서는 SVF.II.939-944를 참고.

72 '마음의 무동요'에 관해서는 DL.X.82를 참고.

73 에피쿠로스학파의 학문체계는 세 부분으로 되어 있었다. 진리의 기준에 관해 논의한 것은 '기준론(canonicon)'이고, 이것은 '자연학(physicon)'으로 들어가는 입구에 해당한다. '자연학'은 자연의 생성과 소멸을 다루고, '윤리학(ēthicon)'은 선택이나 기피, 더하여 생의 목적을 다루는 것이었다. 이것들에 관해서는 DL.X.30-32를 참고.

유의지를 확보한다는 의미에서 윤리학과 깊은 관계를 보여준다고 말할 수 있다.[74]

나가며

지금까지 보았듯이, 레우키포스와 데모크리토스의 원자론과 에피쿠로스의 원자론은 원자와 허공이라는 기본적 원리에서 많은 점을 공유하면서도 인과관계나 자유의지 등 핵심적인 부분에 관해 큰 차이를 보여준다. 이번 장이 목적하는 것은 '고대원자론'으로 일괄되기 쉬운 두 사람을. 차이에 주목하여 묘사해 보는 것이었다. 그리고 그것은 각각의 원자론이 그 이전의 어떤 사상과 대치한 것인가, 혹은 같은 동행이었는가 하는 배경 위에서 비로소 이해할 수 있을 것이다. 철학이란 자신을 포함한 세계 전체를 이해하는 형식이고, 그런 사고에 입각한 삶을 사는 것에 다름 아니다. 그런 점에서 원자론이란 자연이해의 한 형식으로 그치지 않고 인간이해에 대한 하나의 형식이기도 해서 생의 지침을 보여준다고 해도 과언이 아니다.

---

[74] 윤리학적인 면에 관해 부언하면, 에피쿠로스 자신이 쾌락주의자로 위치지어진 점이 있기는 하지만 그때 그가 추구하는 쾌락은 사치와 유사한 것이 아니고, 오히려 주어진 것에 만족하는 검소한 생활이었다는 점에 주의해야 한다. 이것에 관해서는 DL.X.11을 참조.

참고문헌과 약호

본 장에서 사용한 문헌을 주제별로 정리하였다.

레우키포스와 데모크리토스를 다루는 데 있어서는 다음을 참고하기 바란다. 텍스트로는 (1)을 주로 사용하였다. 단지 디오게네스 라에르티우스에 관해서는 (2)를 중심으로 하고, (3), (4)는 텍스트의 교정이나 다른 독법, 번역에서 참조하였다. 또한 (5)-(9), (11) 또한 이곳저곳의 번역에 참고하였다. (10)에 관해서는 텍스트를 다른 텍스트와 비교 참조하였다. 인용한 부분에 관해서는 인용이 시작하는 행의 수만을 기입하였다.

(1) *Die Fragmente der Vorsoldratiker*, 2er Bd. (1956) Diels, H. Kranz, W. Weidmannsche Verlagsbuchhandlung. 일역:『ソクラテス以前哲学者断片集』IV, 内山勝利ほか訳. 岩波書店 (1998). 한글역:『소크라테스 이전 철학자들의 단편 선집』. 김인곤 외 옮김. 파주: 아카넷 (2005).

DK로 표기하고, 각 철학자에 할당된 번호는 레우키포스 67, 데모크리토스 68이다. 덧붙여 후대의 인용에 기초한「생애와 학설」에는 A가,「단편」에는 B가 부기되고, 같은 책에서 자료분류번호가 추가된다. 예를 들어 DK67.B1은 레우키포스 단편1이다. 그러나 '들어가며'에서 서술한 바와 같이 각 인물에 대한 자료의 할당이나 단편의 범위 등에 대해서는 이견이 있는 자료들도 있다. 그렇지만 기본자료로서 이것에 의거하여 널리 사용되고 있기 때문에, 이 방식을 따르기로 한다.

(2) *Diogenis Laertii Vitae Philosophorum* (1964) ed. Long, H. 2 Vols. Oxford Classical Texts. 일역:『ギリシア哲学者列伝』. 加来彰俊(訳). 岩波書店 (1994). 카라이(加来)로 표기. 한글역:『그리스철학자열전』. 전양범 옮김. 서울: 동서문화사 (2016).

DL로 표기하고, 권수는 로마자로, 절수는 아라비아 숫자로 부가한다. 예를 들어, DL. X. 80은 디오게네스 라이르티우스 제10권, 제80절.

(3) *Diogenes Laertius Lives of Philosophers*, 2 Vols. (1925, reprinted 1991),

Translated by Hicks, R. D. Harvard University Press.

(4) *Diogenes Laertius Lives of Eminent Philosophers*, (2013) Dorandi, T. Cambridge Classical Texts and Commentaries, Cambridge University Press.

(5) Bailey, M. A. (1928) *The Greek Atomists and Epicurus*, New York.

(6) Burnet, J. (1930) *Early Greek Philosophy* (4th edition), A and C Black, London.

(7) Kirk, G. S. Raven. J, E. Schofield, M. (1983) *The Presocratic Philosophers*, (2nd edition). KRS로 약호 표기.

(8) Kranz, W. (1949) *Vorsokratische Denker*, Weidmannsche Verlagsbuchhandlung.

(9) *The Cambridge Companion to Early Greek Philosophy* (1999) ed. by Long, A. A. Cambridge University Press.

(10) Diels, H. (1879) *Doxographi Graeci*, Berlin. DG로 약호 표기.

이 DK의 편집자인 Hermann Diels에 따르면, 현재 우리의 손에 남아 있는 스토바이오스(Joannes Stobaeus) 『명언선집(Anthology)』과 의사(疑似) 플루타르코스(Ploutarchos)의 『학설집』은 현존하지 않는 아에르티오스 『학설지』로 소급된다고 한다. 아에르티오스 『학설지』 인용의 경우에는 이 책에서 재건된 쪽수를 부기한다.

(11) 山本光雄 (編訳) 『初期ギリシャ哲学者断片集』 岩波書店 (1958).

텍스트 등이 달라서 주의를 요하는 경우에는 그때마다 양해를 구하고, 또 앞에서 소개한 이외의 자료를 참조할 경우에는 따로 언급하였다.

에피쿠로스에 관해서는 다음을 참조하였다. 텍스트로는 주로 (1)을 사용하였지만, 적당하게 (2), (3), (4), (5)를 참조하였다. DL과 DG의 자료도 사용하였다.

(1) Vsener, H. (1887) *Epicurea*, Teubner.

(2) Bailey, M. A. (1926) *Epicurus The Extant Remains*, Oxford.

(3) Long, A. A. Sedley, D. N. (1987) *The Hellenistic Philosophers*, 2 Vols, Cambridge University Press.

(4) 에피쿠로스 『에피쿠로스 - 교설과 서간』. 出隆 · 岩崎允胤 訳. 岩波書店 (1959).

(5) 山本光雄, 戸塚七郎 (訳編) 『後期ギリシャ哲学者資料集』. 岩波書店 (1980).

키케로의 『선악의 한계에 관하여(善惡の限界について)』는 텍스트 (1)을 주로 사용하였으며, 번역에 한에서 텍스트 (2)와 (3)을 참고하였다.

(1) Reynolds, L. D. (ed.) (1988), *M. Tulli Ciceronis De Finibus Bonorum et Malorum Libri Quinque*. Oxford.

(2) Cicero (1914). *De Finibus Bonorum et Malorum*, with an English translation by Rackam, H. Cambridge.

(3) 키케로 『키케로 선집(キケロー選集10. 哲学Ⅲ)』 永田康昭・岩崎務・兼利琢也訳, 岩波書店, 2000년.

키케로 『신의 본성에 관하여(神々の本性について)』는 텍스트 (1)을 주로 사용하였으며, 번역에 한하여 (1)과 (2)를 참고하였다.

(1) Cicero (1933) *De Natura Deorum Academica*, with an English translation by Rackam, H. Cambridge.

(2) 키케로 『키케로 선집(キケロー選集11. 哲学Ⅳ)』 山下太郎・五之治昌比呂訳, 岩波書店, 2000년.

루크레티우스를 다루는 곳에서는 이하를 참조하였다. 주로 텍스트 (1)을 사용하고, 번역에 한해서는 (2), (3), (4), (5)를 참조하였다.

(1) *LVCRETI DE RERVM NATVRA LIBRI SEX.* 2nd edition (1922) recognovit brevique adnotatione critica instrvxit Cyrillvs Bailey, Oxford.

(2) Lucretius (1924) *De Rerum Natura*, with an English translation by Rouse, W. H. Cambridge.

(3) Lucèce (1972) *De la Nature*, Tome I, Texte établi et traduit Ernout, A. Les Belles Lettres, Paris.

(4) 루크레티우스 『물질의 본질에 관하여(物の本質について)』. 樋口勝彦訳, 岩波書店. 1961년.

(5) 『베르길리우스(Publius Vergilius) 루크레티우스(Lucretius) 세계고전문학전집 제21권』. 泉井久之助・岩田義一・藤澤令夫訳, 筑摩書房. 1965년.

스토아학파를 취급하는 곳에서는 이하를 참조하였다. 공통적으로 사용하는 DL관계자료는 생략한다.

(1) Arnim, H. won (1903-1905) *Stoicrorum Veterum Fragmenta*, I-III. Stuttgart. (SVF로 축약).

(2) 제논 외『초기 스토아학파 단편집(初期ストア派断片集)』1—5, 中川純男・水落健治・山口義久訳, 京都大学学術出版会, 2000-2006년.

마르쿠스 아우렐리우스『자성록(自省錄)』을 다루는 곳에서는 이하를 참조하였다.

(1) *Marcus Aurelius* (1916) edited and translated by Haines, C. R. Cambride.

(2) 마르쿠스 아우렐리우스『자성록(自省錄)』. 神谷美恵子訳, 岩波書店, 1956년.

제2장

피에르 가상디의 원자론

에피쿠로스주의, 그리스도교, 신과학

/

사카모토 쿠니노부(坂本邦暢)

제2장
피에르 가상디의 원자론
에피쿠로스주의, 그리스도교, 신과학

사카모토 쿠니노부(坂本邦暢)

들어가며

피에르 베일Pierre Bayle(1647-1706)은 『역사비평사전』(로테르담, 1696
년)에 다음과 같이 썼다.

> 에피쿠로스의 저작은 하나도 남아 있지 않지만, 말한 것이 그 정도
> 로 알려져 있는 고대철학자는 없다. 그것은 시인 루크레티우스와
> 디오게네스 라에르티우스, 또 그 이상으로 박학하였던 가상디 덕분
> 이다. 가상디는 그 철학자의 학설과 인물에 관해서 고대의 책에 올
> 라있는 것을 전부 꼼꼼히 모아서 그것을 완전한 체계로 만들었다.
> 죄없이 억울한 죄를 뒤집어 쓴 사람에게도 시간이 최후에 보상을
> 해 준다고 인정하는 근거가 일찍이 있었다면, 그것은 바로 에피쿠
> 로스에 관해서일 것이다.　　　　　　　　　　　(베일 1984: 28)

베일에 의하면 고대철학자 에피쿠로스(341-270 BCE)의 가르침을 소생시킨 최대의 공로자는 피에르 가상디Pierre Gassendi(1592-1655)이다. 문헌에서 모든 정보를 수집해서 하나의 철학체계를 재구축해 보였다는 것이다. 베일의 말에서 가상디의 사후 40년 정도 된 시점에 이미 에피쿠로스주의 부흥의 기여자로서 명성이 확고해졌음을 엿볼 수 있다.

그렇지만 가상디는 단순한 문헌학자가 아니었다. 로버트 보일Robert Boyle(1627-1691)에 의하면, 고대원자론은 "보다 공평하게 탐구적인 우리 시대에서 가상디, 마그넨, 데카르트와 그 제자들, 우리에게 유명한 케넬름 딕비Kenelm Digby경 [...]에 의해 성공적으로 부흥하였다"(요시모토吉本 2010: 294ff.). 보일에게는 가상디의 원자론이 과거의 유물이 아니라 현재적인 물질이론이었다. 그의 이름은 르네 데카르트Rene Descartes(1596-1650)와 나란히 놓아야 할 정도이다.

베일과 보일의 증언은 가상디의 이중성을 가르쳐 준다. 그는 문헌학자인 동시에 현역 과학자였다. 보다 정확히 말하면, 문헌학자로서 과학자인 듯이 행동하였다. 그렇지만 과거를 재현하는 문헌학이 최첨단의 자연탐구가 된다는 것은 무슨 뜻인가? 어떠한 역사적 상황에 따라 가능하게 되었는가? 그것을 위한 가상디의 전략은 무엇이었는가? 그가 완수한 공정을 파악하기 위해서는 이러한 의문에 대답해야만 한다.

아래에서는 우선 고대로부터 17세기에 이르기까지 에피쿠로스주의의 역사를 개관하고, 가상디의 시대에서 그 가르침을 부흥시킨 것이 무엇을 의미하였는지를 밝히고자 한다(제1절). 이 장은 본서에서 고대로부터 근대까지를 이어주는 교량 역할도 하게 될 것이다. 계속 해서 가상디 자신의 논의를 그리고 문헌학자로서 그가 시도한 자연 학상의 도전을 해설한다(제2-4절). 마지막으로 그의 철학이 포함하 는 한계와 가능성을 보다 넓은 역사적 맥락에 입각하여 논하는 것으 로서, 과학과 물질이론의 역사 안에서 그가 개척한 영역을 특정하고 자 한다(나가면서).[1]

1
에피쿠로스철학의 역사

고대 그리스에서 레우키포스와 데모크리토스가 제창하고, 에피쿠로 스가 계승했던 원자론은 당초보다 엄한 비판을 받고 있다. 비판의 한 가지는 철학적인 이유에 근거한 것으로, 아리스토텔레스의 논의에 전형적으로 드러나 있다. 데모크리토스는 모든 것은 원자의 집합과 이산에서 발생하고, 이 프로세스는 필연적이라고 하였다. 아리스토 텔레스는 이것을 "데모크리토스는 목적이 되는 것을 논의하지 않고, 자연에 관련된 모든 사항을 필연으로 돌린다"고 요약한다.[2] 아리스

---

1   본서가 다루고 있지 않은 중세의 원자론에 관해서는 미우라(三浦 1990)를 보 시오.

2   필연성과 우연성을 둘러싼 원자론자와 아리스토텔레스주의자의 차이점에 관해서는 커크(Kirk, et al. 2006: 524-525)를 보시오(*The Presocratic Philosophers* by

토텔레스의 생각에는 목적없이 발생하는 것은 모두 우연히 생기하는 것이고, 데모크리토스는 모든 것을 우연의 산물로 간주한 것이 된다. 그러나 그것에서는 자연 가운데 있는 목적성이 설명될 수 없다. 제비가 새집을 만들어서 새끼를 낳고 기르는 것을, 되는 대로 발생하는 물질의 집합과 이산으로만 설명할 수 있는가? 목적에 따라 발생한 현상을 설명하는 것에는 원자와 같은 물질적 원리 밖에 형상이라는 사물의 본질과 목적을 규정하는 원리를 상정하지 않으면 안 된다. 바로 그것을 아리스토텔레스가 주장한 것이다. 헬레니즘시대(323-31 BCE)에 에피쿠로스가 원자론을 자신의 물질론으로 채택했던 때에도 같은 종류의 비판이 돌려지게 된다.[3]

이와 같은 원자론 일반에 대한 비판과 함께, 에피쿠로스의 철학은 다른 종류의 비판을 초래하였다. 기독교로부터의 비판이다. 에피쿠로스에 따라, 모든 것이 허공중을 움직이는 원자의 운동에서 발생한다는 것은 신들이 세계에 간섭하지 않는다는 것을 의미했다. 이같이 생각하는 것에 의해서만 인간은 초월적인 것에 대한 공포로부터 자유하게 되고 마음이 평안하게 살아갈 수 있다. 모두가 원자와 허공으로 되었다고 하는 것은 또 인간의 영혼조차 물질로 만들어졌다는 것을 의미한다. 죽으면 영혼은 분해된다. 그러므로 죽음은 인간에게는 체험 불가능한 것이다. 분해된 이상, 사후에 현세에서의 행위에 상응하는 응보가 있을 리 없다. '신은 두려워할 만한 것이 아니고, 죽음은

Geoffrey S. Kirk).

3   에피쿠로스주의 전통 전반에 관한 기술은 Jones(1989)에 의거한다.

무서워할 만한 것이 아니다.'⁴ 에피쿠로스학파의 시인이었던 루크레티우스는 이런 생각을 발전시켜 철학 시 『사물의 본성에 관하여』에서 종교비판을 전개했다. 종교라는 미신은 '점쟁이들의 협박'이고, 그렇기 때문에 사람들은 '사후에 영겁의 고통을 두려워해야만 한다.' 그뿐 아니라 신들에 대한 공포는 억울한 인간을 제물로 하기에 이른다. '종교는 그 정도까지 악을 부추길 수 있는 것이다'(루크레티우스 1965: 293).

이 교설은 신의 섭리와 신의 아들의 희생을 통한 구제를 믿는 기독교도들을 격분시키지 않을 수 없었다. 그들을 더욱 곤두서게 한 것은 에피쿠로스의 윤리학이 신봉하는 쾌락주의였다. 세계에서의 행위에 대해 신에 의한 어떤 응보도 없고, 게다가 잘 살기 위한 규준이 각자의 쾌락 밖에 없다면, 사람들이 어떠한 무도한 생활(특히 성적인 방종)에 이르겠는가?

인간의 행위에 대해 어떠한 심판도 내려지지 않는다면, 짐승과 같은 생활방식이야말로 최상이 될 것이다. 덕은 어리석은 것으로 여겨지고, 심판에 대한 두려움은 웃음거리가 되며, 온갖 쾌락에의 탐닉이 최고의 선이 된다. 그들 [에피쿠로스주의자] 모두가 신봉하는

---

4 필로데모스(Philodēmos) 『소피스트에 대하여』. 콘도(近藤 2011), 78부터 인용. 에피쿠로스의 철학에 관해서는 롱(A.A. Long 2003), 21-112쪽을 보시오(*Hellenistic Philosophy. Stoics, Epicureans, Sceptics*(Gerald Duckworth and Charles Scribner's Sons, London and New York, 1974; 2nd ed. Berkeley and Los Angeles, 1986) translated into Spanish(1977), Greek(1987), Italian(1991), Hungarian(1998), Korean(2001), Japanese(2003), Czech(2003), Chinese(2021)).

제2장 피에르 가상디의 원자론 **81**

공통의 가르침과 법도는 다음과 같은 격언이다. 그것은 절도節度가 없는 저열한 자에게는 근사한 것이다. '먹고 마시자. 내일엔 죽을 테니까.'

(Athenagoras 1972: 134)

자연현상을 설명할 수 없는 데 더해 기독교의 교의와 대립하는 에피쿠로스 철학이라는 인식은 르네상스 시기에 고대문헌의 재발견이 개시되고서도 바뀌지 않았다. 확실히 1400년대가 되면 디오게네스 라에르티우스의 『그리스철학자열전』이 라틴어로 번역되고, 루크레티우스의 『사물의 본성에 관하여』의 사본이 발견되어 인쇄되었다. 그러나 기초적인 자료를 이용할 수 없었다는 이유로, 철학자들은 에피쿠로스주의를 진지하게 고찰할 만한 철학학파로 바로 간주하려 하지 않았다. 지식인들은 변함없이 에피쿠로스의 이름을 자동적으로 무신론, 쾌락주의와 결부시켰다. 마틴 루터Martin Luther(1483-1546)가 "바야흐로 가장 사악한 시대가 다가오고 있다. 에피쿠로스주의자들은 수가 증가하고 있다. 이것은 만물이 혼란한 심판의 때가 가깝다는 것의 가장 확실한 증거이다"라고 할 때, 그는 마음에 내키지 않는 자 모두를 에피쿠로스주의자라고 한 것이다.[5]

그렇지만 루터의 생전에 에피쿠로스의 원자론에 유리하게 작용하는 토양이 지적 세계 가운데 조성되기 시작했다는 사실도 확실하다. 1500년대에 들어서면, 중세 이래 지배적이었던 아리스토텔레스

---

5   루터의 발언은 Jones(1989), p.250에 인용된 라틴어에서 역출하였다. 루크레티우스 사본의 발견에 관해서는, 그린블랫(Stephen Greenblatt 2012)을 보시오 (*The Swerve: How the World Became Modern*).

철학에 대한 신뢰가 동요하기 시작한다. 자연철학의 영역에서 특히 격렬한 비판에 놓인 것은 형상形相의 개념이었다. 전통적으로 학자들은 형상을 어떤 사물, 예를 들어, 말馬이면 그것을 말이 되게 하는 원리라고 생각해 왔다. 형상이 대개 종의 특성을 규정하고, 그것들의 종이 본성에 따라서 목적에 맞는 형태로 활동하는 것으로 세계에 질서가 발생한다는 의미이다.

세계를 이해할 때 주축을 이루는 자리가 주어진 형상이었지만, 그 것은 인식에 관해 원리적인 난점을 포함하고 있다. 형상은 질료와 구별되는 것이기 때문에 물질이 아니다. 따라서 인간은 감각을 통하여 형상을 직접적으로 지각할 수가 없다. 지각할 수 있는 것은 형상이 야기한 감각 가능한 성질뿐이다. 이 형상의 이해불가능성에 대해서 1500년 이래 지식인들이 불만의 소리를 내기 시작했다. 프란체스코 파트리지Francesco Patrizi(1529-1597)는 '단지 명목상뿐만 아니라 현실에서도 형상은 실체를 이루고 있는가'(Cassirer 2010: 192-193 인용)를 의심하고, 최종적으로 형상은 감각 가능한 온갖 성질에 지나지 않는다고 결론짓는다. 프란시스 베이컨Francis Bacon(1561-1626)도 또한 '형상 곧 사물의 참된 종의 차이[...]는 발견되는 것이 불가능하고, 인간의 이해력을 초월해 있다'고 하는 '일반적으로 인식된 뿌리깊은 생각'을 비판했다(베이컨 1966: 88, 257).

그래서 많은 철학자들은 이해 불가능한 형상을 가능한 사용하지 않고 자연현상을 설명하려고 시도하였으며, 그 가운데 고대원자론이 종종 채용되었다. 설명에 있어서 형상의 중요성을 축소하는 경우에 원자론이 유력한 단서를 제공해 주었다고 생각되기 때문이다. 그렇다고 하더라도 그들은 고대원자론이 그 자체의 형태로 자연에 대한 설명으로서 기능한다고 생각하지는 않았다. 오히려 고대로부터 물질적 원리에 의거해서 현상을 설명하는 것이 행해져 왔다는 것의 예증으로 원자론이 거론되었다. 그렇지만 그 경우에도 인용되는 것은 많은 경우 데모크리토스였고 에피쿠로스는 아니었다. 무신론자이면서 쾌락주의자라는 딱지는 원자론을 유력한 학설로 인정하는 자로 하여금 자신의 이름이 드러나는 것을 망설이게 할 정도였다.

따라서 에피쿠로스주의가 진지하게 고찰할 만한 가치가 있는 철학파로 간주되기 위해서는 무엇보다 먼저 그 교설과 기독교 교의의 충돌이 해소되어야만 했다. 그것 없이는 에피쿠로스철학이 기독교 세계에 수용될 가능성은 없다고 할 수 있다. 다시 말해, 그 장애물을 정리한 다음 에피쿠로스의 원자론이 자연현상에 대한 설명능력을 가진다는 것을 보여주어야만 했다. 특히 세계에서 볼 수 있는 목적성을 설명할 수 없다는 비판에 응답해야 했다. 그것은 곤란한 과제인 동시에 기회를 제공하기도 하였다. 만약 원자의 상호작용으로부터 자연의 목적성을 설명할 수 있다면, 그야말로 형상을 사용하지 않고 물질이론의 창출이라는 동시대의 요청에 부응하게 될 것이다. 이들 과제에 도전한 인물이 피에르 가상디였다.

2
성직자이자 문헌학자로서 자연철학자

가상디는 1592년 남프랑스의 한 마을 디뉴Digne에서 태어났다. 어려서부터 학문에 뛰어난 재능을 보여서 22세에 그는 엑상 프로방스 Aix-en-Provence의 교수가 되었다. 처음부터 그는 대학에 지배적이었던 아리스토텔레스주의를 비판했다. 당시의 철학은 아리스토텔레스에 절대적인 충성을 바치는 자들이 점거하고 있으며, 그곳에는 사고의 자유가 없다고 생각했다. 그는 대학에서 강의를 아리스토텔레스주의에 대한 비판의 장으로 이용하고, 그의 강의내용 일부가 그의 데뷔작인 『아리스토텔레스주의자에 대한 역설적 논고』로서 1624년에 출판되었다. 그러나 22년에 대학이 예수회의 관할이 되면서 수도사가 아니었던 가상디는 교수직을 사임하였다. 이후에 그는 12세경부터 걷기 시작했던 성직자의 길에 따라 살았다. 교회의 요직을 역임하면서 그 보수로 생활의 양식을 얻었다.[6]

아리스토텔레스주의를 비판했던 시기의 가상디는 에피쿠로스의 철학에 특별한 관심을 보이지 않았다. 남겨진 사료에 따르면 그가 어떤 경위를 거슬러 에피쿠로스주의에 경도되었는지는 알 수 없다. 그러나 서간에 따르면 1629년부터 30년 사이에 걸쳐 네덜란드 여행을 마치고 난 후에는 이미 에피쿠로스철학을 부흥시켜 아리스토텔레스

6　가상디의 생애에 관해서는 宗像惠(2007)을 보시오. 『역설적 논고』에 관해서는 사사키(佐々木 1992), 13-17을 보시오.

주의를 대신하게 하겠다는 결의를 확고히 했다는 것을 알 수 있다. 그 목표를 달성하기 위해서 가상디가 취한 수단은 디오게네스 라에르티우스의『그리스철학자 열전』제10권의 헬라어 본문을 확정하고, 그것의 라틴어역을 작성하는 것이었다. 그 위에 자신의 손으로 주석을 더하고, 그곳에 에피쿠로스와 관련한 고대의 증언을 망라하여 모으려 하였다. 그의 야심찬 시도는 더디고 진전이 없어서 최종적으로 연구성과의 주요 부분이 발간된 것은 작업이 개시된 지 20년 가까이 지난 1649년이었다. 큰 용지로 1천 쪽이 넘는『디오게네스 라에르티우스「그리스철학자 열전」제10권 - 에피쿠로스의 생애와 학설에 관한 책에 대한 주석』이 그것이다. 그러나 본서의 출판에도 가상디는 여전히 만족스럽지 않아『철학자열전』본문에서 벗어나 보다 체계적으로 자신의 에피쿠로스철학을 제시하는 저작의 집필을 계속하였다. 그는 관련된 성과를 발표하지 않고 1655년에 사망했지만, 남겨진 초고는 사후에 지인들이 편집, 출간하였다. 이것이『철학집성』이다.[7]

이런 일련의 연구활동 가운데 가상디는 문헌학자로서 고대 사료에 충실하여 에피쿠로스의 교설을 재구성하려고 하였다. 그러나 그것이 그 자체로 아리스토텔레스 철학을 대신하는 선택지가 될 수는 없었다. 에피쿠로스에는 무신론자, 쾌락주의자라고 하는 딱지가 붙어 있었기 때문이다. 그것들 가운데 방종한 쾌락주의자 에피쿠로스라는 비판에 대해서는 근거 없음을 고대사료를 통해 설득력 있게 보

---

7   『철학집성』은 1658년에 출판된 전집판의 제1권과 제2권에 수록되었다. 1649
    년의『주석』의 분석으로는, 예를 들어 혼마(本間 2004)가 있다.

여줄 수 있었다. 그러나 신의 섭리의 존재와 인간영혼의 불사성을 에피쿠로스가 부정했다는 사실에는 의심의 여지가 없었고, 이런 점에서 그의 교설과 기독교 교의는 양립 불가능한 것이 분명하였다. 여기에서 가상디는 그들 교설을 신앙과 합치하는 형태로 개정하였다. 에피쿠로스철학을 말하자면 '세례洗禮'하고자 한 것이다.[8] '내가 유일하게 떠나지 않고 있는 것은 정통신앙뿐이다. 정통신앙이란 선조에 의해 수용되어 온 카톨릭의 종교이고, 사도가 전해 준 종교이며, 로마의 종교이다'라고 전제한 다음, 가상디는 다음과 같이 서술한다.

> 확실히 나에게는 에피쿠로스가 다른 사람들보다도 매력있는 것으로 생각된다. 왜냐하면, 그의 생활방식으로 돌려진 오명을 훑어보고 나는 다음과 같은 것을 발견했다고 생각했기 때문이다. 즉, 자연학에 있어서 허공과 원자의 이론, 또 윤리학에 있어서 쾌락주의 이론이라고 한 에피쿠로스의 입장에 의해서 그의 철학학파의 입장에 따른 것보다도 훨씬 많은 난점이 한층 용이하게 해결될 수 있다고 생각된다. 그렇다고 해서 내가 그의 학설을 전부 동의하는 것은 아니다. 특히 가톨릭의 신앙과 어울리지 않는 학설에 관해서는 동의할 수 없다.
> (Gassendi, Opera, 1:30a-b)

이 선언에 따라 원자와 허공으로 된 세계를 신의 섭리의 토대에 두면, 인간영혼은 비물질적이고, 그렇기 때문에 불사不死이다.

---

8   가상디에 의한 에피쿠로스의 '세례'에 관해서는 Osler(1994)를 보시오.

그러나 이런 변화를 덧입힌 철학에 에피쿠로스의 이름을 붙이는 것이 가능한가? 섭리와 영혼의 불사성에 대한 부정은 인생에서 공포를 제거했다고 하는 에피쿠로스철학의 주요 목적을 달성하기 위해 없어서는 안 될 교설이었다. 이 점을 개정해 버리는 것은 에피쿠로스에 대한 결정적인 배신이 아닌가? 그렇지만 가상디는 그렇게 생각하지 않았다. '그와 같은 개정은 모두 다름 아니라 이미 아리스토텔레스에 대하여 행해져 왔던 것이 아닌가?'라고 그는 묻는다.

> 불패의 고대교부들은 아리스토텔레스와 그의 철학을 극렬하게 적대시하여 그의 학파를 가증스러운 것으로 간주하고 있었다. 그렇지만 철학자들 가운데는 신성한 신앙을 가지고, 철학에서 보다 중요한 잘못을 제거하기 시작한 자들이 있었으며, 그 결과 남은 부분은 종교에 잘 부합하게 되었고, 그것은 이미 종교에 의해 그것 이상 의심되는 것이 없는 오히려 종교에 봉사하고 그것을 돕는 것이 되어 버렸다. 이것을 나는 이제 공개적으로 가르치기까지 하는 아리스토텔레스학파를 위해서만이 아니라, 스토아학파와 에피쿠로스학파를 위해서 말하고 있다. 그들 학파는 동시에 많은 열매를 포함하고 있고, 아리스토텔레스학파의 중대한 과오가 완전히 제거된 것과 정확히 동일하게 그곳에 있는 과오를 제거하는 논파를 한 다음에는 배울 만한 가치가 있는 것이다. (Gassendi, Opera, 1.5a).

아리스토텔레스의 철학은 여러 지점에서 기독교의 교의와 충돌한다. 예를 들어, 그는 세계의 영원성을 설명하는 곳에서 신이 과거에 세계를 창조했다는 것을 거부하고 있다. 그러나 중세 스콜라철학의 노력에 의해 지금은 그런 과오가 제거되어, 그의 철학은 대학에서 공적으로 가르쳐지기까지 하게 되었다는 점을 가상디는 지적한다. 같은 일이 스토아학파에 관해서도 말해질 수 있는 것은 아닐까? 이곳에서 가상디는 이름이 드러나 있지는 않지만 17세기 초반에 스토아철학 부흥을 주도하였던 쿠스투스 립시우스Kustus Lipsius(1549-1606)를 염두에 두고 있는 것으로 생각된다. 립시우스 또한 스토아철학을 기독교와 조화시키는 일에 심혈을 기울였다. 그렇다면 무엇 때문에 에피쿠로스철학에 관해서 동일한 시도를 하면 안 되겠는가?9

이교도의 철학에서 기독교신앙과 충돌하는 요소를 제거한다는 점에서는, 중세의 스콜라학자와 가상디가 직면한 과제는 동일하였다. 그러나 가상디는 그 위에 더 하나의 문제를 극복해야만 했다. 아리스토텔레스주의의 타도였다. 바야흐로 스콜라철학자들의 노력의 결과로서, 기독교화된 아리스토텔레스의 철학이 대학 커리큘럼의 중핵을 수백 년에 걸쳐 차지하고 있었다. 이 '최장기간에 걸친 독재'를 떠받친 것이 아리스토텔레스 철학이 기여한 체계성이었다. 때문에 그것을 옮겨놓기 위해서는, 대체하는 철학의 측면에서도 동등한 체계성이 요구되었다. 그렇기 때문에 새로운 철학이 세계의 어떤 한 부분만을 설명할 수 있는 것으로는 불충분하고, 전체를 설명할 수 있는 가능성을 가져야만 한다. 데카르트가 『철학원리』를 출간하고, 가상디가 『철학집성』의 완성에 심혈을 기울인 것도 이 체계성을 자신

---

9   아리스토텔레스와 신앙의 조화를 목표로 하는 작업에 대한 중세로부터 초기 근대에 이르기까지의 조망에 관해서는 사카모토(坂本 2009)를 보시오.

의 철학에 갖추기 위해서였다.[10]

그러나 단지 에피쿠로스의 철학을 체계적으로 제시하는 것만으로는 아리스토텔레스의 철학을 대신하기 곤란한 상황이 이미 드러나 있었다. 16세기 후반부터 아리스토텔레스의 세계관에 도전하려는 새로운 발견이 등장하기 시작했기 때문이다. 만약 진정으로 새로운 철학이 유효한 것이라면, 그것은 아리스토텔레스주의가 수용에 실패한 신지식에 대한 포섭을 보여주어야 했다. 거기에 가상디가 문헌학자인 동시에 현역의 자연철학자였다는 점이 의미를 갖는다. 그는 갈릴레오 갈릴레이Galileo Galilei(1564-1642)가 『신과학론의』(라이덴, 1638년)에서 제시했던 운동법칙의 정확성을 곧바로 인정하고, 그 성과에 입각한 몇 편의 저작을 저술하였다. 더욱이 그는 운동의 상대성을 검증하기 위하여 이동하는 배의 돛으로부터 물체를 떨어뜨려 그것이 돛과 나란하게 갑판으로 떨어지는 것을 확인하는 실험을 시행했다. 이와 같은 실험에 더하여 가상디는 생애에 걸쳐서 천문관측 활동을 지속하였다. 가상디는 이런 활동을 근거로 고대원자론 가운데 신과학의 성과를 받아들이려 하였다.[11]

이상에서 알 수 있는 것은 가상디의 원자론이 에피쿠로스철학의

---

10 '최장기간에 걸친 독재'로서의 아리스토텔레스주의에 관해서는 Mercer(1993)을 보시오. 아리스토텔레스철학의 체계성이라는 강점에 대해서는 Leijenhorst and Luthy(2002), p.376에 인용된 요한 게르하르트(Johann Gerhard)의 발언을 보시오. 대조적으로 보일은 체계의 구축을 피했다. 요시모토(吉本 2011)를 보시오.

11 가상디의 운동론에 관해서는 코이레(Alexandre Koyré 1988), 295-307을 보시오 (Alexandre Koyre (1977) Galileo Studies. The Harvester Press Ltd.).

체계, 기독교의 신앙, 그리고 신과학의 성과가 합류하는 지점에 위치해 있어야만 했다는 점이다. 그런데 이런 합류지점의 위치에 놓인 원자론은 어떤 형태를 따르는가? 이하에서는 두 가지 문제로 주제를 제한하여 검토할 것이다. 그 문제란, 첫 번째는 가상디가 장년기에 걸쳐서 씨름하였던 천문학이고, 두 번째는 세계에 있는 목적성과 질서를 어떻게 설명할 것인가라는, 고대부터 원자론을 고민하게 해왔던 과제이다.

3
새로운 천문학과 원자론

근대 초기 천문학에서 최대의 혁신은 니콜라우스 코페르니쿠스 Nicholaus Copernicus(1473-1543)에 의한 태양중심설의 제창이다. 『천구회전론』(뉘른베르크, 1543)에서 코페르니쿠스는 지구중심 모델을 대신하여, 우주 중심에 있는 태양의 주위를 지구를 비롯한 별들이 회전하는 것이라는 새로운 모델(지동설)을 제시하였다. 코페르니쿠스설의 열렬한 지지자였던 요하네스 케플러 Johannes Kepler(1571-1630)는 1609년에 출판한 『신천문학新天文學』(하이델베르그)에서 행성이 타원궤도를 그리며 태양의 주변을 회전한다는 결론을 발표했다. 이 발견 또한 천체는 원궤도 운동을 한다(왜냐하면, 원은 완전한 도형이기 때문에)는 고대 그리스 이후의 신념을 무너뜨린 획기적인 성과였다.

그렇지만 케플러의 성과는 해결을 요구하는 새로운 과제도 끌고 들어왔다. 그때까지 많은 자연철학자들은 어떠한 비물질적인 존재자가 행성을 움직이는 것에 의해 공전운동이 발생한다고 생각하고 있었다. 그 존재자는 천사라기도 하고, 영혼이라 하기도 했다. 케플러도 또한 타원궤도의 발견 이전에는 영혼이 공전의 원인이라고 생각하였다. 중심에 있는 태양에는 영혼이 있고, 이 영혼의 작용에 의해 행성이 태양의 주위를 운행한다는 생각이다. 그러나 행성의 궤도가 타원이라면, 그러한 사고방식은 할 수 없게 된다. 타원궤도를 그리기 때문에 태양으로부터 행성에 작용하는 힘은 일정하지 않고, 태양으로부터의 거리에 따라 강하게 되기도 약하게 되기도 한다는 것은 있을 수 없는 일이다. 이와 같이 거리에 의존해 작용의 정도가 증감한다는 것은 영혼이 영향을 미치는 비물질적인 작용에서는 일어나지 않는다. 타원궤도는 어떤 물질적인 힘의 산물이다. 케플러는 그와 같이 생각하였다.

그렇다면 거리에 의존하여 증감하는 물질적인 힘이란 무엇인가? 케플러가 낸 대답은 자력磁力이었다. 태양이 '자성체라는 것, 이것은 매우 확실한 것 같다.' '여러 행성 모두가 거대하고 둥근 자석이라고 하면 어떨까, 지구에 관해서는 그 점에 의문이 없다. 윌리엄 길버트 William Gilbert가 이미 그것을 증명하지 않았는가?' 케플러는 이렇게 해서 공전의 타원궤도를 태양과 행성 사이의 자력작용의 산물로 설명하였다.[12]

이에 대하여 케플러는 자전의 원인에 관한 그때까지의 영혼설을 수정해야 할 필요성은 인정하지 않았다. 그것은 일정한 운동이었기 때문이다. 그는 태양과 행성을 동물에 견주어 행성에 깃든 영혼이 행성의 내부에서 달리고 있는 섬유(근육섬유와 유비적으로 인식한다)를 통해서 회전운동을 일으킨다고 생각했다.

천체의 운행에 관한 케플러의 학설은 당시로서는 최첨단의 천문학 이론으로서 가상디로서도 무시할 수 없는 것이었다. 게다가 가상디는 천문학자의 한 사람으로서 케플러를 존경해 마지않았다. 그는 케플러를 '미네르바가 모든 기예를 가르치고, 또 지고한 주피터가 신들의 회합에 들어서는 것을 허락한' 인물로 평했다(Gassendi, Opera, 6.44a). 그 때문에 그가 케플러를 다음과 같이 서술한 것은 충분히 이해할 수 있다.

> 그러므로 이들 [천체의] 모든 부분을 케플러와 마찬가지로 '섬유'라고 부르는 것이 가능하다고 생각한다. 왜냐하면, 그렇게 함으로써 모든 천체의 형태를 영혼, 그래서 모든 천체 자신을 동물이라고 하는 것이 가능한 비유가 지켜지기 때문이다. 실제로 우리가 팔을, 또는 다리를, 혹은 머리를 원을 그리듯이 움직일 경우, 또는 우리가 신체와 함께 회전할 경우 우리는 정확히 섬유 덕분에 그와 같이 움직이는 것이다. 섬유에 의해 짜여진 근육이 연속적으로 원을 그려 운동할 수 있는 것이다. 마찬가지로 천구天球가 원을 그리고 운동하

---

12 Grant(1994), p.544. 케플러의 공전이론에 관한 상세한 설명은 야마모토(山本 2003), pp.463-491을 보시오. 길버트(Gilbert)에 관한 케플러의 언급은 같은 책, 720, 723쪽에서 인용했다.

는 경우에도 그 운동은 다음과 같은 이유로 발생한다고 생각할 수 있다. 즉, 그 천구의 영혼, 또는 형상, 또는 내적인 에너지가 마치 [동물로 예를 든다면] 섬유, 근육, 혹은 운동에 적합한 기관에 상응하는 [천체의] 어떤 부분들을 사용하기 때문이다.

(Gassendi, Opera, 1:639a)

여기서 가상디는 천체에 어떤 영혼과 섬유의 존재를 인정하고 있다. 그러나 그가 영혼을 형상이나 에너지라고 하는 말로 바꿔 말한다는 점을 간과하지 말아야 한다. 실은 천체의 영혼에 대한 이해에서 가상디는 케플러의 견해를 수정하고 있다. 에피쿠로스에 따르면 세계에는 원자와 허공밖에 없다. 그 때문에 생물의 영혼은 모두 원자의 집합으로 환원될 수 있다. 가상디도 이 견해를 채택하고, 인간의 영혼 이외의 영혼은 원자原子로 만들어진 물질物質이라고 했다. 따라서 천체의 영혼도 또한 원자의 집합이라고 해야만 한다. 그것이 '천체에 본디부터 갖추어진 형상 혹은 조성組成'이다. 거기서 원자는 원형으로 조합되고, 마치 섬유처럼 구성되어 있다. 이 때문에 하나의 원자가 가진 충격이 인접한 원자에 전해지고, 충격을 받은 원자는 또 근처의 원자에 충격을 전한다. 원자가 원형으로 구성되어 있기 때문에 충격의 연쇄는 최종적으로 최초의 원자에로 되돌아오고, 그렇기 때문에 다시 동일한 충격의 전달이 시작된다. 이같이 충격이 계속적으로 전달되는 것에 의해 천체는 영속적인 자전운동을 하게 된다. 여기에서 알 수 있듯이, 가상디에게 천체의 영혼이란 천체 내부의 섬유에 다름 아니다. 케플러에게 비물질적인 영혼이란 원자론의 짜임이라기보다 물질의 집합체로서 재해석되고 있다.

공전의 원인에 관한 케플러의 학설을 가상디가 수용하기에는 보다 심각한 난점이 있다. 그것은 태양중심설과 기독교 교의의 충돌에 기인한다. 기독교의 경전인 성서에는 정지한 지구의 주위를 태양이 회전하고 있다는 것을 전제하고 쓴 구절이 있다. 예를 들어, 구약성서의 「여호수아기」에는 여호수아가 '태양아, 기브온 위에 머물러라'고 명하고 있다. 따라서 코페르니쿠스의 태양중심설은 성서의 말씀에 반하는 이단학설로 해석될 가능성이 있었다. 이런 염려가 현실화한 것이 1633년의 소위 갈릴레오 재판이다. 갈릴레오는 저작 『천문대화』(피렌체, 1632)에서 지동설을 지지하였다는 이유로 이단접촉금지와 더하여 가택연금을 명령 받았다. 갈릴레오재판은 당시의 지식인에게 큰 충격을 주었다. 이런 소식을 접한 데카르트는 『세계론』의 출판을 취소하였다. 재판 상황을 알았던 가상디는 다음과 같은 편지를 갈릴레오에게 써 보냈다. '무엇인가 만약 당신을, 다시 말해 당신의 학설을 단죄하는 결정을 가장 신성한 사제좌[로마]가 내린다면, 사려깊은 인간에 걸맞은 마음의 평안이 있기를 바랍니다. 진리(이것은 당신에게 항상 주어져 있습니다)를 위해 살아있을 뿐임을 충분히 생각해주기 바랍니다'(Gassendi, Opera, 6:66b).

갈릴레오에 보낸 서간으로부터도 엿볼 수 있는 바와 같이, 가상디는 지동설의 정확성을 확신하고 있었다. 그러나 가톨릭의 성직자였던 그는 로마의 결정을 무시할 수는 없었다. 그 때문에 『철학집성』에는 공전에 관한 갈릴레오의 학설에 대한 소개가 제한되어 있다. 그것을 대신하여 가상디가 실제로 채택한 체계로서 제시한 것이 티코 브라에Tycho Brahe(1546-1601)의 모델이었다. 우주의 중심에 있는 지구의 가장자리를 태양이 회전하고, 그 태양을 중심으로 다른 행성들이 회전하고 있다고 하는 지동설과 천동성의 절충체계였다. 이 체계를 채택해야 했던 부분에는 가상디에게 그것이 고통스러운 결단이었음이 잘 드러나 있다.

> 분명히 코페르니쿠스의 체계가 보다 명쾌하고 보다 세련된 것으로 생각된다. 그러나 지구에는 정지, 태양에는 운동을 부여하는 성스러운 말씀이 있고, 또 이 말씀을 눈으로 보는 표현에 대해서뿐만 아니라, 현실의 정지와 운동에 관한 것으로 이해하려는 [교회의] 명령이 존재한다고 사람들이 말하고 있다. 따라서 이러한 명령을 존중하는 자에게는 티코의 체계에 찬동하고 그것을 옹호하는 길만이 남아있다. (Gassendi, Opera, 1:149a).

4
섭리의 도입과 분자

가상디는 케플러와 갈릴레오를 매우 존경하였다. 그러나 아리스토텔레스주의에 반발하고 새로운 자연철학을 제창한 인물이었음에도 데카르트 철학을 받아들일 수는 없었다. 다양한 그들의 논쟁 가운데 한 가지는 신의 존재증명이었다. 데카르트는 의심할 수 없는 '자아'의 존재가 신의 관념을 갖고 있기 때문에 신이 존재한다는 것을 증명할 수 있다고 결론지었다. 이것에 대하여 가상디는 신의 관념이 있다는 것으로부터 신 그 자체의 존재를 증명할 수는 없다고 비판하였다. 그럼에도 데카르트는 자신의 내면으로 향하는 곳에서 신을 인식하는 (계시를 제외하면) 가장 유효한 수단을 방기해 버렸다고 가상디는 말한다.

> 제일 먼저 이미 말한 바와 같이 당신은 신의 존재, 힘, 지혜, 선성善性, 그리고 그의 다른 성질에 대한 인식에 이르기 위한 분명하고 확실하게 존재하는 왕도를 간과해 버렸다. 그것은 곧 우주라는 이 탁월한 작품이다. 그것은 그 거대함, 구분, 다양성, 배치, 아름다움, 항상성 그리고 그 밖의 특질에 의해 자신의 창조자를 주장하고 있다. 내가 말하는 것은 이렇게까지 거대하고 이렇게까지 다양하고 이렇게까지 놀라운 이런 작품을 그대는 거절하고, 그것에 관해 당신에게 알려진 것이란 어떤 것도 허위로 간주된다는 점이다. 그리고 신의 존재, 힘 그리고 그것의 다른 성질을 증명하기 위하여 당신의 정신 가운데 있는 관념만을 사용했다. 그 정신으로 말하자면, 당신 자신조차도 명백하지 않은 것으로 별들과 우주의 다른 부분처럼 타인에게 보여질 수 있는 것이 아니거늘.
>
> (Gassendi, Opera, 3:329b)

이곳에서 가상디는 신의 존재증명의 왕도로서 '디자인 논증'이라 칭해지는 논의를 제기하고 있다. 디자인 논증이란, 세계에 있는 멋진 질서로부터 그것의 디자이너로서 창조주의 존재를 증명하는 것이다. 이 논증은 수많은 신존재 논증 가운데서도 유력한 것으로 간주되고 있다. 예를 들어, 전국시대 일본을 방문한 예수회 선교사들은 유일신 '데우스'의 존재를 일본인에 납득시키기 위해 이 논법을 자주 사용했다는 것이 알려져 있다.[13] 이와 같은 디자인 논증의 전통을 답습하는 가상디에 대하여 데카르트는 신이 설계한 세계에는 목적성이 부여되어 있을지도 모르지만 그것을 인간이 아는 것은 불가능하다고 반론하였다. '자연적인 사물에 관해서는 신神 또는 자연이 그것을 만들 때에 계획하였던 목적으로부터 우리는 결코 그들 사물의 이유를 파악해 내지 못할 것이다. 왜냐하면, 우리는 자신을 신의 계획에 대한 참여자라고 생각할 정도로 자신을 과대평가하지 말아야 하기 때문이다'(데카르트 2001: 48).

데카르트와의 대립에서 엿볼 수 있는 바와 같이, 가상디는 세계에 목적성을 인정하고, 그것이 신에서 유래하였다고 생각한다. 이것은 신에 의한 세계에의 개입, 즉 섭리의 존재를 인정했다는 것이고, 에피쿠로스의 원자론으로부터의 명백한 일탈이다. 그렇다면 그는 본래 에피쿠로스의 원자론에는 없었던 이 관념을 어떻게 하여 그의 철학체계에 도입한 것인가? 그 때문에 가상디는 에피쿠로스의 원자론과 기독교의 창조론을 접합하려고 한다. 세계를 구성하는 원자는 태초에 신에 의해 창조되었다. 각각의 원자는 신으로부터 다양한 크기, 형태 그리고 운동을 위한 힘을 받았다. 이 힘은 지금 있는 세계를 실현하는 데 적절한 것으로서 신에 의해 디자인되었다.[14]

---

13 일본에서 예수회 수사에 의한 디자인 논증의 사용에 관해서는 히라오카(平岡 2013), 5-58쪽을 보시오.

이처럼 신에 의한 원자의 창조를 상정한다는 점에서 적어도 이론적으로는 섭리의 토대에 질서를 세운 세계가 성립한다는 것이 설명될 수 있다. 그러나 가상디는 이 설명에 만족하지 않았다. 이 같은 개개의 원자 수준에 논의를 한정하는 것은 자연철학상의 설명으로서 충분하지 않다고 생각했기 때문이다. 개개의 원자는 너무도 미세해서 인간이 그것을 지각하는 것은 불가능하다. 인간의 감각에 의해 포착되는 성질(예를 들어, 색깔)이라는 것은 반드시 일정한 수의 원자가 집합한 결과로서 발생한다. 따라서 자연현상의 유의미한 설명은 이 집합의 단계에 착목해야만 한다.

가상디는 이 집합을 원자의 조성contextura이나 분자molecula로 칭하였다. 조성과 분자로서 설명되는 것은, 색깔과 같은 단순한 성질이 있는가 하면, 동식물의 영혼靈魂은 매우 복잡한 기능이기도 하다. 이와 같은 자연현상의 토대를 이루는 원자 집합체의 기원은 어디에 있는 것인가? 그것은 개개의 원자가 신으로부터 부여받은 힘에 의해 결합함으로써 이루어지는 것인가? 가상디는 '그렇지는 않다'고 말한다.

신은 원자를 하나씩 각각으로 만들 필요는 없었다. 다시 말해 그렇게 만들어진 원자를 계속해서 조금씩 큰 부분으로 조성해서 마침내 그곳으로부터 세계가 성립한다고 할 정도로 큰 부분을 조성한다고 할 필요가 없었다. 오히려 신은 여러 입재원재로 분해되지 않는

---

14   가상디의 창조론과 분자이론에 관해서는 Hirai(2005), pp.463-491에 의거하였다. 일본어 축역판으로서, 히라이(ヒライ 2002), 144-148쪽이 있다.

[원자의] 혼을 만들었다. [....] 신은 태초에 땅과 물에 식물을 싹트게 하고, 동물을 낳도록 명령했다. 그때에 신은 모든 사물의 종자를 마치 모판에 있는 것처럼 만든 것이다. 그들 만물의 종자는 선택된 원자로부터 만들어진 제1의 종자였다. 그곳에서부터 생성을 통해 사물이 증식했다.   (Gassendi, Opera, 1:280b)

「창세기」에는 신이 3일째에 땅과 물에서 동식물이 생겨나도록 했다. 그것은 실은 신에 의한 원자의 영혼, 곧 분자(이곳에서는 종자라고 불린다)의 창조를 의미한다고 가상디는 해석했다. 태초에 신에 의해 디자인된 분자가 있었기 때문에, 종자로부터 정교한 기관을 갖춘 식물이 출현한다. 세계의 규칙성과 목적성의 근거는 분자의 존재에 있는 것이다.

그렇다 하더라도 원자의 조성은 왜 목적에 적합한 작용을 하는 것인가? 이 질문에 대해서 가상디는 두 가지의 대답을 제시한다. 하나는 당시의 화학(연금술)연구에서 유래한 관념을 근거로 한 것으로서, 신에 의한 디자인 덕분에 분자는 마치 지성을 갖춘 장인처럼 광물결정과 동식물의 신체를 형성할 수 있다고 생각했다. 다른 하나의 대답은 케플러로부터 받은 것으로서, 신은 태초에 기하학적인 힘을 분자에 새겨넣었다고 한다. 예를 들어, '신이 대지에 대해서 씨앗을 가져오는 푸른 풀과 제각각의 씨앗을 가지고 열매를 맺는 과수를 움트게 하였던 태초에, 그는 그의 [기하학적인 힘]을 [식물에] 새겨넣고', '그의 힘이 식물의 모든 부분 혹은 그것들의 부분이 맡은 기능을, 마치 어떤 씨앗의 일처럼 분배하였다'고 한다(Gassendi, Opera, 4:71a).

나가며

에피쿠로스철학을 부흥시키기 위하여 가상디는 두 가지 과제에 직면해 있었다. 하나는 에피쿠로스의 교설을 기독교의 교의와 조화하도록 '세례'시키는 것이었고, 다음은 자연철학에 있어서 새로운 발견과 이론을 원자론 가운데 받아들이는 일이었다. 자신도 천체관측을 실행한 천문학자로서 가상디는 자전의 원인에 관하여 케플러의 학설을 받아들이고, 그것을 원자론의 틀에서 설명해 보였다. 그와 대조적으로 공전의 원인에 관한 케플러의 이론에 관해서, 가상디는 그것을 받아들이면서도 지지를 공언하지는 않았다. 성직자이기도 했던 가상디가 갈릴레오의 재판을 목도하고도 여전히 지동설에 밀착할 수는 없었을 것이다.

케플러와 갈릴레오에 대한 깊은 존경과는 달리 데카르트의 자연학에 대해서 가상디는 강한 적의를 보였다. 세계에 목적성을 인정하는 것이 불가하다는 데카르트의 구상은 디자인 논증이라는 신존재증명을 위한 '왕도'를 닫아버렸다는 것이다. 이와 같은 가상디의 입론은 에피쿠로스의 철학에서 그것과 본래 서로 양립하지 않는 섭리 관념을 받아들이도록 그에게 요청했다. 그곳에서 가상디는 원자의 집합으로 된 분자가 신에 의해 태초에 창조되었고, 그들 분자가 신의 의도에 따라 작용하기 때문에, 세계에 규칙성과 목적성이 생겨난다고 설명하였다.

이처럼 기독교와 조화하고 동시에 신과학의 성과를 수용한 형태로 에피쿠로스의 철학을 구상함으로써, 가상디는 아리스토텔레스주의를 대치하는 철학체계를 제시하고자 하였다. 그의 실험은 특히 영국에서 큰 반향을 불러일으켰다. 1654년 런던에서 월터 찰톤Walter Charletone(1619-1707)은 가상디의 저작에 의거해 에피쿠로스철학을 해설하는 저술을 세상에 발표하였다. 이 찰톤의 저작을 통하여 보일Boyle과 아이작 뉴턴Isaac Newton(1642-1727)을 비롯하여 차세대 신과학의 제창자들은 가상디의 원자론을 접하게 된다. 그것에 의해 에피쿠로스의 원자론은 아리스토텔레스의 물질론에 대항하는 유력한 대항마로 여겨지게 되었다.

그렇지만 가상디의 시도가 전면적으로 성공을 거두었다고는 할 수 없다. 아무리 가상디가 세례에 뜻을 두었다고는 하더라도, 역시 에피쿠로스의 철학이 기독교세계에 받아들여지는 것이 가능해진 것은 아니었다. 무신론이면서 성적 방종을 조장하는 에피쿠르스주의라는 낙인은 사라지지 않았다. 특히 이 딱지를 적극적으로 이용한 것이 새로운 물질이론에 대한 반대파였다. 신물질론의 대표적 제창자였던 가상디와 데카르트 쌍방이 가톨릭교도였기 때문에 그들 학설의 확산을 로마 가톨릭에 의한 문화적인 침략으로 지탄하는 영국국교회의 사제도 나타났다. 이 같은 역풍 가운데 보일을 비롯하여 신과학의 제창자들은 자신들의 과학이론에 대한 종교적 정통성을 확립할 필요가 있었다. 그 과정에서 에피쿠로스주의를 연상하게 하는 원자라는 술어의 사용을 피하고, 보다 위험성이 낮은 입자粒子라는 용어를 사용하게 되었다. 이렇게 해서 이후 에피쿠로스의 원자론은 과학

연구의 정식 무대로부터 사라지게 되었다.[15]

　에피쿠로스철학에 각인된 오명stigma의 문제와 동시에 가상디의 입론 자체도 약점을 포함하고 있었다. 확실히 가상디는 케플러의 천문학을 통하여 그 성과를 가능한 이어받으려고 시도하였다. 그러나 수학의 소양이 부족하였던 가상디는 케플러의 발견과 이론을 더욱 발전시켜서 천문학상의 업적을 남길 수 없었다. 또한 가상디가 세계에 있는 목적성을 설명한 방법도 충분한 것이었다고는 할 수 없다. 그가 상정했던 분자는 현상의 규칙성을 설명한다는 점에서 아리스토텔레스의 형상개념을 바꿔놓을 것이었고 본인도 그렇게 인식하고 있었다. 그렇지만 이 치환에 의해 인간의 인식이 전진했다고 과연 말할 수 있을까? 분자가 장인匠人으로 간주되기 때문에, 혹은 그것이 기하학적인 힘을 가지기 때문에 질서를 가져오는 작용을 한다는 설명은, 어떤 성질이 보이는 것은 그것을 일으키는 형상이 있기 때문이라는 설명과 구조적으로 차이가 없는 것이 아닌가?

　그렇지만 이 후자의 약점은 강하게 변화할 가능성을 내포하고 있다. 이것은 그의 논의를 데카르트의 것과 대비시키면 잘 알 수 있다. 데카르트는 기계로서의 자연이라는 세계관을 철저히 했다. 모든 현상은 입자의 상호작용으로부터 설명될 수 있다. 여기서부터 데카르트는 예를 들어 생물의 발생과 같은 복잡한 현상에도 입자의 작용에 의거한 설명을 제공하려고 시도하였다. 그러나 그가 제시한 설명은

15　Jones(1989), pp.186-213.

너무나 사변적이어서 설명으로서 기능하지 못한다고 많은 사람들이 생각하였다.[16] 『Novum Organum』(런던, 1620)에서 베이컨이 지적한 함정에 데카르트가 떨어졌다고 할 수 있다.

> 그리고 그에 못지않게 큰 폐해는, 효과와 성과를 가져오는 힘은 모두 중간의 명제에 있음에도 불구하고 지금까지 철학과 그것의 연구에서는 사물의 제일원리와 자연의 종국적 근거의 탐구와 설명에 노력이 경주되고 있다는 점이다. 그리고 그것을 위해서 사람들은 가능하면서 형상이 없는 질료에 도달하기까지 자연에 대한 추상화를 멈추지 않는다. 또 원자에 도달하기까지 자연을 분해하는 일을 멈추지 않는다. 그러나 그와 같은 것은 비록 진실이라고 해도, 인간의 행복증진에는 전혀 역할을 하지 못한다. (베이컨 1966: 251)[17]

여기에서 베이컨은 현상을 궁극적 구성요소로 설명하기보다 오히려 그러한 구성요소와 일상적 현실의 중간단계에 초점을 맞추고자 하고 있다. 원자에는 없는 분자 레벨로부터 현상의 설명을 정립하려는 가상디의 철학은 이런 베이컨의 구상과 겹쳐진다. 실제로, 베이컨의 강한 영향하에서 자연탐구를 행하였던 로버트 보일이 자연현상의 설명은 궁극입자의 집합체로부터 출발해야만 한다고 했을 때, 그는 데카르트가 아니고 오히려 가상디의 분자론에 따르고 있다. 확실히 가상디도 보일도 분자가 가진 성질을 원자(또는 입자) 수준까지

---

16 사카모토(坂本 2014)를 보시오.
17 베이컨의 학문관과 물질이론에 관해서는 시바타(柴田 2014)를 보시오.

내려가서 설명하는 것은 불가능했다. 그런 점에서 그들의 기계론은 철저하지 않았다. 아리스토텔레스의 형상개념과 같은 역할을 분자에 부여하고 있다고 데카르트가 간주하였다 하더라도 어쩔 수 없었을 것이다. 그러나 데카르트 정도로 구상에서 철저하지 않았던 만큼, 그들의 설명에는 '효과와 성과를 낼' 가능성이 남아 있었다.[18]

이상 모든 고찰은 가상디가 걸었던 길이 매우 협소한 길이었음을 보여준다. 그는 에피쿠로스주의, 기독교, 신과학의 어느 것도 버리고 않고, 세 가지를 포섭하는 철학체계를 구상했다. 거기에다가 가상디는 자신의 원자론을 아리스토텔레스의 물질론과 예리하게 구별하면서도 데카르트가 흘러 들어간 험로에까지는 돌진하지 않은 채로 이론화해야만 했다. 과연 그 정도로 협소한 문을 빠져나가려고 한 가상디의 노력이 반드시 성공한 것은 아닐지도 모른다. 그의 철저성의 결여로 인해 근대철학의 창시자라는 지위를 그에게 부여할 수 없었을지도 모른다. 그렇지만 그럼에도 질서있는 세계의 상태를 기독교의 교설과 조화하는 형태로 물질주의적으로 설명하는 가능성이 누구에게나 개방된 것은(베일Pierre Bayle의 말을 빌린다면) 다분히 '박식한 가상디 덕분이었다.'

---

18 중간단계의 이론에 관해서는 요시모토(吉本 2011)과 함께 Sakamoto(2016), pp. 174-177을 보시오.

참고문헌

Athenagoras (1972) *De Resurrectione, in William R. Schoedel, ed. and trans., Legatio and De Resurrectione*, Oxford: Clarendon Press.

Gassendi (1658) *Opera omnia*, 6 vols. Lyon; repr. Stuttgart: Frommann, 1964.

Grant, Edward (1994) P*lanets, Stars, and Orbs: The Medieval Cosmos, 1200-1687*, Cambridge: Cambridge University Press.

Hirai, Hiro (2005) *Le concept de semence dans les théories de la matière à la Renaissance: De Marsile Ficin à Pierre Gassendi*. Turnhout: Brepols.

Jones, Howard (1989) *The Epicurean Tradition*, London: Routledge.

Leijenhorst, Cees, and Christoph Lüthy (2002) "The Erosion of Aristotelianism: Confessional Physics in Early Modern Germany and the Dutch Republic," in *The Dynamics of Aristotelian Natural Philosophy from Antiquity to the Seventeenth Century*, ed. Leijenhorst, Lüthy and Johannes M. M. H. Thijssen, Leiden: Brill, 375-411.

Mercer, Christia (1993) "The Vitality and Importance of Early Modern Aristotelianism," in *The Rise of Modern Philosophy: The Tension between the New and Traditional Philosophies from Machiavelli to Leibniz*, ed. Tom Sorell, Oxford: Clarendon Press, 33-67.

Osler, Margaret J. (1994) *Divine Will and the Mechanical Philosophy: Gassendi and Descartes on Contingency and Necessity in the Created World*, Cambridge: Cambridge University Press.

Sakamoto, Kuni (2016) *Julius Caesar Scaliger, Renaissance Reformer of Aristotelianism: A Study of His Exotericae Exercitationes*, Leiden: Brill.

カーク, ジェフリー 他 (2006)『ソクラテス以前の哲学者たち』内山勝利他訳, 京都大学学術出版会.

カッシーラー, エルンスト (2010)『認識問題――近代の哲学と科学における一』須田朗他訳,

みすず書房.

グリーンブラット, スティーヴン (2012)『一四一七年, その一冊がすべてを変えた』河野
　　純治訳, 柏書房.

コイレ, アレクサンドル (1988)『ガリレオ研究』菅谷暁訳, 法政大学出版局.

近藤智彦 (2011)「ヘレニズム哲学」, 神崎繁他編『西洋哲学史II「知」の変貌・「信」の階梯』
　　講談社選書メチエ, 33-95.

坂本邦暢 (2009)「セネカと折衷主義 ── ユストゥス・リプシウスにおける悪と世界周期」
　　『哲学』第60, 185-200.

坂本邦暢 (2014)「アリストテレスを救え── 一六世紀のスコラ学とスカリゲルの改革」, ヒ
　　ロ・ヒライ, 小澤実編『知のミクロコスモス ──中世・ルネサンスのインテレクチュア
　　ル・ヒストリー』中央公論新社, 252-279.

坂本邦暢 (2017)「聖と俗のあいだのアリストテレス── スコラ学, 文芸復興, 宗教改革」
　　『Nyx』第4, 82-97.

佐々木力 (1992)『近代学問理念の誕生』岩波書店.

柴田和宏 (2014)「フランシス・ベイコンの初期手稿にみる生と死の概念」, ヒロ・ヒライ,
　　小澤実編集『知のミクロコスモス── 中世・ルネサンスのインテレクチュアル・ヒスト
　　リー』中央公論新社, 305-329.

デカルト (2001)『哲学原理』三輪正・本多英太郎訳,『増補版デカルト著作集』第三巻, 白
　　水社.

ベーコン, フランシス (1966)『世界の大思想 六ベーコン』服部英次郎他訳, 河出書房新社

ベール, ピエール (1984)『歴史批評辞典IIE─O』野沢協訳, 法政大学出版局.

ヒライ, ヒロ (2002)「ルネサンスの種子の理論── 中世哲学と近代科学をつなぐミッシン
　　グ・リンク」『思想』No. 944, 129-152.

平岡隆二 (2013)『南蛮系宇宙論の原典的研究』花書院

本間栄男 (2004)「『エピクロスへの註釈』(一六四九年) におけるガサンディの生理学」『化
　　学史研究』31巻, 163-178.

三浦伸夫 (1990)「中世の原子論」『自立する科学史学──伊藤俊太郎先生還暦記念論文集』
　　北樹出版, 172-186.

宗像惠 (2007)「ガッサンディ」, 小林道夫責任編集『哲学の歴史 五デカルト革命』中央公

論新社, 127-154.

山本義隆 (2003)『磁力と重力の発見 三近代の始まり』みすず書房.

吉本秀之 (2010)「ロバート・ボイルの化学 —元素・原質と化学的粒子」, 金森修編『科学思想史』勁草書房, 255-323.

吉本秀之 (2011)「ロバート・ボイルにおけるベイコン主義」『科学史研究』No. 257, 37-42.

ルクレティウス (1965)『世界古典文学全集 第二一巻 ウェルギリウスルクレティウス』藤沢令夫訳, 筑摩書房.

ロング, アンソニー (2003)『ヘレニズム哲学— ストア派, エピクロス派, 懐疑派』金山弥平訳, 京都大学学術出版会.

제3장

존 로크와 근대 입자론

근현대의 존재론, 인식론에의 영향

/

아오키 시게유키(靑木滋之)

제3장
존 로크와 근대 입자론

근현대의 존재론, 인식론에의 영향

아오키 시게유키(青木滋之)

들어가며

존 로크John Locke(1632-1704)가 보일Boyle, 시든햄Thomas Sydenham, 뉴턴

Newton이라는 당대의 자연철학자들1과 깊은 친교를 맺고, 자신의 철학

적인 견해를 단련했던 원자론(입자론)2을 비롯한 자연철학에 깊이

---

1 로크가『인간지성론』(1690)에서 자신의 역할을 보일, 시든햄, 뉴턴 등에 대한
'허드레꾼(under-labourer)'이라고 한 것은 잘 알려져 있다. 옥스퍼드 시대부터
런던 시대, 프랑스로의 외유라고 했던 곳에서 로크가 친하게 된 자연철학자
로는 윌리스(Thomas Willis), 로워(Richard Lower), 보일(Robert Boyle), 훅(Robert
Hooke), 윌킨스(John Wilkins), 시든햄(Thomas Sydenham), 베르니에(François
Bernier) 등 당대 일류의 과학자들이 포함되어 있다. 또한 로크 자신이 영국 경
험의학의 아버지라고 말해지는 시든햄으로부터 '명의'라는 평가를 받았다는
것은 그다지 알려져 있지 않은 사실이다.

2 원자(atom)라는 말은 로크의 철학적 대표저술인『인간지성론』에 자주 등장
하지만, 로크는 입자(corpuscle)라는 표현방법을 자주 사용하고 있다. 다른 한

의거하고 있다는 점은 연구자들 사이에는 잘 알려진 사실이다.[3] 1980
년대 무렵까지의 로크연구에서는 로크에 대한 로버트 보일(1627-
1692)의 영향력이 결정적이었다는 논조가 잇따랐고, 로크의 철학은
'경험주의의 아버지'라는 말과는 정반대로, 입자설에 의한 가설을 중
시하여 이론주의적이라고 생각하는 경향도 있었다. 그러나 1990-2000
년대에 진입하여, 로크가 남긴 방대한 수고(독서노트, 초고, 자연지
와 의학수고)가 자세히 연구 출판됨에 따라, 초기부터 로크의 지적
동향을 구체적으로 추적할 수 있게 되었다.[4] 그 결과 그러한 가설주

편, 로크가 많은 저술을 소유하고 있었던 로버트 보일(Robert Boyle, 1627-
1691)의 저작에는 『입자철학에 의한 형상과 성질의 기원(The Origine of
Formes and Qualities According to the Corpuscular Philosophy)』에서처럼, 입자철
학이라는 단어가 빈번히 나타난다. 또한 보일 자신은 원자론과 입자설에는
큰 차이가 없다는 견해를 보인다. 이 장에서는 로크나 보일이 실제로 사용하
였던 '입자'라는 단어를 중심적으로 사용하기로 한다.

3 로크에 대한 원자론의 영향을 연구자들의 논의의 도마에 올려 놓은 최초의
논문은 아이러니하게도 "원자론의 영향은 없다"는 Yost(1951)의 논문으로 생
각된다. 이 요스트의 논문에 대한 정중한 반론이 Mandelbaum(1964)의 연구서
이고, 그것에 다시 한번 반론을 가한 것이 Yolton(1970)이다. 로크 연구에서
최초의 선집(anthology)인 『로크의 인간지성론(Locke on Human Understanding)』
에 수록된 Laudan(1977)의 논문에 덧붙여진 후기(postscript)가 이런 연구들을
요약하고 있다. 그 후, 보일(Boyle)로부터의 영향이 왕성하게 논의되고, 버클
리의 판단이 정곡을 찌른 것이라는 논조가 80년대의 논문에서 지속되었지만,
주로 90년대부터 로크의 수고(Locke Manuscript) 연구에 의해 종래 주장되었
던 만큼 로크가 보일로부터 영향을 받지 않았다는 사실이 판명되고 있다. 로
크가 원자론을 채택하는 데 있어서, 어느 만큼 독자적으로 인식론적 사색을
전개하였는지에 관해서는 제3절을 참고하기 바란다.

4 사본연구의 선구는 로크의 의학연구에 관한 Dewhurst(1966)의 연구였다고 생
각된다. 그 후 90년대 무렵부터 로크의 자연철학에 관한 연구에 대해 현대
까지 색인을 만들어 온 것이 Milton, Rogers, Walmsley, Anstey 등의 연구자들

의자로서 로크의 이미지는 배척되고, 보다 전통적으로 감각경험을 중시하는 '경험주의' 아버지로서 로크의 이미지로 반동이 일어났다는 것이 현재의 연구 상황이다.

이번 장의 전반부에는 17세기에 본격적으로 시작된 고대원자론의 부활이, 로크의 철학에 어떠한 영향을 주었는가를, 가상디로부터의 영향, 보일의 영향이라는 여러 번 언급된 정보자료와 관련해서 먼저 논하고, 다음으로 후반에는 원자론을 기반으로 한 논의가 『인간지성론』에 등장하는 것을 확인한 후에 물질적 실체의 성질과 본질, 지식의 한계라는 중요한 테마에 관해서 원자론이 로크의 사고에 어떠한 영향을 주었는가를 각각의 주제에 따라서 상세히 논할 것이다.

총괄해서 원자론은 로크철학의 존재론, 인식론에 걸쳐서 많은 영향을 미치고, 전통적인 철학적 문제들에 대답하는 방법을 변모시킨 것뿐만 아니라 새로운 철학적 문제 영역을 개척하게 하는 계기도 되었다는 것이 이번 장의 취지이다.

이다. Cranston(1957)으로부터 50년만에 울하우스 출판사에 의해 출간된 로크의 전기(Woolhouse, 2007)에는 현재까지 수고연구의 성과가 충분히 반영되어 있다.

1
가상디와 로크

기독교의 영향하에 있었던 중세철학에서 원자론은 무신론적인 사상
으로서 오랫동안 봉인되어 있었지만 (중세에 동일하게 절대적인 영
향력이 있었던 아리스토텔레스가 진공의 존재를 부정했다[5]는 점도
한 역할을 하였다), 그 원자론을 기독교의 교의와 모순되지 않는 형
태로 전개하고 근대에 있어서 원자론의 부활에 중요한 역할을 담당
한 것은 로크Locke보다도 한 세대 전의 피에르 가상디(1592-1655)였
다. 또한 로크가 살았던 당시부터 주로 프랑스권에 '로크철학은 가상
디철학의 아류이다'라고 하는 인식이 있었고, 로크의 원자론적 사고
를 포함한 철학체계는, 가상디로부터 빌린 것이 아닌가 하는 지적이
이전부터 있었다.[6]

---

5   예를 들어, 『자연학』 214b-218a에서 아리스토텔레스의 논의가 발견된다. 중
    세로부터 르네상스 시대의 진공을 둘러싼 논의를 조감하는 것으로, Grant
    (1981)를 들 수 있고, Pyle(1995), pp.210-231에는 중세-초기 근대의 원자론적
    사상에 관해서 상세히 기술하고 있다.

6   일찍이 라이프니츠의 『인간지성신론(人間知性新論)』에서, '로크는 가상디의 체
    계를 도입하였다'는 지적이 있었다. Kroll(1986)은 그때까지 많은 로크연구서
    가 '가상디를 간과하고, 로크의 입자주의에 주로 영향력을 미친 것은 보일이
    라고 생각하는 경향이 있다'는 점을 비판하고, 스탠리의 『철학의 역사』
    (1655-1662)를 통해서, 로크가 가상디의 (원자론) 철학을 배웠다고 추측하고
    있다. 그러나 후술하는 바와 같이, 로크가 소유하고 있었던 것은 그 책의 1687
    년판뿐이었기 때문에, 1671년에 쓴 『초고 A, B』나, 1685년에 쓴 『초고 C』에
    영향을 주는 것은 불가능하다. 또한 Michael & Michael(1990)은 『초고 A, B』의
    시점에서 로크는 인식론적인 자료를 갖고 있지 않았으며, 따라서 가상디의
    『철학체계』로부터 그의 인식론적 논의를 얻었다고 주장하는 것도 이 장에서

가상디가 초기 근대에 원자론을 부활시켰다고 말할 때의 그 원자론의 내용이란 어떤 것이었는가? 실은 가상디가『에피쿠로스의 철학 체계』(1649)와『철학체계』(1658)라는 저작에 의해 에피쿠로스주의를 기독교 교리와 정합적인 형태로 대대적으로 부활시키기 훨씬 전 르네상스기에 원자론적인 사상이 이탈리아를 중심으로 부활의 조짐을 보여주고 있었다.[7] 그럼에도 불구하고 가상디에게 '원자론을 부활시켰다'는 크레딧이 통상적으로 주어지는 것은 무슨 이유일까? 그것은 그때까지의 원자론에 포함되었던 (1) 물질에는 운동이 내재적으로 갖추어져 있다, (2) 정신은 물질적으로 분해 가능하다, (3) 세계는 신적인 고안자 없이도 생을 지속하는 것이 가능하다는 무신론적인 내용을 포함한 주장을 제거하고, 원자론을 기독교와 정합적인 것으로 변용시키는 작업을 통해, 기독교 세계에 원자론을 유포시킨 공적이 있기 때문이다.[8] 실제로 가상디는 어떻게 서술하고 있는가?『철학체계』에는 다음과 같이 말한다.

> 이 이론 [원자론]을 권고하기 위해서, 우리는 우선 원자는 영원해서 창조되지 않은 것이라는 생각, 또 원자는 수에 있어서 무한하고 어떤 형태로도 발생한다는 생각이 거부되어야 한다고 선언한다. 한 번 그와 같은 생각이 거부되면, 원자란 다음과 같이 물질의 제1형

보여주는 바와 같이 잘못된 주장이라는 것을 알 수 있다.

7 앞에서 기술한 Pyle(1995)와 Garber et al.(1998)을 참고하라.

8 Kargon(1964), p.185.

상, 신이 태초에 창조한 유한한 것이고, 신이 이 가시적 세계로 형태를 부여한 것이며, 최종적으로 신이 그것[원자]의 변형을 통해 우주에 존재하는 모든 물체가 형성되도록 명하고, 허용한 것이 인정될 것이다. ... 다음으로 우리는 원자가 추동력impetus을 가지고 있고, 더욱이 본성상 자신을 움직이는 힘을 내재하고 있다고 생각하고, 그것의 귀결로서 원자가 모든 시간에 걸쳐서 모든 방향으로 떠돌아 움직이게 해 온 그 운동을 가지고 있다는 생각이 거부되어야한다고 선언한다. 원자가 운동 가능하고 또 작용하는 것은 신이 그들 [원자]를 창조하는 때에 부여한 운동력 또는 작용력에 의해서이고, 그 힘이 기능하는 것은 신의 동의에 의한다. 왜냐하면 신은 확실히 스스로 모든 사물을 보존하려고 모든 사물을 강요하기 때문이다.[9]

원자는 (신의 창조에 의한 피조물이 아니라) 영원한 존재이고, 운동을 내재적으로 가지고 있다는, 여기서 가상디가 비판대상이라고 생각한 지점은, 인용의 전후를 읽어보면 아리스토텔레스나 고대철학자들(정확히는 고대원자론[10])으로부터 왔다는 것이 분명하다. 이 것을 가상디는 원자도 신의 창조물이고, 그 운동도 신이 부여한 것이라는 논증에 의해 원자론을 기독교와 정합적으로 만든 것이다.

가상디는 원자론 부활에 있어서 중심인물이었을 뿐만 아니라 '영국 경험론의 신화'라는 테제를 맡은 인물로서 중요시되어 온 철학자

---

9   Gassendi(1658/1972), pp.388-389.
10 아리스토텔레스는 물론 원자론을 거부하고 있지만, 아리스토텔레스가 『자연학』 등에서 비판대상으로 한 덕분에 고대원자론자의 교의가 후세에까지 알려질 수 있게 되었다는 것은 아이러니한 사실이다.

이다.[11] 만약 이 테제를 강조한 노튼이 주장한 바와 같이, 가상디의 경험론적 인식론이 초기 로크에 어떤 방식으로 영향을 주었다면, 로크가 원자론을 알게 된 것도 가상디를 통해서일 것이라는 주장도 설득력을 갖게 된다. 그렇다면 영국 경험론의 '신화'를 주장하는 논자들은 어떠한 논거에서 가상디가 초기 로크에 영향을 주었다고 주장하는 것일까?

먼저 가상디로부터 로크에 대한 영향이라는 논제에서 반드시 다루어야 할 점은 로크가 1675년부터 1679년까지 프랑스 체류기간에 만났던 베르니에Bernier(1620-1688)가 1678년에 출판한 『가상디철학의 요체』이다. 로크가 베르니에와 만난 것은 베르니에가 그의 저작을 저술하기 직전이었기 때문에,[12] 이 두 사람 사이에 가상디의 철학이 화제로 올려진 것은 확실히 있었을 법한 일로 생각된다. 그러나 크랜스톤Cranston이 쓴 로크의 전기에 있는 바와 같이[13] 로크의 일기journal에 국한하면 로크가 베르니에와의 대화에서 가장 흥미를 가진 것은 베르니에가 예전에 체류하였던 동양에 관한 지식이었고, 철학

---

11 Aaron(1971)은 이미 제2판(1955)의 시점에서부터 로크에 대한 가상디의 영향이 '무시되어 왔다'고 지적하였지만, 영국 경험론의 신화를 보다 첨예하게 밀고 나가서 연구자들의 논의의 도마에 올려놓은 이는 Norton(1981)이다. Kroll (1984)이나 Michael & Michael(1990)도 노튼(Norton)이 깔아놓은 궤도상에서 논의를 전개하고 있다.

12 Lough(1953), p.170.

13 Cranston(1957), p.170. 50년 후에 쓰인 울하우스의 로크 전기에서도 같은 취지의 언급을 찾아 볼 수 있다. 로크는 베르니에와 만나면서 '철학에 관해서 논하는 것이 즐겁고 유익하였지만, ... 동양의 사람들에 관한 법도와 동양사정에 관해 말해주는 것을 보다 원하였다.' 참조 Woolhouse(2007), p.139.

에 관한 화제는 적어도 일기에는 전혀 기재되어 있지 않다. 또한 결정적으로 중요한 것은 로크가 원자에 대해 언급하는 『초고 A, B』를 집필한 것이 1671년이었다는 사실이다. 그러므로 베르니에를 경유하는 가상디의 철학은 로크가 처음으로 원자론을 알게 된 기원이 될 수 없다.[14]

그곳에서 크롤Kroll(1984)과 미카엘Michael(1990)은, 가상디철학(정확히는 에피쿠로스철학)이 기재된 스탠리Stanley의 『철학의 역사』(1655-1662)와 가상디의 철학적 주저인 『철학체계』(1658)를, 로크가 가상디철학을 섭취했던 정보의 기원이라고 간주하였다.[15] 그러나 크롤 자신이 인정하는 바와 같이 로크가 가지고 있었던 것은 스탠리의 『철학의 역사』 제3판(1687)이고, 초판(1655-1662)을 로크가 읽었다는 증거는 어디에도 없다. 미카엘이 유력하게 보는 『철학체계』에 대해서도, 거론한 내용은 '반아리스토텔레스주의'와 '반본질주의'였고, 텍스트상의 철학적 논의의 유사점일 뿐이어서 로크가 가상디의 『철학체계』를 연구하고 원자론을 포함한 지적영향을 받았다는 직접적인 증거는 전혀 거론되지 않는다.

여기에서 최근 로크연구의 질을 격상시키고 있는 로크의 자필수고手稿 연구에 눈을 돌려 보고자 한다. 로크는 방대한 양의 저술에서 수천 번의 인용을 하는데, 그것이 옥스퍼드의 보들레이안 도서관

---

14 정확히 말하자면, 원자론 사상은 『초고 A, B』(1671)에 앞서 확립된 『자연법론』(1664)에서 발견되기 때문에, 로크의 1660년대 전반의 초고, 독서노트 등에 관한 수고연구에서 주의를 기울이지 않으면 안 된다.

15 Kroll(1984); Michael & Michael(1990)

Bodleian Library과 런던의 대영도서관에 보존되어 있다. 모두에 서술하였듯이 90년대쯤부터 로크연구에서 그의 자필기록연구의 성과를 무시하고 논하는 일은 이미 무모한 태도로 여겨지고 있다. 가상디와 로크에 관해서는 최근에 밀턴Milton이 '로크와 가상디-재평가'라는 논문에서 주도한 조사를 발표하여 현시점에서 결정적이라고 할 수 있는 이론을 전개하고 있는데,[16] 결론부터 말하자면 가상디가 원자론을 전개한『에피쿠로스 철학체계』(1649),『철학체계』(1658) 어느 저술도 로크가 가지고 있지 않았고, 후술하는 보일 등과 비교해서 체계적으로 독서를 한 형식도 전무하며, 미세한 영향을 암시하는 흔적도 찾을 수 없다. 확실히 반아리스토텔레스주의적인 경험주의 인식론이라는 논조는 공통적이라고 하지만, 그것은 로크가 독립적으로 도달한 지점이고,[17] 가상디라는 외부의 영향없이 설명할 수 있는 것이

---

16 Milton(2000)은 다음과 같은 다수의 방증을 거론하고 있다. (1) 로크가 소유하고 있던 가상디의 저작은『페레스크(Peiresc)의 생애』뿐이었다. (2)『철학체계』에서 인용은 주로 두 편의 수고에 보이지만, 한편으로(MS Locke f.14)는 전부 갈릴레오(Galileo), 메르센(Marin Mersenne), 파스칼(Pascal), 토리첼리(Torricelli) 등에 의한 정수역학(靜水力學)이나 공기역학에 관한 보고이고, 다른 한편으로 (Add. MS 32554)는 가상디의 공간이론과 크테시비오스(Ktēsibios)의 수력학 기구에 관한 것이었다. (3) 그 외 가상디의 이름이 적어도 17회, 로크의 수고에 등장하지만, 모두 보일의 저작(『몇 가지 자연학에 관한 시론』이나『실험 자연철학의 유용성』등)에서 취한 것으로서, 가상디로부터 직접적 영향을 표하는 것은 없다. (4) 베르니에로부터『가상디철학의 요체』전7권을 받았으나, 이『요체』에서의 인용은 1698년 저술한 (게다가 가상디의 철학에 관한 것이 아니라, 동양에 여행했던 때의 지견에 관한) 것을 제외하면, 단 하나도 존재하지 않는다. 이상과 같은 여러 사실로부터 밀튼은 '가상디의 로크에 대한 영향은 이제까지 일반적으로 생각되어 왔던 것보다도 훨씬 제한되어 있었다'고 결론짓는다.

다. 도달지점이 유사하기 때문에 대륙의 철학자에게 '가상디의 아류'
로 비쳤다는 것은 쉽게 상상할 수 있지만, 그곳에서 영향관계를 끌어
들인 것은 경솔한 생각이었다.

2
보일과 로크

영국의 학자들 사이에 원자론을 유포시킨 결과로 보일Bolye(1627-1691)
은 매우 중요한 역할을 완수했다고 여겨진다. 게다가 1980년대쯤까
지 로크연구에서 로크에게 가장 원자론(입자철학)의 영향을 준 인물
로서 빈번히 거론되어 온 것이 보일이고, '로크의 원자론은 보일의 영
향이다'는 논조가 여전히 지속되고 있다.[18] 그 근거로는 보일과 로크
가 실제로 옥스퍼드에서 공동연구를 행하였다고 추정되며, 더욱이
로크가 『인간지성론』에서 전개한 물체의 1차성질에 대한 구별의 근
원이 되는 테마를 보일이 이미 『형상과 성질의 기원』(1666)에서 전개
하였다는 사실이 텍스트 비교에 의해 판명되었다.

---

17 로크의 경험주의 인식론의 형성과정에 대한 탐구는 이 장의 범위를 넘어서
   는 일이지만, 대략석으로 말하자면, 『사연법론』(1664)에서 『초고 A, B』(1671),
   『인간지성론』(1690)까지의 단계적 발전을 구체적으로 본다면, 그의 인식론
   이 가상디로부터 차용한 것이 아님은 명확하다.

18 Aaron(1971), Curley(1972), Alexander(1974a; 1974b), Palmer(1976) 등을 거론할 수
   있지만, 이 보일-로크 노선에 대한 연구가 클라이막스를 맞은 것은 Alexander
   (1985)에서이다.

그러나 근래에 보일과 로크가 공동연구를 친밀하게 행했다고 여겨지는[19] 1666년 전후의 수고를 정밀 조사한 왐슬리Walmsley에 의하면, 그러한 행적은 전혀 보이지 않는다. 예를 들어 70-80년대의 로크연구에서, 보일-로크의 영향관계를 말할 때 반드시 참조해 온 보일의 입자철학에 관한 이론적 주저『형상과 성질의 기원』(1666)에 대한 메모가 로크의 노트에는 거의 전혀 나타나지 않는다(단 1건, 그것도 입자철학을 전개한 이론편이 아니고 실험편에서 인용되었을 뿐이다). 이것은 로크가 보일의『자연학-기계학의 신실험』(1660),『자연학에 관한 시험』(1661),『실험자연철학의 유용성』(1662) 등에서는 수많은 인용을 행하고 상세한 노트를 남기고 있는 것과 매우 대조적이다.[20] 이러한 실증적인 연구에 의해 보일-로크 간에 강한 영향력(인과관계)을 독해하려는 시도는 많은 난점을 포함하기에 이르렀다. 만약 가정적으로 로크가 보일의 입자철학에서 강한 영향을 받았다고 한다면, 왜 이론적 주저인『형상과 성질의 기원』을 열독한 흔적이 전혀 발견되지 않는 것일까?

오히려 로크가 그의 자연학 철학의 발전에서 심대한 영향을 받았다고 주목받는 것은 입자철학을 신봉했던 보일이 아니고, 그처럼 관찰이 불가능한 입자에 의한 자연현상에 대한 설명 일체를 거부하였

---

19 예를 들어, 로크연구에서 잘 알려진 고전이라 할 수 있는 Aaron(1971), pp. 12-14를 참고하라.

20 Milton(2001), p.225에 따른 지적. 필자가 실제로 보들리앙 도서관(Bodleian Library)에서 MS Locke d.11을 조사해 보았던 곳으로, 보일의 저작에 관한 로크의 노트는 실제로 상세하였다.

던 실험의학자 시든햄Sydenham(1524-1689)이라는 주장이 2000년경부터 전술한 밀튼과 왐슬리 등 수고를 직접적으로 정밀조사한 연구자들에 의해 강력하게 추진되고 있다. 왐슬리의 수고검토는 로크연구에 있어서 중요한 공적이고, 시든햄의 영향력이『초고 A, B』(1671)에서 가장 현저한 것은 로크가 시든햄과 공동집필했던「해부학」,「의술에 관하여」와의 비교고증에서도 명확하다.21

그러나 보일로부터 로크에 대한 입자철학의 영향이 전혀 발견되지 않는다고 단언하는 것은 성급한 생각이다. 우선 이미 말했다시피 로크는 1660-62년도 보일의 저작으로부터 방대한 메모를 취하고 있듯이 일찍부터 보일의 저작(입자론에 관한 것도 포함하여)에 익숙해져 있었다. 보일의 이론적 주저『형상과 성질의 기원』이 출판된 1666년 전후, 또 보일이 사망한 1691년까지 많은 서간을 주고받았기 때문에22 로크가 보일의『형상과 성질의 기원』의 이론편에서 충분히 전개된 입자철학을 알아보았다고 생각하더라도 지극히 자연스러운 일이다. 실제로 이미 언급하였던 것처럼, 로크는『형상과 성질의 기원』을 가지고 있었고,23 그곳에서 (단 하나이지만) 메모를 남기고 있기 때문에 그 책을 손에 들고 읽었다는 사실은 틀림이 없다.

물론 보일이 그 저서를 가지고 있었다는 이유로 전편을 읽었다고는 할 수 없고, 더욱이 영향을 받았다고도 말할 수는 없다. 실제로 그

---

21 이 점에 관해서는 靑木(2008a)에서 상세하게 논하고 있으므로 참고하기 바란다.
22 Stewart(1981), pp.22-25, 37-38.
23 로크가 소유하고 있던 저작은 전부해서 64항목 정도이다.

런 반론이 있어 온 것 같다. 그렇지만 로크가 입자철학의 수용이라는 점에서 보일에 힘입고 있다는 사실을 보여주는 중요한 논거가 존재한다. 그것은 보일이 '입자구조'라는 이유에서 처음으로 사용하기 시작한 texture라는 말을, 로크도 같은 의미로 1685년의 『초고 C』에서부터 사용하고 있다는 사실이다.[24] Texture는 로크가 시든햄의 강한 영향하에 있던 『초고 A, B』(1671)에는 등장하지 않지만, 『초고 C』(1685) 및 『인간지성론』(1690)에는 반복해서 등장한다. 이것은 로크가 『초고 A, B』에서 구축하였던 물체의 작용에 관한 논의를 『초고 C』에 이르는 중간에 보일의 입자철학과 절충하였다는 점을 강하게 시사한다.[25] 예를 들어, 아래에서 보는 바와 같이 보일과 로크의 주장이 평행하는 지점을 확인할 수 있다.[26] 먼저 보일이 texture라는 말을 사용하는 부분부터 살펴보기로 하자.

이 미소한 여러 부분들이 모여서 그것들의 1차성질과, 자세 또는 배열에 관한 성향 내지 배치에 의해 하나의 물체로 집합하는 경우, 우리가 포괄적으로 이름해서 그 물체의 구조texture라고 부르는 것이 발생한다.   (*OFQ*, 36)

---

24 이 점을 처음으로 지적한 것은 Alexander(1974b), p.207이지만, 왐슬리(Walmsley)는 이 점에 대해서는 어떤 것도 다루지 않는다. 『초고 C』에서 texture가 등장하는 것은 Draft C, 114 등이다.

25 로크가 『초고 A, B』에서 입자설에 관해서 어떠한 논의를 행하였는가에 관해서는 靑木(2008a)를 참고하기 바란다.

26 이하에서 인용한 개소 이외에 보일-로크에 대한 텍스트상의 상세한 비교는 靑木(2004a, 2005)를 참고하기 바란다.

이처럼 해서 현대의 금세공사와 정련공은 금이 왕수王水에 쉽게 녹을 수 있고 그럼에도 강수强水에는 작용하지 않는다는 점을, 금이 본체에 불순물을 포함하고 있지 않은 사실을 확인하기 위한 가장 식별 가능한 성질로 간주하고 있다. 그러나 이것들의 속성은 금 가운데서는 금에 고유한 구조texture 이외에 아무것도 아닌 것이다.

(*OFQ*, 18)

이와 같이, 보일에 있어서는 1차성질primary affection – 크기, 형태, 운동[27] – 을 가진 물질이 일정한 자세[방향]와 배치로 모이는 것에 의해, 그 물체에 특수한 구조texture가 발생한다고 여겨진다. 그리고 예를 들어 금이 왕수에는 용해되지만 강수에는 용해되지 않는다는 점은 그것의 입자구조에 의거하는 것이라고 보일은 생각한다.

이것과 동일한 texture의 사용방법을 우리는 로크에서도 확인할 수 있다.

내가 색깔과 향기에 관해서 이미 서술한 것을 맛이나 소리, 그 외 감각할 수 있는 성질에 관해서도 말할 수 있다. 다시 말해 그것들에 어느 정도 실재성을 잘못 귀속시켜 버렸다 하더라도 그것들은 실제로 대상 그 자체에 있어서는 우리 안에 다양한 감각을 산출하는 능력에 지나지 않는다. 그리고 그것들은 내가 이미 말한 바와 같이 그러한 1차성질primary qualities - 부분의 부피, 형태, 구조texture, 운동에 의존하는 것이다.

(*Essay* II, viii, 14)

---

27 *OfQ,* 16, 35-36.

만약 우리가 물체의 미세한 입자나 그것의 감각할 수 있는 성질이
의존하고 있는 실재적 구성을 식별하는 것에 충분할 만큼 예리한
감각기관을 가지고 있다면, 그것들은 우리 안에 완전히 다른 관념
을 산출하지는 않을까 생각한다. 그리고 현재 있는 곳의 황금색은
소실되고, 그것을 대신하여 어떤 일정한 크기와 형태를 가진 부분
들의 놀라운 구조texture를 보게 될 것이다.   (*Essay* II, xxiii, 11)

로크는 texture가 무엇인지 확실하고 분명한 설명은 하지 않는다.
그러나 이곳에서 부피, 형태, 운동 등과 나란히 texture를 말하고 있는
곳에서 보일과 동일하게 사용하고 있는 것은 분명하다. 그리고 금에
특수한 황금색이 그것의 texture에 의거한 것이라고 생각하고 있다는
점에서도, 보일이 예로 든 왕수, 강수의 예와 평행을 이루는 것이 인
정된다. 이처럼 물체가 가진 다양한 성질이 그것의 입자구조texture에
의존해 있다고 생각하는 점에서 로크는 보일을 답습하고 있다고 말
할 수 있다.

또한 texture만큼 결정적인 논거는 아니지만, 보일과 로크가 사용
하는 1차성상/2차성상, 1차성질/2차성질의 구분에서도 양자 간에 영
향관계를 읽을 수 있는 유사성이 다수 존재한다.[28] 이미 살펴 본 인용
에도 있었던 것처럼, 보일은 물질의 크기, 형태, 운동을 1차성질primary
affection이라 칭하고, 색깔과 냄새라는 2차성질과는 구분한다. 다른 한

28　그러한 텍스트상의 유사성으로부터 영향관계를 읽어내는 것이 각주(18)에서
　　거론한 다양한 선행연구들이다. 일본어로 읽을 수 있는 것으로는 青木(2004a;
　　2005)를 참고하기 바란다.

편, 로크는 1차성질primary quality: PQ과 2차성질secondary quality: SQ을 병행하는 방식으로 구별하고 있다.[29] 근대의 문맥에서 이 1차성질과 2차성질의 구별을 논의한 기원은 갈릴레오, 데카르트 같은 기계론자였다는 것이 정설이지만, 양자는 공히 1차성질, 2차성질이라는 말을 사용하고 있지 않다.[30] 보일이 1차성질affection/2차성질이라는 말을 사용한 것이 최초이다. 이 점에서 로크의 유명한 PQ/SQ 구별이 보일의 1차성질/2차성질의 구별에서 유래하였다고 많은 연구자들이 생각해 온 것도 무리는 아니다. 보일과 로크가 성질 사이의 구별에서 보이는 유사성에 관해서는 이제부터 다루어 보도록 하겠다.

3
『인간지성론』에서 입자설의 전개
- 물체의 성질과 본질, 자연학의 한계

로크의 『인간지성론』(1690)은 '영국경험론'의 효시嚆矢를 날린 저작으로 여겨지지만, 로크의 경험론이란 것은 간결하게 말하면, 지식의 재료인 단순관념이 모두 경험(감각과 반성)에서 획득된다는 입장이

---

29 정확하게는, 로크는 우선 "마음 속의 관념"과 "물체에서 성질"을 구별하고, 다시 물체의 성질을 1차성질과 2차성질로 구별한다. 따라서 색깔과 냄새를 2차성질로 하는 보일과는 결정적으로 차이가 있다. 여기서 색깔과 냄새라고 하는 것이 로크에게는 '2차성질의 관념'이다.

30 고대원자론으로부터 갈릴레오, 데카르트에 이르는 PQ/SQ의 구별에 관해 볼 만한 그림을 제공하는 것으로서 青木(2007)를 참고하기 바란다.

다.[31] 로크는 『인간지성론』의 도입부에서, '서술적인, 평이한 방법 historical, plain method'으로 인간지성이 어떻게 관념을 획득하고 지식을 얻게 되는지, 지식의 확실성과 명증성, 범위는 어떤 것인지를 탐구한다고 선언한다. 이런 '서술적이고 평이한 방법'이 로크시대에 실험의학의 기초를 배운 시든햄의 '평이하고 은폐되지 않은 방법a plain and open method'을 계승하였다는 점은, 『인간지성론』(1690)보다도 20년 정도 전에 쓰인 『초고 A, B』(1671)에서부터 명백하다. 로크는 1667년에 런던으로 이주해서 그곳에서 시든햄과 친분을 맺고 시든햄의 조수를 하였으며, 그때의 실험의학자로서 현장경험이 「해부학」(1668), 「의학에 관하여」(1669)라는 로크의 의학 자필원고에 결정적인 영향을 주었다.[32]

시든햄으로부터의 영향은 로크가 입자설을 다루는데도 강한 영향력을 끼쳤다. 본질적으로 로크는 입자설에 의한 관찰 불가능한 영역의 가설에 관해서 시든햄과 마찬가지로 『인간지성론』 전체를 통하여 불가지론적인 입장을 채택하기에 이른다. 『인간지성론』 서두에서는 다음과 같이 말한다.

나는 여기서 마음의 자연학적인 고찰Physical Consideration에는 들어가지 않으려 한다. 환언하면, 그 '마음의' 본질이 어디에 존재하는가,

---

31 따라서 모든 지식이 경험으로부터 획득된다고 하는 입장은 결코 아니다.
32 이들 의학 수고의 내용이 시든햄으로부터의 직접적 영향에 의한 것이라는 점에 관해서는 靑木(2008a)를 참고하기 바란다.

어떠한 우리 정신의 활동 또는 신체의 변용에 의해 우리가 감관에 의한 감각을 갖게 되고, 지성 가운데 관념을 갖게 되는가? 그리고 이러한 관념이 그것의 형성에서 일부라도 물질에 의존하는가, 아닌가? 그러한 것을 조사하는 것으로 나의 몸을 번거롭게 할 의도는 없다. 이 같은 '자연학적인 고찰에 관한' 사색이란, 어느 정도 호기심을 자아내는 재미있는 일이기는 하지만, 여기서 내가 의도하고 있는 계획의 길에서는 벗어난 것이므로 나는 그것을 거부할 생각이다.[33]

(*Essay* I, i, 2)

이와 같이, 마음의 본질과 관념의 형성에 있어서 물질의 역할 등에 관한 고찰을, 로크는 자연학적인 고찰로 칭하고 그러한 고찰에는 들어가지 않겠다고 선언한다. 로크의 입자설에 대한 노력을 고찰하는 데 있어 중요시해 온 것은 이런 공식적인 언명을 어떻게 이해하는가 하는 점이었다. 왜냐하면 로크가 입자설에 의거해서 전개했다고 생각되는, 아래에서 보는 것과 같은 논점에 관해서 '자연학적인 고찰에서 생각했던 것보다도 깊이 개입하고 말았다'고 변명하고 있기 때문이다. 뒤집어 생각하면, 로크는 PQ/SQ의 구별 등을 논하는 데 있어

---

33 Physical Consideration을 어떻게 번역할 것인가. 岩波文庫의 오오츠키(大槻) 번역에는 '물성적 고찰'이라고 되어 있지만, 『인간지성론』의 끝에서 로크는 학문을 세 영역으로 구분하고, 그리스어의 '피지카(physica)'를 natural philosophy라고 말하고 있기 때문에, 여기서는 '자연학적 고찰'이라고 했다. 또한 이러한 원인론에 관해서 다양한 가설을 비교하면서도 너무 깊이 들어가지 않는 금욕적인 입장은 『열병치료의 방법』(1666)에 보이는 시든햄의 불가지론의 영향 하에서 형성되었다고 생각된다. 이 점에 관해서도 青木(2008a)가 상세히 논하므로 참고하기 바란다.

그것이 '자연학적 고찰'에 해당한다는 점을 승인했다는 것이다.

1) 물체의 1차성질/2차성질의 구별

입자설이 로크의 사상에 가장 현저한 영향을 주었다고 생각되는 지점은, 로크가 그 철학적 논의의 효시를 날린 것으로 저명하게 된 물체의 PQ/SQ의 구별을 둘러싼 논의이다. 이 논의는 현재에도 주로 영미계 철학에서 계속해서 자주 논의되고 있으며, 로크에 의한 정식화는 그것의 원천이 되고 있다.[34] 다만 주의해야 할 점은 일반적으로 크기, 형태, 수, 운동, 입자구조에 의한 것이 PQ의 예로서, 그리고 색깔, 맛, 냄새 등이 SQ의 예로서 간주되는 것에 대하여[35] 로크가 말한 전문용어technical term로서의 '성질'은 그러한 일반적인 의미의 성질과는 다르다는 점이다. 이 점을 먼저 살펴보고자 한다.

　로크는『인간지성론』제2권 제8장 제9절 이하에서 물체의 PQ/SQ의 구별을 정식화하는 논의를 행하고 있지만, 그에 앞서서 제2절에서 자연학에도 깊게 들어간 고찰을 행하고, 심중의 관념과 물체의 성질을 구분하여 양자를 주의깊게 구별할 필요가 있다고 서술한다. 이것은 지나치게 주목을 받지 못하고 있지만, 로크에 의해 물체의 PQ/SQ의 구별을 정확히 이해하는 데 중요성을 지닌다. 로크는 다음

34　Mackie(1976), McGinn(1983), Nolan(2011) 등이 대표적인 사례로 다루어진다.

35　로크에 이어서 버클리는 이와 같은 PQ/SQ 이해를 바탕으로 비판을 행하고 있다. 그러나 이것은 초점을 벗어난 비판이라는 것이 1970-80년대의 로크연구에서 공통적으로 보이는 입장이다. 앞에서 기술한 Laudan(1977) 외, Curley(1972), Alexander(1974a), Mackie(1976) 등을 참고하라.

과 같이 말한다.

이렇게 해서 뜨거움과 차가움, 밝음과 어두움, 흰색과 검은색, 운동
과 정지의 관념은 한결같이 마음에 있는 명석明晳하고 긍정적 관념
positive ideas이다. 그렇지만 어쩌면 그 관념들을 산출하는 **원인** 가운
데 몇몇은 우리의 감관이 그들 관념을 획득해 온 주체에 있어서는
단순한 결여欠無, privations이다. 지성은 그러한 관념을 바라보면서 이
것들을 모두 별개의 긍정적인 관념으로 생각하고, 그것들을 산출한
원인에 관해서는 주의하지 않는다. 이것은 지성에 있는 것으로서의
관념에 관한 탐구가 아니고, **우리의 밖에 있는 물질의 본성**에 관한
탐구이다. 이들 두 가지는 매우 다른 것이고, 주의깊게 구별되어야
한다. 흰색과 검은색의 관념을 지각하거나 아는 것과, 어떤 대상을
희게 혹은 검게 보이게 하기 위해 그것들 [밖에 있는 물체]가 어떤
종류의 입자이어야 하는가, 그리고 표면에서 [입자가] 어떻게 배열
되어야만 하는가를 조사하는 것은 완전히 다른 것이기 때문이다.[36]
(*Essay*, II. viii, 2. 방점은 필자에 의한 강조)

---

[36] 제2권 제8장 제22절에서도 로크는 마음 속의 관념과 물체에서 성질의 구별
을 기술하고, 물체의 성질에 관한 고찰이 '자연학적 탐구'에 해당한다는 점을
해명하고 있다.

나는 지금까지 어쩌면 내가 의도한 것보다도 적게 자연학적 탐구
(Physical Enquiries)에 파고들었다. 그러나 이 탐구는 감각의 본성을 조
금이라도 이해하고, 물체에서 성질(Qualities of Bodies)과 그것에 의해
마음 속에 산출되는 관념(Ideas produced by them in the Mind)과의 차이
를 분명하게 사유하기 위해 필요하기 때문에, 이 차이 없이 관념에 관
해 이해하려고 논의하는 것은 불가능한 것이다. 그러므로 이 약간의
개입을 이해해 주기 바란다.

로크가 여기서 말하고 있는 것은 다음과 같다. 우리는 흰색과 검은색을 지각할 때, 그것이 어떤 메카니즘에서 생겨나는지를 평소에는 의식하지 않는다. 그런 메카니즘을 탐구하는 것은 마음에 현현하는 지각내용(관념)을 분석하는 것이 아니고, 그러한 지각을 일으키는 원인인 외계의 물체에 관해 탐구하는 것이다. 로크는 이 인용에서 외계에는 입자로 구성된 물체가 존재한다는 입자론적 세계상을 가지고 있으며, 여기에서 입자설로부터의 결정적인 영향을 읽을 수 있다. 그리고 지각내용을 분석하는 것도 외계의 물체를 탐구하는 것과는 다르기 때문에 주의깊게 구별해야만 한다고 주의를 촉구한다.

따라서 로크가 말하는 '성질'이라는 것은 우리가 일반적으로 이해하는 성질과는 상당히 다른 것이다. '성질'이란 협의의 전문적인 의미에서는 우리의 마음에 희거나 검은 지각내용(관념)을 산출하는 물체의 능력으로 간주된다.

> 마음이 그 자신 가운데 지각하는 것, 다시 말해 지각, 사고, 지성의 직접적인 대상immediate object이 어떤 것이라도, 그것을 나는 관념이라 칭하고, 우리의 마음에 관념을 산출하는 능력power을 이 능력이 존재하는 주체의 성질이라고 한다.　　　　　(*Essay*, II, viii, 8)

이와 같이 마음의 관념과 물체에서 성질을 구별한 위에 다시 로크는 물체의 성질을 크게 두 종류로 구분한다. 첫 번째는 물체 자체가 가지고 있다고 생각되는 일차적인 성질primary quality; PQ, 두 번째는 물체가 그것의 PQ에 의해 우리의 감각기관에 작용시키는 것으로서, 우리의 마음에 색깔, 미각, 냄새 등을 산출하는 능력이 있는 물체가 가진 2차성질secondary quality; SQ이다. 크게 구분해서라고 말한 이유는, 보다 정확하게 말하면 로크는 물체의 성질을 세 가지로 나누고 있기 때문이다. 로크는 다음의 인용에서 세 가지 성질을 나열한다.

거기서 물체에 있는 성질은 정확하게 고찰하면 세 가지이다.

제1성질은 물체의 고체성인 부분의 크기, 형태, 수, 위치, 운동 또는 정지이다. 그것들은 우리가 지각하든 지각하지 않든 물체 가운데 있고, 우리가 발견할 수 있는 크기의 경우에는 그것들에 의해 물체 그 자체에 있는 그대로의 관념을 우리가 획득한다. 그것은 인공물에서 분명하다. 나는 이것들을 1차성질이라고 칭한다.

제2성질은 어떤 물체 가운데 있고, 그 물체가 감각할 수 없는 1차성질에 의한 어떤 특정한 방식으로 우리의 감관 어딘가에 작용하는 것에 의해 우리에게 여러 가지 색깔, 소리, 냄새, 맛 등 각양각색의 관념을 산출하는 능력이다. 이들 '색깔, 소리, 냄새, 맛 등'은 통상, 지각할 수 있는 성질(가감적 성질)이라 부른다.

제3성질은 어떤 물체에서 그 물체의 1차성질의 특정한 구조에 의해 다른 물체의 크기, 형태, 구조, 운동을 변화시키고, 전과 다른 방식으로 우리의 감관에 물체를 작용시키는 능력이다. 이렇게 해서 태양은 납을 하얗게 하는 능력을 가지고, 불은 납을 녹이는 능력을 가진다. 이것들은 보통 능력이라 말해진다. (*Essay* II, viii, 23)

제3성질은 물체가 다른 물체에 작용하여, 우리에게 다른 관념을 산출하는 능력을 지칭한다. 덧붙여 이러한 1차성질을 가진 물체가

우리의 감각기관과 다른 물체에 작용한다고 로크가 제시하는 구도
는 물체 자체의 절대적 성질과 다른 물체와의 관계에서 발생하는 상
대적 성질이라는 보일의 구도와 대단히 유사하다.[37]

　　PQ/SQ를 구별하는 로크의 논의에 대한 세부내용의 검토는 여기
에서의 목적이 아니기 때문에 생략하지만,[38] 내가 여기서 강조해 두
고 싶은 것은 공식적으로는 '들어가지 않는다'고 선언하고 있음에도
불구하고, 로크가 자연학적인 고찰에 실질적으로 관심을 기울이고,
그러한 입자적인 세계상을 염두에 두고 물체의 PQ/SQ의 구별을 행
하고 있다는 점이다. 입자설은 이처럼 로크에 의한 성질 사이의 구별,
다시 말해 그의 존재론적인 주장에 결정적인 영향력을 가지고 있다
고 생각된다.

2) 실재론적 본질과 유명론적 본질

외계 세계가 궁극적으로는 눈에 보이지 않는 미세한 입자로 구성되
어 있다는 입자적 세계상은 당연하게도 '실재'와 '본질'에 관한 사고

37　보일에 의한 절대적 성질/상대적 성질의 구별과 로크의 PQ/SQ의 구별 사이
　　에 유사성과 비유사성에 관해서는 靑木(2004a; 2005)에 상세하게 논하고 있으
　　므로 그 논문들을 참고하기 바란다.

38　이 장에서의 논술과는 대조적으로, PQ/SQ구별은『인간지성론』보다 20년 정
　　도 앞선『초고 A, B』에 그 맹아가 보이고, 그곳에서 로크는 보일의 입자설을
　　받아들이는 것과는 전혀 독립적으로 독자적인 철학적 사색을 통하여 이 구
　　별에 도달했다고 논하는 것이 왐슬리의 관점이다. 나는 이 주장에 완전히 동
　　의하는 것은 아니지만, Walmsley(2003)는 훌륭하게 논지를 전개하고 있다. 참
　　고하기 바란다.

방식에 결정적인 영향을 미친다. 이러한 것은 로크에 있어서는 물질적 실체[39]에 관한 실재적 본질real essence과 유명론적 본질nominal essence의 구별이라는 형태로 드러나게 되었다. 이 구별은 로크 이전 아리스토텔레스가 생각했던 물리적 실체의 본질이론과 대조를 이룬다. 아래 로크의 말에서 보이는 아리스토텔레스의 실체형상substantial form에 대한 설명에서도, 어떤 실체(예를 들어 인간)가 바로 그 실체인 것은 그것의 실체가 특정한 형상을 가지기(예를 들어 '인간'의 형상) 때문이라고 설명된다. 그리고 예를 들어 인간이라는 실체는 인간이라는 형상을 가지기 때문에 '이성적 동물'이라고 하는 본질규정이 된다. 그것이 '인간'의 형상 요컨대 본질적인 정의에 해당하기 때문이다.

로크나 보일 등, 반아리스토텔레스파의 입자론자들은 그러한 본질규정이 성과가 없고, 어떠한 설명력도 가지지 못하다고 느끼고 있었다.[40] 예를 들어 앞의 예를 들어 말한다면, '왜 인간은 이성적인 동물인가?'라는 질문에 대하여 아리스토텔레스철학을 신봉하는 스콜라학자들은 '그것은 인간이기 때문'이라고밖에 대답하지 않았다. 로크는 이러한 실체형상설에 기반한 본질의 설명을 당시에 성행하였

39　여기에서는 알기 쉬운 사례로서 물질적 실체에 입각해서 논하고 있지만, 로크는 '것(thing)' 전반에 관해서 실재적 본질과 유명론적 본질의 구별을 논의하기 때문에, 이 구별은 본래 물질적 실체뿐만 아니라 정신적 실체에도 성립하는 논의이다.

40　보일도『형상과 성질의 기원』(1666)에서 같은 취지의 주장을 행하고 있다. 눈은 왜 희고 눈부신가 라는 질문에 대하여 스콜라학자는 '눈은 흼과 눈부심의 형상을 가지고 있기 때문'이라고 설명한다면, 그것은 단순히 현상의 환언에 지나지 않으며, 무언가 설명력을 갖지 못한다고 보일은 생각했다.

던 입자설에 기반한 설명으로 대체하고, 본질이라는 말에 새로운 의미를 부여하였다. 이하에 로크의 생각을 인용한다.

> 그러나 어떤 사람들은 사물Things의 본질이 (이유가 없는 것은 아니나) 전혀 알 수 없다고 생각하지만, 본질Essence이라는 말의 몇 가지 의미를 생각해 두는 것이 부적절하지는 않을 것이다.
>
> 제1성질에서 본질은 사물의 바로 그 존재, 요컨대 그 '본질'에 의해 그것의 사물이 그러하게 있다고 생각된다. 이렇게 그것의 발견 가능한 성질이 의존하는 것의, 실재적으로 내적인 그러나 실체에 있어서는 일반적으로 알려지지 않는 물질의 구성을 그런 [물질의] 본질이라고 부를 수 있다. 이것은 이 [본질이라는] 말의 형성과정에서도 분명한 것처럼 말의 적절한 본래 의미이다. 왜냐하면, 본질 essentia란 그것의 일차적인 표기에 있어서 적절하게는 존재Being를 의미하기 때문이다.
>
> 제2성질에서 학원에서의 배움이나 논쟁은 속류屬類, Genus와 종류種類, species를 둘러싸고 매우 부산스러웠지만, 본질이라는 말은 사실 그 일차적인 의미가 사라져 버렸다. 그리고 사물의 실재적인 구성을 대신해서 [본질이라는 말은] 속류와 종류로부터 만들어진 인공적인 구성에 대부분 돌려지게 되었다.
>
> ... 이러한 두 가지 류의 본질은, 전자를 실재적인 본질Real Essence, 후자를 유명론적인 본질Nominal Essence이라 칭해도 무방할 것이다.
>
> (*Essay* III, iii, 15)

여기에서 '학원에서의 배움이나 논쟁'이라고 하는 것은 스콜라학파의 본질이론이다. 속류와 종류의 구별에 열심하여 그러한 '인공적인' 구성물에 관한 논의로 일관하고 있는 점에 대해 로크는 불만을 표명하고 있다. 앞에서도 언급하였듯이, 서술에서 준거하였던 로크의 방법론으로부터 한다면, 사물의 본질에 관해서 이러쿵 저러쿵 말로만 인공적인 구별을 해 본들 의미가 없다. 그렇기 때문에 스콜라 류의 본질을 유명론적인 본질(명목상에서만의 본질)로 로크는 명명했다. 그것과 대조적으로 사물이 궁극적으로 의거하는 것으로서, '실재적으로 내적인', '일반적으로 알려지지 않는 물질의 구성'을, 실재적인 본질이라고 칭하려는 것이 로크의 제안이다. 물질적인 실체에 관해서 말하자면, 실재적 본질이란 단적으로 그 사물의 입자구조를 지시한다. 그것이 그 사물을 그렇게 존재하게 하는 '본질'이다.

로크는 이렇게 입자설에 기반하여 '본질'이라는 말에 새로운 의미를 부여하였다. 그러나 주의해야 할 점은 이러한 실재론적 본질을 규정했다고 해서 우리가 그것의 실재적 본질을 발견할 수 있는 날이 가까운 장래에 오리라고 로크는 전혀 생각하지 않았다는 점이다.[41] 로크는 당시 자연학의 최첨단인 현미경 관찰에 대해 여러 번 언급하지만, 만약 인간이 현미경에 의해 예리한 눈을 갖는다고 하더라도, 나아가 당시 현미경보다 천 배, 만 배로 광대한 능력을 가진 예리한 눈을 가진다고 해도, 사물의 실재적 본질에 다가서는 것은 불가능하다

---

41 이 점에서 당시부터 유명하였던 프랑스의 스트라스부르(Strasbourg) 대시계의 내부구조에 관해서 전혀 무지한 시골사람보다도, 우리는 물질적 실체의 실재적 본질에 관해서 무지하다고 로크는 서술하고 있다.

고 생각했다.[42] 그럼에도 불구하고 로크에 의한 본질이론의 중요성은 종래의 '형상'에 기반한 본질이론을 물리치고 입자설에 기반한 '실재적 본질'로 우리의 이론을 탈피시킨 것이다.[43]

3) 인식론과 자연학의 한계

마지막으로 입자설이 로크의 인식론 자체에 준 영향에 관해서 서술하고자 한다. 물질계가 궁극적으로는 입자로부터 구성되었다고 하는 세계관은 PQ/SQ의 구별에서 보이는 것처럼 세계의 진정한 모습에 관련된 통찰을 제공하고, 물체의 본질에 관한 이해를 변모시킨 존재론적인 함의가 있는 것과 동시에, 우리가 자연계에 관해서 무엇을 알 수 있는가라는 인식론적인 질문에 대해서도 함의를 지닌다. 로크는 『인간지성론』 4권에서, 이 책 본래의 목적은 인간 지식의 '확실성과 명증성, 범위'에 관한 체계적인 고찰로 시작하였지만, 자연학의 한계를 논하는 4권 3장에서 바로 입자설에 의거한 형태로 자연학의 한계를 논한다고 하는 작품에 이르고 있다. 보다 정확하게 말하면, 입자설을 기저로 한 PQ/SQ의 구별을 이용하면서, 로크는 물체의 온갖 성질을 우리가 선험적으로apriori 알 수 없다는 논의를 수행한다. 전통적인 토대주의적 인식론의 관점에서 본다면, 이것은 자연학의 한계

---

42 *Essay* II. xxiii.11.

43 로크의 실재적 본질에 관한 논의는, 예를 들어 현대의 자연주의 인식론자 콘블리스(Kornblith)에 의해 채택되어 그의 자연종 이론에서 중요한 계기가 되고 있다. 이 점에 관해서는 Kornblith(1993): Chapter 1에서 상세히 논한다.

조정을 위해서 자연학을 이용한다고 하는 악순환이고, '과학의 토대'
에 대한 실패사례라고 간주될지도 모른다. 그러나 이것은 (주로 칸트
이후의 독일계의) 철학에서 로크를 바라보는 경우에 해당하고, 로크
자신은 시든햄, 보일, 뉴턴 등 대건축가Master-Builders의 '허드레일꾼
Under-Labourer'을 자임했다[44]는 점을 주목해야 한다. 과학혁명이 진행중
이었던 17세기에 과학철학에서는 (이미 완성된) 과학의 토대를 취급
한다기보다 당대 영국의 지적 문맥에 입각해서 말한다면, 영국의 실
험철학[45] 그 자체를 추진하는 것에 주안점을 두고 있었다.

로크가 PQ/SQ의 구별에 의거해서 전개한 자연학의 한계에 관한
논의는 대략 다음과 같다.

---

44 로크는 대건축가의 '허드레일꾼'으로서 무엇을 기획한 것인가? 이 비유에 적
합한 논문은 비교적 많지만, 한 몫으로 고찰을 행하고 있는 것으로는 Alexander
(1985), Jolley(1999)를 들 수 있다. 필자의 견해로는 靑木(2004b)에서 묘사되고
있는 것 외에도, 靑木(2008b)에서 당시의 실험철학을 둘러싼 인식론적인 논의
(로크 주변의 스프랏(Thomas Sprat), 그랑빌(Grandville), 훅(Hooke) 등의 인식
론과의 비교고찰)이라고 하는 문맥 가운데, 로크철학의 정당한 자리매김이
논의되고 있다.

45 21세기의 현재에서는 실험철학이라고 하면, 심리학 실험을 채용해서 철학적
직관을 음미하려는 지향성을 가진 현대 자연주의철학의 유파를 염두에 둔 독
자가 있을지도 모르겠지만, 17세기 영국에서 실험철학(Experimental Philosophy)
이란 베이컨 이래로 실제 경험을 중시하는 지적조류를 지시한다. 왕립협회
의 주요 멤버였던 보일이나 뉴턴은 영국경험론의 추진자였고, 그 협회 회원
이었던 파워(Henry Power)는 제목 자체가 『실험철학』(1664)이라는 저작을 출
판하고, 현미경 관찰에 기반한 자연지(自然誌)를 발표하였다. 마찬가지로 왕
립협회 회원이었던 훅(Hooke)의 『미크로그라피아(Micrographia)』(1665)는 현
미경 관찰을 처음으로 도판으로 출판하고, 세포(cell)를 이름 붙인 것으로 유
명하다.

(1) 금Gold 등의 실체 관념을 구성하고, 실체의 지식에 한결같이 관계하는 것은 2차성질의 관념이지만, 이들 2차성질의 관념은 물질입자의 일차성질에 의존하고 있다(만약 1차성질에 의존하지 않는 것이라면, 더욱 우리의 이해로부터 벗어난 것에 의존해 있다는 것이 된다).[46] 그러나 우리는 어떤 물질입자의 크기, 형태, 구조 등이 금의 관념을 구성하는 성질을 산출하는지 알지 못한다. 왜냐하면 그러한 온갖 부분은 관찰 불가능하기 때문이다. (*Essay* IV, iii, 11)

(2) 만약 물질입자의 1차성질을 알았다고 하더라도, 여전히 고칠 수 없는 무지를 우리는 가지고 있다. 다시 말해 1차성질과 2차성질의 관념 사이의 필연적 결합을 전혀 발견할 수 없다는 사실이다. (*Essay* IV, iii, 14)

(3) 그렇기 때문에 우리는 개별경험이 우리에게 가르치는 것 이상을 이러한 자연학의 영역에서는 바랄 수 없다. (*Essay* IV, iii, 14)

PQ/SQ의 구별을 논의하는 곳에서 서술한 바와 같이, 물체는 그것의 PQ를 통해서 색깔, 맛, 냄새에 의한 SQ의 관념을 마음에 산출하는

---

46 여기서 로크가 '만약 1차성질에 의존하지 않는다면, 더욱 우리의 이해로부터 분리된 것에 의존하는 것이 된다.'고 한 발언은 로크적 자연주의를 잘 표현한 것이라고 생각된다. 왜냐하면, 로크가 입자설이라고 하는, 물질의 성질을 설명하는 가장 이해 가능하고 우수한 가설적 이론을 구사해서 자연학의 한계와 실험관찰의 필요성을 설명하는 것이 여기서 잘 보여지고 있기 때문이다.

능력을 가진다. 때문에, 예를 들어 금이 왜 저 독특한 황금색을 하고 있는가를 학문지식의 수준에서 알려고 한다면, 금의 PQ가 어떠한 것인가를 우리는 알아야만 한다. 그러나 현미경에 대한 논의에서도 지적했던 바와 같이, 당시의 현미경 수준, 또는 상상할 수 있는 한에서 현미경 관찰의 수준에서도 우리는 물질입자의 궁극의 모양을 파악할 수 없다. 따라서 (그러한 기저의 입자구조를 알 수 없는 이상) 우리는 물질적 실체의 온갖 성질에 관해서 여전히 무지하게 남을 것이라는 것이 제1논의이다.

'만약에'라고 로크는 이어간다. 우리가 물질의 입자구조를 발견할 수 있는 날이 만약에 온다 하더라도, 어떠한 입자구조texture가 예를 들어, 어떠한 색깔의 지각내용(관념)을 우리 안에 산출하든지 입자구조와 지각내용 사이의 결합에는 어떠한 필연성도 없다. 예를 들어, 금의 입자(구조)에 관해서 현대의 우리는 그것이 Au 원소라는 것, 한 원소로서 존속한다는 지식을 가지고 들어온다. 그러나 그러한 입자구조를 안다는 사실로부터 왜 금이 그런 독특한 황금색을 하고 있는가, 왜 왕수에는 용해되지만 강수에는 용해되지 않는가라는 물체의 SQ에 관한 지식을 우리는 필연적인 방식으로 획득할 수가 없다. 이것이 제2논의이다.

이들 두 가지 논의에 따라 물질적 실체에 관한 우리의 지식은 개별경험이 가르쳐 준 것 이상에는 도달하지 못한다고 로크는 결론지었다. 우리는 금이나 은과 같은 개별의 물질적 실체에 관한 지식을 늘리기 위해서는 각각 개별적인 실험과 관찰을 시도하면서, 점차적으로 자연학의 지식을 전진시킬 수밖에 없다. 이와 같이 로크는 자신의 인식론적 입장에서도 적극적으로 옹호해야 할 대상인 영국 실험철학에 대해서 입자설을 원용하면서 보다 깊은 근거를 제공한다.

이와 같은 로크의 경험주의적 인식론은 대륙의 라이벌이었던 데카르트류의 선험적인 자연학 인식론을 결과적으로 물리치고, 뉴턴에 의한 실험철학의 유포와 더불어 18세기에 계몽기의 지적 배경을 형성하는 강물이 되었다[47]는 점을 여기서 지적해 두고 싶다. 특히 프랑스의 계몽주의 부흥에 가장 공헌했다고 일컫는 볼테르Voltaire의 철학, 자연학, 관용론이 로크-뉴턴이 깔았던 궤도의 연장선상에 있다는 점은 볼테르 초기의 저작[48]으로부터 분명하게 미루어 짐작할 수 있다.

나가며

이상에서 살펴 본 바와 같이, 원자론(입자론)은 로크의 인식론 전체에 대해 다양한 함의를 가지고 있다. 로크가 입자설을 획득한 기원으로는 지금까지 가상디나 보일 등의 저작이 거론되어 왔지만, 근래에는 정력적인 수고연구에 의해 오히려 시든햄의 자연철학의 영향이

---

[47] 로크-뉴턴에 의한 경험론철학의 체계화와 다음 세기에 끼친 영향에 관해서는 Rogers(1978; 1982)가 뛰어난 전망을 제시하므로 참고하기 바란다.

[48] 볼테르의 철학사상의 출발점이 된 『영국인에 관한 서한(Letters on the English)』 혹은 반데카르트 입장에서 뉴턴 자연철학에 관하여 상술한 『뉴턴의 철학강요(Éléments de la philosophie de Newton)』에서 그의 강한 영향력을 볼 수 있다.

로크에게 결정적이었다는 주장들이 나타나고 있다. 그러나 이번 장에서는 보일이 사용한 texture라는 어휘나 PQ/SQ 성질 사이의 구별에서 보일로부터 로크에의 영향이 확실히 보인다는 입장에서 로크에 의한 입자설의 전개를 두루 훑어보았다. 또한 시든햄으로부터 물려받은 '서술에 의한 평이한 방법'의 영향에 의해 로크는 자연학적 고찰로 들어가기를 피한다는 공식적인 언명을 확실히 행하였다. 그렇지만 로크 자신이 인정한 바와 같이, 빈번히 자연학(입자설)으로 깊이 빠져들었고, 그것이 가장 현저하게 보이는 것으로, 로크에 의해 유명하게 된 것이 PQ/SQ의 구별이라는 점을 지적하였다. 이것도 (자필원고 수준에서는 드러나지 않지만) 보일-로크의 입자론적인 사고의 연속성을 보이는 텍스트상의 근거가 아닐까 생각된다.

결과적으로 로크에 의한 원자론(입자론) 이해는 자연계에 물체의 성질과 본질, 또는 자연계에 관한 지식의 한계라는 다양한 논점에 대하여 새로운 철학적 접근을 개척할 수 있게 하였다. 그리고 로크가 결과적으로 그와 같은 입자설을 채택하여 경험론적인 인식론과 정합적이었다는 관점에서 후에 버클리는 물질주의비판을 (로크뿐만 아니라 물질주의자 일반에 대하여) 전개하게 된다. 이러한 관점에서 원자론(입자론)은 영국 경험론이라는 철학 학파의 전개에서 중요한 기저가 되었다고 말할 수 있다.

참고문헌

Aaron, Richard I. (1971) *Locke* (3rd ed.) Clarendon: Oxford University Press.

Alexander, Peter (1974a) "Boyle and Locke on Primary and Secondary Qualities", *Ratio*, vol. 16, pp.51–67.

Alexander, Peter (1974b) "The Names of Secondary Qualities", *Proceedings of the Aristotelian Society*, vol. 72, pp.203–220.

Alexander, Peter (1985) *Ideas, Qualities, and Corpuscles: Locke and Boyle on the External World*, Cambridge : Cambridge University Press.

Boyle, Robert (1666) *The Origines of Forms and Qualities*, in Hunter, Michael & Davis, Edward B. (eds.) *The Works of Robert Boyle, London: Pickering & Chatto*, 1999 = OFQ.

Curley, E. M. (1972) "Locke, Boyle, and the Distinction between Primary and Secondary Qualities", *The Philosophical Review*, vol. 81, no. 4, pp.438–64.

Cranston, Maurice (1957) John Locke: a biography, London: Longmans.

Dewhurst, Kenneth (1966) *Dr. Thomas Sydenham*, Berkeley and Los Angeles: University of California Press.

Garber, D. et al (1998) "New doctrines of body and its powers, place, and space", in Garber, D. & Ayers, M. (eds.) *The Cambridge History of the Seventeenth Century Philosophy*, New York: Cambridge University Press, pp.553–623.

Gassendi, Pierre (1658/1972) *Syntagma Philosophicum/ The Syntagma*, in Craig B. Brush (ed. and trans.) *The Selected Works of Pierre Gassendi*, New York: Johnson Reprint Corporation.

Grant, Edward (1981) *Much Ado about Nothing: Theories of space and vacuum from the Middle Ages to the Scientific Revolution*, New York: Cambridge University Press.

Kargon, Robert (1964) "Walter Charleton, Robert Boyle, and the Acceptance of Epicurean Atomism in England", *ISIS*, vol. 55, no. 2, pp.184–192.

Jolly, Nicholas (1999) *Locke: his philosophical thought*, New York: Oxford University Press.

Kornblith, Hilary (1993) *Inductive Inference and Its Natural Ground: An Essay in Naturalistic Epistemology*, Massachusetts : MIT Press.

Kroll, Richard W. F. (1986) "The Question of Locke's Relation to Gassendi", *Journal of the History of Ideas*, vol. 45, no. 3, pp.339–359.

Laslett, P. & Harrison, J. (1971) *The Library of John Locke*, (2nd ed.), Oxford: Clarendon Press.

Laudan, Laurens (1967) "The Nature and Sources of Locke's Views on Hypothesis", reprinted in Tipton, I. C. (ed.) *Locke on Human Understanding*, Oxford: Oxford University Press, 1977, pp.149–162.

Locke, John (1671) *Drafts for the Essay Concerninig Human Understanding and Other Philosophical Writings*, Nidditch, Peter H. and Rogers, G. A. J. (eds.) Oxford: Clarendon Press, 1990.

Locke, John (c.1685) *Draft C*, type script by Rogers, G. A. J.

Locke, John (1690) *An Essay Concerning Human Understanding*, Nidditch, P. H. (ed.) Oxford: Clarendon Press, 1975 = Essay

Lough, John (ed.) *Locke's Travels in France 1675–1679*, Cambridge: Cambridge University Press, 1953.

Mackie, J. L. (1976) *Problems from Locke*, Oxford: Oxford University Press.

Mandelbaum, M. (1964) *Philosophy, Science, and Sense Perception*, Baltimore: John Hopkins Press.

McGinn, Colin (1983) *The Subjective View: Secondary Qualities and Indexical Thoughts*, Oxford: Clarendon Press.

Michael, Fred S. & Emily (1990) "The Theory of Ideas in Gassendi and Locke", *Journal of the History of Ideas*, vol. 51, no. 3, pp.379–399.

Milton, J. R. (2000) "Locke and Gassendi : A Reappraisal" in Stewart, M. A. (ed.) *English Philosophy in the Age of Locke*, Oxford: Clarendon Press, pp.87–109.

Milton, J. R. (2001) "Locke, Medicine, and the Mechanical Philosophy", *British*

Journal for the History of Philosophy, vol. 9, no. 2, pp.221–243.

Nolan, Lawrence (2011) *Primary and Secondary Qualities: The Historical and Ongoing Debate*, New York: Oxford University Press.

Norton, David Fate (1981) "The Myth of 'British Empiricism'", *History of European Ideas*, vol. 1, no. 4, pp.331–344.

Palmer, David (1976) "Boyle's Corpuscular Hypothesis and Locke's Primary-Secondary Quality Distinction", *Philosophical Studies*, vol. 29, no. 3, pp.181–189.

Pyle, Andrew (1995) *Atomism and its Critics: From Democritus to Newton*, Bristol: Thoemmes Press.

Rogers, G. A. J. (1978) "Locke's Essay and Newton's Pricipia", *Journal of the History of Ideas*, vol. 39, no. 2, pp.217–232.

Rogers, G. A. J. (1982) "The System of Locke and Newton", in Bechler, Zev (ed.) *Contemporary Newtonian Research*, Dordrecht: Reidel, pp.215–38.

Stewart, M. A. (1981) "Locke's professional contacts with Robert Boyle", *Locke Newsletter*, vol. 12, pp.19–44.

Yost, R. M. (1951) "Locke's Rejection of Hypotheses about Sub-Microscopic Events", *Journal of the History of Ideas*, vol. 12, no. 1, pp.111–30.

Yolton, John W. (1970) *Locke and the Compass of Human Understanding*, Cambridge: Cambridge University Press.

Walmsley, Jonathan (2003) "The Development of Locke's Mechanism in the Drafts of the Essay", *British Journal for the History of Philosophy*, vol. 11, no. 3, pp.417–449.

Woolhouse, R. S. (2007) Locke: A Biography, Cambridge: Cambridge University Press.

青木滋之 (2004a)「ロックの性質理論──ボイルを手掛かりとして」『人間存在論』第10号, 77–91.

青木滋之 (2004b)「自然主義的認識論の原型──ロックを題材に」『哲学の探求』第31号,

3-18.

青木滋之 (2005)「観念と性質──ロックのボイル批判」『アルケー』No. 13, 76-87.

青木滋之 (2007)「第一性質・第二性質」『イギリス哲学・思想辞典』(日本イギリス哲学会 編) 所収, 研究社, 342-344.

青木滋之 (2008a)「シドナムとロック──記述的方法論の継承」『イギリス哲学研究』第31 号, 13-33.

青木滋之 (2008b)「実験哲学の認識論──フック, グランヴィル, ロック」, Nagoya Journal of Philosophy, vol. 7, pp.54-4.

제4장
라이프니츠와 원자론
아톰에서 모나드로

/

이케다 신지(池田真治)

제4장
라이프니츠와 원자론

아톰에서 모나드로[1]

이케다 신지(池田真治)

들어가며

고트프리드 빌헬름 라이프니츠Gottfried Wilhelm Leibniz(1646-1715) 철학의
전개에서 원자론과의 관계는 극히 중요한 위치를 차지한다. 젊은 라
이프니츠는 로젠탈숲에서 사색을 계기로, 당시의 최신 과학이었던
기계론과 함께 원자론을 채용하였다. 성숙기에는 기계론적인 원자
론을 포기하였지만 원자의 존재는 유지하여 '실체적 원자'라는 개념
을 채택하고 있다. 만년기의 작품 『모나드론Monalology』(1714)에서 제
출한 '단자monad' 개념은 라이프니츠가 고금의 철학자들과의 대결을

---

1   이 장은 이케다(池田 2015a)를 기초로 해서, 그 내용을 대폭 증보개정한 것이
     다. 인용은 모두 저자의 번역이다. 기존의 번역이 있는 것에 관해서는 많이
     참고하였다.

거쳐 마침내 도달한 철학의 경지라 할 만한 것이며,[2] 모나드는 '자연의 참된 원자'라고도 불린다. 관련 본문을 인용한다.

§1. 본 작품에서 말하고자 하는 모나드는 복합체 속에 들어있는, 어떤 단순한 실체 바로 그것이다. 단순이란 곧 부분을 갖지 않는다는 것이다.

§2. 또 복합체가 존재하기 때문에 단순실체가 있어야 한다. 왜냐하면 복합체는 단순체의 집적, 즉 임의의 집합에 지나지 않기 때문이다.

§3. 그런데 부분이 없는 곳에서는 연장도 도형도 없고, 가능한 분할도 없다. 그리고 이들 모나드는 자연의 참된 원자이고, 한마디로 말하면 사물의 요소이다.[3]

'모나드'란 모여서 복합체(즉 물체)를 형성하는 단순실체이다. '단순'이란 부분을 결여하고 있는 것이다. 따라서 모나드는 불가분한 실체이다. 주목해야 할 것은 라이프니츠가 모나드를 '자연의 참된 원자'라고 바꿔 부르고 있다는 점이다. 이 표현은 라이프니츠가 생전에 출판한 유일한 단행본 『변신론』(1710)에도 등장한다.

---

2   다만 라이프니츠는 형이상학적 고찰의 도정에서 사망하였으므로, 『모나드론(Monadology)』은 완성된 체계가 아니며, 때문에 실험적인 가설로 보아야 한다.

3   『모나드론』의 텍스트에 관해서는 Leibniz(1954) 또는 Leibniz(2004) 참조.

에피쿠로스 혹은 가상디의 원자를 유지하는 것과 진정으로 단순해서 불가분한 실체를 모두 존속시키는 것 가운데, 왜 전자의 방식이 불편이 적은 것인지 나는 알 수가 없다. 실제로 후자만이 자연의 참된 원자이다.　　　　　　　　　　　　　　(§89, *GP*VI, 151f.)

　왜 라이프니츠는 모나드를 '자연의 참된 원자'라고 표현했던 것일까? 그것은 원자론자가 상정하는 원자가 아니고, 자신이 생각하는 모나드 쪽이 원자의 원래 정의에 따른 '불가분한 것'이며 사물의 궁극적인 요소라고 하는 대담한 주장을 의도하고 있기 때문이다. 그 주장의 배경은 부흥된 고대원자론 혹은 17세기에 새롭게 전개된 화학적 원자론에 대한 라이프니츠의 철학적 투쟁이다. 그래서 본 장에서는 원자론과 대결해 가면서 라이프니츠가 어떻게 모나드론을 형성했는가를 개괄한다. 이하 그의 사상형성을 라이프니츠가 원자개념을 수용했던 1676년 말까지를 초기, 원자론을 비판했던 1678-87년경을 중기, 그리고 모나드 개념이 등장하는 1700년 이후를 후기로 세 시기를 구분해서 논하고자 한다.

　원자에서 모나드로 하나의 계보를 더듬어 보는 것에서 그 사상의 변천에 공통되는 어떤 철학적 주제가 부상한다. 다시 말해, 연속적인 운동을 통하여 동일하게 지속하는 물체의 실체성을 보증하는 것에는 코나투스나 실체적 형상 그리고 능동적 힘 등의 정신적인 활동원리가 요청되어야 한다는 '동일성 테제'이다. 그것은 고대 그리스철학을 비롯하여 중세 스콜라로부터 근대를 관통하여 지속적으로 논의되어 온 '무엇이 사물에 참된 개별성을 부여하는가'라는 '개체화의 원리'에 관한 라이프니츠의 철학적 신념이다.

　라이프니츠의 사상형성이 다양한 배경을 가진 것처럼, 라이프니츠의 모나드론이 형성된 배경 또한 다종다양하여 그 전모를 다 해명하기는 어렵다. '원자론'이란 무엇인가에 대한 이해도 또한 17세기에는 여러 가지 의미를 지녔다. 그러나 본 장에서 밝히고자 하는 것은 라이프니츠의 모나드론이 원자론과의 대결로 인해 크게 촉진되었다는 역사적 사실과, 그 사상의 흐름에 공통하는 개체의 동일성에 관한 철학적 동기이다.

1
초기 라이프니츠의 원자론
- 물리적 원자의 정신적 토대

17세기는 서구에서 원자론이 복권되었던 시대이다. 이미 데모크리토스와 에피쿠로스, 루크레티우스 등 고대원자론자의 생각이 번역을 통해 당대의 지식인에게 알려져 있었다. 그러나 고대 그리스 시대의 원자론이 그 자체로 '과학혁명'의 시대에 통용된 것은 아니었다. 예를 들어, 피에르 가상디(1592-1655)는 에피쿠로스의 무신론적인 원자론에 운동자로서 신을 도입함으로써 원자론을 복권시켰다. 또한 갈릴레오(1564-1642)와 데카르트(1596-1650)는 우리가 감각하는 모든 자연현상이 비감각적인 입자와 몇 가지 운동법칙만으로 된 추상적 운동론에 기초하였다고 하는 수학적 세계상을 가져왔다. 이렇게 모든 물체는 눈에 보이지 않은 입자로 구성되어 있고, 우리가 지각하는 모든 자연현상은 크기, 형태, 운동만으로 설명된다는 '기계론 철학'이 개화하였다. 또한 거기에서 '기계'의 이미지는 톱니바퀴, 도르래, 지레 등의 단순한 기계가 조합하여 만들어질 수 있는 시계를 뜻하지만, 나아가 동식물과 인간의 신체도 시계와 같은 복잡한 자동 기계(오토마톤automaton)로 간주되었다.

그러나 원자론의 복권은 기계론 철학만이 아니라, 16-17세기에 걸쳐서 이루어진 키미아chymia', 즉 화학의 발전에도 크게 의존하고 있다 (Principe 2011). 연금술을 비롯하여 의학과 생물학의 발전으로 물질의 합성과 생성, 동식물의 종자가 관찰되었지만, 발생과 성장이라는 자연현상은 그때까지 기계론적인 원자론과 입자론에서는 설명하지 못한 것들을 포함하고 있었다. 그래서 유물론적인 고전적 원자론을 대신하여, '화학적 원자론'이 대두하였다. 이 새로운 원자론의 계보에는 프랜시스 베이컨Francis Bacon(561-1626), 다니엘 젠네르트Daniel Sennert (1572-1637), 포르투니오 리체티Fortunio Liceti(1577-1657), 반 헬몬트Jan Baptista van Helmont(1579-1644), 요아킴 융기우스Joachim Jung 또는 Joachim Jungius(1587-1657), 가상디Gassendi, 로버트 보일Boyle(1627-91), 토마스 홉즈Thomas Hobbes (1588-1679), 케넬름 딕비Kenelm Digby(1603-1665) 등 근세과학의 확립 자들이 있다.

그러면 17세기 전반 원자론의 복권에, 17세기 후반에 활약한 라이프니츠는 어떻게 관련되어 있는가? 실은 라이프니츠도 1661년 이후 새로운 기계론 철학의 영향을 강하게 받아 『결합법론』을 저술한

1666년부터 실체적 형상설을 복권시킨 1678년까지, 원자론을 단속적으로 채택했다가 거부하곤 하였다(Arthur 2004; 2006). 이하의 본문에서는 초기 라이프니츠의 원자론에 초점을 맞춘다.

로젠탈숲에서의 사색

라이프니츠는 젊은 날 로젠탈숲에서의 사색을 다음과 같이 회고하였다.

> 따분한 스콜라학파에서 해방된 후 근대의 학문으로 향했다. 지금도 생각하는 것이지만 15세의 나이에[4] 라이프치히 근처에 있는 로젠탈숲을 홀로 산보하면서, 실체적 형상을 채택할 것인가 채택하지 않을 것인가 숙고하였다. 마침내 기계론이 승리를 거두고, 수학에 전념하기로 했다. 물론 그 후 파리에서 호이겐스Christiaan Huygens와 만나 대화할 때까지는 수학의 가장 심오한 곳까지 들어가지는 못하였지만. 그러나 기계론의 궁극적 이유, 다시 말해 운동법칙 그 자체

---

4   라이프니츠의 기억에는 15세인 1661년경이라고 하지만, 카비츠(Kabitz)에 따르면 실제의 전회는 수년 후, 라이프니츠가 최초의 철학적 저작으로 학위논문『개체화의 원리에 대한 형이상학 논의』를 저술한 1663년 이후가 된다. 머서(Mercer)는 최근의 연구에서 카비츠의 해석을 비판하고, 1661년 로젠탈 숲에서의 사색을 통해 아리스토텔레스철학으로부터 기계론으로 전환했다기보다는, 스콜라철학으로부터 기계론적 자연학으로 전환했으며, 1661-68년 시기의 초기 라이프니츠는 오히려 아리스토텔레스철학과 기계론의 융합을 모색하고 있었다고 한다(Mercer 2001: ch.1). 안토냐자(Antognazza)도 로젠탈 숲에서의 사색에서 라이프니츠가 거부한 것은 아리스토텔레스철학 그 자체는 아니고, 자연현상의 설명에서 아리스토텔레스가 실체적 형상을 사용하는 것이었다고 한다(Antognazza 2009: 53).

의 궁극적인 이유를 탐구할 때에 수학적으로 그것을 들여다 보는 것이 불가능해서 형이상학으로 되돌아가지 않으면 안 된다고 정신을 차리고 매우 놀랐다. 그래서 나는 현실태entelecheia로 되돌아가서, 즉 질료적인 것으로부터 형상적인 것으로 되돌아가서 자신의 견해에 관해서 몇 가지 개정과 진전을 경과한 후 결국 모나드, 즉 단순실체만이 참된 실체이고 질료적인 것은 형상에 지나지 않으며, 그렇지만 그것이 토대를 확고히 하여 멋지게 결합한 현상이라는 것을 이해하였다.　　　(레몽Rémond 서간 1714.1.10., *GP* III, 606)

1661년 라이프니츠는 로젠탈숲에서의 사색을 통해 기계론을 채택한다. 1661년은 라이프니츠가 라이프치히Leipzig대학에 입학하고, 스콜라학설과 기계론 철학의 조정을 시도한 야콥 토마시우스Jakob Thomasius의 지도하에 아리스토텔레스와 데카르트의 저작을 추천받았던 시기이다. 그 성과는 1668년부터 다음 해에 걸쳐 토마시우스에게 쓴 서신에서 엿볼 수 있다. 라이프니츠는 그곳에서 아리스토텔레스의 실체적 형상과 데카르트주의자들의 기계론 철학이 양립 가능하고, 형상을 형태로 바꿔 읽을 수 있다고 말한다. 그리고 아리스토텔레스와 스콜라철학에 정통한 전문가인 토마시우스에 대해 기탄없이 스콜라를 비판하고, 오히려 아리스토텔레스 자신의 실체적 형상의 설명으로 되돌아가 그것이 기계론의 원리에 의해 환원될 수 있다고 주장하였다(A II-1, 17-38). 또한 1663년부터 66년 사이에 라이프니츠는 다시 토마시우스를 통해서 가상디와 홉스의 저작을 접하게 된다(Wilson 1982). 이렇게 해서 라이프니츠는 1660년대에 스콜라의 실체적 형상설5을 포기하고, 당시 최신의 기계론 철학을 채택한다. 기계론이란 물리현상을 형태, 크기, 운동으로 환원하고 수학적으로 설명하는 학설이다. 라이프니츠가 이 새로운 철학에 관심을 가진 것은 불필요한 존재자를 가정하지 않고 적은 존재자의 전제로 현상을 설명할 수 있다는 점에 있었다. 1666년 라이프니츠는 사물과 기호의 조합과 배열의 가능성을 망라하여 그곳에서부터 미지의 개념을 발견하기 위한 방법론을 구상한『결합법칙』을 저술하고, 원자의 결합법이야말로 자연의 심오한 내용으로 들어가는 유일한 방책이라고 주장하였다(A VI-1, 187).

1667년의『무신론자에 대한 자연의 고백』에서는 갈릴레오와 베이컨, 가상디, 데카르트, 홉스, 딕비 등 입자철학자들에 동의하여 "물체현상의 설명에 관해서 불필요한 신과 비물리적인 형상과 질료에 호소해서는 안 되며, 모든 것은 크기와 형태, 운동에 의해 물체의 본성과 제일성질로부터 인도되어야만 한다"고 했다. 그러나 물체의 강도 내지 응집의 원인과, 왜 그 물체가 그런 크기와 그런 형태를 갖는지에 대한 이유 등 그들 물체의 본성도 설명이 불가능하기 때문에, 물체현상의 설명에는 비물리적인 원리로서 세계를 지배하는 정신, 즉 신이 필요하다고 주장한다(A VI-1, 489-492). 이 시기로부터 이미 라이프니츠는 비물리적인 형상을 요구하게 된다. 다만 실체적인 형

---

5   스콜라철학에서 '실체적 형상'이란 제1질료를 보완 현실화하는 것으로서, 질료와 형상을 하나의 복합실체로 하는 어떤 종류의 사물로 존재하게 되는 것을 지시한다(Pasnau 2011: 552).

상의 확보가 원자론의 거부와 궤를 하나로 한다는 것은 아니다. 예를 들어 1671년의 『신자연학가설』(HPN)에서 라이프니츠는 "나는 데카르트와 가상디 등 가장 위대한 인물들을 따르는 사람, 즉 물체에서 온갖 다양성은 크기, 형태, 운동으로 모두 설명된다고 가르치는 자는 누구라도 완전히 동의한다"고 말하여 기계론의 입장을 표명한다 (HPN §57, A VI-2, 248). 1672년부터 1676년에 걸쳐 라이프니츠는 외교관으로서의 임무를 겸해서 파리에 유학하고, 26세에야 처음으로 본고장의 수학에 접하지만, 그 후 불과 수년 만에 미적분학의 기초를 확립하였다. 그러나 파리에서 무한에 관한 수학연구는 기계론적인 원자론과 입자론이 수학적으로는 지지될 수 없다는 확신을 라이프니츠에게 가져왔다. 파리를 떠났던 1676년 11월에 그는 다음과 같이 말했다. "나는 가상디의 원자, 즉 완전한 고체인 물체도 데카르트의 섬세한 물질, 즉 완전한 유체인 물체도 인정하지 않는다"(A VI-3, 554). "원자, 즉 매우 견고한 물체로서 더 이상 분할되지 않고 변형되지 않는 것 ... 그러나 사물의 본성에서 그와 같은 물체는 존재하지 않는다고 나는 생각한다"(A VI-3, 561). 그리고 1678년 힘을 통해 실체의 본성을 파악한 후로는 유물론적인 기계론적 원자론을 포기하고, 아리스토텔레스의 실체적 형상설의 복권으로 향하게 된다.

이처럼 1666-78년 시기에 걸쳐서, 라이프니츠의 원자론에 대한 입장은 어지럽게 변화한다. 도대체 이 시기에 무슨 일이 있었던 것인가? 그것을 단순하게 정리할 수는 없지만, 특히 다음의 세 가지가 중요한 계기였다는 점은 확실하다. 제1은 수학연구가 가져온 물질의 무한분할에 관한 통찰, 혹은 그곳으로부터 귀결하는 유한한 크기를 가진 강체로서의 원자의 거부이다. 제2는 화학적 원자론의 계보로, '살아있는 원자'의 채택이다. 그리고 제3은 기계론과 아리스토텔레스의 실체적 형상설을 연결시키는 열쇠인, 홉스의 '코나투스' 개념의 수용이다. 라이프니츠가 이러한 생각을 채택하기에 이른 철학적 동기는 무엇이었을까? 이하, 수학과 화학, 그리고 자연철학에 관한 고찰이 혼연일체가 되어 드러나는 초기 라이프니츠의 원자론을 펼쳐 보면서 그 문제를 고찰해 볼 것이다.

물질의 현실적 무한분할설

우선 수학적 논의와 관련하여 라이프니츠는 물리적 원자를 부정하는 경우에 '물질의 현실적 무한분할설'에 자주 의거한다. 데카르트학파에 따르면 물체는 연장을 본성으로 한다. 그러나 연장은 무한한 분할가능성을 포함한다. 그러므로 물리적 원자도 물체인 이상 연장을 가지며, 한층 더 분할을 피할 수 없다. 상상해 볼 수 있는 반론은, 그것은 **단지 사유에 의한 분할가능성**이고 **현실적인** 불가분성에 언젠가 도달할 것이라는 점이다. 실제로 가상디는 유한하게 큰 연장을 가지지만 불가분할 정도로 견고한 물리적 원자의 존재를 주장했다. 그러나 라이프니츠는 물체가 아리스토텔레스주의자가 논한 것처럼 단지 가능적으로 무한분할을 가진 것이 아니며, 혹은 데카르트주의자가 논한 바와 같이 단지 사유에서 무제한으로 분할가능한 것이 아닌 **현실적으로 무한히 분할된다**고 주장한다.[6] 환언하면 사물은 사유 차원에서

무제한의 부분으로 분할가능한 것이 아니고, 사상事象 차원에서 무제한의 부분으로 분할된다고 말한다.[7]

그러나 이 '물질의 현실적 무한분할설'은 초기 라이프니츠에서 원자론의 지지와 어떻게 양립하는 것일까? 아서Arthur는 이 문제를 '라이프니츠 원자론의 수수께끼'라고 부른다. 즉 원자가 정통적 의미에서 그것 이상 더 분할할 수 없는 물질의 유한한 부분이라고 하면, '연속체는 잠재적으로 무한히 분할하는 것만이 아니고 현실적으로도 무한히 분할된다'고 하는 1666년 이후 일관되게 채택되고 있는 테제는 원자론과 모순된다(Arthur 2004: 187).

그렇다면 초기 라이프니츠의 사상에 모순이 있다는 것인가? 그런

6　『추상적 운동론』(1671), A VI-2, 264: "연속체 속에는 현실적 부분(actu partes)이 존재한다. 그것은 무한(infinitae)의 현실적 부분이다. 왜냐하면, 데카르트의 무제한(indefinitum)은 사물의 내부가 아니라 사유하는 자의 내부에 있기 때문이다." 『데카르트의 「철학의 원리」에 관한 노트』(1675), A VI-3, 214; "'무한(infinitum)' 대신에 데카르트는 '무제한(indefinitum)'이라는 용어를 사용하기를 장려한다. 즉, 그 한계가 우리에게 발견될 수 없고, 진정한 무한이라는 말은 오직 신에게만 맡겨져 있다는 것이다. 그러나 이것에 반대하여, 제2부 제36항에서는 물질은 운동에 의해 실제로 어떠한 지정 가능한 것보다도 더 작은 부분으로 분할된다는 것과, 그 결과 현실적으로 무한(actu infinitas)이 인정되고 있다."

7　'현실적 무한분할'은 자주 오해를 초래하는 개념이다. 라이프니츠가 '현실적으로 무한히 분할된다'고 하는 경우, 그가 의도하는 것은 개개 '세계 속에 다시 세계가 무한히 존재한다'는 것으로, 자연현상에서 물체가 실무한수를 가진 것으로 분할되어 있다는 의미는 아니다. 라이프니츠는 늦어도 1672년에 갈릴레오의 『신과학대화』를 읽은 이래 전체로서의 무한수를 명확히 거부한다(A VI-3, 98; 168). 다만 '현실적 무한분할'이 '실재에 있어서, 사물의 내부에서는 전체의 수를 초월하는 부분이 존재한다'는 의미에서 사용되는 경우이고, 이런 의미에서는 실재적인 실무한을 인정하고 있다고 여겨도 무방하다.

것은 아니다. 아서는 이 물음에 정확히 답하기 위해서는 우선 라이프
니츠가 '원자론'으로서 무엇을 이해하고 있는가, 그 역사적 문맥을 파
악하는 것이 불가결하다고 한다. 왜냐하면, 라이프니츠가 거부한 원
자론과 지지하는 원자론이란 내용이 완전히 다르기 때문이다.

라이프니츠와 화학적 원자론

그래서 라이프니츠가 '원자론'으로 무엇을 이해했는가 확인해 보도
록 하겠다. 라이프니츠가 거부한 것은 통속화된 데모크리토스와 에
피쿠로스의 고대원자론 계보, 혹은 데카르트주의적 기계론과 입자
론철학의 계보에서 보급한 '고전적 원자론'이다. 그곳에서 지지하는
것은 절대적으로 불가분인 동시에 순수하게 수동적인, 완전한 강고
성을 지닌 어떤 질과 힘, 내재적 복잡성도 결여한, 물체인 한에서 연
장을 가진다는 성질을 만족하는 원자이다. 다른 한편으로 라이프니
츠가 이 시기에 채택했던 원자론은 오히려 '새로운 원자론'의 계보로
서 17세기 전반의 화학적 원자론을 자신들의 학풍으로 전개했던 것
이다. 17세기 전반에는 분할가능할 뿐만 아니라 다양한 질과 활동적
힘, 내재적인 복잡성을 지닌 원자 개념이 주장되었다. 또한 허공의
존재를 거부하는 '충만설'과 모순되지 않는 원자론이 채택되기도 했
다. 물론 라이프니츠가 이들 '새로운 원자론'을 전면적으로 채택했던
것은 아니며, 각각의 논점에 관한 라이프니츠의 의견이 이미 알려져
있다(참조: Arthur 2004: 203-214).

특히 라이프니츠가 영향을 받은 것은 젠네르트Daniel Sennert의 종자

이론에서 '살아있는 원자'라는 생각이다(참조: Arthur 2006; Hirai 2012). '살아있는 원자'란 유기체적 신체를 구성하는 요소이다. 고전적 원자론에 대하여 아리스토텔레스의 실체적 형상의 불가결성을 주장했다는 점에서도 서로 유사하다. 양자는 함께 원자가 비질료적인 형상이 부여된 복합적 존재자라고 하고, 영혼이 신체를 구성한다 informare는 것을 인정했다. 그리고 신체에 포함된 모든 원자 각각도 실체적 형상을 가지고, 그것들이 지배-종속 관계의 계층을 이루고 있다고 형상 다원론을 지지하였다. 젠네르트도 초기 라이프니츠도 루터Luther파의 영혼전이설8을 믿고, 또 영혼이 포함된 개체적 실체 안에 불가분한 '실체의 핵'이 있다고 생각했다. 형상만을 포함하고, 모두 변화를 통해서 존속하며, 신체 전체에 퍼져 있는 '실체의 핵' 내지 '실체의 꽃flos substantiae'이라는 생각은 영혼이 물체를 구성한다는 젠네르트 계보의 연장선이다. 또한 그것은 모든 것 안에는 작용과 운동의 원리가 있고, 그것은 물질 전체의 꽃과 같은 것으로서, 통상 형상이라고 칭해지는 것에 다름 아니라고 한 가상디의 '물질의 꽃flos materiae'이라는 개념과 비슷하다.9 그들은 실체의 내적 원리이면서 목적 원인인 영혼이 종자로부터 완전한 동물로의 성장을 설명한다고 생각했

8　'영혼전이(traductio)설'이란, 신에 의한 인간영혼의 창조를 최초의 인간 아담의 영혼창조에 한정하고, 이후에는 그 영혼이 증식하는 방식으로 부모에서 자녀로 지속되어 왔다는 루터의 주장이다. 라이프니츠는 창조 후에 실체의 발생을 인정하는 이 주장을 후에 수정하여 모든 동식물의 영혼은 창조 이래 언제나 존재해 왔다는 '변성(transformatio)설'을 지지하게 된다(A VI-4, 1465).

9　Gassendi(1658), *Opera omnia*, I: 337a; 참조 Arthur 2006; Saul Fisher 2005: 249.

다. 그리고 모든 유기체는 그것들이 그 안에 모순적으로 존재하는 원자적인 종자로부터 발전한 것이라는 전성설前成說을 지지하였다. 이같은 동식물의 발생과 성장은 순수한 유물론적 원자론에서는 설명될 수 없는 유형의 현상이었다.

그러나 양자 사이에는 명확한 차이점도 있다(Blank 2011). 젠네르트에 따르면 식물영혼은 그것을 가진 살아있는 원자가 먼지처럼 볼 수 없는 정도로 미세하게 분할되는 경우에는 죽을 수 있는 것이 된다. 그것에 대해서 라이프니츠는 원자가 미세한 먼지가 되어도 볼 수 없는 '실체의 핵'으로서 살아있고, 그 실체의 핵에 심겨진 형상 내지 영혼은 비질료적이므로 불가분이고 불사라고 한다(요한 프리드리히 서간 1571.5.21., A II-1, 108-9). 젠네르트와 달리 라이프니츠에서 영혼의 활동은 신체의 크기에 의존하지 않는다. 라이프니츠에 따르면, 실체의 핵인 원자는 물리적인 점으로 존재하지만, 그 안에 있는 영혼은 불가분인 수학적인 점으로 위치하며, 그렇기 때문에 원자는 분할에 의해 완전히 파괴되지 않는 불사의 존재이다(A II-1, 176).

포체설泡體說(거품설)

다음으로 초기 라이프니츠가 채택한 원자론이 구체적으로 어떠한 것이었는지를 1671년에 런던왕립협회에 제출한 『신자연학 가설』(HPN)[10]에서 살펴보겠다. 『신자연학 가설』은 감각경험 세계의 관점

---

10   *Hypothesis Physica Nova*, 1671, A VI-2, 221-257.

에서 구체적 운동을 파악하려고 한다. 거기서는 물체의 현상을 크기, 형태, 운동으로 설명하려 한다는 점에서 기계론적이라는 사실은 이미 확인했다. 주목해야 하는 점은 물질이 무수한 '거품bulla'으로 구성되었다고 하는 '포체설/거품설'이다.

> 거품bullae이란 **사물의 종자**semina rerum이고, 형상의 섬세한 실, 에테르의 용기, 물체의 토대, 견고성의 원인이다. 또한 사물 안에서 우리가 숭상하는 모든 다양성과 운동 안에서 우리가 찾아낸 모든 추동력impetus의 토대이기도 하다. (HPN §12; A Vi-2, 226)

거품이란 불가분자로 구성된 원자로서, 지구의 에테르상에서 활동하는 태양의 작용에 의해 유리옥표처럼 만들어진 작은 거품과 같은 것이다. 그것은 경험세계의 토대가 되는 물리적 입자이다. 젠네르트와 가상디, 반 헬몬트van Helmont 등의 영향인지 거품은 종자와 동일시된다. 같은 시기에 쓰인 피에르 드 카르카비Pierre de Carcavi 서간에서 라이프니츠는 이 거품과 같은 뜻으로 '작은구globulus'와 '소세계terrella'라는 개념도 사용하고 있다(1671, 6.22; A II-1, 210). 이것들은 '세계 안에 세계가 무한히 있다mundi in mundis in infinitum'는 아낙사고라스의 테제를 만족하는 형태로서, 그 안에 더욱 작은 입자를 포함하고, 이어서 무한히 계속된다(HPN §§43-44; A VI-2, 241f).

탁월한 저술 『미크로그라피아Micrographia』를 쓴 키르허Kircher와 후크Hooke가 관찰한 바와 같이, 예리한 논을 가진 관찰자라면 보다 큰 사물에 관해서 우리가 감각할 수 있는 성질의 대부분을 보다 작은 사물 안에서 비례적으로 발견할 것이다. 만약 이것이 무한히 계속된다면 - 연속체는 무한히 분할가능한 것으로서, 이것이 확실히 가능한 - 어떠한 원자도 무한한 종류일 것이고, 일종의 세계와 같은 것이 될 것이다. 그래서 '세계 안에 세계가 무한히 있'게 될 것이다.

(HPN §43; A VI-2, 241)

즉 물체는 단지 원자로 유한히 분할되는 것이 아니고, 각 원자도 다시 소세계로서 그 안에 다시 무제한으로 소세계가 있다고 하는 구조를 갖는다. 이 시대는 현미경의 발달로 물질과 생명의 미세구조가 탐구되었는데, 라이프니츠도 역시 '마이크로코스모스'의 세계관을 계승하고 자신의 원자론에 도입한 것이다.

또한 거품은 침투불가능한 외곽을 가진 미세한 구체球體이고, 그것의 굳은 성질(=저항)은 내적 운동, 즉 '소용돌이 운동'을 원인으로 가진다. 소용돌이는 볼 수 없을 정도로 극히 미세하고 자연적으로 손상되지 않을 정도로 견고한 입자라는 의미에서 불가분하지만, 무한히 복잡한 내적 부분을 가진다는 의미에서는 여전히 분할 가능한 것이다.

홉스의 코나투스 개념 수용과 정신화

거품체(원자)가 가진 외곽의 경도와 그것의 내적 운동은 어떠한 원인을 가지는 것일까? 또한 운동하는 동안 동일성을 지속하는 물체의 '개체화 원리'는 어떻게 설명될 수 있는가? 거기서 라이프니츠가 주목한 것은 홉스의 '코나투스conatus' 개념이다. 라이프니츠는 이 문제를 설명하기 위하여『신자연학 가설』과 동시기에 저술된『추상적 운동론』(TMA)[11]에서 코나투스 개념을 적용한다.『추상적 운동론』은 이성에 의해『신자연학 가설』에서 묘사했던 구체적 운동론에 대한 추상적인 토대를 부여하려는 의도를 가지고 쓰였다.

홉스는『물체론』(1655; III, xv, 2)에서 '코나투스'를 '주어진 것보다 한층 더 작은 공간과 시간을 통한 운동', 즉 '점點마다 순간적인 운동'이라고 정의했다(Hobbes 1999: 155). 결국 코나투스란 외연량이 없는 무한히 작은 운동이다. 홉스는 미적분을 알지 못했지만, 사변적 추론에 의해 이 역동적인 원리에 도달했다. 그것은 기계론적인 자연관의 기초를 이루는 '운동' 일반의 요소인 생성원리를 구했기 때문이다(이즈쿠라伊豆蔵 2012).

그런데 라이프니츠는 홉스의 코나투스 개념을 어떻게 수용한 것일까? 라이프니츠는 1670년 7월 23일부로 홉스에게 쓴 서간에서 운동의 원인으로서 코나투스가 있어야만 한다는 점에 동의한다(A II-1, 90-94). 각각의 코나투스는 결코 파괴되지 않는 '하나'이지만 합성가능한 것이고, 코나투스의 합성이 운동한다. 이 젊은 라이프니츠의 코나투스 개념은 머지않아 1678년의『물체의 협동에 관하여』에서 '운동의 무한소 해석의 요소'가 되는 것이다(Leibniz 2002; 무라카미村上 2014).

---

11 『추상적 운동론(Theoria Motus abstracti)』(A VI-2, 258-276)은 1671년 파리의 여러 학술 아카데미에 제출되었다. 불충분한 실험주의를 비판하고, 충돌문제의 해결을 이성에 의해 설명되는 운동의 추상적 이론의 관점에서 시도하였다. 그것의 정의론적(定義論的) 성격과 코나투스에 의한 운동의 설명에서 홉스의 강한 영향이 관찰된다.

그러나 라이프니츠는 홉스가 사물 내부의 응집의 원인(causa consistentiae, seu ... cohaesionis)에 관해 분명하지 않았다고 비판한다. 그리고 충돌과 응집의 경우 코나투스가 물체 내부에서 어떻게 움직이는지가 홉스의 이론에서는 분명하지 않은 의문으로 나타난다. 거기에서 라이프니츠는 '코나투스가 어떤 방식으로든 물체의 응집을 설명하기에 충분하다고 생각할 수 있다'고 기술하여 자신의 주장을 전개한다. "왜냐하면 서로 미는 물체는 코나투스에서 서로 관통하고 있기 때문이다. 코나투스는 단서﹏﹏이고, 관통은 결합이다. 그래서 단서에서 결합이 있는 것이다"(A II-1, 92). 라이프니츠가 홉스로부터 착상을 얻은 코나투스의 관통에 의해 물체의 응집과 충돌의 문제를 해결하려고 했던 모습이 여기서 분명해진다. 이렇게 해서 코나투스가 관통에 의해 물체에 참된 연속성을 가져온다. 라이프니츠는 이런 생각을 아리스토텔레스의 연속체 정의로 돌리고 있다. 즉, "끄트머리가 하나인ta eschata hen 것은 단순히 접속적(연접적)인 것만이 아니라 연속적(연속 일체적)이고, 하나의 운동에서 가능한 참된 하나의 물체이다"(ibid.; 참조. Aristotle, Physics V. 3, 227a10-12). 라이프니츠는 이제 남겨진 가설, "서로 미는 물체는 코나투스에서 서로 관통하고 있다"는 명제를 논증하는 자신의 추론을 펼쳐 보인다. 코나투스는 단서이고, 따라서 그것은 물체가 힘쓰고 있는 장소에서 존재의 단서이다. 무언가 다른 물체가 존재하고 있는 장소에 존재한다는 것은 그 장소로 관통하는 수밖에 없다. 따라서 미는 힘(압력, 압축)은 관통의 코나투스이다.

『추상적 운동론』에도 홉스 서간문의 생각을 답습한다. 라이프니츠에 따르면 코나투스는 운동의 불가분한 비연장적인 부분으로, 운동의 실마리 혹은 끄트머리, 매개체이다(A VI-2, 171, 264f). 홉스와 달리, 그것은 비연장적이지만 부분을 가진 자연적 점 내지 무한소의 운동에 귀속하는 것으로서 크기의 비교가 가능하다고 여겨진다. 다시 말해 라이프니츠에 따르면 코나투스는 '운동의 시발'이고, 부분을 가지지만 불가분인 내재적 힘이다. 이들 코나투스의 상호침투가 물체가 응집, 충돌하는 연속체로서 합일하게 하는 것이라고 설명한다.

그렇다면 이 코나투스 개념은 앞의 거품설에 어떻게 적용되고 있을까? 거품은 내부에 개별적인 운동을 가진 보다 작은 입자로서 무수한 불가분자를 포함한다. 이들 불균일한 불가분자의 내적 운동이 각각의 거품, 즉 각 원자를 개별화한다. 거품은 **자연적으로는** 불가분이지만, 내부에 있는 참된 불가분자의 운동이 거품을 그 내부로부터 무한한 현실적 부분으로 분할하고 있다. 거품설은 거품의 경계를 형성하는 불가분자가 운동상태에 의해 다른 크기의 코나투스 배열을 가지는 것으로서 거품 종류가 서로 겹쳐지는 것을 인정하고, 그 결과 '경계가 하나로 된다. 즉 관통한다'고 설명한다. 이것은 17세기 후반의 자연학의 주요 문제였던 물체의 충돌 문제에 응답하려고 한 것이다. 다시 말해 거품, 즉 원자는 불가분자로 합성된 이차적인 산물이고, 거품설은 원자론에서 응집의 문제를 극복하려고 제시된 대체이론인 것이다(Arthur 2004).[12]

라이프니츠는 별도로 이 불가분자의 존재에 대해 물리적으로 관련짓고 있지는 않다는 점에 주의해야 한다. 『추상적 운동론』에는 오히려 불가분자를 코나투스와 결부하고, 다시 코나투스를 '순간적 정신'과 연결 짓고 있다. "운동을 결여한 어떠한 코나투스도 정신의 내부를 제외하면 순간을 넘어서 지속하지 못한다. 왜냐하면, 순간에서 코나투스인 것은 시간에 있어서 물체의 운동이기 때문이다. 바로 이것이 물체와 정신 사이의 참된 구별에 관한 문을 연다"(TMA §17; A VI-2, 266). 즉, 라이프니츠는 홉스의 코나투스 개념을 매개로 하여 '정신과 물체의 참된 구별'을 발견하였다(伊豆蔵 2012). 라이프니츠는 물체가 지닌 불가분성은 궁극적으로는 비연장적인 정신의 불가분성에 의한 것이라고 설명할 수 있다고 이해하였다. 이 정신은 물체의 내부에 수학적인 점으로 위치한다. 즉, 정신을 불가분인 기하학적인 점의 내부에 위치 지음으로써 정신이 불가분이라는 결과를 도출해 낸다. '정신은 점에 존재한다. … 따라서 정신은 점과 마찬가지로 파괴되지 않는다. 왜냐하면 점은 불가분이고, 따라서 불가멸이기 때문이다'(A II-1, 181 [113]). 그것은 물체의 핵으로서 물리적으로 불가분인 원자이고, 다시 그 불가분성과 운동의 토대인 정신이 핵 주변의 물질을 조직하고 개체화시킨다는 아이디어이다. 이것은 홉스의 유물론

---

12 『추상적 운동론』의 응집이론에서는, 불가분한 것은 자연적 극미(minima naturalia) 혹은 부분을 갖지 않는 기하학적 점이 아니라, 주어진 순간에서 물체의 코나투스에 비례하여 무한소량을 가진 비연장적인 자연학적 점이 된다. 따라서 운동하고 있는 물체의 끝점(endpoint)은 정지해 있는 그것보다 더 큰 공간을 점유한다. 충돌하는 때 운동하고 있는 물체의 끝점이 점유하는 공간은 정지해 있는 그것보다 크기 때문에 중첩된다. 이런 관통에 의해 물체의 경계가 하나가 되는 결합(연속)을 이룬다(A VI-2, 266; Arthur 2004: 191).

적 코나투스론을 유심론적인 관념론으로 전환한 노선이었다. 단지 정신은 물체의 내부에 있다고 하지만, 물체 그 자체를 정신으로 환원하지는 않는다. 초기 라이프니츠에서 원자는 어디까지나 물리적 원자의 신분을 유지한다.

그러나 다른 한편으로 라이프니츠는 물체와 정신의 구별을 연속적 극한으로 파악해서 '물체는 순간적 정신, 즉 기억을 결여한 정신'이라 하고, 정신에서의 코나투스가 순간을 초월하여 지속하는 가능성, 따라서 시간을 통한 물체의 운동 가능성을 인정한다(A VI-2, 266). 이 모델에서는 물체 그 자체는 순간적인 동일성밖에 지니지 못한다. 시간을 관통해 동일한 물체의 운동을 가능하게 하는 것은 정신에 의한 기억이다. 이렇게 해서 라이프니츠는 물체의 운동을 설명하기 위해 개체화 원리, 즉 동일성의 원리로서 정신을 요청하고, 코나투스를 정신과 물체의 매개자로서 이용하고 있다.

앞에서 살펴본 것은 라이프니츠가 홉스의 코나투스 개념을 자신의 이론에 도입한 이유가 바로 데카르트학파의 기계론 철학의 물체론을 빼고 개체화의 원리를 설명하기 위해서였다는 점이다. 이것은 본론 전체에서 보여주려고 하는 것이지만, 라이프니츠가 "진실로 동일한 것이 아니라면 운동이 의미를 가지지 않는다"고 한 개체화의 원리, 즉 동일성의 문제를 평생 일관하여 중시했다는 사실은 의심할 수 없다. 물체의 본성은 데카르트학파가 주장하는 연장에 한정되는 것이 아니고, 물체가 지닌 불가침투성, 즉 저항 혹은 활동의 원리도 설명해야만 한다. 라이프니츠는 물리적 입자가 지닌 불가침투성을 물체의 내적 운동인 소용돌이 운동으로 보는데, 그 내적 운동의 요소가 코나투스이다. 그리고 코나투스를 '불가분자'로 하여, '순간적 정신'과 결부시킨다. 즉 물체 운동의 기원과 개체화의 원리는 최종적으로 불가분한 정신에서 요구된다. 이렇게 해서 물체를 '하나된 것'으로 모아서 운동을 설명하는 개념으로 '코나투스'가 채택되었다(참조. 무라카미村上 2014).

코나투스 개념에서 모나드 개념에 이르기까지의 단계에는 역학에서 운동량momentum, impetus과 운동에너지(활력活力, vis viva) 개념의 구별과 '연속체 합성 미궁迷宮'13의 해결, 실체론과 현상론의 구별 등이 있지만, 그 과정에서 라이프니츠는 물체의 실체성을 구성하는 원리를 정신화하였다.

주목해야 할 점은 홉스의 유물론적인 코나투스론을 심리적인 것으로 전환한 부분이다. 젊은 라이프니츠는 홉스의 코나투스 개념에서 영향을 받으면서도 유물론적인 홉스와는 달리, 코나투스를 정신

---

13 '연속체 합성의 미궁(*Labyrinthus sive de compositione continui*)'은 루벵(Leuven)의 신학자 리베르 프로어몽(Libert Froidmont, 1587-1653)이 1631년에 저술한 책에서 유래하며, 해결불가능한 아포리아를 가리킨다. 그 문제는 옛날 아리스토텔레스가 자신의 저술에서 제기한 '제논의 역설'에서 기원한다. 라이프니츠는 『변신론』의 '서론' 제24절에서 프로어몽(Froidmont)의 책에 대해 언급하고, 자유의 미궁과 나란히 [그것이] 자신의 최대 철학적 과제라고 한다. 이 역설(paradox)은 근대 초두에는 '순간에서부터 어떻게 지속이 합성되는가'라는 물체의 연속운동을 둘러싼 운동론의 문맥에서 나타나고, 다시 기하학적으로는 '점으로부터 어떻게 선 등의 연속체를 합성할 수 있는가'라는 문제, 자연학적으로는 '원자나 입자로부터 어떻게 연장적 물체가 합성될 수 있는가'라는 문제로서 다루어졌다. 요컨대 연속적인 것의 본성과 그것의 생성을 둘러싼 이론적 난제를 말한다.

적 영역과 물리적 영역으로 묶어서 '매개체'로서 자신의 자연학에 도입하였다.

마무리 하자면, 라이프니츠는 『신자연학 가설』에서 물체가 가진 견고함과 저항, 응집의 원리를 '운동'에서 구하고, 다시 『추상적 운동론』에서 그 운동에 의한 개체화의 토대를 '정신'에서 구한다. 라이프니츠가 초기에 지지하였던 원자는 수동적이고 굳은 성질을 가진 물질의 절대적인 불가분한 단위로서의 고전적인 원자가 아니라 동시대의 학자들이 지지하였던 화학적 원자와 동일하며, 자연적 과정에 의해서는 불가분이지만 극히 작고 무한히 복잡한 내적 부분을 가진 원자이다.[14] 그는 물체 그 자체에서 운동의 기원을 인정하고 그 기원을 불가분한 정신이라고 하여 원자를 형성하는 '코나투스의 정신화'에 의해 물체의 실체성을 옹호하려고 하였다. 1671년의 어떤 편지에서도, 실체의 핵인 원자는 어떤 물리적인 점이지만 그 내부에 있는 수학적인 점에 영혼이 포함되어 있다고 하였다(A II-1, 176 [109]). 이것은 정신과 물체의 현상적 구별이 '연속체 합성의 미궁'을 해결 내지 해소한다는 노선에 다름 아니다. 그러나 그것은 정신과 물리적 세계 사이에 실재적 관계라고 하는 철학적 난제를 묻는 것이기도 하다.

---

14 아서(Arthur)는 원자에 비물질적인 형상을 부과하는 라이프니츠의 견해가 젠네르트(Sennert)보다 실체적 형상의 복권이나 가상디의 물활론 등 17세기 원자론의 주요한 제안에 근거한 것이라고 한다.

2
중기 라이프니츠의 원자론
- 물리적 원자에서 실체적 원자로

여기에서는 파리 거주 시기 이후의 중기 라이프니츠의 원자론에 관해서 분석한다. 라이프니츠는 파리 시기에 자연적 극소minima와 점, 무한소 등에 관한 사유로부터 원자의 원뜻이기도 한 '불가분성'의 유래를, 물리, 수학적인 원인에서는 결코 구할 수 없다고 판단했다. 1671년 혹은 1676년에 원자론의 가능성을 집중적으로 추구했지만, 1676년 말에는 다시 물리적 원자를 거부하고 있다. '연속체 합성의 미궁'을 엄밀하게 고찰한 결과, 거품설의 토대를 이룬 불가분자와 코나투스 개념을 유지할 수 없었다. 불가분성의 궁극적 기원은 질료가 아니고, 정신과 영혼, 실체적 형상, 환언하면, 물체의 능동과 수동의 원천인 참된 실재적 단일성을 가진 '실체적 원자'에서 구해야만 한다. 이렇게 해서 하노버Hanover 시기의 라이프니츠는 '실체적 형상의 복권'에 의해 자연학의 기초를 놓으려 하였다.[15]

실체적 형상의 복권

실체적 형상을 자연학에 도입하는 동기는 (1) 물성 내지 단일성의 원

---

15 다만 '실체적 형상' 개념 그 자체는 중기에 돌연 나타난 것이 아니고, 라이프니츠가 1668년의 신학적 저작이나 토마시우스(Thomasius) 앞으로 보낸 서간 등에서 초기부터 주장하고 있는 것이다(참조. Christia Mercer 2001: ch. 2).

리로서, (2) 다양한 질료를 하나의 실체에 응집하는 통일원리로서, 그리고 (3) 물체의 운동, 특히 물체 그 자체에 귀속하는 활동의 기원을 설명하기 위해서이다. 라이프니츠는 1678년까지는 물리적 실체에서 동등하게 보존되는 것이 운동에너지 mv^2라는 것을 발견했지만, 이 시기부터 실체적 형상을 '힘'으로 이해하는 길을 추구하였다. 동력학 연구의 진전이 데카르트주의자들에 의해 설명력이 없는 것으로 간주되었던 실체적 형상의 복권을 촉진하였다. 힘을 원리로 한 바에는, 물리적 실체에 불가멸한 원자핵이 있다고 하는 생각은 폐기했다. 따라서 물리적 원자가 명확하게 거부된 것은 1678년 이후이다(Arthur 2004: 227).

물리적 원자로부터 실체적 원자로

하노버 시기의 라이프니츠는 물리적 원자에 대해 '실체적 원자'라는 명칭을 채용하려 한다. 이후로 물리적 단일성(경성)이 아니라 형이상학적 단일성(참된 고체성)이 원자에 요구되는 진정한 특성이 된다. 그 전환점은 1678년의 『자연학의 원리』[16]이다(Garber 2009: 48-53). 그것에 따르면 모든 자연현상은 기계론적으로 설명되지만, 운동법칙 등은 물질의 필연성으로는 설명될 수 없는, 원인과 결과의 등가에 관한 형이상학적 원리에 의존하는 것으로, 기계론 철학의 기초는 영혼(형상)에 호소하지 않으면 안 된다.

---

16   정확한 제목은 『자연학의 원리에 관한 소책자에 대한 개설』(*Conspectus libeli elementorum physicae*, A VI-4, 1986-1991).

모든 물체는 보다 작은 부분으로 현실적으로 분할된다는 것도 다시 증명되어야만 한다. 즉, 원자에 의한 것은 존재하지 않고 물체의 안에는 어떠한 연속체도 정확히 지정될 수 없다. … **영혼, 즉 어떤 종의 형상이 아니라면, 물체는 무엇인가의 존재자ens조차 아니다.** 왜냐하면 몇 개의 부분으로 구성되는 것이 아닌 것처럼, 그것의 어떠한 부분도 지정할 수 없기 때문이다. 이렇게 해서 '어떤 것hoc aliquid' 혹은 '어떤 하나unum quidam'라고 불리는 것 같은, 어떠한 것도 물체의 내부에는 지정되지 않는다. … 정신과 동일한 만큼 많은 우주의 거울이 있다. 왜냐하면 모든 정신은 우주 전체를 표상하지만, 융합이라는 방식으로만 표상되기 때문이다. (A VI-4, 1988f.)

여기에서도 물질의 현상적 무한분할은 물체의 단일성이 물리적 원자에 기초한다고 인정할 수 없는 근거가 된다. 거기에서 물체의 단일성을 보증하기 위해 요청되는 것은 실체적인 형상밖에 없다. 그런 철학적 동기가 '영혼, 즉 어떤 종의 형상이 없다면, 물체는 어떠한 존재자조차 아니다'는 라이프니츠의 테제이다.

꼬르드모아Cordemoy의 물리적 원자론

1686년 이후가 되면 원자론비판이 논의의 전면에 등장한다. 그것의 주요한 요인이라고 생각되는 것이 데카르트주의자로서 원자론자인 제홀 드 꼬르드모아(1628-1684)와의 대결이었다. 그 양태는 라이프니츠가 1685년경에 쓴, 꼬르드모아의 『물체와 영혼의 구별에 관하여』[17]의 라틴어역 (1679)을 읽은 후 쓴 메모에서 엿볼 수 있다.[18]

코르드모아는 그의 책에서, 말하자면 '물리적 원자론'[19]의 입장을 취하고, 그곳에서 모든 운동이 설명된다고 한다. 또 '기회원인론'[20]을 채택하고, 제1원인은 신의 작용에 있다고 한다. 저술 전체는 여섯 가지의 논의로 구성되어 있다. 제1론에서는 물체의 토대로서, 물질, 양, 질, 장소, 정지, 운동, 허공, 형태 등의 일반개념이 검토된다. 제2론에서는 물질의 변화, 즉 양과 질, 장소, 형태의 변화가 모두 국소적인 운동에 의해 설명된다. 제3론에서는 인공적 기계의 운동도 자연적 기계의 운동도 동일한 원인에 의해 설명되고, 그 원인에 관해서는 물체 밖에 고찰할 필요가 없다고 한다. 그리고 제4론에서는 운동의 제1원인이 고찰되고, 어떠한 물체도 어떠한 피조적 정신도 운동의 참된 원인이 아니고, 그 **기회**에서 밖에 있을 수 없다고 말한다. 다시 제5론과 제6론에서는 심신문제가 고찰되고, 심신의 결합은 대응해서 존재하며, 심신의 인과적 상호작용을 인정하지 않는 것, 따라서 또 심신을 명확히 구별하는 것이 논해지고 있다.

라이프니츠가 비판한 것은 주로 제1론이다. 꼬르드모아에 의하면 '물체는 연장 실체'이지만, '물질은 물체가 모인 것이다'. 즉, **물질**[a]

---

17   Géaud de Cordemoy, *Le discernement du corps et de l'ame*, Paris: 1666.

18   *Ex Cordomii tractatu de corporis et mentis distinctione*, A VI-4, 1797-800.

19   다만 코르드모아(Cordemoy) 자신은 'atom'이라는 용어를 사용하지는 않았으며, '물체'가 원자에 해당한다.

20   '기회원인론'이란, 물리적인 인과관계도 심신 간의 상호작용도 진정한 인과관계가 아니며, 그들 현상은 궁극적인 원인인 신이 작용하는 기회로서 존재하는 것에 지나지 않는다는 주장으로, 주로 데카르트학파의 말브랑쇼(Nicolas Malebranche)의 주장으로 유명하다.

matière은 실체가 아니고, 물질을 구성하는 요소인 **물체** les corps가 참된 하나이다. 물체는 분할되지 않고, 형상을 변화시키는 것도 관통되는 것도 아니다. 왜냐하면 '어떠한 실체도 그 자체는 분할될 수 없기' 때문이다. 그것에 대해 우리가 분할할 수 있다고 생각하는 그것은 물체를 그러모은 물질에 지나지 않는다. 물질은 물체의 수數만큼 분할될 수 있고 부분을 가진다.[21]

여기에서 꼬르드모아가 말하는 '물체'는 원자에 해당한다고 생각되지만, 구체적으로 도대체 그것은 어떤 것일까? (1) 물체는 단독으로는 감각기관을 자극할 수 없다. 우리가 감각하는 것은 물질일 뿐이다. 또한 (2) 물체는 지각불가능한 것이기 때문에 물체끼리의 결합도 지각할 수 없다. 우리는 보고 있는 물질 더미masse를 물체라고 생각할 때, 그것을 동일한 **연장**étendue이라고 생각한다. 물질 더미, 즉 **연장을 가진 것**étendu은 분할가능한 것으로, 우리는 연장을 가진 것이라는 개념을 분할가능한 것이라는 개념과 결부시켜 버린다. 여기에 연장을 분할가능하다고 잘못 생각해버린 원인이 있다고 그는 간주한다. 그의 논의는 후에 흄의 '관념연합'을 떠올리게 한다.

그렇지만 연장이 분할불가능이라고 말하는 것은 왜일까? 꼬르드모아는 동일한 실체가 다시 분할될 수 없기 때문에 실체, 즉 연장은 분할불가능한 것이라고 한다. 즉, 어떤 동일한 실체는 그 본성이 연장이라면 그 모든 것의 가장자리가 동일하기 때문에, 그것들의 끄트

---

21 코르드모아는 부분으로서 '사물 그 자체', 즉 하나의 물체로서 부분(partie)과 '사물의 외견', 즉 다양한 물체로서 가시적인 부분(portion)을 구별한다.

머리의 어느 것도 다 실체로부터 분리불가능해야만 한다. 이처럼 일부의 데카르트파에서는 연장체는 분할가능하지만, 연장 그 자체는 단일한 실체이므로 분할불가능하다고 하면서 개체화의 문제에 대처하려고 한 사정이 있다. 이렇게 해서 그 논의 - 그 성패가 어찌되었든 - 꼬르드모아는 다음과 같이 결론짓는다.

> 각각의 물체는 연장실체이고, 따라서 불가분하며, 물질은 물체의 집합이다. 그러므로 물질은 물체가 존재하는 부분만큼만 부분으로 분할가능하다. (1er discours)

즉, 불가분한 물체와 분할가능한 물질은 구별된다. 꼬르드모아는 이러한 구별을 하지 않으면, 자연학의 원리의 명석한 개념은 얻을 수 없다고 한다. 예를 들어, 물체가 분할가능하다고 하면 물체의 정지가 인식될 수 없고, 따라서 운동도 설명할 수 없게 된다. 이러한 용어의 구별은 그가 변호사였던 것에도 기인한다. "왜냐하면 법률가는 Corps(신체)를 말과 노예처럼, 파괴하지 않고는 분할할 수 없는 것에 관해서 말하기 때문이다"(ibid.).

라이프니츠의 꼬르드모아 비판

이 꼬르드모아의 논의를 라이프니츠는 어떻게 평가하였을까? 우선 라이프니츠는 한편으로 데카르트학파가 모든 연장은 분할가능하다고 말하고, 다른 한편 꼬르드모아가 모든 실체는 불가분한 동시에 참된 하나이다고 판단하는 것에 주목하여, "나의 견해에서는 아마 양자

兩者 모두 옳다"고 한다(A VI-4, 1798). 왜냐하면 모든 물질 더미는 분할가능하지만 실체 그 자체는 분할되지도 않고 소멸하지도 않는다는 점은 라이프니츠에게도 모순되지 않다고 생각했기 때문이다.

그러나 물체를 연장실체로 간주하는 꼬르드모아의 논의는 단호히 거부한다. 꼬르드모아의 연장 불가분성에 관한 논의는 동일성과 실체성에서 불가분성을 도출하는 것에 지나지 않으며, 연장의 개념 그 자체로부터 불가분성을 도출할 수 있는 것은 아니다. 라이프니츠와 같이, 연장이 실체라는 것을 애초에 인정하지 않기 때문에 증명으로서 받아들이기는 어려운 것이었다. 이렇게 라이프니츠는 "가장 총명한 사람도 어수선한 방법으로 안개 속을 통하여 진리를 보고 정확하게 증명하는 것은 불가능하다"고 비판한다.

또한 라이프니츠는 연장의 개념에서는 주어질 수 없는, 실체의 개념이 가진 요소로서 '능동과 수동의 힘'이 있어서 기체의 '활동'이 복권된다고 한다(A VI-4, 1799). 라이프니츠는 실체의 설명을 위해서는 연장 이외의 무언가 부가되어야만 한다는 점을 다음의 사고실험을 통해 보여준다. 이제 두 개의 삼각형 원자가 합해진 것으로서 완전한 사각형을 형성한다고 하자. 또 그것과 정확히 동등한 사각형의 물리적 실체, 즉 원자가 주어져 있다고 하자. 이런 경우, 이것들은 연장에 있어서 어떤 차이가 있는가라고 라이프니츠는 묻는다. 양자를 구별하는 것은 물체가 가진 역사, 즉 기억, 따라서 정신에 관한 것이지만, 꼬르드모아 등 물리적 원자론자의 입장에서는 구별할 수 없다. 따라서 연장 이외의 무언가 물질에 존재하는 것을 인정하지 않으면 안 된다(ibid.). 이렇게 해서 라이프니츠는 물질에 동일성을 부여하고 물질을 유일한 실체답게 하는 활동적인 힘이 '개체화의 원리'로서 필요하다는 관점에서 데카르트학파의 원자론을 비판한다.

『형이상학 서설』과 아르노(Arnauld)와의 왕복서간

꼬르드모아의 물리적 원자론과 대결에 대한 성과는 중기의 대표작인 1686년의 『형이상학 서설』(『서설』)에서 엿볼 수 있다.[22]

> 물체의 모든 본성은 연장, 즉 크기, 형태, 운동에만 있는 것이 아니다. 무언가 영혼에 관련되어 있으며 일반적으로 실체적 형상이라고 말해지는 것을 인정해야 한다. (『서설』, §12)

여기에는 물체의 본성으로 연장만이 아니라 실체적 형상도 있어야 한다고 명확히 표명하고 있다. 물리적 원자론의 본격적인 비판이 이루어지는 것은 직후의 아르노와의 왕복서간에 의해서이다. 라이프니츠는 꼬르드모아가 실체는 참된 단일성을 요구한다고 통찰했다는 점에서는 평가하지만, 극복하기 어려울 정도로 견고한 물리적 원자를 상정하고, 그것을 물리적 실체로 간주해서 물체의 불가분한 단일성을 인정한다는 점에서 잘못되었다고 한다. 라이프니츠에 의하면 물리적 실체가 가진 참으로 불가분한 단일성의 근거는 연장을 가

---

22 『형이상학서설』의 텍스트는 아카데미판(A Ⅵ-4, 1529-1588)을 참조. 인용은 절 번호.

진 물질과 물체, 따라서 질료의 내부에서 구할 수 있는 것이 아니고, 형상에 의해야만 한다.[23] 라이프니츠가 되풀이해서 꼬르드모아를 비판한 것처럼, 물체는 연장을 본성으로 하는 한 무한히 분할가능하고, 물체의 유한분할에 의해 확정된 형태를 가지고 나타나는 것과 같은 물리적 원자는 존재하지 않는다. 게다가 라이프니츠에 따르면 형상 없는 물체는 무지개나 양의 무리처럼 우리의 정신이 상상한 외관의 단일성을 가진 것에 지나지 않고, 참으로 하나된 것으로 존재하지 않는 '현상'에 지나지 않는다. 따라서 물리적 실체가 인정된다면 그것은 실체적 형상을 동반하는 질료이어야 한다(A II-2, 123, 169, 185, 233f, 248f). 이렇게 해서 라이프니츠는 아리스토텔레스의 질료형상론으로 되돌아가서 기계론의 원리에 '실체적 형상'을 부가한다.[24] 따라서 기계론을 포기한 실체적 형상설을 복권했다고 말하는 것보다 기계론과 실체적 형상설을 절충했다고 말하는 것이 타당하다.

1686년의 『형이상학 서설』, 또는 그것이 계기가 되어 시작한 아르노와의 왕복서간 시기에, 라이프니츠는 '개체적 실체'에 관한 포괄적

---

23 라이프니츠는 아르노에게 쓴 서간에서는 일관하여 물체를 실체로 부르는 것을 주저하고 있다. 오히려 물체는 온갖 실체의 집적이다. 물체가 실체로 되는 것은, 형상에 의해 불가분성을 가진 경우에 한한다(GP II, 73).

24 피샹(Fichant)은 진실로 실체적인 단일성은 『심신의 결합에 관한 신설(新說)』(1695)에서 언급한 '형상적 원자'이어야 하고, 원자를 탈물질화한 형상적 원자는 얼마 후 모나드로 불리게 된 그것이라고 한다(Fichant 2004: 116-120). 다른 한편 가버(Garber)는 "라이프니츠는 빨라야 1678-79년경에 물체적 실체설에 도달하지만, 그것에 대한 분명한 견해의 제시에는 1686-87년 아르노에 쓴 서간까지 기다려야 했다"고 한다(Garber 2009).

인 이론을 형성했다. 『모나드론Monadology』을 이미 알고 있는 우리가 본다면, 이 실체적 단일성이 궁극적으로는 부분을 갖지 않는다고 하는 의미에서 단순한 실체, 즉 '모나드'에 요구된다는 사실을 알고 있다. 그러나 라이프니츠는 이 시점에서 아직 '물리적 실체'와 '부분을 갖지 않은 단순실체'와의 불가결한 연관을 명시적으로 주장하지 않았다. '개체적 실체'는 단순성에 의해서가 아니라 그 개념쌍notion couplet의 술어적 복잡성으로 정의된다(『서설』§13). 다시 말해, 주어인 개념쌍 개체개념은 그 개체가 가진 성질과 개체에서 발생하는 사건의 개념 모두를 술어로서 포함한다. 최초 인용한 『모나드론』의 첫 부분을 예상하게 하는 내용이 『서설』에는 아직 없다. 확실히 아르노 서간에서는 '실체적 단일성'이 문제가 되는 곳에서 '더미'라는 핵심어가 등장한다. 또한 '실체적 단일성'의 규준으로서 '불가분성'이 다루어진다. 그러나 실체적 형상에도 물리적 실체(내지 실체적 원자)에도 '단순성'이라는 모나드의 본질적 특징이 명시적으로 귀속되는 방식은 아니다.

중기 라이프니츠의 '물리적 실체설'

앞에서 살펴본 바와 같이 초기 라이프니츠는 원자론과의 대결에서 정신을 자연학의 토대로 도입해야 한다는 통찰을 얻었다. 중기 1686-87년에는 질료형상론의 관점에서 물리적 실체는 참된 단일성을 가지지만, 그 실체적 단일성의 기초는 불가분인 실체적 형상에서 구해져야 한다는 이론을 전개하였다. 이렇게 해서 중기 라이프니츠는 실체적 형상을 동반한 물리적 실체만을 지지한다. 가버Garber는 물리적 실체를 '실체적 원자'와 동일시하는, 아르노Arnauld서간에서의 입장을 '실체적 원자론'이라 칭한다(Garber 2009: 67, 81).[25] 단 '실체적

25　'물체적 실체' = '실체적 원자'인가라는 문제가 있다. 가버는 아르노에 쓴 서간에서 라이프니츠의 입장을 '실체적 원자론'이라고 특징짓는다(Garber 2009: 67, 81). 이것은 불가분한 물체적 실체가 코르드모아가 채택한 것 같은 물체적 원자가 아니라, 실체적 원자에 존재한다고 간주하는 '물체적 실체설'의 다른 말이다. 가버는 아르노에 쓴 서간에서 라이프니츠의 입장을 '우아하다(elegant)'고 평가하고, 다음과 같이 정리한다. "원자론자와 같이, 그러나 데카르트주의자와는 달리, 라이프니츠는 물체가 실재적 대상, 실재적 불가분성, 실재적 단일성을 가진, 보다 작은 부분으로 이루어진 것이라고 생각했다. 라이프니츠의 실체적 원자는 원자론자의 원자보다 실제적인 의미에서 진정으로 불가분한 것이었다. 그러나 데카르트주의자의 연장실체와 마찬가지로 라이프니츠의 물체는 무제한으로 분할가능하다. 또한 데카르트주의자의 물체와는 달리, 단지 사유에 의해서 분할가능한 것이 아니라 현실적으로 무한히 분할되는 것이다"(Ibid., 90).

그러나 가버의 해석과는 반대로, 이 시기의 라이프니츠에서 물체적 실체와 실체적 원자의 관계는 분명하지 않다. 1685년 코르드모아의 독서 노트에는 '물체적 실체, 즉 원자(substantia corporea seu Atomus)'라고 하지만, 이것은 코르드모아의 생각에 부연하여 스스로 고찰한 노트에 지나지 않는다(A VI-4, 1799). 라이프니츠는 이보다 조금 앞선 1683년 3월 말에 "실체적 원자, 즉 물체적 실체와 동일한 많은 영혼이 있다"(A VI-4, 1466)고 기술하고 있다. 아서(Arthur)는 여기서 물체적 실체가 실체적 원자로서 동일시되고 있다고 한다(Arthur 2004: 197). 가버는 1683년의 이 개소와 1695년의 『신설(新說)』이나 1698년의 『자연 그 자체에 관하여』를 전거로, 아르노에게 쓴 편지에서의 입장을 '실체적 원자론'이라고 부르고 있다(Garber 2009: 81, note 100). 그러나 아카데미판을 검색한 결과, 아르노에게 쓴 편지에서 물체적 실체를 실체적 원자로 환언하는 개소도 없으며, 실체적 원자는 고사하고 그와 유사한 이름도 등장하지 않는다. 그 이유는 에피쿠로스의 고대원자론과 가상디, 코르드모아의 물체적 원자론을 비판하고, 물체의 불가분성과 단일성의 원리가 영혼 내지 실체적 형상에 있음을 인정받기 위해 '원자(atom)'라는 용어를 자신의 논의에서 사용하는 것을 신중하게 피하고 있기 때문이라고 생각된다.

실체적 원자가 영혼(실체적 형상)과 물체의 결합체라면, 실체적 원자도 물체

원자'는 초기의 거품bulla이 그랬던 것처럼 무한한 포장의 형태로 되어 있다. 즉 물리적 실체는 실체적 형상으로 인해 진실로 불가분이지만, 다시 무한개의 물리적 실체를 내적인 부분으로 포함한다. '인간 신체의 각 부분은 각각 고유의 현실태entelecheia를 부여받은 무한수의 다른 물리적 실체로 충만해 있지만, … 그럼에도 불구하고 모든 인간은 영혼에 의해 주어진 참된 단일성을 부여받고 있다'(*GP* II, 120; 참조 *GP* II, 126).

'물리적 실체'란 엔텔레케이아 혹은 생명있는 물체에 가득차 있는 **형상을 부여받은**informés 물체이다(1687; A II-2, 249).

그것은 단지 물체의 영혼이 아니고, **살아있는** 물체이다.

왜냐하면, 나는 오히려 모든 것이 생명 있는 물체로 충만해 있으며, 영혼의 수는 꼬르드모아 씨의 원자에 비할 바가 아니라고 생각하기

적 실체이다. 그러나 물체적 실체는 실체적 형상에 의해 불가분성을 갖지만, 그 안에 무한한 물체적 실체를 포함한다. 그런 의미에서는 진정으로 불가분한 단일성이 아니고 부분을 가진 실체이다. 실제로, 실체적 원자가 단순실체로서 명시적으로 말해지는 것은 아니다. 가버도 기술한 바와 같이, 아르노에게 쓴 편지에서는 물체적 실체의 존재론이 전개되고, 단순실체에 대한 고찰은 볼 수 없다. 물체적 실체의 실체적 형상은 단순실체로서 형성될지도 모르지만, 단순실체로부터 형성되는 복합실체는 고찰되지 않고 있다(Garber 2009: 88-90). 이 시기의 '실체적 원자' = '물체적 실체'라고 해도, 『신설』의 '실체적 원자'는 단순실체이기 때문에 별도의 물체이다. 남은 문제는 '실체적 원자' = '실체적 형상'의 방향이지만 실체적 형상이 단순실체로 되지 않는 것처럼, 이것은 명시적으로 주장되고 있지 않다. 또한 영혼을 실체라고 부르거나, 실체적 형상이라고 부르거나, 실체와 실체적 형상의 구별도 일관되지 않는다. 물체적 실체의 기초에 관해서 라이프니츠 자신의 생각에 흔들림이 있었다고 볼 수 있다.

때문이다. 그의 원자가 유한수인 것에 대하여 영혼 혹은 적어도 형상의 수는 완전히 무한이다. 그리고 물질이 한없이 분할가능한 이상, 어느 정도 작은 부분이라 해도 그 안에 생명을 가진animés 물체, 혹은 적어도 형상을 부여받은informés 물체 - 즉 물체적 실체 - 가 아닌, 그런 부분을 지정하기는 불가능하다.26 　　　(A II-2, 249)

이 인용에서 분명한 것처럼, 젠네르트가 물체의 분할이 어떤 한도를 넘어서면 영혼도 파괴되며, 따라서 생명도 잃게 된다고 한 것에 대하여, 라이프니츠는 무한히 분할되어 아무리 작은 부분이라도 **살아있는 물체**가 존재한다고 한다. 또한 젠네르트가 영혼이 물체를 **형성한다**. 즉 만든다고 하는 일반적 의미에서 "informare"를 사용하는 것에 대하여, 라이프니츠는 가시적인 형태로 한정하지 않고, **형상을 부여하는, 즉 참된 단일성을 준다**고 하는 형이상학적 의미에서 "informer"를 사용한다. 영혼이 유기체적 신체에서 활동하는 경우, 그것은 **생명을 가진다**, 즉 "animer"(활성화) 된다(아르노 서간 1687,10.9, A II-2, 249). 이처럼 물체에 참된 단일성과 생명을 가져온다는 관점에서 실체적 형상이 복권된 것이다.

심신적합설心身適合說

라이프니츠에 있어서 실체적 형상은, 단순한 사물이라면 엔텔레케이아entelecheia이지만, 동물이라면 영혼, 인간이라면 정신이 된다. 즉

26　마지막 한 문장은 아카데미판에만 있으며, 게르하르트판에는 누락되어 있다.

실체적 형상은 (1) 불가분인 궁극적 구성요소로서의 단일성의 역할[27]과 (2) 유기적인 다수를 통일하는 역할 모두를 떠맡는 것뿐만 아니라, 더하여 (3) 정신과 영혼이라는 생명의 원리도 된다. 이때 물리적 실체는 실체적 형상에 의해 영혼과 신체가 적합하게 되고 참된 단일성을 부여받은 제2질료이다. 『서설』에서 최초로 제시된 이 심신 및 실체 사이의 '적합설(병기설倂起說)'은 이후의 '예정조화설'에서 계속하여 고려된다(『서설』 §§14-15, §33). 이 적합설 및 예정조화설의 배후에 있는 것은 심신의 상즉相卽과 불리不離에 관한 라이프니츠의 철학원리이다. 아서Arthur는 라이프니츠의 초기원자론에서 보이는 물리적 원자의 단일성에 대한 정신적 토대, 즉 중기 질료형상론에 보이는 적합설, 그리고 후기의 예정조화설과 모나드론에서 공유하는 공리로서, '피조된 사물에 있어서는, 그것이 만든 유기체적 신체를 갖지 않는 형상은 존재하지 않는다'는 공리가 있다고 지적한다(Arthur 2006; 『모나드론』 §§63-73). 이 공리는 '모나드적 구체화monadic embodiment'라고도 칭해지며, 신체를 갖지 않은 모나드는 아니라고 라이프니츠가 채택한 형이상학적 원리이다. 다음으로 제3절에는 중기 실체적 원자론에서 후기 모나드론을 향해 어떻게 생각이 진전되는가를 분석한다.

---

27 라이프니츠는 물체가 가진 실체적 형상의 불가분성을 성 토마스(St. Thomas)의 설이라고 한다(GP II, 75).

3
후기 라이프니츠의 원자론
- 실체적 원자에서 모나드로

전기에서 중기에 걸쳐 라이프니츠는 원자론과의 대결을 통해 물체 및 자연현상의 토대인 동일성을 보증하는 정신적 토대가 있다는 생각을 전개했다. 그러나 거기에는 다시 심신의 결합, 즉 정신이 자연과 어떻게 관계하는가에 대한 문제가 남아있는 상태였다. 이 문제에 라이프니츠가 명확한 대답을 주려 한 것으로, 1695년『심신의 결합에 관한 신설新說』(『신설』)이라는 논문이 있다(GP IV, 477-87; 인용은 단락번호).

단순실체로서의 모나드

피샹Michel Fichant은 모나드의 정의로 표현되는 '단순실체' 규정이『신설』무렵에 정착했다고 해석한다(Fichant 2004: 108). 그것에 대해 가버Garber는 피샹의 해석에 반대되는 증거를 들어서, 이 무렵에는 물리적 실체와 단순실체 사이에 입장의 동요가 있었다고 한다(Garber 2009: 335-344). 모나드는 단순한 실체가 아니고 **단순**실체이다.『서설』에는 개체적 실체가 주제이지만, 실체의 단순성이라는 규정은 발견되지 않는다.[28] 실체의 조건으로서 '하나'라는 것이 주제가 되었음에

---

28 아르노에게 쓴 편지에 첨부된『서설』의 개요 사본에서, '그 이외의 단순실체'라는 용어가 나타난다. 그것이 '단순'이 나타나는 유일한 개소이다. 그러나

도 불구하고, '하나'라는 것은 어떠한 것인지 아직 충분히 해명된 것은 아니었다. 다른 한편 『모나드론』에는 「개체개념」이라는 『서설』의 핵심개념이 나타나지 않고, 피샹이 지적한 바와 같이 적지 않은 단편이 『서설』과 『모나드론』 사이에 있는 것도 확인된다. 그런데 모나드론의 테마 전부는 '단순성'이라는 용어에 걸려 있다(Becco [1975]: 279).

거기에서 1695-1700년 시기 모나드 개념의 전개를 원자론과 관련해 살펴보고자 한다. 1695년 6월 27일, 라이프니츠는 『실체의 본성과 실체 상호간의 교섭 및 심신의 결합에 관한 신설』(『신설』)을 발표했다. '예정조화설'을 확립한 이 논문은 라이프니츠의 야심작이다. 여기에서는 '모나드'라는 용어는 사용되지 않지만, '실체적 원자'와 '형이상학적 점'이라는 중요한 개념이 등장한다(§3, §11). 라이프니츠는 부분을 가지는 동시에 불가분인 물질적 원자, 즉 물리적 점이 모순적 개념이고, '외견상의 불가분에 지나지 않는다'고 물러서서 실체적 원자, 즉 형이상학적 점밖에 존재하지 않는다고 주장한다. 또한 실체적 원자가 참된 단일성이라면 부분을 완전히 결여해야만 한다(§11). 그리고 '참된 단일성을 갖는 단순실체'라는 문구를 사용하고 있다 (§4). '그것은 창조에 의해서만 생성하고 절멸에 의해서만 사멸한다'(§4). 실체적 단일성의 요건으로 '부분을 갖지 않는다'고 하는 의미에서 '단순성'이 명확히 서술되는 것도 이 『신설』이다.

그것은 앤 베코(Anne Becco)의 분석에 의하면, 후에 아르노와의 왕복서간을 출간하려는 계획을 하고 있던 1708-9년 무렵에 이루어진 수정이고, 『서설』이 출판된 1684년 당시의 것이 아니다(Becco 1975).

『신설』에서 라이프니츠는 진실로 하나인 실체를 말하는 데 있어 수학적인 비유의 세계를 분석한다. 실체적 원자는 기하학적인 점과 산술적 단위를 모델로 해서 생각할 수 있다. 그러나 기하학적인 점은 '부분을 갖지 않는다'고 하는 점에서 불가분성, 단순성의 엄밀함이 있지만, 점은 선의 단면인 것처럼 연속체의 양태에 지나지 않고, 실재성을 결여한 추상물에 실체란 있을 수 없다(§3, §11).29 또 산술적 단위는 집합한 다수를 구성하는 것으로는 단순실체와 유사하지만, 분수로 분할되는 것으로서 절대적인 의미의 부분을 갖지 않는 것은 아니다. 이렇게 실체적 단일성의 근거는 수학적 영역이 아니라 형이상학적 영역에서 찾아진다. 참된 단일성은 무언가 형상적인 것, 활동적인 것을 포함한 '실재적이고 살아있는 점', 즉 '실체적 원자'이어야 한다(§3).

라이프니츠가 원자의 개념에 집착하는 것은 물리적 실체의 실재성의 기초가 되는 '참된 실체적 단일성'의 필요성 때문이다. 원자의 원의미는 '불가분'이지만, 여기서는 더 파고들어가 '부분을 전혀 갖지 않는다'고 하는 것이 요건이 된다(§11).

실체의 원자, 즉 부분을 전혀 갖지 않는 실재적 단일성만이 작용의

---

29 다만, 기하학적 점은 그 근본에서 각각의 실체적 단일성이 우주를 표출하는 (exprimer) 시점(視點)이다. 그러나 그것은 모나드가 가진 공간적 장소가 아니다. 기하학적인 점은 실체적인 점과 다른 공간에 위치를 갖지(situm habens)만 (GM V, 183), 모나드는 기하학적인 점이 아니고, 그것 자체는 공간적 장소를 갖지 않는다. 어디까지나 기하학적인 점을 시점으로 한 우주를 표상하는 것일뿐이다.

원천이고, 사물 합성의 절대적인 제1원리이며, 말하자면, 실체적 사물의 분석에서 궁극적 요소라고 칭해도 좋다. (*GP* IV, 482)

부분의 결여는 에우클레이데스^{Eukleidēs}의 『원론』에서 기하학적인 점의 정의 요건이었다. 그러나 수학적인 점은 엄밀하기는 해도, 연장의 실마리 내지 양태로서 이념적인 것에 지나지 않는다. 따라서 부분을 결여한다는 것만으로는 불충분하며, 물체의 실체적 단일성을 토대로 하는 것은 형상으로 구성되고, 거기에 '생명을 가진 일종의 표상'인 '실체의 점', '형이상학적 점'이어야 한다. '그것이 아니면 실재적인 것은 완전히 없는 것이 되어 버린다. 참된 단일성이 아니면 다수성도 없기 때문이다'(§11).

모나드의 등장

이상에서 '실체의 원자', 즉 '불가분'하고 '부분을 결여한', '참된 단일성을 가진 단순실체'라는 규정이 모두 『신설』에 나타나는 것을 확인하였다. 그렇다면 '모나드'라는 용어는 나타나지 않음에도 모나드의 규정은 모두 『신설』에서 완성되었다고 보아도 좋지 않을까. 피샹은 모나드의 정의에 나타나는 '단순실체'라는 규정이 『신설』 무렵에 정착했고, '모나드는 이후 근거리에 있었다'고 주장한다(Fichant 2004: 108, 111).[30] 이것에 대해서 가버^{Garber}는 1695-1700년 시기의 저작을

---

30 피샹(Fichant)은 '절대적 불가분'이라는 것이 '부분의 결여'라는 것을 직접적으로 함의하고, 따라서 '단순'과도 직결된다고 생각한 측면이 있다(Fichant

분석하고, 아직 물리적 실체를 잡을까 단순실체를 잡을까 입장에 동요하는 느낌이 있다고 본다(Garber 2009: ch.8).

'모나드'라는 용어가 최초로 출현한 것은 언제일까?[31] 그것은 1695년 7월 22일의 드 로피탈 서간이고, 그리스어원의 '모나스monas'로서 출현한다(참조 Fichant: 111f.)

> 각 실체는 영구히 자신에게 내적으로 일어날 수 있는 것을 모두 미리 표출exprimer하고, 또 질서에 따라 스스로 생기게 한다. 이 주제에 관한 내 설명의 열쇠는 실재적 단일성, 모나스Monas가 무엇인가에 대한 고찰에 달려 있다.

물론 모나스나 모나드라는 용어를 사용한 것은 라이프니츠가 처음이 아니다.[32] 그것의 기원에 관해서는 가까이는 랄프 커드워스Ralph

---

2004: 119).

31 소급하면, 『결합법론』에 '동질의 사물을 가지지 않은 사물은 모나드적(monadica)이다'고 기술하고 있다($17; A VI-1, 173). 다만 여기에는 조합론의 배치적인 의미에서 기술되고 있다. 『모나드론』에서 전문용어의 의미로서 '모나드'가 나타나는가가 중요할 것이다. 또한 1681년에 크리스티앙 토마시우스(Christian Thomasius)에 의해 편찬된, 라이프니츠가 1663년에 제출한 학사학위논문 『개체화의 원리에 관한 논의』의 서문에서 라이프치히 대학의 스승 야콥 토마시우스(Jakob Thomasius)도 '모나드적(monadicus)'이라는 용어를 사용하고 있다(A VI-1, 7).

32 고클레니우스(Goclenius)의 『철학사전』(1613)에 따르면, '모나드(monad)'는 'unitas', 즉 단일성을 의미한다. 그것은 탁월한 모나드와 열등한 모나드로 분류된다. 탁월한 모나드는 사물의 원리로서 피타고라스의 신, 형이상학적 단일성을 의미한다. 열등한 모나드는 수학과 논리학에 속하는 것으로서, 수학에서는 산술적 단위, 논리학에서는 단순명사를 의미한다.

Cudworth(1617-1888), 얀 밥티스타 반 헬몬트Jan Baptista van Helmont(1579-1644), 헨리 모어Henry More(1614-1687), 지오다노 브루노Giordano Bruno (1548-1600),[33] 고대까지 거슬러 가면 피타고라스학파, 에우클레이데스Eukleides, 플라톤(학파) 등을 포함하여, 각양각색의 억측이 이루어진다.[34] 피샹이 기술한 바에 따르면, 이처럼 풍부한 배경지식이 라이프니츠가 '모나드'라는 오래된 말을 선택하게 하였을 것이다. 그렇지만 라이프니츠가 어디에서 '모나드'를 빌려온 것인지를 확인하기는 어렵다. 오히려 주목하고 싶은 것은 라이프니츠가 이 용어를 부활시킨 이유이다.

'모나드'라는 용어는 1696년 9월 13일부의 미켈란젤로 파델라 Michelangelo Fardella 서간에도 나타난다.

문제의 핵심은 실체의 참된 개념에 달려 있다고 생각한다. 그것은

---

33 부르노(Giordano Bruno)로부터 라이프니츠에 이르기까지 모나드 개념의 계보에 관해서는 Becco (1975)를 참조.

34 에우클레이데스(Eukleides)의 『원론』에는 '점이란 부분이 없는 것이다'고 정의한다. '부분을 갖지 않는다'는 것은 '부분으로 분할할 수 없다', 즉 '불가분'이라는 것이기도 하다. 라이프니츠는 에우클레이데스의 점에 대한 정의에서 '위치를 갖는다'(situm habens)는 점을 추가한다('에우클레이데스의 기초에 관해서' 1712경, GM V, 183). 프로클루스(Proclus)가 전하는 것에는 에우클레이데스 이전의 피타고라스학파에서 점을 '위치를 가진 모나드(monas)'라고 하는 정의가 있다. 모나스는 '단위'의 의미이다. 아리스토텔레스는 여러 번 이 정의를 들어, 크기면에서 불가분하고 위치를 갖지 않는 것을 '모나드', 위치를 갖는 모나드를 '점(stigmē)'이라고 부른다. 다른 한편 플라톤은 점을 기하학적인 도그마라고 하고, 점을 선의 단서 혹은 불가분한 선이라고도 불렀다(참조 Euclid 1956: 155f.).

모나드의 개념notio monadis, 즉 실재적 단일성 개념과 동일한 것으로서, 말하자면 형상적 원자, 즉 본유적인 점點)이다. 왜냐하면 물질적 원자는 있을 수 없고, 물질의 안에서 단일성을 탐구해도 헛된 것이기 때문이다. 또한 수학적 점은 본유적이 아니라 양태에 지나지 않는다. 왜냐하면 연속체는 점으로부터 구성되지 않고, 모든 실체적인 것은 단일성으로부터 발생하는 것이기 때문이다.   (A II-3, 192)

여기서도 물체의 실체적 실재성의 문제로부터 '모나드'가 요청되고 있다는 점은 동일하다. 그리고 드 로피탈 서간과 마찬가지로, 모나드는 '실재적인 단일성'으로 파악된다. 모나드는 '형상적 원자 Atomus Formalis', '본유적 점punctus essentialis'이라고 환언할 수도 있다. '모나드'가 라이프니츠의 철학용어로 정착한 것은 1697년 중반 무렵이다 (Garber 2009: 337). 그러나 이 시기의 모나드 규정은 아직 애매하다.

과도기의 모나드 개념

그래서 라이프니츠가 1696년경에 쓴『불가식별자의 원리에 관하여』(C.8-10)에 주목한다. 이 소품은 중기 개체적 실체설로부터 후기 모나드론으로 이행단계를 보여주고 있기 때문이다. 거기서는 우선 두 가지 사물이 어떤 점에서도 다르지 않다면 그것들은 동일한 사물이라는 '불가식별자 동일의 원리' 관점에서 원자의 실재가 부정된다.

모든 철학 혹은 신학 그 자체에서 가장 중요한 고찰이란 이것이다. 즉 온갖 사물이 가진 상호 연결connexio로 인해 순수한 외적인 규정은 존재하지 않는다. 또한 두 가지 사물이 장소locus와 시간에 의해서만 서로 다른 것이라고 하는 것은 불가능하고, 무언가 다른 내적인 차이가 개재하는 것이 언제나 필요하다. 그러므로 두 가지의 원자가 동시에 형상 혹은 크기에 있어서 서로 동등하다는 것은 - 예를 들어 두 개의 동등한 입방체는 - 불가능하다. 그와 같은 개념은 수학적이고 추상적이어서 실재적인 것은 아니다. 다른 사물은 어떤 것이든 어떤 방식으로 식별되어야만 하고, 사물에 있어서 위치positio만으로 식별하는 것은 불충분하다. 여기서 순수한 입자론철학 전체가 무너진다.   (C, 8f.)

라이프니츠는 이처럼 우주의 근본적인 연속성을 주장하고, 원자론과 입자론철학이 상정하는 원자의 개념이 실재적 사물이 가져야 하는 '불가식별자 동일의 원리'에 반하는 수학적 추상개념에 지나지 않으며, 따라서 원자는 실재적 대상이 아니라고 논박한다.

첫째, 어떠한 원자도 존재할 수 없다. 그렇지 않으면 단순히 외재적으로만 다른 두 개의 원자가 존재하게 되기 때문이다. 거기에서 만약 장소가 그 자체만에 의한 변화를 형성하지 않는다면 단순히 장소의 변화는 존재하지 않는 것으로 귀결한다. 또 일반적으로 장소, 위치, 양 그리고 수와 비례는 단순한 관계이고, 그것들 자체가 변화를 구성하거나 혹은 한계짓는 다른 사물들로부터 결과resulto한다. 어떤 장소에 존재한다in loco esse는 것은 위치positio를 가지는 것에 다름 아니라고 추론하는 것처럼 생각된다. 그러나 사물 그 자체에서는, 장소를 가진 것은 장소를 그 자체에서 표현해야만 한다.   (C.9)

추상적으로 한 가지 모양인 원자의 존재를 가정하면, 그것들은 내재적인 규정, 즉 질에 의해 달라지지 않고, 위치와 양 등의 외재적인 우연적인 규정, 즉 관계에 의해서 밖에 달라지지 않는 것이 된다. 그러나 라이프니츠의 견해에 의하면, 그러한 관계는 사물 그 자체, 사물의 운동 그 자체로부터 발생할 것이다. 논고 말미에 "모두 '술어述語는 주어主語의 안에 있다'고 하는 위대한 원리로부터 생한다"고 서술한 것처럼, 라이프니츠는 온갖 관계의 토대를 '술어의 주어내속설'에 근거를 부여한다.35 현실적으로 존재하는 사물은 완전한 현실태entelecheia이고, 그 자체가 가진 변화의 원리에 의해 운동을 구성하는 것이어야 한다. 이렇게 해서 라이프니츠는 사물에 변화의 원리를 가져오는 기체를 모나드로 하고, 각각의 모나드의 내재적 규정을 '가능적 질' 내지 '형상의 질료materia imaginum'라고 칭한다. 라이프니츠는 이 '형상의 질료'를 현상을 가져오는 '빛lumen'에 비유한다.

> 일찍이 나는 이것을, 우리의 현상이 그것으로부터 결과하고, 다른 모나드에 있어서 다양한 방식에 대응하는 다른 것으로서 '빛'이라 칭했다. 그것을 가능적 질이라 부르는 것도 가능할 것이다. 형태의 연장에 대한 관계나 파생적 힘의 엔텔레케이아에 대한 관계처럼 현상의 빛에 대한 관계가 있다. 빛은 어떤 방식에서 형상의 질료이다.

---

35 피샹은 '모나드'의 등장에 의해 '개체적 실체' 또는 '술어의 주어내속성(praedicatum inest subjecto)'은 사라졌다고 한다(Fichant 2004: 114). 그러나 여기에서 보는 바와 같이, 이미 '모나드'가 등장하였던 1696년경에도 이 주장은 원리로서 그 장소를 차지하고 있다. 이행기를 보여주는 귀중한 자료이다.

이것은 단순한 활동작용의 힘 내부에 장소를 가질 수 없다. 왜냐하면, 활동작용은 다른 상태에 상대적[관계적]인 것이기 때문이다. 따라서 무언가 궁극적인 것이 요구된다. 즉 동시에 형상으로부터 형상으로의 이행을 가진 형상의 질료이다. 환언하면 활동적인 관념 ideae activae이 있다. 그들 모나드 자체가 살아있는 거울인 것처럼, 말하자면 '살아있는' 관념이 있다. (C, 9f.)

활력 그 자체는 다른 상태에 의존하고, 사물 내지 모나드의 안에 어떤 다양한 힘의 총화로서 계측되는 무언가 상대적인 것으로 이행, 즉 변화의 원리인 형상의 질료를 거기에 둘 수는 없다. 이렇게 해서 형상과 질료의 원리를 통일하는 **생명활동의 단위**가 요구된다. 그것은 머지않아 『모나드론』에서 표상과 욕구의 원리를 가진 모나드가 된 것이다.

모나드와 물리적 실체

마지막으로, '모나드와 물리적 실체의 관계는 어떻게 되는가?'라는, 라이프니츠 해석상 가장 근본적인 동시에 곤란한 문제를 다루고자 한다. 그것을 위해서 1690년대 후반의 상황을 확인하고자 한다. 그 문제에 비추어서 자연의 본성을 들어 논의하려면 슈투름Sturm 앞으로 보낸 논문「자연 그 자체에 관하여」[36]를 참고할 수 있다. 그곳에서는

---

36 *De ipsa natura*, GP IV, 504-516. 이것은 1698년 9월 Acta eruditorum지에 출판되었다.

먼저 물리적 실체 안에 능동성의 원리가 되는 제1 엔텔레케이아 내지 원시적 원동력이 있어야 한다고 말한다(GP IV, 511). 이것은 중기 힘의 형이상학에 기반한 물리적 실체설과 다르지 않다.

> 그런데 이것 자체는 실체적 원리로서 생물에 있어서는 '영혼'이라 칭하고, 다른 실체에 있어서는 '실체적 형상'이라 칭하며, 그런 한에서 질료와 하나가 된 '진실로 하나인 실체'. 즉 '그 자체로 하나unum per se'를 구성하며, 그것이 내가 말한 모나드monas를 이루고 있다.
>
> (Ibid.)

출판된 저작 속에 '모나드'가 출현하는 것은 이곳이 처음이다.[37] 이곳에서는 중기와 같이 물리적 실체 안에 그것의 실체성의 원리인 실체적 형상이 있는 것만으로 충분하지 않고, 더하여 그것이 '진실로 하나인 실체', '그 자체로 하나'이어야만 한다고 조건을 강화하는 점에 주목해야 한다. 그리고 그것이 (모나드의 라틴어로서) '모나스'라고 확실하게 불린다. 계속해서 라이프니츠는 말한다.

> 참으로 실재적인 통일unitas을 없애 버리면, '더미에 의한 존재자ens per aggregatum'밖에 남지 않는다. 그러나 그것이 귀결하는 바와 같이 물체 안에 '참된 존재자verum ens'는 남지 않게 된다. 그래서 '실체의 원자atomus substantiae', 즉 내가 설명한 '부분을 결여한 모나드monas

---

37 1714년 이전에 출간된 텍스트에서 '모나드'가 출현하는 것은, 이곳과 『변신론』 §396뿐이다. (Fichant 2004: 132).

partibus carens'는 존재하지만 '물질더미의 원자', 다시 말해 '극소의 연장을 가진 원자', 즉 '궁극의 요소'는 존재하지 않는다. 점点을 합성해도 연속체는 될 수 없기 때문이다. (Ibid.)

이제 모나드는 물체를 '단순한 더미'가 아니라, 그것에 '참으로 실재적 통일'을 부여해서 물리적 실체답게 하는 원리이다. '물체의 원자'는 이미 존재하지 않지만, '실체의 원자'는 존재한다. '부분을 결여한 모나드'라고 말해지는 것처럼, 실체적 원자는 물리적 실체가 아니라 단순실체로서 확립된다.[38]

그러나 가버Garber는 확실히 1690년대 후반에 모나드라고 하는 용어가 정착해 있지만, 모나드를 단순실체와 결부해서 봐야 하는가, 물리적 실체와 결부해서 봐야 하는가는 아직 애매하다고 지적한다. 이 시기의 모나드는 아르노 서간집에서 물리적 실체와 완전히 정합적으로 읽는 것이 가능한 경우도 있기 때문이다. 실제로 '모나드'가 '단일성unitas'의 단순한 환언으로 출현하는 부분도 많다. 그렇다면 모나드를 아르노 서간에서의 물리적 실체로 생각하지 말아야 할 이유는 없다(Garber 2009: 339). 요컨대 1695-1700년에 모나드는 아직 안정된 정의를 갖고 있지 않았다. 가버가 제시한 결정적 증거인 1698년 9월

---

38 원자론에 반대하는 더 한 가지의 논점으로서, 라이프니츠는 한결같이 질료 내지 물질의 혼을 상정하는 아리스토텔레스주의와 원자론에서는 '변화'를 충분히 설명할 수 없다고 지적한다. 그곳에서 라이프니츠의 설명에 의하면 변화는 노력(nisus)의 정도와 방향, 즉 그것의 힘에 내재하는 모나드의 양상에 의해 획득된다(GP IV, 514).

30일의 요한 베르누이Johann Bernoulli 서간에서 모나드는 개체적 실체와 평행할 뿐만 아니라 영혼(형상)과 함께 유기적 신체도 부여된 것으로 여겨진다. 이것은 후기의 모나드 개념과 모순된다(Garber 2009: 340).[39] 과도기적 입장의 애매함을 보여주는 증거는 더 있다. 1698년 12월 27일 피에르 베일Pierre Bayle 서간문에서 라이프니츠는 물리적 실체설이 가진 틀의 토대로서 힘의 보존법칙을 고찰한다. 우선 물체의 충돌에서 물체가 가진 힘의 보존이 어떻게 이루어지는가라는 문제와 관련해서 라이프니츠는 초기의 원자론을 방불하는 '작은구globule'의 개념을 내놓는다(*GP* III, 57). 거기에서는 충돌 전에 물체가 가진 탄성력의 총량이 충돌 후에 물체가 가진 힘의 총량과 일치하는 것을 물체에 포함된 각각의 소구가 가진 탄성력의 총합에 의해 고찰할 수 있다고 설명한다. 작은구란 초기 라이프니츠가 물리적 원자로서 생각했던 극소의 물리적 구체球體이다. 주목할 만한 것은 다음의 인용이다.

> 힘의 보존은 물질에 포함된 모든 탄성력에 주목해야만 확증된다는 것은 사실이다. 거기에서 … 다음의 귀결이 도출된다. 즉, **가장 작은 물체 안에도 소위 세계가 있다**는 것이다. 모든 물체는 작지만 탄성력을 가진다. 따라서 모든 물체는 감각적 물체들의 탄성력을 구성하는 것이 상상할 수 있는 가장 미세한 유체로 덮이고 관철되어 있다고 보아야 한다. 또한 제1요소 등은 존재하지 않는다. 무언가

---

39 GM III, 542. 완전한 모나드, 즉 개체적 실체(substantia singularis)는 동물 그 자체가 아니라 오히려 영혼이다. 혹은 영혼 또는 형상이나 유기적 신체를 가진 것에 어떤 유비적인 것이다.

있다고 하면 상상할 수 있는 가장 미세한 유체의 최소 부분에 관해
서도 운운하지 않으면 안 된다.   (GPIII, 57; 필자 강조)

　우선 "가장 작은 물체 안에도 소위 세계가 있다"는 것은 일견 모나
드를 시사하는 것 같지만, 여기에서 '최소한의 물체'가 물체인 이상
모나드는 될 수 없다. 오히려 앞의 '작은구'를 명확히 지시한다. 즉, 물
체의 내부에는 물체를 구성하고 있는 것보다 작은 물체가 무한히 있
다는 것이고, 초기 원자론에서 제시되었던 '세계 가운데 세계가 무한
하다'는 가설을 다시 들고 나오는 것이다. 다음으로 '제1의 요소는 존
재하지 않는다'고 서술한다. 이것은 물체가 분할에 의해 최종적으로
도달하는 것과 같은 제1물체 요소는 존재하지 않는다는 뜻이다. 그
러나 라이프니츠가 참된 제1요소로 생각한 '모나드' 내지 '단순실체'
라는 생각은 편지에서 다루지 않는다. 오히려 초기원자론을 중기 물
리적 실체론에서 재해석하는 데 머물러 있다.
　이상 1600년대 후반 라이프니츠의 사상을 검증해 왔지만, 이 시기
의 모나드 개념이 아직 명확한 위치를 갖지 않아 『모나드론』의 단계
에는 이르지 못했다는 가버의 해석이 정당하다고 생각된다. 모나드
가 단순실체로서 안정된 정의를 갖게 된 것은 1700년 이후이고, 그것
에 대해서는 충분한 실증적 근거가 확보되어 있다(Garber: 341-9).
　모나드 개념이 확립된 1700년 이후는 단순실체와 물리적 실체의
관계가 주로 문제가 된다. 거기에서 '연속체 합성의 미궁'이 깊이 재
검토되고, 물체의 실체성을 인정하기 위해서는 '실체적 유대紐帶,
vinculum substantiale'라는 모나드를 결합하는 현실적인 연속성을 물체에

부여하는 실체적 관계가 요청된다. 라이프니츠는 모나드를 진정한 실체로서 확립하였지만, 물리적 실체를 지지하는가 아닌가에 대해서는 최후까지 고민하였다.[40] 라이프니츠는 1716년 세상을 떠날 때까지 어떻게 원자 내지 모나드들이 결합하여 하나의 물체를 형성하게 되는가라는 초기부터 일관하여 관심을 가졌던 응집의 문제에 대한 철학적 해결을 최후까지 모색하고 있었다.

나가며

젊은 라이프니츠는 기계론으로 전향하여 원자론을 지지했다. 그러나 그 원자론은 고전적 원자론이 아니고 새로운 화학적 원자론 계보에 연결되어 있었다. 초기 라이프니츠가 지지하였던 원자, 거품은 그 안에 무한한 소세계를 부분으로 가진 물리적 원자였다. 라이프니츠는 물체가 실체인 이유로 단일성을 들고, 그 단일성의 근거로서는 불가분한 요소가 필요하다고 생각했다. 그것은 연장을 가진 물체에는 있을 수 없다. 그렇게 해서 데카르트학파의 기계론이 결여한 물리적 원자의 개별화와 불가분성의 토대는 정신에서 찾아졌다. 원자를 구성하는 코나투스를 정신화함으로써 원자가 물리적 실체의 진정으로 불가분한 핵이 된다고 생각했기 때문이다. 1678년 이후 물리적 실체

---

40 단순실체와 물체적 실체의 관계, 혹은 '실체적 유대'의 개념을 둘러싼 1700년 이래의 전개과정에 관해서는 池田(2015b)를 참조.

에 불가분성을 가져오는 정신적 원리는 '실체적 형상'으로서 파악된다. 데카르트학파의 물리적 원자에 맞섰기 때문에 물리적 원자를 일관되게 거부하고 실체적 형상을 동반하는 물체만을 진정으로 하나인 실체로서 지지하게 된다. 여기에서도 원자론은 주로 고전적 원자론과 데카르트학파의 대결이라는 문맥에서 철저하게 한정적으로 부정하고 있다고 생각해야 한다. 이렇게 해서 1678-1687년에 걸쳐 '물리적 실체', 즉 '실체적 원자'라는 생각이 나타나지만, '단순실체로서의 실체적 원자'라는 생각에는 아직 이르지 못하고 있다. 1695년에는 '실체의 원자', 즉 '불가분한 부분을 결여한 진정한 단일성을 가진 단순실체'로서 규정된다. 또한 이 시기부터 실재적 단일성을 표현하는 용어로서 '모나드'가 처음으로 등장한다. 그러나 1690년대 후반에는 아직 동요하는 느낌이 있고, '단일성'의 조건으로 '단순성'이 명확하게 주장되는 것은 1700년대 이후이다.

이상과 같이 원자론과의 대결을 통하여 1714년에 '자연의 참된 원자'로서 모나드 개념이 제출된다. 라이프니츠는 물체에 진정한 단일성을 부여하는 것으로서 형상과 영혼, 정신이 필요하다고 했다. 원자론을 지지했던 시기에도 이런 생각은 일관해서 채택되었다. 이렇게 해서 긴 시간의 지적인 싸움을 통해 최종적으로 도달한 개념이 모나드였다. 라이프니츠의 철학은 원자론과의 대결과 함께 발전하였던 것이다.[41]

41 이 논문은 JSPS 자료비(과제번호: 16K02113)의 지원을 받아 쓰여졌다.

참고문헌

1차문헌

A : *Gottfried Wilhelm Leibniz: Sämtliche Schriften und Briefe*, Deutsche Akademie der Wissenschaften (Ed.), Darmstadt und Berlin: Akademie Verlag, 1923⁻.

C: *Opuscules et Fragments inédits, Louis Couturat* (éd.), Paris: Féix Alcan, 1903.

GP: *Die Philosophische Schriften von Gottfried Wilhelm Leibniz*, 7 Bde., hrsg. von C. I. Gerhardt, Berlin: Weidmann, 1875⁻90 (reprint in Hildesheim: Olms, 1996).

GM: *Leibnizens Mathematische Schriften*, 7 Bde., hrsg. von C. I. Gerhardt, Halle, 1849⁻3 (reprint in Hildesheim: Olms, 1971).

Leibniz, G.W. (1954) *Principes de la nature et de la grâce fondés en raison; Principes de la philosophie ou Monadologie*, publiés par André Robinet, Presses Universitaires de France.

Leibniz, G. W. (2002) *La réforme de la dynamique: De corporum concursu (1678) et autres textes inédits*, Michel Fichant (éd.), Vrin.

Leibniz, G.W. (2004) *Discourss de métaphysique suivi de Monadologie et autres textes*, Michel Fichant (éd.), Gallimard.

일본역

『ライプニッツ著作集』全10巻, 下村寅太郎ほか監修, 工作舎, 1988-1999.

『ライプニッツ著作集 第Ⅱ期 1. 哲学書簡』酒井潔・佐々木能章 監修, 工作舎, 2015.

2차문헌

Antognazza, Maria Rosa. (2009) *Leibniz: An Intellectual Biography*, Cambridge University Press.

Arthur, Richard. (2004) "The Enigma of Leibniz's Atomism" in Daniel Garber & Steven M. Nadler (eds.), *Oxford Studies in Early Modern Philosophy*, vol. 1,

Oxford University Press, pp.183–28.

Arthur, Richard. (2006) "Animal Generation and Substance in Sennert and Leibniz" in Justin E. H. Smith (ed.), *The Problem of Animal Generation in Early Modern Philosophy*, Cambridge University Press, pp.147–74.

Becco, Anne. (1975) "Aux Sources de la Monade: Palégraphie et lexicographie leibniziennes", *Les études philosophiques*, No 3, pp.279–293.

Blank, Andreas. (2011) "Sennert and Leibniz on Atoms" in Justin E. H. Smith & Ohad Nachtomy (eds.), *Machines of Nature and Corporeal Substances in Leibniz*, Springer, pp.115–30.

Cordemoy, Géraud de. (1968) *Le discernement du corps et de l'âme*, Paris: 1666 (*Oeuvres philosophieques avec une étude biobibliographique*, édition critique présentée par Pierre Clair & François Girbal, Presses Universitaires de France, pp.85–189).

Euclid (1956) *The Thirteen Books of Euclid's Elements*, 2nd. Ed., Vol 1, trans. with intro. and commentary by Thomas L. Heath, Dover.

Fichant, Michel. (2004) "Introduction : l'invention métaphysique" in G. W. Leibniz, *Discours de métaphysique, Monadologie*, Édition Gallimard.

Fisher, Saul. (2005) Pierre Gassendi's Philosophy and Science: Atomism for Empiricists, Brill.

Garber, Daniel. (2009) *Leibniz: Body, Substance, Monad*, Oxford University Press.

Gassendi, Pierre. (1658) *Opera omnia in sex tomos divisa*, tomus primus, Lyon.

Hirai, Hiro. (2012) "Living Atoms, Hylomorphism and Spontaneous Generation in Daniel Sennert" in Gideon Manning (ed.), *Matter and Form in Early Modern Science and Philosophy,* Brill, pp.77–8.

Hobbes, Thomas. (1999) *De Corpore: Elementorum Philosophiae Sectio Prima*, Karl Schumann (éd.), Vrin.

Mercer, Christia. (2001) *Leibniz's Metaphysics: Its Origins and Development*, Cambridge University Press.

Pasnau, Robert. (2011) *Metaphysical Themes 1274-1671*. Oxford University Press.

Principe, Lawrence M. (2011) *Scientific Revolution: A Very Short Introduction.* Oxford University Press.(『科学革命』菅谷暁・山田俊弘訳, 丸善出版, 2014)

Wilson, Catherine (1982) "Leibniz and Atomism", Studies in the History and *Philosophy of Science.* vol. 13, no. 3, p.175-99.

池田真治 (2015a)「〈自然の真のアトム〉としてのモナド──ライプニッツの原子論との対決」, 日仏哲学会編『フランス哲学・思想研究』第20号, 1-14.

池田真治 (2015b)「連続体におけるモナドの位置の問題──後期ライプニッツにおける数学と形而上学の関係」『アルケー』関西哲学会年報,第23号, 14-28.

伊豆蔵好美 (2012)「ホッブズと若き日のライプニッツ──十七世紀に「大陸合理論」の哲学は存在したのか？」, 佐藤徹郎・雨宮民雄・佐々木能章・黒崎政男・森一郎編『形而上学の可能性を求めて──山本信の哲学』所収, 工作舎, 224-234.

村上勝三 (2014)『知の存在と創造性』知泉書館

제5장

흄의 『대화』에서 에피쿠로스적 우주론

고대원자론과 다원주의 사이

/

키지마 타이조(木島泰三)

제5장

흄의 『대화』에서 에피쿠로스적 우주론

고대원자론과 다원주의 사이

키지마 타이조(木島泰三)

들어가며

고대원자론은 근대 초기에 재발견되어 그 교설의 대부분이 소위 과학혁명을 경유하는 시대에 과학적 세계상의 기초를 이룬 학설로 도입되었다. 그러나 자연의 목적론적 설명을 거부하고, 그것을 원자의 우연적 충돌에 의한 설명으로 치환한 에피쿠로스의 학설은 도입이 거부되었다.[1] 이런 의미에서 '에피쿠로스주의'는 서양에서 기독교가

---

1 '이 세계는 자연에 의해 조성된 것으로서 원자가 스스로 우연히 충돌함으로써 다양한 방식으로 우연히, 목적 없이, 의지도 없이 결합하여 돌연 내던져져서 건너 나온 것이 큰 물체, 즉, 대지라든가 바다라든가 천공이라든가 생물의 종류를 발생한 것이다'(루크레티우스 1961: 107-108, 191-192, 227-228 참조). 부언하면, 여기서 '우연성'은 에피쿠로스 독자적인 원자의 '일탈' 내지 '비낌 clinamen' 이론(ibid, 71-75)을 필요로 하지 않는다. 원자가 필연적 법칙에 따른다고 하더라도 그것이 목적인과 디자인을 고려한 것이 아니면 우연하고 '맹

지배적이었던 시대를 관통하여, 주류로부터 소외되고 비판받는 형태로 계승되어 온 하나의 '허수축'이었다.[2]

이번 장은 이와 같은 비목적론적인 자연사상으로서 에피쿠로스주의가 근대에서 계승과 발전을 떠맡았던 희귀한 시도 가운데 하나로서, 흄의 『자연종교에 관한 대화』(1779 출간, 집필 시작은 1750년대. 이하 『대화』)에서 회의론자 필로Philo를 통해 전해진 에피쿠로스적 우주론을 취하여 그의 사상을 『대화』 이후 100년 정도에 다윈Darwin이 제기하고, 현대에서 지지받게 된 자연도태설(내지 자연선택설)과 비교한다.

이러한 검토의 한 가지 목적은 고대원자론에서 유래한 사상이 근대에 복권, 수용, 발전되는 과정을 추적한 사상사적 고찰을 진전시키는 데 있다. 즉 공통적으로 비목적론적인 자연관으로서 특징지어지는 고대원자론과 다윈주의 사이에 연속성과 불연속성을 명확히 함과 동시에[3] 『대화』에서 에피쿠로스주의를 고대원자론과 다윈주의의

목적'이라고 간주할 수 있다(이것에 관해서는 木島 2016a; 2016b도 참고). 또한 에피쿠로스주의의 원자 '일탈 내지 '비낌' 이론에 대한 놀랄 만한 현대적인 재해석의 시도로는 朝倉 2014; 2015를 본서의 독자에게도 소개해 두고자 한다.

2　'허수축'(복소수의 종축)의 비유는 과학기반연구 '근현대철학의 허수축으로서의 스피노자'(연구과제번호 22320007)에서 차용하였다.

3　후술하는 다윈과 동시대의 수용사연구를 별도로 하면(Hoquet 2009: 193-231), 이 장과 겹치는 관심에서 다윈주의와 에피쿠로스주의를 주제로 대조하는 연구는 그다지 눈에 띄지 않는다고 생각되지만, 흔치 않은 특이한 연구로서 그리스도교 원리주의자에 의한 현대판 창조설인 '지적설계론'의 지지자 위커의 연구가 있다(Wiker 2002). 위커는 그 책에서 창조설에 의거한 유신론적 도덕을 옹호하는 입장에서 신적 디자인을 '우연'에 귀착시키려 한다는 점에서 에피쿠로스주의와 다윈주의를 서로 연결된 사상으로 간주하고 현대의 도덕적

중간점에 위치하는 사상으로 재평가하는 것이 이번 장의 주요 목적이다.

이와 같은 사상사적 착목▉티은 고대원자론의 우연적 우주기원론과 그에 기초한 목적론적 자연관에 대한 비판이 그 자체로서 가진 철학적 중요성에 대한 필자 나름의 관심에서 비롯하고 있다. 필자가 보는 한 고대원자론의 우주기원론에서 중요한 통찰은 다윈의 자연도태설과 현대우주론에서 '인간원리'로 흘러들어 현대에서도 소멸하지 않고 생명력을 보존하고 있다. 그리고 『대화』에서 전해지는 에피쿠로스주의는 이런 관념의 철학적 의의를 고찰하는 경우에도 중요한 단서를 많이 제공한다.

1
근대에 있어서 목적론적 자연관과
잉글랜드의 자연신학

중세를 지배하였던 아리스토텔레스주의의 목적론적 자연관은 17세

퇴폐의 연원으로 위치지으려 한다. 필자는 무신론적 세계상을 지지한다는 점에서 위커와는 대립하는 입장이지만, 에피쿠로스주의에서 다윈주의로 이어지는 사상계보에서 유신론적 세계상의 강한 침식성을 발견한다는 점에서는 일치한다고 할 수 있다. 이 구도는 *데닛*이 말한 '다윈의 위험한 사상'(데닛 2001)이 기존의 앎이나 가치체계에 대한 침식성에 대해 그리스도교 원리주의자측이 민감하다고 말한 스타노비치(Stanovich)의 지적과도 일치해 보인다 (스타노비치 2008; 4-10).

기 과학혁명 시기, 소위 기계론적 자연관의 성립과 함께 커다란 도전을 받았다. 그렇지만 영국에서는 17세기 후반 보일과 뉴턴의 시대 이후 지도적인 과학자와 광교회파廣教會派라고 불린 비교적 개방적인 신학자들 간에 소위 디자인 논쟁(디자인에 기반한 신의 존재증명design argument for the existence of God)을 기초로 하는 자연신학이, 과학연구를 이끈 적극적 원리로서 정착했다(마쓰나가松永 1996: 제1장; 로저 잭Roger Jack 1991: 313-317).[4] 이런 입장은 자연에 대한 기계론적인 설명을 추구하는 한편, 천체와 동식물의 구조에서 '신의 디자인'이라고 하는 합목적성을 찾아내고, 그런 한에서 자연의 목적론적 설명을 적극적으로 보존한다는 연구 프로그램을 과학자에게 부여했다. 이런 전통을 배경으로 쓰인 페일리Paley의 교과서 『자연신학』(1802)은 동시대에 널리 읽혀서 다윈에게도 깊은 영향을 미쳤다(마쓰나가松永 1996: 제1장, 제4절 등).

2
다윈과 흄

영국에서 디자인론적 자연신학은 다윈의 『종의 기원』(1859) 출판을 계기로 쇠퇴하였다고 말해진다. 이것은 직접적으로는 『개별창조설』

---

4 그것의 한 원류로서 가상디에 의한 에피쿠로스주의와 디자인론을 조정하려는 시도에 관해서는 이 책 제2장을 참조.

에서 유력한 지지를 찾았던 디자인론이 다윈의 진화론이 설득력 있는 방식으로 제시된 곳에서 지지를 잃었기 때문으로 보인다. 또한 그것의 쇠퇴는 궁극적으로는 다윈의 자연도태설 메카니즘이 자연에서 디자인의 목적론적 설명을 불필요한 것으로 돌리게 하였다.[5]

한편 흄의 『대화』는 『종의 기원』뿐만 아니라 페일리의 『자연신학』보다 앞서 디자인론에 대한 철저한 비판을 행하고 있다. 여기에서 흄의 디자인론 비판과 다윈의 업적에 대해 거듭 비교하고, 그로부터 흄에 대해 대극적이라고 말해도 좋을 상반된 평가가 이루어져 왔다(소버Sober 2009: 59). 한편으로 도킨스와 소버는 현대 진화생물학의 견지에서 흄이 디자인론에 소극적인 비판만 행하였을 뿐 다윈과 같은 적극적인 대안을 어떤 것도 제시하지 않았다며, 흄에 대해 극히 부정적인 평가를 하였다(도킨스 1993: 25-26; 소버 2009: 71).[6] 다른 한편의 흄 연구에서는, 흄이 등장인물 필로가 전하는 에피쿠로스적 가설을 통하여 "다윈이 19세기에 보여준 것과 같은 자연도태에 의한 진화이론의 커다란 윤곽을 예시"했다고 간주하는 오코너(O'Connor 2001: 142; 참조 21, 29, 120), 다윈이 행한 것은 흄이 서술한 에피쿠로스적 가설을 '관찰에 의해 살을 붙인' 것이라고 주장하는 가스킨(Gaskin

---

5   진화론 그 자체의 정착이 신속하였던 것에 비해서, 자연도태설이 현재와 같은 표준적 이론이 된 것에는 우여곡절이 있었다(보울러(Bowler) 1992).

6   소버(Sober)에 따르면, 흄은 디자인론을 '유비에 의한 논증'으로 규정하고 그 불확실성을 지적하는데, 그때 흄은 디자인론이 가설의 개연성 내지 확률(probability)에서가 아니라 '그럴듯함(likelihood)'에 호소하여 '최선의 설명을 위한 추론'이 되기 위한 조건을 파악하고 있지 못하다고 한다(소버 2009: 58-72).

2009: 497) 등 흄과 다윈의 연속성을 강하게 강조한다.

이와 같은 엇갈림은 도킨스와 소버가『대화』초반 디자인론에 대한 직접적인 비판만으로 눈을 향한 것에 비하여 오코너와 가스킨은 중반의 에피쿠로스적 우주론을 거론한 점에 부분적으로 기인한다. 흄이 그곳에서 디자인론에 대한 적극적인 대안을 제시하고 있지만, 도킨스와 소버는 그곳에 눈길을 주지 않았다. 그렇지만 검토해야 할 문제는 그보다 앞에 있다. 오코너와 가스킨은 마치 흄이 다윈의 아이디어를 선취하고 있는 것처럼 말하는데, 이런 평가가 타당한 것인가라는 문제이다.

이 문제에 대해 보다 공평하게 판정하고 있는 이는 데닛Daniel Dennett이다. 데닛은 에피쿠로스적 우주론을 포함한『대화』의 전문을 검토하고, 흄의 다윈에 대한 '근접조우近接遭遇, close encounter'를 지적하면서도, 그것이 '판단정지'에 귀착하는 것을 어쩔 수 없는 시대의 제약으로 본다(Denett 2001: 제1장, 제4절). 우리는 이런 평가에 대체로 동의하지만 그곳에서 불충분한 점도 발견한다. 즉, 첫째, 데닛은 흄의 사상에 대한 검토만을 목표로 하지, 그곳에서 에피쿠로스주의의 계승과 발전을 인정하는 관점은 아니다. 둘째, 데닛은『대화』에서 임기응변적으로 다윈적 아이디어를 골라낼 뿐이고, 그것을『대화』의 논술 전체 가운데 위치시키고 있지는 않다. 셋째, 데닛은 흄의 주장과 다윈의 주장에서 차이점을 명확히 하고 있지 않다. 본 장의 구체적인 목표는 이러한 점들을 보충하는 것이다.

3
고전적 에피쿠로스주의와 다윈주의의 차이와 연속성

『대화』의 검토에 앞서, 도킨스와 소버가 인정하는 다윈주의의 혁신성을 다윈주의와 에피쿠로스주의의 연속성과 함께 확인해 보고자 한다.

오케Hoquet에 따르면, 다윈은 동시대인으로부터 '목적론자'와 '에피쿠로스주의자'라는 정반대의 지적을 받았다(Hoquet 2009: 193-231). 현대의 관점에서 보면 어느 쪽이건 일면적인 관점이라고 말할 수 있겠지만, 양자에 대응하는 비판은 지금까지도 존재한다. 결국, 한편으로는 현대 다윈주의 주류파를 진화에서 적응의 역할을 지나치게 강조하는 '팬글로스Pangloss주의'라고 보는 비판이 존재하고(Gould & Lewontin 1979), 다른 한편으로 다윈의 진화론은 정교한 적응을 우연의 산출로 결말을 지어 믿기 어려운 설명이라는 비판이 현대에도 창조론자들에 의해 제기되고 있다.

후자의 비판은 '자판을 치는 원숭이'라는 사고실험에 호소하여 논해지고 있다. 정교한 적응이 우연에 의해 발생한다는 희망은 원숭이가 함부로 자판을 두드려서 셰익스피어 전집을 쓰게 될 희망과 같은 정도로 불가능하지는 않더라도, 터무니없어 보인다는 논변이다. 그렇지만 도킨스에 의하면, 이와 같은 반론은 오해의 산물이다. '자판기를 치는 원숭이'가 상정되는 사태가 '일단계 도태'인 것에 반하여 다윈적 진화는 '누적도태'이기 때문이다. 일반적 도태의 경우 셰익스피어 전집은 커녕, "Methinks it is like a weasel"이라는 『햄릿』의 한 구절을 우연히 얻는 것조차, 대략 10^{40}회의 시행에 대하여 1회 정도밖에 있을 수 없다. 그러나 무작위로 생성된 문장에서 무작위한 실수(돌연변이)를 수반한 자기복제를 일으켜 얻어진 결과로부터 목표에 유사한 문자열을 '육종育種'하는 '누적도태'를 한다며, 불과 수십 '세대'에 앞서 언급한 한 구절이 얻어진다. 다윈적 진화는 후자의 누적도태에 상당하는 것으로, 단순히 '우연에 맡기는' 과정은 아니다(도킨스 1993: 93-94; 참조 소버 2009: 71-76).

그런데 '자판을 치는 원숭이'와 거의 동일한 비판은 모두 기원전 키케로의 대화편『신들의 본성에 관하여』에서 제기되었다. 그곳에서는 '어떤 종류의 조밀하고 독립된 물체가 힘과 무게에 의해 운동하고, 그것들의 입자가 우연히 충돌하기 때문에 이 세상에서 가장 정묘하고 아름다운 우주가 탄생했다'고 하는 에피쿠로스주의의 우주기원론이 '21종의 알파벳 문자를 셀 수 없을 정도로 많이 모아서 어떤 용기에 넣고, 그것을 혼합하여 지면에 던지면, 예를 들어, 엔니우스 Ennius의『연대기』처럼, 독자에게 분명하게 읽히는 방식으로 나열된다'고 상정하고 비교하여 비판한다(키케로 2000: 제2권 제37절, 번역 일부 개정).[7] 현대의 창조론자들이 다윈주의와 동일시하고, 도킨스는

---

7   가스킨에 의한 인용을 참고하였다(Gaskin 2009: 494). 흄 자신도『대화』에서 한 절을 근거로 해서 디자인론에 대한 지지를 클레안테스의 입을 통해 말한다(Hume 1998: 24). 가스킨은 다른 곳에서 18세기의 블랙모아(Sir Richard Blackmore)가『창조』(Creation)에서 행한 것과 같은 에피쿠로스주의에 대한 비판도 인용한다(ibid. 495). 보르헤스의 에세이(보르헤스 1972)는 고대부터 현대까지의 '완전한 도서관'의 이데아를 망라한 유익한 논고이지만, 근대의 '타자기를 치는 원숭이'에 도달한 고대부터 사상계보의 추적을 포함하고 있

다원주의와 엄격하게 구별하려고 했던 사상이 바로 이 에피쿠로스적 우주론에 해당한다.

그렇다면 창조론자의 다윈주의와 에피쿠로스주의에 대한 혼동은 방향을 잘못 잡은 비판으로 보아야 하지 않을까. 통계학적이고 기술적인 이의제기로는 그럴 수 있다. 그렇지만 자연관의 문제로서 볼 때 다윈주의와 에피쿠로스주의는 명확한 연속성이 있다. 자연도태설은 자연의 기초적인 과정이 목적을 고려하지 않는 과정임에도 불구하고 겉보기상 합목적적인 특징이 산출되는 장치를 부여하는 이론이다. 도킨스 등 현대의 '팬글로스주의자' 내지 주류파 진화학자들은 디자인론자와 함께 생물의 정교한 적응이 '단순한 우연의 산물'이 아니라는 점을 인정하지만, 디자인론자와는 반대로 목적으로 인도되지 않는다는 의미에서 '맹목적'인 것으로 인정한다. 이런 의미에서 다윈주의 우주는 에피쿠로스주의의 우주이고, 그것은 디자인론이 결코 용인할 수 없는 측면이 있다.

에피쿠로스적 우주론과 다윈주의의 연속성은 근대 도킨스가 우주론에서 '(강한) 인간원리'와 '다중우주설'에 관해 서술했던 곳에서도 시사된다. 예를 들어, 지구는 우연이라고 할 수 없을 정도로 생물의 존재에 적합하지만 여기에 신적인 디자인은 불필요하다. 우주에는 다양한 조건을 구비한 극히 다수의 혹성이 존재하고, 그중에 생물에 적합한 소수의 혹성이 포함되어 있다는 것은 통계학적으로 보면

으므로 참고할 만하다.

충분히 가능성이 있는 것이기 때문이다. 그리고 이 지구가 이와 같지 않다면 애초에 우리는 생존하지 못할 것이므로, 우리가 머무는 지구가 우리에게 적합하다는 것에 기적은 없다('혹성판' 내지 '약한' 인간원리). 같은 논리에 따라 이 우주의 물리정수가 (지적)생물의 발생과 생존에 적합한 '정밀한 조정'을 부여한다고 보는 관점에 대해서도 이 우주가 무수한 변주를 가진 다중우주(인플레이션 이론과 초끈이론이 그것의 존재를 예측하고 있다)의 하나라고 한다면, 거기에서 기적과 디자인 가설은 불필요하다('우주판' 내지 '강한' 인간원리).[8] 이와 같이 도킨스는 생물의 환경적응에서는 '누적도태'를 적용하는 한편, 지구환경과 물리정수의 생물에 대한 적합성에서는 '일반도태'를 적용하여, 주제에 따라서는 에피쿠로스적인 일반도태의 설득력도 적극적으로 인정한다(도킨스 2007: 220-225).

　이상과 같은 고찰은 흄의 에피쿠로스적 우주론을 고전적 에피쿠로스주의로부터 다윈주의에 이르는 발전의 중간지점에 위치 지으려는 큰 겨냥도를 보여준다. 이하의 고찰에서 그것의 구체적인 세부내용이 분명해질 것이다.

8　인간원리란 '관측선택효과'의 특수사례에 불과하다고 여겨진다(三浦 2006: stage 4-5; 靑木 2013: 150-188). 또는 '약한' 인간원리와 '강한' 인간원리의 구별은 본문에 기술한 바와 같으며, 木島(2011) 132-133에서는 그 개념들에 대한 부정확한 요약을 기술하고 있음을 부기해 두고자 한다.

4
『대화』에서 에피쿠로스적 우주론의 위치

아직은『대화』전체에서 에피쿠로스적 우주론의 위치가 명확하게
설명되지 않았다.

　『대화』는 전체 12부로 이루어져 있다. 제1부의 서론적인 대화 이
후, 제2부에서 제5부까지는 디자인론적 자연신학의 지지자 클레안
테스Cleanthes에 의한 디자인론의 옹호와 주로 회의론자 필로Philo에 의
한 디자인론 비판이 전개된다. 도킨스와 소버가 흄의 디자인론 비판
이라고 간주하는 것이 이 부분에 해당한다. 그렇지만 제6부 이하에
서도 디자인론 비판은 간접적인 방식으로 계속된다. 즉 이곳에서 흄
은 직접적으로 디자인론을 들어서 그것의 불비함을 지적하지는 않
지만, 디자인론을 대체하는 가설들을 제시함으로써 디자인론이 유일
한 가설이 아니라는 점을 보여주고, 디자인론의 상대화를 모색한다.9

　흄이 제6-7부에서 제시하는 것은 주로 스토아학파를 염두에 둔
것으로 보이는 우주유기체론이다. 흄에 의하면, 디자인론이 '기계의
설계' 유비에 의한 논법이라면 같은 권리로 우리의 일상경험에 등장
하는 동물과 식물의 유비로서 세계를 파악하는 논법도 타당해야만
한다. 예를 들어 세계는 거대한 동물이고, 그것의 혼에 상당하는 것

9　이와 같은 제6-8부의 논의는 소버의 주장과는 반대로 (각주 (6) 참조), 흄이 디
　자인론을 '최선의 설명을 위한 추론'이라고 한 방법 또한 이해하고 나서 그것
　을 깊이 파헤치려 했을 가능성을 시사한다.

이 '신'인지도 모르고, 혹은 세계는 거대한 식물인지도 모른다. 디자인론이 세계-기계의 기원을 '지적인 설계자의 디자인'과 비교해서 파악한다면, 세계=생물을 '발생과 성장'의 비교로서 파악하는 주장에도 동일한 권리를 인정해야만 할 것이다.

에피쿠로스적 우주론은 제8부에서 또 다른 대체가설로서 제시되지만, 진정한 가설이라기보다 어디까지나 디자인론을 상대화하기 위해 디자인론에 못지않은 불확실한 무수한 가설 가운데 하나, 나아가 그중에서도 '지금까지 제기된 가장 부조리한 가설'에 불과한 것으로 소개된다(Hume 1998: 49; 흄 1989: 89. 필자 번역). 제8부를 마무리하는 필로의 다음과 같은 말은 그 영향을 받았다고 이해할 수 있다.

> 널리 인정되고 있는 것이지만, 모든 종교체계는 중대하여 벗어날 수 없는 난제를 포함하고 있다. [...] 회의론자가 그들을 향해 말한 것은, 이런 종류의 주제에 관해서는 어떤 체계도 지지할 수 없다는 것이었다. [...] 일체의 판단정지가 여기에서 우리의 이치에 적합한 유일한 수단이다. (ibid. 53, 97)

다시 말해 이런 종류의 문제에는 판단정지를 해야 한다는 것이, 이론적인 문제로서의 디자인에 대한 흄의 일차적 결론이다. 이것을 받아들여 『대화』는 보수적 신앙인 데메아Demea가 지지하는 아프리오리apriori한 신학에 대한 비판인 제9부를 사이에 두고, 제10부 이후에서 이론적, 자연학적 문제로부터 '악'의 문제라고 하는 도덕적 · 종교적 문제로 그 주제를 바꾼다.

이와 같이 이론적 고찰의 최종단계에서 에피쿠로주의를 들고나온 표면적인 의도는 에피쿠로스주의는 '가장 부조리한 가설'이지만, 디자인 가설도 또한 그에 못지않게 여러 곤란한 문제를 포함하고 있기 때문에, 디자인 가설에 대한 비판도 유지해야 한다는 주장이다. 그렇지만 흄이 그 배후에 특별한 의도를 암시하고 있을 가능성도 있다. 그것은 에피쿠로스주의는 디자인론과 가장 첨예하게 대립하고, 또 가장 억지스럽지 않은 합리적인 견해이기 때문에 이론적 고찰의 최종단계에서 제기하였을 가능성이다. 그리고 우리는 이와 같은 독해에 일정한 설득력이 있다고 본다.

흄이 제기한 가설은 (a) 디자인론, (b) 스토아적 우주유기체론, (c) 에피쿠로스적인 우주 우연기원설, 세 가지이다.[10] 필로에 의하면, 이

---

10 이 같은 디자인 가설에 대한 대안은, 직접적으로는 고대사상을 끌어당겨서라도 생물이 보여주는 질서에 관한 동시대의 사상을 염두에 두고 있을 가능성이다. 로저(Roger)에 따르면, 18세기에 들어서자 그때까지 유력했던 데카르트적 기계론이나 디자인론적 기계론에 저항하여 생명을 설명하는 미지의 힘을 물질에 귀속시키려는 새로운 기계론(모페르튀이(Maupertuis, Pierre Louis), 니담(Needham, Joseph), 뷔퐁(Buffon, Georges Louis Leclerc, Comte de))이나, 생명의 기계론적 설명을 극복한 생기론(카스퍼 볼프(Casper Friedrich Wolff) 등)이 등장하였기 때문에(로저 1991: 320-322), 흄은 이런 사상을 염두에 두고 있었는지도 모른다. 로저는 또한 같은 시기의 기계론을 철저히 함으로써 에피쿠로스주의의 부흥도 함께 이루어졌다고 지적하고, 그 대표로서 라 메트리(Julien Offroy de La Mettrie)가 1750년 출간한 『에피쿠로스의 체계(Systeme d'Epicure)』(라 메트리 1949: 265-312)를 제시한다(로저 1994: 318-320). 필로가 말하는 에피쿠로스주의도 이와 같은 시대적 배경에 결부되어 있을 가능성이 있다. 또한 흄이 구체적으로 라 메트리를 어느 정도 참조하였는지에 대해 현재로서는 불명확하지만, 라 메트리의 『에피쿠로스 체계』와 비교하면, 흄은 디자인론의 설득력과 그에 따른 문제를 강하게 의식하고, 그런 점에서 보다 다윈에 근접한 자세로 문제에 몰두하였던 것으로 생각된다.

가운데 (a)는 이성 내지 정신활동, (b)는 발생과 성장이라는 그것의 동작 측면이 경험적으로 잘 알려진 것이지만, 그 본성은 불명료한 원리를 기초로 해서 자리 잡고 있다(ibid. 46: 83-84). 다른 한편 특별히 (c)도 몇 개의 가정(세계의 영원성, 물질의 유한성, 운동의 물질 내재성과 연속성)을 출발점으로 삼는데, 그것들은 확정하기에는 곤란하다고 하지만 그 자체로서 이해하기 어려운 가정은 아니다. 이런 점에서 (c)는 디자인론에 대한 대체가설로서 가장 억측이 적은 이론이라고 볼 수 있다. 환언하면 그것은 '초월신'도 '생명력'도 필요로 하지 않는 기계론적인 가설이다. 그럼에도 그와 같은 이론에서조차 결정적 확증을 얻을 수 없기 때문에, 우리는 판단정지에 만족해야만 한다는 것이 흄의 진심이지 않을까 하는 생각은 충분한 개연성이 있다.

이상과 같은 위치설정을 염두에 두고, 제8부를 상세히 살펴보도록 하겠다.

5
필로의 에피쿠로스적 우주론 고찰

1) 필로의 에피쿠로스적 우주론 개관

필로에 의하면 에피쿠로스주의의 원래 입장은 이하의 세 가지 주장을 포함한다(ibid. 49-50; 90-91).

A. 물질적 우주는 영원하다.

B. 이 세계의 물질의 총량은 무한하다.

C. 물질에는 운동이 내재하고, 모든 물질은 영구적인 들뜸^{agitation} 상태에 위치해 있다.

필로는 앞에서 서술한 바와 같이 에피쿠로스적 우주론을 '가장 부조리한 가설'로 평가하는 한편, 그것에 약간의 수정을 가한다면 "그 가설을 개연성의 외투를 살짝 걸치고 있는 것처럼 볼 수 있을지 어떨지는 알 수가 없다"고 한다(ibid. 49, 89). '약간의 수정'이란 그 안에서 (B)를 없애고, 물질의 총량을 유한한 것으로 상정한다는 것이다. 그 후에 필로는 이들 전제로부터 다음과 같은 결론을 이끌어낸다(필로는 우주론을 두 번 제시했고, 이하에서는 필요에 부응해서 양방향으로 서술을 병기한다).

유한 개의 입자는 유한 개의 위치변화에 따르는 것뿐이고, 무한한 지속 안에서는 모든 가능한 질서와 배치에 대한 무한 번의 시도가 발생하지 않으면 안 된다네. 따라서 이 세계와 이 세계에서 발생하는 최소의 순간에 이르기까지의 모든 사건은 예전부터 산출되고 다시 파괴되어 왔고, 또 산출하는 동시에 파괴될 것이며, 거기에는 어떠한 제한도 한계도 없다고 하는 것이네. (ibid. 50, 90)

그러나 그 활동을 부여하는 힘 - 그것이 어떤 것이라 해도 - 이 물질의 내부에서 계속하여 지속한다고 상정하게나. 이때 그 최초의 배치는 바로 제1의 배치에 그 장소를 양보하게 된다네. 제2의 배치는 마찬가지로 정확히 제1의 배치와 동일한 정도로 무질서하게 존재 하는 것이 되겠지. 그리고 많은 변화와 전변의 계기를 경과하면서, 동일하게 지속하겠지. 어떤 특정한 질서나 배치도 예컨대 한 순간 이라도 불변인 채로 지속하는 일은 없다네. 원초적 힘은 의연하게 활동성의 상태에 머물러 있고, 물질에 대해서 항구적으로 가차 없 는 위세를 부린다네. 모든 가능한 상황이 발생하고 일순간에 파괴 되지. 만약 질서의 조짐이 아니고 광명이 한 순간 나타나더라도, 그 것은 순간에 물질의 모든 부분에 활동을 부여하고, 결코 멈추지 않 는 힘이 흘러가서 혼란에 빠지지 않게 하는 것이라네.

(ibid. 51, 92-93)

다시 말해 유한한 온갖 물체의 총체는 무한한 시간 가운데 내적 동력으로 활동하고, 모든 가능한 조합을 무한 번 시행한다. 그런데 온갖 물체의 모든 가능한 배치 가운데는 이 제한 없는 변화를 충분히 오랜 시간 억지할 수 있는 다음과 같은 배치도 포함할 가능성이 있다.

물질이 그것에 의해 저 물질에게 본질적인 것으로 생각되는 항구적 들뜸을 보존할 수 있고, 거기에다 그것이 만들어내는 온갖 형상에 서 하나의 일관성을 유지할 수 있는 것 같은, 그러한 온갖 사물의 어떤 체계system, 질서order, 조직체economy가 존재하지는 않을까?

(ibid. 50, 51)

이것은 결국 단순히 온갖 입자가 가끔씩 질서있게 배치된다는 것이 아니고, 온갖 입자의 궤도가 가끔씩 그 다음의 혼돈으로 회귀하지 않고 오히려 성립된 질서있는 배치를 유지하려는 경로를 따라 그때까지 온갖 입자를 뒤섞었던 힘이 그대로 질서를 유지하는 힘으로 전환되는 것도 가능하지 않을까?라고 질문한다.

『대화』의 클레안테스Cleanthes가 대변하는 디자인론자는 기계론자이고, 신의 기적에 의해 자기유지하는 기계가 한 번 창조된다면, 이후에는 그것이 기계적 운동에 의해서만 유지될 가능성을 인정할 것이다. 그리고 필로가 여기에 서술한 가설은 그와 같은 디자인에 의해 기적적인 초기배치를 무한 번, 무방향으로 시행하여 달성될 가능성을 지적한다. 아니, 무한한 시간 가운데 유한 개의 가능한 배치가 끝없이 계속한다고 하는 전제를 인정하는 한, 그와 같은 배치가 그 '시행' 계열 가운데 출현 가능하다면 그것이 언젠가 시행된다는 것은 오히려 필연이라 해야 할 것이다.

하지만 그와 같이 자기유지하는 기계는 존재 가능한 것인가? 필로는 그 물음에 답하여 말한다.

> 그와 같은 조직체는 확실히 존재한다. 왜냐하면 그것은 이 현재 세계에 관하여 현실로 성립하는 것이기 때문이다. 그러므로 물질의 계속적 운동은 무한까지는 미치지 못하는 횟수의 배치 변화 가운데, 이런 조직체나 질서를 산출하지 않을 수 없고, 또 그 질서는 한 번 확립되면, '질서의' 본성 그 자체에 의해 영원까지는 아니더라도 많은 해와 달 동안 자기 자신을 유지한다.　　　(ibid. 50, 91)

즉, 디자인의 산물로밖에 볼 수 없는 자기유지적 기계란, 우리가 현재 관찰하고 있는 이 세계질서에 다름 아니다. 여기에서 필로는 이 세계질서가 지적 디자인의 산물도, '생명력'에 의한 비기계론적 힘의 산물도 아닌, 원자가 영원히 계속하는 단순한 운동의 필연적 산물로서 설명될 수 있다는 것을 보여준다.

필로에 의하면 이 세계의 자기유지성은 완벽하지 않고, 머지않아 질서를 무질서가 능가하고, 우주는 다시 변화상태로 떨어진다. 그러나 영원에 걸쳐 모든 가능한 조합이 시도되는 이상, 영원한 미래에 다시 자기유지적 세계체계가 발생하고, 일정기간 자기를 유지한다. 이와 같은 장대한 순환사관[11]이 필로가 에피쿠로스를 개작해서 고안한 '새로운 우주론 가설'이다.

2) 필로 우주론의 근대성

그의 가설은 고대원자론을 몇 가지 점에서 '근대화'하고, 그 점에서 고대원자론에서 다윈주의로의 발전에 중간단계로 보인다.

제일 먼저 지적할 수 있는 것은 생명에 대한 예외성 의식이다. 필로의 순환우주는 형태물리학에서 일찍부터 제기되어 온 다중우주설의 한 가지 버전을 방불하게 한다. 그것에 따르면 이 우주는 영원히 빅뱅Big Bang과 빅크런치Big Crunch를 되풀이하고, 그럴 때마다 물리정

---

11 엄밀히 말하면 이것은 '순환사관'이 아니라 '무작위(random drift)사관'이다. 요컨대 우주는 진보도 쇠퇴도 아닌 무방향의 표류를 지속하다가 어떤 희박한 경우를 만나 자기유지적 질서가 출현하여 일정기간 그것이 존속한 후에 다시 해체되고, 다시 무질서의 표류를 되풀이 한다.

수를 무작위로 바꾸며, 지금 우주는 물리정수가 드물게 관측자의 생존을 허용하는 희망적인 시기라고 한다(e.g. 도킨스 2007: 217-218).

고대원자론들도 우주는 무한하고 그곳에는 무한수의 '온갖 우주'가 산재해 있다는 다중세계설을 지지하였다(다만 '온갖 세계'는 각각이 지구를 중심으로 항성 천구에 둘러싸인 천동설적인 세계이다). 그렇지만 에피쿠로스와 루크레티우스는 다중세계설을 생명에 대한 예외성 사상으로는 결부시키지 않은 것으로 보인다. 그들의 모든 세계는 오히려 자연발생적으로 생명이 탄생하고 우리의 세계와 유사한 생명계를 산출하는 세계로, 그것에서 생명활동이 희박하고 특별히 설명을 요하는 현상이라는 의식은 찾아보기 어렵다.[12]

이에 대하여 필로의 우주론은 현대의 인간원리가 다중우주(와 막대한 수의 혹성)에 호소하는 것과 유사한 방식으로 우주의 순환과정에 호소한다. 거기에는 생물의 존재와 생물의 정교한 적응이 각별한 설명을 요구하는 예외적인 현상이라는 점이 강하게 의식된다. 이와 같은 생명의 예외성에 대한 의식은 필로 혹은 흄이 근대의 수리적 기계론적 자연관, 혹은 그것에 결부된 디자인론의 영향하에서 사고하였다는 것과도 연관되어 있다. 여기에서는 필로 사상의 근대성 내지 다윈과의 친근성이 발견된다.[13]

---

12 그러나 에피쿠로스에게는 온갖 세계 가운데 생명이 없는 세계도 있을 수 있다는 생각도 나타나지만(디오게네스 라에르티우스 1994: 제10권, 제1장, 제74절, 260-262), 루크레티우스에게는 그같은 생각이 발견되지 않는 것으로 보인다.

13 생명과 지성의 예외성에 대한 다윈적 인간원리적 고찰에 대해서는 三浦(2006) stage 4 참조.

두 번째로 지적할 수 있는 점은 통계학적이라는 발상이다. 필로의 우주기원설은 결코 불확실한 '운명에 맡긴' 설명이 아니다. 거기에는 충분히 많은 (무한 번의) 시행이 일어나면, 희박한 예외도 기적이 아니고, 오히려 필연조차 될 수 있다는 근대적 통계학적인 사고와 통하는 발상이 있다. 다윈적 도태도 방대한 수의 변이로부터 유용한 변이가 드물게나마 일정 빈도로 나타나는 것을 통계적으로 기대할 수 있기 때문에 기능할 수 있다.

다윈을 관통하는 발상의 세 번째는, 우주질서의 **자기유지성에 대한 주목**이다. 필로의 가설에 따르면 영원한 시행착오 가운데 우주에 자기유지적 질서가 한 번 발생하면, 이후에는 그 질서 자체가 충분히 오랜 시간 자신을 지속시켜 나간다. 결국 기원 그 자체는 우연하지만 그 후의 유지는 결코 우연이 아니고, 질서 그 자체가 스스로를 보존한다고 상정하고 있다. 여기에는 무작위한 과정과 무작위하지 않은 보존장치의 결합이라는 자연도태의 구조(Garber 2009: 76)와 유사성을 발견할 수 있다.

그렇지만 이상의 친근성에도 불구하고 필로의 가설을 자세히 보면, 다윈의 주장과는 중요한 차이도 인정된다. 다음에는 그것을 살펴보겠다.

3) 필로의 우주론과 다윈적 진화론의 비교

필로는 우주질서의 우연기원설을 서술한 후에 생물과 환경 사이, 혹은 생물 상호 간에 적응 내지 '조정adjustment'의 문제를 다룬다.

물질이 항구적 운동을 계속한다고 해도, 그 위에 온갖 형상들에서 일관성을 보존하는 것과 같은 방식으로 균형잡히고 배열되고 조정되는 경우는 언제라도, 필연적으로 그곳에서의 상황은 우리가 현재 관찰하는 기교와 발명과 같은 외견상의 모든 것을 포함하는 것이어야 한다. 각각의 형상 모두의 부분들은 서로 간에, 또 그것과 전체와의 사이에 어떤 관계를 가져야 한다. 그리고 그 전체 자체는 우주의 다른 모든 부분과의 사이에 관계, 그 형상을 구성하는 온갖 요소들 사이의 관계, 그것의 소모와 쇠퇴를 보상하는 모든 물질 사이의 관계, 적대적이었거나 친화적인 다른 모든 현상과의 관계를 가져야만 한다.　　　　　　　　　　　　　　　　　　(ibid. 50, 93-94)

이 한 문단은 다윈이 씨름한 문제로, 그것과 유사한 정신으로 임하면서도 크게 차이 나는 설명을 제공한다. 다시 말해 만약 우주가 기나긴 우연적 변동의 결과로 자기유지적인 질서에 도달한다면, 그 질서는 이미 '기교나 발명과 같은 외견상의 모두를 포함한' 것이어야 할 것이라는 설명이다. 일반적으로 자기유지적인 우주질서가 성립할 수 있다면, 그것은 마치 이 세계와 같이, 생물 무생물을 막론하고 모든 부분이 상호 정밀하게 들어맞는 경우, 하나의 조화로운 전체를 구성하는 것 같은 거대한 유기체이어야 한다. 그런데 이 우주질서는 당연히 성립되어 있는 것이기 때문에, 그러한 조화로운 구성이 적절한 때에 이미 도달하였다는 것에 다름 아니다 - 이와 같이, 필로는 '인간원리'에 근사한 이론으로 생물의 적응도 설명하려고 하였다.

우리는 스토아학파의 우주론은 유기체론적이고, 에피쿠로스적 우주론은 기계론적이라고 말한다. 그렇지만 여기에 부언하지 않으면 안 되는 것은, 에피쿠로주의가 기계론적이라는 것은 어디까지나 우주기원론에서이고, 거기에서 우연히 성립한 자기유지적 우주는 모든 부분의 완전한 상호조정을 미리 포함한 거대한 우주유기체이며, 이 점에서는 스토아학파의 우주와 그 정도의 간극이 없다는 사실이다. 결국 이 우주론은 단 한 번 완벽한 우주유기체에 우연적 기원을 주고, 모든 적응을 우주유기체의 자기유지를 위한 필요조건으로 일거에 설명하는 이론이다.

　여기에서 생명기원론과 그 후의 적응적 진화의 이론에 관한 도킨스의 인상적인 지적을 인용한다.

> 생명의 진화는 생명의 기원과는 완전히 다른 사례이다. 왜냐하면 [...] 생명의 기원은 단지 1회만 일어났을 뿐인 특별한 사건이었지만 (혹은 특별한 사건이었을지도 모르지만), 그것에 대하여 각각의 개별 환경에 대한 종의 적응적인 적합은 몇백만 회도 일어나고 지금도 계속 중이기 때문이다.
>
> [....]
>
> [....] 이것은 몇 번이라도 반복하고, 예측 가능한 다발적인 현상이며, 사후의 지식으로 처음 알게 되는 통계적인 것으로 1회에 한정된 행운은 아니다. 그리고 다윈 덕분에 그것이 어떻게 해서 발생하는지를 우리는 알고 있다 - 자연도태에 의해서이다.
>
> (도킨스 2007: 209. 일부 변경 번역)

단일한 우주유기체의 우연적 기원에 모든 문제를 집약하는 필로의 사상에서 이런 구별은 나타나지 않는다. 여기에 필로의 우주론과 다윈적 진화론의 중요한 차이가 있다. 그리고 이 점에 근거하면, 다음 한 문단과 다윈적 진화론의 이질성도 명확해질 것이다.

> 따라서 동물과 식물의 모든 부분의 유용성과 그것들 상호 간의 흥미깊은 조정을 강조해도 소용없는 일이다. 나는 어떤 동물의 모든 부분이 그것에 의해 조종되고 있지 않은 한 어떻게 존속할 수 있는가의 진위를 알아보고 싶다. 나는 이 조정이 정지하는 때는 언제라도 동물이 곧바로 멸한다는 것, 그리고 그 요소[물질]가 해체되어 가고 있는 경우 무엇인가 새로운 형상을 시도한다는 것을 찾아내지는 않을까? 실은 세계의 모든 부분은 무엇인가 항상적인 형상이, 이것이 해체한 요소[물질]에 대해 즉각적인 권리주장을 하는 방식으로 솜씨 좋게 조정되는 것처럼 시기적절하게 우연히 이루어진다. 그리고 만약 그와 같이 되지 않는다면, 과연 세계는 존속할 수 있을 것인가? 세계는 동물과 마찬가지로 해체하고, 새로운 배치와 상황을 경과하며, 그것은 세계가 무수한 그러나 유한한 계기 가운데 최종적으로는 현재의 질서 혹은 어떤 것에 의한 질서로 낙착하기까지 계속되어야 하는 것이 아닐까?　　　　　(ibid. 51-52, 94)

　　이 한 문단은 우주의 기원에서 질서의 존재가 아니라 우주질서가 자기유지를 계속하는 과정에서 그 가운데 동식물 '형상'의 소멸과 교체를 서술하며, 이 점에서 다윈적 진화론과 유사하다는 인상을 준다. 그러나 이 문단은 오히려 우주유기체 전체의 항상성homeostasis과 비슷한 자기조정기구를 기술한다고 말할 수 있다. 결국, 필로는 그것의 교묘한 자기조정작용에 관하여 '만약 그와 같이 되지 않는다면, 과연 세계는 존속할 수 있을 것인가?'라고 질문한다. 그리고 세계가 **현재에** 존속하고 있다는 사실이 그와 같은 교묘한 기구의 존재를 보증한다.

확실히 클레안테스Cleanthes 사상의 다음과 같은 내용은 다윈주의에 더 가깝다.

> 그대의 말은 이런 것이군. '어떤 형상도 그 형상의 존속을 위해 필요로 하는 힘과 기관을 소유하지 않으면 존속할 수 없다. 새로운 질서나 조직이 시도되지 않는다면 그 질서와 조직도 또한 운운'이라고 하는 것으로, '자기유지 내지 자기지지가 가능할 것 같은 어떤 질서가 나타나기까지 그것이 끊임없이 지속한다'고.   (ibid. 52, 95)

이 한 문단은 우주 전체의 질서에 대한 기원설과 동일한 논리를 종과 기관의 '형상'에 대한 우연적 기원에도 확장하고 있다는 점에서, 우주유기체의 우연발생설보다 다윈적 진화론에 한층 접근해 있다. 그렇지만 그런 접근에는 한계가 있다. 첫 번째, 이 과정은 어디까지나 전부 혹은 전무의 '일반도태'이고, 다윈적 과정의 본질인 자기복제와 그것의 일탈에서 기인하는 '차이화를 동반하는 복제differential reproduction' 에 따른 '누적도태'의 아이디어는 보이지 않는다. 두 번째, 이 과정이 요구하는 우주질서의 가변성, 가소성可塑性을 과도하게 허용하는 점은 희박한 질서의 우연적 기원이라는 필로 우주론의 기본구조를 흔들지도 모른다. 그러므로 형상의 우연적 교체 과정이 이 체계 내에서

큰 역할을 차지하기는 어렵다고 생각된다.[14]

따라서 필로의 가설과 다윈적 진화론은 명확히 구별되는 주장이라고 해야 할 것이다.

4) 클레안테스(Cleanthes)의 비판

클레안테스는 이상의 우주론에 대하여 디자인론의 입장에서 "인간과 동물이 가지고 있는 수많은 기교와 이익이 어디에서 발생한 것인가?"라고 반론한다(ibid. 52, 95). 그리고 클레안테스는 필로의 가설은 형상의 존속을 위해 불가결한 기관과 생물밖에 설명하지 않고, '두 개의 눈, 두 개의 귀'와 같은 잉여 기관과 가축 농작물과 같이 인류에게 유익한 사물의 존재를 설명할 수 없다는 점을 지적하고, 다음과 같이 말한다.

> 이 종의 모든 사례들은 희소한 것이 아니다. 그리고 그들 어느 쪽이나 디자인에 대해 충분한 증명이 되며, 또한 선의善意를 가진 디자인의 충분한 증명이 된다. 그리고 그 디자인이 우주의 질서와 배열을 만들어내는 것이다. (ibid. 52, 95)

이런 비판을, '새로운 가설'에 내재하는 이론적 난점에 대한 흄 자신의 자각적인 지적이라고 보는 것도 가능하다. 예를 들어, 생물의

---

14 흄은 현대의 생태학이 묘사하는 것과 같은 '정밀한 상호의존의 체계 위에 성립하는 생태계'를 상정하고 있는지도 모른다. 이같은 사상은 대폭적인 변동을 허용하지 않는 보수적인 시스템을 상정하게 될 것이다.

환경 적응을 우주유기체 구성부분들 상호 간의 '조정'으로 설정하는 견해는 각각의 생물을 중심으로 한 (외관상) 합목적적인 **적응**과, 자연 전체의 단순한 법칙성 내지 규칙성으로서의 **질서**를 충분히 구별할 수 없다.[15]

그렇다고 하더라도 클레안테스가 거론한 낙타나 방위지침이 인류에게 주는 유용성과 같이 어떻게 생각해도 인간중심주의적인 반례는 흄이 에피쿠로스적 우주론에 일정하게 자신감을 가지고 있었으며, 남은 문제는 자연학적이라기보다는 도덕적 종교적인 문제였다는 점을 시사한다. 즉 필로의 가설이 자연에서 교묘한 상호조정을 이론적으로 설명할 수 있음에도, 디자인에서 나타나는 신의 인류에 대한 '선의'를 설명할 수는 없다고 비판한다. 이것은 이후의 대화에서 주제가 되며(제10-11부), 그곳에서 필로는 이 세상에서 '신의 선의'에 대하여 총괄하여 부정적인 견해를 제시한다.

따라서 『대화』에서 앞의 논의는 자연학적인 이론으로서 다윈주의 이론과 『대화』의 에피쿠로스적 우주론을 비교한다고 하는 본 장의 과제를 넘어서는 것이다. 그렇지만 이 부분에 관해서도 현대 다윈주의를 둘러싼 논의와 대비해서 흥미로운 고찰이 가능하다. 마지막으로 이 점을 살펴보고자 한다.

---

15 이런 동일시가 자연법칙 그 자체를 무법칙인 우주 전체의 로컬로서 일시적인 상태라고 하는 볼츠만의 인간원리가설(三浦 2006: 130-133)과 유사하다는 점에 유의하기 바란다.

6
흄의 갈등과 『대화』의 다의성

최종부인 제12부 전반, 데메아Demea의 퇴장 후에 필로는 의외의 전회를 보인다. 제8부 말미에 이론적 문제로서 종교적 물음에 판단정지를 추천했던 필로는 인간 본성이 그와 같은 판단정지에 인내하지 못하는 점, 이성의 문제가 아니라 감정의 문제로서 디자인론에 강한 설득력을 느낀 점을 고백하고,[16] 클레안테스에게 열렬한 심정적 공감을 표명한다. 예를 들어, 필로는 자연스럽게 '목적, 의도, 디자인'이 찾아지는 것은 어떤 어리석은 사상가도 인정하지 않을 수 없다는 것, 또한 '자연은 어떤 것도 헛되이 하지는 않는다'는 (목적론인) 원리가 모든 과학을 이끌고 있다고 인정한다.

> 이런 진리에의 확고한 확신으로부터, 해부학자는 새로운 기관과 도관導管을 관찰할 때, 그것의 용도와 의도를 발견하기까지는 결코 만족하지 않을 것이다.　　　　　　　　　　(op, cit., 77-78, 142)

그렇게 두고, '신심이 없는 자'인 갈레누스Galenus조차 같은 원리를 인정하지 않을 수 없었다는 점을 강조한다(ibid. 78, 143-144).

16　이것은 실은 이론적 문제도 아니다. 다원주의를 바탕으로 소급적으로 고찰하면, 우주유기체의 자기유지만을 예측하는 에피쿠로스설보다 개별의 생물에 의한 선(善)을 예측하는 디자인론의 방식이 발견적 가설로서는 우수하기 때문이다.

이런 신앙고백은 온건한 철학적 신학으로서 디자인론을 제12부 후반에서 비판하는 영광스러운 '대중의 미신'과 대비하려는 의도가 있다고 생각되며, 독자에의 배려와 위장의 의미도 있을 것이다. 그렇지만 더하여 여기에서 흄 자신의 솔직한 심정을 추정하는 것도 가능할 것이다.

이곳에서 다시 도킨스를 인용하고자 한다.

나는 언젠가 이 문제를 현대의 유명한 철학자이자 무신론자와 식사를 함께하며 논의한 적이 있다. 나는 그보다도 페일리와 공감하는 것이 많다. 나는 다윈의 『종의 기원』이 출판된 1859년 이전에는 어느 시대에서도 무신론자를 찾아볼 수 없다고 말했다. "흄은 어때요"라고 그는 물었다. 나는 "흄이 생물의 복잡성을 어떻게 설명했지요?"라고 되물었다. 그는 "설명하지 않았죠. 거기에 왜 특별한 설명이 필요한가요?"라고 말했다.

페일리는 거기에 특별한 설명이 필요하다는 것을 알고 있었다. 다윈도 그것을 알고 있었고, 나와 함께 이야기를 나눈 철학자도 마음속으로는 그것을 알고 있었을 것이다. [어쨌거나 여기서 그것을 설명하는 것이 나의 소임이다. 흄에 관한 평가 중에는 이 위대한 스코틀랜드의 철학자가 다윈이 등장하기 1세기 전에 창조론을 끝장냈다는 것도 들어 있다. 그러나 흄이 한 일은 신의 존재를 긍정하는 증거로서 자연 세계에 대해 계획이란 말을 사용하는 논리를 비판한 것이다. 그는 계획이란 말을 '대신할' 어떤 설명도 제시하지 않았다. 반대로 그것을 대신할 설명이 무엇인가라는 질문을 던져 놓았을 뿐이다.] 다윈 이전의 무신론자라면 흄과 마찬가지로 다음과 같이 이야기하였을 것이다. "나는 생물의 복잡한 형태에 대해 어떠한 설명도 할 수 없다. 내가 알고 있는 것은 단지 신이 그 해답이 아니며, 따라서 우리는 누군가가 더 좋은 설명을 제기할 때까지 기다려야 한다는 사실뿐이다." 이 말이 논리적으로 들리긴 하지만 만족스럽지는 않다. 그리고 다윈 이전에 나온 무신론이 비록 '논리적'이라고 하더라도 다윈 이후에야 비로소 지적으로 완전한 무신론이 가능했다고 생각한다. 흄도 내 생각에 동의하리라고 믿는다. 그러나 몇몇 글을 보면 그가 생물의 복잡성과 아름다움을 과소평가했다는 사실을 알 수 있다.

(도킨스 1993: 25-26, 번역 일부 변경)[17] 한글역, (『눈먼 시계공』)

이 인용문은 도킨스가 이때까지도 아직 『대화』를 주의깊게 읽지 않았음을 시사한다. 도킨스의 주장과는 달리, 『대화』 제12부에서 필로의 심정적 신앙고백은 도킨스가 깊은 공감을 보낸 페일리적 인식을 저자 흄이 ― 동의 여부는 어떠하든, 적어도 ― 충분히 이해할 수 있었음을 보여준다. 그리고 여기에서 『대화』라는 저작에 대한 흄의 거리에 관해서도 하나의 추정이 가능할지 모른다.

많은 독자가 생각하듯이 『대화』에서 주요인물 세 사람 중에서는 필로가 가장 흄의 사상에 가까운 입장을 대변한다고 필자도 생각한다. 그렇지만 그 필로 자신도 결코 회의론을 전면적으로 철저히 한

---

17 이 철학자는 안토니 플루(Antony Flew)일지도 모른다. 흄 연구자이기도 한 플루는 만년에, 오랜 기간 신봉해 온 무신론을 철회하였지만, 그것의 한 가지 동기가 도킨스와의 대화였다고 고백하고 있다(Flew 2007: 78-80).

것은 아니라고 제12부는 시사한다. 생각하건대, 흄 자신은 친구 애덤 스미스Adam Smith처럼(야지마矢島 2009 외) 이후의 페일리, 다윈 혹은 도킨스 등과 같이 생물계의 정교한 적응에 경탄하며, 뒤따라오는 다윈의 한 걸음 앞에서 스스로가 신봉하는 무신론적 세계관을 이론적으로 일관되게 밀고 나가지 못하고 망설이고 있는 것은 아닌가? 도킨스는 뜻밖에도 그런 심정을 적확하게 묘사하고 있는 것은 아닐까? 필로에서 지성과 감성의 분열,[18] 게다가 클레안테스라고 하는 디자인 신학의 대변인을 등장시키는 『대화』의 다양한 목소리를 그와 같은 지적 투쟁의 기록으로 읽는 것도 가능할 것이다.

나가며

마지막으로 지금까지의 고찰을 보다 넓은 시야에서 정리해 두고자 한다.

필자의 문제의식은 마지막 문단에서 인용한 도킨스의 "다윈에 의해 시작되어, 지적인 의미에서 수미일관한 무신론자라는 것이 가능하게 되었다"(다윈 이후에야 비로소 지적으로 완전한 무신론이 가능했다)는 인식을 새롭게 물어보고 싶다는 생각에서 발단하였다. 필자

---

18 판단정지의 **합리적** 추론과 디자인론의 심정적 수용이라는 양면적 태도는 회의주의와 자연주의라는 흄철학 전반의 양면성에 대응한다. 단지 '초자연적 신념(신앙)'과 소위 '자연적 신념'을 단순히 동일시하는 것만이 아니다(참조 O'Connor 2001: 86~93).

는 20세기 중반에 성립한 현대 다윈주의(진화의 총합설)가 종래의 지식, 특히 종래 인간의 자기인식에 초래한 영향의 혁명적인 성격을, 도킨스 혹은 그것을 '만능산의 침식'으로 표현하는 데닛(데닛 2001: 제3장)과 함께 긍정하고 있다. 따라서 거기에서 종래 지식과의 단절과 근본적인 혁신을 보려고 하는 도킨스와 데닛(혹은 스타노비치 Stanovich 2008: 제1장) 등의 태도에는 이해할 수 있는 부분이 있다. 그렇지만 다른 한편, 고대원자론에서 출발하는 대체로 무신론적이고 비목적론적인 세계상의 계보와, 현대 다윈주의 인간상, 세계상과의 연속성도 필자에게는 명확한 것으로 생각된다. 따라서 필자는 현대의 다윈주의와 고대부터의 원자론 내지 에피쿠로스주의 전통과의 단절과 연속성의 소재所在를 보다 명확히 할 수 있었으면 하는 생각을 품고 있었다. 그런 가운데 '들어가며'에서 서술한 바와 같이 그 중간에 위치한 『대화』의 에피쿠로스주의에 주목한 연구로 이끌렸다.

이와 같은 관심으로부터 본 장은 '에피쿠로스, 흄, 다윈'이라는 세 고유명사를 중심으로 한 논의가 되었다. 이 가운데 흄에 관해서는 대화편의 등장인물이 말하는 사상을 분석하는 방식이긴 하지만, 흄이 쓴 텍스트의 분석을 행하였다. 다른 한편, 에피쿠로스와 다윈에 관해서 본 장은 역사상의 인물로서 그들의 사상을 다루기만 한 것이 아니다. 본 장에서 '다윈주의'는 역사적인 다윈의 통찰을 핵으로 하면서도 그 후에 얻을 수 있는 많은 식견을 그것에 추가하여 재정비된 현대의 종합이론이며, 첨언하자면, 도킨스와 소버, 데닛 등의 논자들이 철학적 반성과 세련을 경유하여 그것으로부터 추출한 사상이다. 또 이 장에서 다룬 '에피쿠로스주의'는 흄이 창작한 가공인물이 설파한 사상이고, 그 속에는 에피쿠로스 원래의 사상으로부터 일탈과 그것의 희극화, 혹은 역으로 과도한 근대화와 합리화가 의식적 무의식적으로 혼입되어 있다고 해도 과언이 아니다.

이처럼 본 장의 논고와, 역사적인 다윈 혹은 에피쿠로스 자신의 사상과 대조는 다음의 과제로 넘기지만, 이 글이 그 주제에도 어느 정도의 공헌은 할 수 있을 것으로 기대한다. 우선 다윈에 관해서는 도킨스가 한편으로 높이 평가하고, 페일리에서 다윈으로 흘러든 영국 자연신학과 생물계의 적응현상에 대한 예민한 감수성이 흄에게 공유되었다고 보아도 좋다는 점을 본 장에서 (특히 제6절에서) 명확히 할 수 있었다.[19] 이런 인식은 다윈사상의 배경이 되는 지적 전통의 해명에 대한 일정한 공헌이 될 것이다. 또한 에피쿠로스에 관한 본 장의 논고는 에피쿠로스 사상 혹은 고대원자론 일반이 수용되어 온 역사의 일단을 해명했다는 의의를 주장할 수 있다. 고대 텍스트에 관해서 이러한 수용의 역사는 문헌학적인 독해 작업과 함께 그것과 결부된 주제로서도 중요하다. 다시 말하면 본 장의 시점에 서면 흄을 중계지점으로 하는 고대원자론 수용사의 연장선에서, 도킨스와 데닛으로 대표되는 현대진화론의 탐구자에서 발견되는 추세, 즉 과격한 무신론 사상을 자리매김하는 것이 가능할지도 모른다(키지마木島)

---

19 『대화』 제12절의 흄의 디자인론에 대한 (심정적) 찬사가, 흄의 본심인지, 혹은 위장의 일종인지 (이 가능성을 필자는 부정하지 않는다)는 중요하지 않다. 만약 본심이 아니었다고 하더라도, 여기서는 디자인론에 동기를 부여한 자연현상에 대한 적확한 파악이 되어있다는 점이 중요하다.

2010; 2011; 2016c). 목적도 지성도 가지지 않은 미립자의 집합과 이산을 실재의 근본으로 놓고, 그것을 한곳에 모으는 초월적인 개입자나 설계자의 여지를 남겨두지 않는 세계상이 그곳에 일관적으로 계승되고 있는 것이다.[20]

---

20 이 장은 2013년 4월, 법정대학에서 행한 구도발표 "Is Philo a forerunner of Darwin?: on Epcureanism in Hume's Dialogues"를 원형으로 두고, '나가며'와 몇 곳의 문헌참조나 각주를 제외하면, 2014년까지 대부분 현재의 형태로 완성되었다. 그 후 이 책의 간행 사이에 발표된 연구로서 여기에 언급해 두고 싶은 것은, 스피노자와 에피쿠로스주의에 관하여 이 책과 공통의 문제의식에서 고찰하고 있는 키시마의 글(木島 2016a; 2016b)이다.

참고문헌

Flew, Antony (with Roy Abraham Varghese) (2007) *There is a God: How the world's most notorious atheist changed his mind?* Harper Collins Publishers.

Gaskin, J. C. A. (2009) "Hume on Religion", in Fate Norton & Jacqueline Taylor (eds.), *The Cambridge Companion to Hume.* (second edition). Cambridge University Press: 480-13.

Gould, S. J. & Lewontin, R. C. (1979) "The Spandrels of San Marco and the Panglossian Paradigm: A Critique of the Adaptationist Programme", in *Proceedings of the Royal Society of London. Series B, Biological Sciences*, Vol. 205, No. 1161: 581-598.

Hume, David (ed. with introd. by Richard H. Popkin)(1998 \ 1779) *Dialogues Concerning Natural Religion.* (second edition), Hackett Publishing Company. デイヴィッド・ヒューム(1984 改版)『自然宗教に関する対話』福鎌忠恕・斎藤繁雄訳, 法政大学出版局

Hoquet, Thierry (2009) *Darwin contre Darwin: Comment lire l'Origine des espèces?* Seuil.

O'Connor, David (2001) *Routledge Philosophy Guidebook to Hume on Religion*, Routledge.

Wiker, Benjamin (2002) *Moral Darwinism: How We Become Hedonists,* InterVarsity Press.

(이하 일본역은 원저의 출판연도를 부기하였지만, 고전 텍스트는 생략한 경우도 있다.)
青木薫 (2013)『宇宙はなぜこのような宇宙なのか──人間原理と宇宙論』講談社現代新書.
朝倉友海 (2014)「渦巻きと折開き」『流砂』第7号, 191-205.
朝倉友海 (2015)「偏倚・差異・即非──旋渦の思考について」『流砂』第8号, 190-206.
木島泰三 (2010)「無神論の現代的意義──デネット『呪文を解く』に見る宗教の進化論的解

明と「新無神論」」, 西田照見・田上孝一編著 『現代文明の哲学的考察』 社会評論社, 254-287.

木島泰三 (2011)「現代進化論と現代無神論──デネットによる概観を軸に」, 日本科学哲学会編, 横山輝男責任編集『ダーウィンと進化論の哲学』勁草書房, 127-148.

木島泰三 (2016a)「偶然性としての必然性──スピノザによる必然主義からの目的論批判と, その古代エピクロス主義との親近性」『法政哲学』第12号, 1-12.

木島泰三 (2016b)「スピノザにおける偶然性の意義──有限者における偶然性と必然性との創造的結合と, その古代および近代エピクロス主義との比較」『法政大学文学部紀要』第72号, 59-76.

木島泰三 (2016c)「現代の進化論と宗教──グールド,ドーキンス,デネットに即して」『αシノドス』vol. 210 ＋ 211 (URL:http://synodos.jp/info/18824)

キケロー (2000)「神々の本性について」山下太郎訳,キケロー『哲学Ⅳ(キケロー選集第11巻)』岩波書店.

スタノヴィッチ, キース・E (2008 ＼ 原著2004)『心は遺伝子の論理で決まるのか──二重過程モデルで見るヒトの合理性』椋田直子訳, 鈴木宏昭解説, みすず書房.

ソーバー, エリオット (2009) (原著2000 ＼ 初版1993),『進化論の射程──生物学の哲学入門』松本俊吉・網谷祐一・森元良太訳, 春秋社.

ディオゲネス・ラエルティオス(1994)『ギリシア哲学者列伝(下)』加来彰俊訳, 岩波文庫.

デネット, ダニエル・C (2001/原著1995)『ダーウィンの危険な思想──生命の意味と進化』石川幹人・大崎博・久保田俊彦・斎藤孝訳, 山口泰司監訳, 青土社.

ドーキンス, リチャード (1993/原著1986)『ブラインド・ウォッチメイカー──自然淘汰は偶然か?(上巻)』中嶋康裕・遠藤彰・遠藤知二・疋田努訳,日高敏隆監修,早川書房.

ドーキンス, リチャード (2007/原著2006)『神は妄想である──宗教との決別』垂水雄二訳, 早川書房.

ボウラー, ピーター・J (1992/原著1988)『ダーウィン革命の神話』松永俊男訳, 朝日新聞.

ボルヘス, ホルヘ・ルイス (1972/原著1939)「完全な図書館」土岐恒二訳, 『ちくま』一九七二年一二月号, 14-16.

松永俊男 (1996)『ダーウィンの時代──科学と宗教』名古屋大学出版会.

三浦俊彦 (2006)『ゼロからの論証』青土社.

矢島壮平 (2009) 「アダム・スミスにおける有用性と功利的デザイン論」, 『イギリス哲学研究』第32号, 41-56.

ラ・メトリ (1949) 『ラ・メトリ著作集(上巻)』青木雄造,杉捷夫訳, 実業之日本社.

ルクレーティウス (1961) 『物の本質について』樋口勝彦訳,岩波文庫.

ロジェ, ジャック(1994/原著1986) 「生命の機械論的概念」家田貴子・原純夫訳, D・C・リンドバーグ, R・L・ナンバーズ編『神と自然―歴史における科学とキリスト教』渡辺正雄監訳, みすず書房, 307-328.

제6장

코페르니쿠스적 전회와 원자론

칸트의 라이프니츠 수용과 비판

/

코타니 히데오(小谷英生)

제6장

코페르니쿠스적 전회와 원자론

칸트의 라이프니츠 수용과 비판

코타니 히데오(小谷英生)

들어가며

원자론이 경험적 세계 내지 과학적 세계의 기초에 '단순하고 불가분한 실체'를 두는 학설을 의미한다면, 칸트는 반원자론자라고 말할 수 있다. 반원자론이 '세계의 기초에 단순한 실체 등이 존재하지 않는다'는 학설이라면 칸트는 반반원자론자이기도 하다. 원자론도 반원자론도 모두 잘못이고, 자연과학은 원자론도 반원자론도 필요하지 않다는 것이 칸트의 입장이었기 때문이다.[1]

---

1   이것은 칸트의 자연과학론 연구에서 원자론이 거의 대부분 다루어지지 않았다고 하는 그간의 사정과 관련되어 있다. 칸트의 자연과학론의 전체상과 체계적 위치에 관해서는, 예를 들어 플라스(Peter Plaass 1992)나 이누다케(犬竹 2011)를 참조하라. 전비판기의 논의에 관해서는 예를 들어 Schonfeld(2000) 등이 이 장에 관련되지만, 그러나 원자론은『물리적 모나드론』에 한정된 논의

그러나 이와 같은 입장은 어디까지나『순수이성비판』이후의 것이고, 그 이전에도 꼭 들어맞는다고 할 수는 없다. 비판 이전 시기의 칸트는 원자론을 라이프니츠의 사상권 내에서 (결국은 모나드론으로서) 수용하고 옹호하였기 때문이다. 따라서 이후『순수이성비판』에서 전개된 원자론 비판은 라이프니츠 비판을 의미하는 것과 함께, 이전에 자신이 했던 주장에 대한 자기비판의 의미도 담고 있다. 이렇게 해서 칸트의 사상적 전회를 통시적으로 확인하고, 칸트의 원자론 비판을 이해하는 것, 그리고 그것을 통하여 칸트의 라이프니츠 수용 혹은 비판을 명확히 하는 것이 이번 장의 과제이다.

1
전비판기의 논의
- 모나드론의 수정과 옹호

서두에 말한 바와 같이『순수이성비판』에 도달한 칸트는 원자론 비판으로 돌아섰다. 그러나 칸트는 그 작업을 원자론(이하, 내용에 준하여 모나드론이라고 표기한다)의 수용과 옹호로부터 출발한다. 라이프니츠가『모나드론』에서 보였듯이, 모나드론은 이 우주와 신의

에 지나지 않는다. 원자론을 이미 필요로 하지 않는 자연과학론을 전개했다고 하는 점에서 칸트 자연과학론의 새로움이 있는 이상, 당연히 칸트의 원자론에 대한 선행연구를 다루는 것이 마땅하다. 그렇기 때문에 원자론을 둘러싼 칸트의 사상적 전회를 확인하는 것은 필요한 작업이 될 것이다.

존재증명에 관한 거대이론Grand Theory이다. 전비판기의 칸트도 이것을 답습하고 있다. 즉『활력측정고』(1747),『천계의 일반자연사와 이론』(1755),[2]『물리적 모나드론』(1756)에서는 자연철학을 위하여『신의 존재증명을 위한 유일가능한 증명근거』(1762)에서는 자연신학을 위하여 다양하게 모나드론이 원용援用되었다. 이 장에서는 자연철학으로 과녁을 좁혀『활력측정고』와『물리적 모나드론』에서 원자론의 이해를 확인해 볼 것이다.

1)『활력측정고』에서 모나드론

『활력측정고』의 목적은 운동체가 가진 힘이 mv로 측정될 수 있는가, 그렇지 않으면 mv^2인가라는 데카르트학파와 라이프니츠학파 사이의 논쟁을 조정하는 의미가 있었다(m은 질량, v는 속도). 그 때문에 단순실체 = 모나드에 관한 형이상학적인 고찰과 나누어 쓴 지면이 결코 많다고 말하기는 어렵다. 거기에서 칸트가 모나드론을 적극적으로 수용하고 있다는 점은 명료하게 간취할 수 있다. 칸트는 라이프니츠에 대한 언급에서 다음과 같이 서술하고 있기 때문이다.

> 물체에는 연장보다도 앞서 귀속하는 어떤 본질적인 힘이 잉태해 있다. 라이프니츠는 처음으로 그것을 가르쳐준 것이다.   (AA 1.17)

칸트는 이 '본질적인 힘'을 라이프니츠의 운동력vis motrix 대신에

2   원자론적 관점에서 본 저작의 의의에 관해서는 마츠모토(松本 1993)를 참조.

'작용력vis activa'(AA 1, 19)이라고 칭한다. 물질이 연장을 가지는 한, 이 '작용력'이 귀속하는 곳은 물체가 아닌 **실체**이다. 실체는 상호 외적관계(결합과 분리)를 통해서 물체의 연장 혹은 물체 간의 거리, 결과적으로 **공간**을 형성한다.

> 하나의 실체는 그 자신의 외부에 있는 다른 실체들과 결합 또는 관계하고 있는 것도 있고 그렇지 않은 것도 있다. 모든 독립적 존재자는 자신의 규정을 모두 자기 안에 포함하고 있기 때문에, 이같은 존재자에게 다른 모든 사물과의 결합은 그 자신의 현실 존재를 위해 반드시 필요하다. 따라서 모든 실체가 실재하면서도 다른 모든 실체와의 외적 관계를 전혀 갖지 않다[....]는 것도 있을 수 있다. 그런데 '모든 실체의' 외적인 결합, 위치, 관계 없이는 어떠한 장소도 생성되지 않기 때문에 어떤 사물이 실재함에도 불구하고 세계의 어디에도 존재하지 않는 사태는 충분히 있을 수 있는 것이다.
>
> (AA 1, 21f.)

인용한 바와 같이 '작용력'을 가진 실체는 '독립적 존재자'이고 그것 자체로서 실재한다. 그리고 다른 모든 실체와 외적 결합 내지 관계를 가질 때에만 공간적 세계를 형성하고, 그 세계 가운데 장소를 갖게 된다. 이러한 실체는 우주 이전에도 존재하였고, 동시에 우주를 형성할 수 있는 기초적 존재자인 것이다. 말할 필요도 없이 여기에서 상정되는 실체란 모나드이다.

인용의 후반에서 보이는 바와 같이, 실체=모나드끼리 '다른 모든 실체와 외적 관계를 전혀 갖지' 않는, 따라서 실체=모나드가 실재하면서도 공간적 세계가 형성되지 않는 경우도 생각할 수 있다. 따라서 실체 간의 외적 관계는 우연적인 것이고, 그러므로 공간적 세계, 즉 이 세계도 또한 유일한 세계가 아닌 것이다. 다시 말해 실체=모나드만으로는 이 세계의 유일성을 논증할 수 없다는 것이다. 때문에 라이프니츠는 낙관주의optimism, 다시 말해 우리 세계는 있을 수 있는 세계 가운데 최선이라는 이론을 채택한 것이다. 이것에 관해서『활력측정고』의 칸트가 어떻게 생각하였는지는 확실하지 않다.

칸트의 실체=모나드 이해는 몇 가지 점에서 라이프니츠와 다르다. 첫째, 라이프니츠에서 모나드는 외적인 온갖 힘에 의한 물리적 작용을 받지 않고, 단지 내적 원리에 의해서만 활동하는데(『모나드론』, 제7-12절), 칸트는 이것을 부정한다. 이미 서술한 바와 같이 모나드는 외적 내지 물리적으로 작용해서 합쳐진다고 하기 때문이다. 다음의 인용은 라이프니츠 비판으로 해석할 수 있을 것이다.

> 힘이 작용하려고 부단히 노력한다면, 외적 사물을 겨눈 이 힘의 노력이 완전히 규정성을 갖지 않는다고 말하는 것은 명백한 모순이다. 왜냐하면, 이 힘은 뭐라고 해도 정의定義에 따라 자기를 초월하여 다른 온갖 사물에도 작용하려고 힘쓰기 때문이다. 실제로 근래 형이상학자들에게 받아들여지고 있는 정리定理에 의하면, 그 힘은 현실에서 다른 모든 사물에게 작용하는 것이다.　　　　(AA 1, 26)

두 번째는, 그러므로 실체-모나드는 순수하게 정신적인 실체(단적으로 말하면, 영혼)일 뿐만 아니라 물리적 실체성을 가진다. 칸트는 표상력과 욕구에 더하여 물리적 작용력을 실체-모나드의 기초성질로 간주하고 있다. 그러므로 칸트의 입론은 이와 같은 물리적 존재자가 어떻게 정신적 세계를 형성할 수 있는가라는 물음으로 향한다. 칸트는 말한다. '운동을 일으키는 것에 지나지 않는 힘이 어떻게 표상과 이념을 생기할 수 있는가'(AA 1, 20). 왜 의식적 행위에 의해 '영혼이 물질을 운동하게 하는 것이 가능한가'(ibid.).

이러한 질문에 대한 칸트의 대답은 작용력을 단순한 운동력 이상으로 확장하는 것이었다. 다시 말해 모나드의 작용력은 물질의 외적 상태를 변화시키는 것만이 아니라 영혼의 내적 상태, 즉 표상을 변화시킨다고 생각한 것이다.

> 운동하는 물질은 [....] 영혼에도 작용을 미친다. 환언하면 물질은 영혼의 내적 상태를 변화시키는 것이다 [....]. 그런데 영혼의 내적 상태 전체는 모든 표상과 개념의 총괄에 다름 아니고, 이 내적 상태가 외적인 것과 관련을 가지는 한, 그것은 **세계의 표상 상태**라고 불린다. 이렇게 하여, 어떻게 물질이 영혼에게 표상을 강제하는지가 이해된다.   (AA 1, 21)

이상과 같이, 젊은 칸트에 의하면 정신은 자신의 작용력에 의해 활동하는 것일 뿐이다. 동시에 물리적 작용의 관점에서 세계를 말하자면, 그것은 **표상되어진** 것이다. 그러나 『활력측정고』의 칸트는 다른 견해를 가지고 있다.

2) '물리적 모나드론'에서 전개

『활력측정고』에서 부분적으로 전개된 모나드론은 1756년의 『물리적 모나드론』에서 다시 상세하게 논의되고 있다. 이 논문은 모나드를 둘러싸고 형이상학과 기하학의 논쟁을 조정하려는 목적을 가지고, 제1장에서 이 과제를 해결한 후, 제2장에서는 모나드의 작용력 - 그것은 인력과 척력으로서 재정의된다 - 에 기반해서 물체의 타성력惰性力, inertia과 탄성력彈性力을 설명하고 있다.

그런데 모나드를 둘러싼 형이상학과 기하학의 논쟁이란, 물체의 **무한분할가능성** 여부를 둘러싼 것이었다. 놀랍게도 이 논쟁을 칸트는 25년 후에 출판된 『순수이성비판』의 제2 안티노미antinomy와 같은 형태로 취급하고 있으며, 게다가 정반대의 결론을 이끌어 낸다. 비교를 위해 『순수이성비판』 「제2 안티노미」의 방식으로 보자면, 그것은 다음과 같다.

*정립定立
세계에서 모든 합성된 실체는 단순한 부분들로 만들어진다. 그러므로 어디에도 단순한 것, 그렇지 않으면 단순한 것으로 합성된 것 이외에는 현존하지 않는다.

*반정립反定立
세계에서 어떠한 합성된 물체도, 단순한 부분으로 만들어지지 않았다. 그러므로 세계의 어디에도 단순한 것은 현존하지 않는다.

곧바로 알 수 있는 바와 같이 정립은 단순실체를 지지하는 입장이고, 결국은 원자론(모나드론)의 입장이다. 그것에 대하여 반정립은 반원자론의 입장이고 단순실체의 존재를 부정한다. 그리고 후술하는 바와 같이 『순수이성비판』에서 칸트의 주장은 정립, 반정립 어느 쪽도 잘못이라는 것이다.

『물리적 모나드론』으로 돌아가면, 동일한 대립이 형이상학자와 기하학자의 논쟁이라는 형태로 그려지고 있다. 안티노미에 따라 적으면 다음과 같이 된다.

*정립: (형이상학의 입장)
정의: '모나드'라고 칭해지는 단순한 실체는, 각각 개별적으로 분리
      되어 존재할 수 있는 다수의 부분으로 성립된 것이 아니다
      (AA 1, 477).
정리 1: '모든 물체는 모나드로부터 성립한다.'

*반정립: (기하학의 입장)
정리 2: '모든 물체가 점유하는 공간은 분한分限에 맞게 분할가능하
       고, 따라서 원초적으로 단순한 부분으로부터 성립하는 것
       이 아니다'(AA 1, 478).
정리 3: '무한히 분할가능한 복합체는 원초적으로 단순한 부분으로
       부터 성립되는 것이 아니다(ibid.).

여기에서 정리 3이 말하는 '복합체compositum'는 정리 1의 '물체corpus'를 지시하기 때문에 형이상학과 기하학에서는 정반대의 것이 주장

되고 있다. 물체는 실체로부터 구성된다는 측면에서 생각할 때, 물체는 분할가능한 단순실체, 즉 모나드로부터 성립해야만 한다(정립). 그러나 물체가 공간을 점유한다는 측면에서 보면, 공간은 무한분할 가능하기 때문에, 물체도 무한분할 가능해야 한다. 따라서 물체는 모나드로부터 성립된 것이 아니다(반정립反定立).

『물리적 모나드론』에서 보인 이 대립은 정립이 실체를, 반정립이 공간을 근거로 한다는 점에서도 『순수이성비판』의 논의와 중첩된다. 그렇지만 『물리적 모나드론』에서는 정립도 반정립도 동시에 옳다고 한다. 왜냐하면 칸트는 "공간은 실체성을 결여하고 있는 동시에, 결합하고 있는 모나드의 외적관계의 현상이다"(AA 1, 479)고 생각하기 때문이다. 결국 모나드가 외적 관계를 통해서 형성하는 공간은 현상에 지나지 않고, 모나드 그 자체가 가진 실체적 부분이 아니다. 그러므로 공간의 무한분할가능성이 물체의 (그 실체적인 부분의) 무한분할가능성을 폐기하는 것은 아니다.

여기에서 칸트는 정리 3의 '무한히 분할가능한 복합체'를 '자연의 모든 물체에서 발생하는 것은 아니다'(ibid.)고 결론짓는다. 그럼에도 불구하고 반정립이 거짓이 아닌 이유는 그것이 '자연의 모든 물체' 그 자체가 아니라 모든 물체가 점유하는 공간에 대해서는 여전히 타당하기 때문이다.

이와 같이 실체적 부분으로서 모나드와 현상적 부분으로서의 공간을 구분함으로써 『물리적 모나드론』의 칸트는 형이상학, 기하학 쌍방의 주장을 모두 참되다고 한다. 칸트에 의하면 형이상학과 기하학의 외관상의 논쟁은 양자가 모두 대상에 관해서 논한다고 생각하는 점에 기인하지만, 실은 그렇지 않고 양자는 각기 다른 대상(실체와 공간)을 다루고 있다.

그런데 모나드가 단순불가분한 실체이고, 동시에 분할가능한 공간을 점유하고 있는 사태는 어떻게 해서 발생하는 것일까?『물리적 모나드론』제6절의 정리(이것을 정리 4라고 하자)에 대해서 칸트는 다음과 같이 말한다.

> 정리 4: 모나드는 그것이 존재하는 작은 공간을 그 실체적 부분의 다수성에 의해서가 아니라 그것의 작용권sphaera activa에 의해서 한정한다.

이 '작용권'이 각각의 모나드가 점유하는 고유한 공간이고, 모나드는 이 공간을 자신의 인력과 척력에 의해 형성한다. 다시 말해 모나드는 한편으로 인력에 의해 다른 모나드와 결합관계를 형성하고, 다른 한편으로는 척력에 의해 다른 모나드와의 분리를 유지하는 것이다.

이 견해는『활력측정고』의 논의를 수정하는 것이다. 확실히『활력측정고』에도 공간은 모나드의 외적인 상호작용에 의해 성립한다고 되어 있지만, 어떻게 해서 그런지는 불투명한 채로 남아있다. 그뿐 아니라 모나드가 공간을 형성하지 않을 수도 있다고 생각한다. 그러나『물리적 모나드론』의 견해에 따르면, 모나드는 자신의 내적인 힘에 의해 필연적으로 공간을 형성한다.

모나드에 의한 공간형성이 우연적인가 필연적인가라는 문제는 결코 작은 문제가 아니다. 칸트가 명시적으로 말하지는 않지만, 후자의 견해에서 도출되는 이론적 귀결이 이 세계의 **유일성**, 더구나 낙관주의optimism 없이 모나드 그 자체의 활동에 의해 형성되는 세계의 유일성에 다름 아니기 때문이다. 『물리적 모나드론』이 1755년에 발생한 리스본 대지진 - 이것으로 인해 라이프니츠의 낙관주의는 신뢰를 잃게 된다 - 이후에 집필된 것을 감안하면, 이 수정의 사상사적 의의는 결코 적지 않다.[3]

3) 전비판기의 원자론 이해

앞에서 본 바와 같이 전비판기의 칸트는 라이프니츠의 모나드론을 채택, 수정, 전개하고 있다. 1760년대에 들어서도 여전히 칸트는 모나드론적 우주관을 가지고 있었다. 그것은 1762년의 『신의 존재증명을 위한 유일가능한 증명근거』의 다음과 같은 발언에서 확인할 수 있다.

> 데모크리토스와 에피쿠로스의 원자론적 체계는 나의 구상과 일견하면 비슷해 보이지만, 그럼에도 불구하고 세계창시자의 추론이라는 점에 관해서는 완전히 다르다. 그들의 체계에서는 운동은 영원하고, 창시자를 갖지 않는다. 또한 이와 같이 다양한 질서의 풍부한

---

3 그렇지만 『물리적 모나드론』은 1755년의 『천계의 일반 자연사와 이론』이라는 소위 『신해명(新解明)』의 논의를 수용하여 집필된 것으로, 낙관주의(optimism) 비판이 중심적인 테마도 집필동기도 아니었다. 리스본 대지진 이전부터 칸트는 낙관주의를 비판하는 논리를 가지고 있었는가, 그렇지 않으면 『물리적 모나드론』에서 처음으로 그런 견해에 도달한 것인가에 관해서는 이 장에서는 미해결의 문제로 둔다.

원천인 충돌은 우연이고 우발적이며, 어떤 근거도 갖지 않는다고
한다.　　　　　　　　　　　　　　　　　　　　　　　　(AA. 2, 148)

　　이와 같이 칸트는 고대의 원자론을 '세계 창시자'의 부재라고 하
는 이유에서 비판하면서도 자신의 구상이 원자론적이라는 것을 인
정하고 있다.
　　또한 같은 저작에서 신의 규정도 주목해 볼 가치가 있다.

　　　　절대로 필연적인 것이 현존한다. 그것은 본질에 있어서 유일하고,
　　　　실체에 있어서 단순하고, 본성에 있어서 정신이고, 지속에 있어서
　　　　영원하고, 성질에 있어서 불변하고, 모든 가능적인 것과 현실적인
　　　　것의 관점에서는 완전히 충족한 것이다. 이와 같은 것이 신이다.
　　　　　　　　　　　　　　　　　　　　　　　　　　(AA 2, 89)

　　이것은 『모나드론』의 (특히 38절에서 45절의) 서술과 겹쳐지는
것이고, 더욱이 이와 같은 신이 창조자, 이 우주질서의 근거라고 생
각하는 것은 『모나드론』 47절에 언급된 원초적인 모나드(=신神)와 창
조된 모나드(=피조물)의 차이를 상기시킨다.
　　과연 퀸Kuehn이 평한 것처럼, '1746년부터 56년까지 칸트의 기본적
인 입장은 변하지 않았다'(M. 퀸Kuehn 2001: 102)고 할 수 있고, 여기에
서 확인된 것처럼 1762년에 이르러서도 이처럼 생각하고 있었다. 이
론의 심화, 수정은 있었지만, 그 시기의 칸트는 라이프니츠의 이론적
영향하에서 사유하고 있었다.

2
비판기에 있어서 모나드론 비판

전비판기의 칸트의 모나드론은 하나의 형이상학적인 세계관으로서 완성되어 있다고 말할 수 있다. 그러나 1781년의 『순수이성비판』에서 칸트는 모나드론 비판으로 선회한다. 비판의 포인트는 모나드론의 오류를 지적할 뿐만 아니라, 어떻게 형이상학이 모나드론으로 귀착해 버렸는지 그 사유 경로를 명확히 하는 데 있다.

칸트의 모나드론 비판은 '반성개념의 다의성'과 '제2안티노미'에서 직접 전개되고 있다. 그러나 애초에 『순수이성비판』 전체가 모나드론을 필요로 하지 않는 이론적인 틀을 제공한다. 그런 점을 확인한 후에 본론에 들어가겠다.

1) 모나드론 비판의 전제로서 코페르니쿠스적 전회

칸트가 모나드론을 버릴 수 있었던 결정적인 이유는 소위 코페르니쿠스적 전회에 있었다. 코페르니쿠스적 전회란 일반적으로 '대상이 인식을 규정한다'고 하는 사고방식으로부터 '인식이 대상을 규정한다'고 하는 사고방식으로의 전회를 의미한다.

이 전회에 큰 역할을 한 것은 시간, 공간의 개념성이다. 칸트에 의하면 시간, 공간은 대상 그 자체의 (즉 모든 모나드의) 외적 관계가 아니라, 인식 주체가 가진 감성의 직관형식이다. 감성은 이 직관형식에 입각하여 대상을 시간, 공간적으로 표상한다. 환언하면 감성을 통하여 모든 대상이 주어지는 한, 그것들은 시간, 공간적으로 표상되지 않을 수 없다. 따라서 모든 인식대상은 감성적 직관 안에 나타난 표상, 즉 **현상**에 다름 아니고 감성과 관계없이 그 자체로서 존재하는 **물 자체**가 아니다.

이 견해는 이미 살펴본『활력측정고』의 입장, 즉 물질적 모나드가 정신적 모나드에 작용해서 규정되는 표상을 발생한다는 관점을 반전시킨 것이다. 과연 우리의 감성은 수용성에 의해 활동하는 것이기 때문에,4 감성을 촉발하는 무엇인가가 감성의 외부에 존재해야만 한다.5 그러나 이 외부자는 대상인식을 **일으키는 원인**이면서도 대상의 표상(즉 현상)을 규정하는 **근거**는 아니다. 이런 점은 1787년에 출판된『순수이성비판』제2판 서론의 첫 머리에 새롭게 선언되어 있다.

> 우리의 인식이 경험에서 시작한다는 것, 그것은 의심의 여지가 없다 [....]. 그러나 우리의 경험이 경험에서 시작한다고 해도, 인식이 모두 경험에 기반해서 발생하는 것만은 아니다.　　　　　(B 1)

4　감성은 다음과 같이 정의된다. '대상에 의해 촉발된 것에 의해서만 표상을 받아들이는 권능(즉 수용성)을 감성이라고 부른다'(A 19/B33).

5　"애초 현상이라는 개념으로부터, 다음과 같은 귀결이 자연히 발생한다. 현상에는 그것 자체는 현상이 아닌 무엇인가에 대응해야만 한다. 왜냐하면 현상은 그것 자신만으로는, 그리고 우리의 표상양식의 밖에서는 존재할 수 없다. [...] 현상이라는 말이 이미 무엇인가 있는 것을 지시하고 있기 때문이다. 이 무엇인가 있는 것은 [...] 그것 자체인 그것으로서, 또한 (우리의 직관 형식이 근거하는 바의) 감성의 성질없이 무언가 있는 것임에 틀림없다"(A 252).

이처럼 칸트에 따르면, 우리의 인식의 성립근거는 물자체가 아니라 표상능력 그 자체에서 유래한다. 그러므로 우리의 표상능력 그 자체를 이해할 수 있다면, 가능한 경험의 기본적인 모든 규칙을 경험에 앞서서 아는 것이 가능하다. 여기에 모든 인식능력의 비판이라는 프로젝트가 성립하는 것이다.

그런데 주지하는 바와 같이 형상과 물자체의 구별, 그리고 특히 후자를 불가지한 것으로 간주한 칸트의 교설은 그 후의 독일관념론에서 문제시되었다. 그러나 라이프니츠와 칸트의 관계에서 본다면, 현상과 물자체의 구별은 라이프니츠의 모나드론을 극복하기 위해 결정적으로 중요한 것이었다.[6] 그 이유는 라이프니츠가 나아가 그리스 이후의 서양 형이상학이 물자체라는, 우리에게 결코 지각되지 않는 인식대상에 관해서 사고해 왔기 때문이다. 그러나 결코 지각되지

---

6 예를 들어, 다음과 같이 말한다. "그러므로 [라이프니츠 = 볼프 학파의] 다음과 같은 의견, 즉 '우리의 전감성은 온갖 사물의 혼란한 표상에 다름 아니고, 그것은 우리가 의식적으로 관여하지 않은 온갖 표상과 온갖 부분표상의 퇴적의 토대에서만 온갖 사물 그 자체에 귀속하는 것을 포함하고 있다'는 견해는 감성과 현상의 개념을 왜곡해서 그것들의 전체적 교설을 무용하고 공허한 것으로 만들어 버린다. [...] 그러므로 라이프니츠=볼프학파의 철학은 감성과 지성적 능력과의 구별을 단지 논리적인 것으로 간주함으로써, 우리 인식의 본성과 기원에 관한 일체의 탐구를 완전히 잘못된 관점에서 행하도록 이끌어 왔다. 감성과 지성적 능력의 구별은 명백히 초월론적인 것으로, 인식이 판명한가, 그렇지 않은가라는 형식적인 것이 아니라, 그 판명성 내지 비판명성의 기원과 내용에 관한 것이다. 따라서 우리는 감성을 통하여 물자체 그것의 성질을 단지 비판명하게 인식하는 것인가, 전혀 반대로 인식하는 것이 아니라 우리의 주관적인 성질을 제거하자마자 표상된 객관은 그 감성적 직관에 의해 부여된 고유성과 함께 어디에서도 발견되지 않게 될 것이며 발견될 수도 없는 것이다"(A 44/ B62).

않는 대상에 관한 사유는 그 자신의 정당성을 증명하기 위한 경험적 증거를 결여하고 있으므로 공허한 사유로 끝나버릴지도 모른다. 그러므로 형이상학은 온갖 학파가 난립하고, 유일절대적인 답을 제출하지 못한 상태로 '끊임없는 투쟁을 전개하는 투기장'(A VIII)이 되어버린 것이다.

주지하는 바와 같이, '투쟁'에 종지부를 찍는 것이 『순수이성비판』의 과제였다. 경험적 증거에 의지할 수 없는 이상, 형이상학이 확실한 학문이 되기 위해서는 우리의 이성적 사유양식에 존재하는 아프리오리apriori한 규칙에 호소할 수밖에 없다. 그러므로 우선 이런 규칙을 발견하고, 대상에 적용가능성의 한계를 규정하는 것이 중요하다. 『순수이성비판』의 질문은 다음과 같은 것이다. (1) 어떻게 해서 우리의 모든 인식능력이 경험적 대상을 완전히 규정할 수 있는가? (2) 왜 그리고 어떻게 해서 모든 인식능력이 경험적 대상을 초월해 물자체를 사유한다는 오류에 빠지는가? (3) 이것들을 해결한 후에 새롭게 확실한 학문으로서 형이상학은 어떻게 가능한가?

칸트의 모나드론 비판은 이 (2)와 깊이 관련되어 있다. 모나드론을 단지 거절하는 것만이 아니라, 왜 형이상학은 칸트의 말에 따르면, 모나드론이라는 잘못된 사유로 빠져버렸는가 그 이유를 설명하려는 시도이다. 그것을 보여주는 것이 '반성개념의 다의성'과 '제2안티노미'였다.

2) '반성개념의 다의성'에서 라이프니츠 비판

'반성개념의 다의성'은 오성비판이라고 할 만한 '초월론적 분석론'에 부록으로 있으며, 그 주안점의 하나는 라이프니츠 비판이었다.

칸트에 의하면 감성의 형식, 다른 말로 하면 감성의 규정성이 시간 공간이라는 것에 대하여, 오성의 형식은 순수오성 개념, 즉 범주category이다. 범주는 '대상 일반의 개념'(B 128)이고, '범주에 의해 어떤 대상의 직관은 판단을 위한 논리적 기능의 하나와 관련해서 규정되는 것으로 간주된다'(ibid.). 범주가 애초에 대상 일반의 표상이라는 것은 그 이하 개별적인 대상들을 포섭할 수 있기 때문이다. 그리고 범주가 개념이라는 동종同種을 포섭할 뿐만 아니라, 감성적 직관이라는 이종異種의 것들도 포섭함으로써 우리는 인식대상 내지 현상을 규정할 수 있게 된다. 인식이 질서와 규칙성regularity을 갖는 것은, 같은 의미에서 현상이 규칙에 따라 나타나는 것은 직관에 범주를 적용한 결과일 뿐이다.

그런데 개별 현상이 아닌 대상 일반 그 자체를 오성이 규정하려고 하는 경우, 오성은 경험을 초월한 공허한 사유에 떨어지게 된다. 이것을 칸트는 오성의 초월론적 사용이라 칭하고, 경험적 사용과 구별한다.

> 무언가 원칙에 있어서 어떤 개념의 초월론적 사용은 일반적으로 그 것 자체인 것 같은 사물들Dinge überhaupt und an sich selbst에 대한 개념 사용이다. 다른 한편으로 경험적 사용이란 개념이 온갖 현상에, 따라서 가능적 경험의 대상들에 관련된 경우이다.   (A 238 f. / B 298)

이 인용에 따르면, 오성의 초월론적 사용에서 사물은 '일반적으로 **그 자체**'라고 간주된다. 이처럼 사물은 '대상 일반 개념'인 범주에 대응하지만, 사물인 이상, 개념과는 종을 달리하는 대상이다. 그와 같은 사물은 우리의 감성적 직관에는 주어지지 않지만, 별도의 지성적 직관에는 주어질 수 있는 대상으로 간주된다. 칸트는 이것을 누메논noumenon(가상적인 것)이라 칭하고, 현상, 즉 페노메논phenomenon에 대치시킨다.

앞에서 본 바와 같이, 감성과의 관계에서 고찰할 경우 물자체는 감성을 촉발하는 감성 외부의 무엇인가 현상에 대응하는 그 자체의 현상은 아닌 무엇이었다. 그러나 이제 오성과의 관계에서 물자체는 오성의 초월론적 사용 대상으로 간주된다. 우리의 인식대상은 감성에 의해서만 주어질 수 있는 것이기 때문에 오성에 의해서만 주어진 대상규정은 공허하다. 그럼에도 불구하고 이제까지의 형이상학은 형상과 물자체를 혼동하고, 당연히 공허한 사유를 행하고 있다고 칸트는 말한다. 라이프니츠도 그것에 예외는 아니어서, '라이프니츠는 모든 현상을 사물들 그 자체로 간주해 버렸다'(A 264/ B 320). 예를 들어, 물질의 모든 내적인 힘에 관해서 알려진 것은 공간에서 작용하고 있는 인력과 척력뿐이고, 따라서 물질이라는 개념은 공간이라는 감성적 규정을 떠나서는 무의미하다. 그럼에도 불구하고, 라이프니츠는 공간을 제거한 실체의 모든 내적인 힘, 내적 규정성을 추구하고 말았다. 그리고 이처럼 공간을 전제하지 않은 내적인 힘으로 우리가 알 수 있는 것은 우리 자신의 사유, 표상능력 이외에는 아무것도 없다. 그러므로 여기에서 표상력을 가진 모나드 사상이 발생한다.

> 모든 실체는 그것이 순수오성의 객체라면, 내적 실재성을 주는 내
> 적인 규정과 내적인 힘을 가지고 있어야 한다. 그러나 내가 내적 속
> 성으로서 생각할 수 있는 것은 [....] 그것 자체에 대한 사유라면, 사
> 유와 유비적인 것일 뿐이다. 따라서 라이프니츠는 모든 실체로부
> 터, 그뿐 아니라 물질의 모든 구성요소로부터도 외적 관계를 의미
> 하는 것들, 따라서 합성을 머릿속에서 제거한 후에 표상력을 부여
> 한 단순한 실체, 한 마디로 **모나드**를 만들어 낸 것이다.
>
> (A 256f. / B321f.)

그리고 모나드가 단지 표상력만으로 활동한다면, 모든 모나드 사
이의 관계는 신에 의한 예정조화로 귀착된다.

> **실체들 사이의 가능적 상호성**에 관한 라이프니츠의 원리는 **예정조화**
> 가 되지 않을 수 없고, 물리적 영향은 있을 수 없다. 왜냐하면 모든
> 것이 단지 내적이고, 결국 자신의 표상에 종사할 뿐인 이상, 하나의
> 실체와 다른 실체의 표상의 상태는 실재적인 결합이 전혀 있을 수
> 없고, 무엇인가 모든 실체에 한결같이 영향을 주는 제3의 원인(즉 신)
> 이 실체들의 상태를 상호 적합하게 하지 않으면 안 되기 때문이다.
>
> (A247f. / B330f.)

이러한 진단이 라이프니츠 해석으로 적절한지는 불문하고, 확인
해야 할 점은 칸트의 라이프니츠 비판이 단순한 모나드론의 거부만

이 아니었다는 사실이다. 칸트는 모나드론의 정합성을 완전히 인정한 후에 그것의 전제에 역행하는 비판을 가하고 있다. 오성의 본래 대상인 현상(페노메논)을 물자체(누메논)와 혼동한 것이 그 전제이다. 이 경우 형이상학은 모나드론으로 **귀착되지 않을 수 없다.** 그러나 물자체가 우리에게 주는 것이 없기 때문에, 실제로 세계가 모나드론적인 것을 **증명하는 것은 불가능하다.**

그뿐 아니라 우리의 경험세계가 감성을 통하여 주어진 현상세계인 이상, 경험적 세계는 모나드에 의해 누메논으로 규정된 세계가 아니다. 따라서 예를 들어, 물자체의 세계가 모나드론적이라는 것에서도 경험세계의 성립조건(즉 감성과 오성의 협동)과는 관련이 없다.

3) '제2안티노미'에서 모나드론 비판

'반성개념의 다의성'에서 라이프니츠 비판으로, 칸트의 모나드론 비판논리는 명확해 보인다. 그러나 이미 본 '제2안티노미' 논의는 결과적으로 다른 논리에 의해 모나드론을 비판하고 있다. 즉, 그곳에서는 모나드는 감성을 촉발하는 **무엇**이 아니고, 또 오성의 초월론적 사용 대상으로서 **누메논**도 아닌, 이성에 의해 추론된 **무조건적인 것**으로 조정되고 있다. 그러므로 '제2안티노미'는 합성된 실체에서 출발하여 그것이 성립하기 위한 궁극적인 조건으로 단순하고 불가분한 모나드를 추론할 수 있는가를 논한다.

'제2안티노미'의 정립-반정립 테제에 관해서는 제1절 2)에서 보여준 바와 같다. 그 내용을 다시 한번 되돌아보면, 합성된 물체가 주어진 경우, 그것은 단순하고 불가분한 부분으로 만들어졌는가(정립), 그렇지 않은가(반정립)를 놓고 대립했다. 대체로 안티노미란 양립불가능한 (모순대립하는) 두 명제가 서로 배중률을 사용하여 자신의 정당성을 증명하려 하는 상태를 지칭한다. 그러므로 '제2안티노미'의 정립은 다음과 같이 고찰한다. 합성된 실체를 (사유에 의해) 분해하는 경우, 최종적으로 단순한 실체에 도달하지 않는다면, '분해될 수 있는 합성실체가 주어져 있다'는 전제에 모순된다. 이에 대해서 반정립은 만약 단순한 실체가 존재하고, 그것이 하나의 공간을 점유한다면, 공간은 다양한 부분으로 구성된다는 사실에 모순되고, 따라서 불합리하다. 이상으로부터 정립은 단순불가분한 실체의 존재로, 반정립은 그것의 비존재로 귀결한다.

　그런데 정립이 오류인 이유는 그것이 물자체에 관해 논하고 있기 때문이다. 우리의 감성은 애초에 대상이 다양성을 포함한 것으로 수용하고, 따라서 합성된 물체라는 현상은 단순실체를 전제하지 않고 성립한다. 환언하면 (현상으로서) 합성된 물체의 성립근거는 감성과 오성이고, 단순실체가 아니다. 따라서 단순실체가 없다면 합성된 물체도 있을 수 없다는 추론은 우리의 감성이나 오성과는 무관하게 성립하는 대상에 관한 언명, 즉 물자체에 관한 언명에 다름 아니다. 그러나 그것은 공허하다.

　그렇다면 반정립이 옳은 것으로 생각될 수 있다. 확실히 반정립의 주장, 즉 세계에는 합성된 사물밖에 없다는 주장은 현상적으로 타당하다. '공간의 어떤 부분도 단순하지 않기 때문에 페노메논적 전체의 어떠한 부분도 단순하지 않다'(A441/ B469)가 사실이기 때문이다. 그런데 칸트는 이 반정립도 역시 잘못이라고 갈파한다.

> 무한히 분할가능한 전체에 관해서, '이 전체는 무한한 다수의 부분으로 구성되어 있다'는 것은 결코 인정되지 않는다. 왜냐하면 예를 들어, 모든 부분이 전체의 직관에 포함되어 있다고 해도, 그 안에 **모든 분할**이 포함되어 있는 것은 **아니기** 때문이다. (A524/ B552)

현상이 무한히 분할가능하다고는 것은 그것이 **실제로** 무한히 분할된 부분을 포함한다는 것을 의미하는 것이 아니다. 무한분할가능성은 단지 분할이 '사람이 분할의 진행을 계속하고자 하는 곳까지 나아간다'(A526/ B554)고 말하는 것에 지나지 않는다. 다시 말해, 무한분할가능성이란, 좋아하는 만큼 분할을 계속하는 것이 가능하다는 영속적인 소급가능성을 의미하는 것이다. 이와 같은 분할은 진정한 의미에서 무한분할과는 차이가 있다. 왜냐하면, 전자의 분할은 실제로는 어디까지든 결국은 유한회수의 소급에 지나지 않기 때문이다. 따라서 만약 진정으로 무한분할이 주어진다고 하면, 그것은 우리의 개입없이 그것 자체로 분할되는 경우일 뿐이다. 따라서 반정립도 역시 물자체에 관해 서술하고 있는 것이다.

이렇게 해서 반정립도 다시 현상과 물자체를 혼동해 버린다. 우리가 현상에 정초해서 말할 수 있는 것은 '사물의 분할은 완료되는 것이 아니다'는 소극적인 사실뿐이고, '사물은 무한히 합성된 부분으로 구성된다'는 적극적인 사실이 아니다. 그런데 이성은 추론에 의해 대상의 조건계열을 거슬러 무조건적인 것을 찾아내려고 한다. 그리고 모나드의 존재 비존재에 관한 다양한 독단적인 테제를 제기해 버린다.

이상과 같이 '제2안티노미'의 정립, 반정립 모두 오류가 된다. 그리고 칸트에 의하면 참된 명제는, 물자체가 아닌 현상에 정초하는 한, **모나드는 있다고도 없다고도 말할 수 없는 것**이 된다. 이것이 칸트가 모나드론과 반모나드론 모두 물리친 이유이다.

다시 『물리적 모나드론』으로 돌아가면, 그 결론을 왜 칸트가 최종적으로 폐기하였는가를 이해할 수 있을 것이다. 『물리적 모나드론』의 정립(물체는 모나드로부터 성립한다)은 물자체에 관한 판단이기 때문에, 『순수이성비판』의 칸트가 받아들일 수 없는 것이다. 그에 대해서 반정립은 오히려 현상에 관한 판단일 뿐이지만, '제2안티노미' 논의에 따르면 반정립도 또한 물자체에 관한 판단에 지나지 않는다. 그러므로 『물리적 모나드론』에서 보인 반정립도 역시 잘못되었다고 하지 않을 수 없는 것이다.

전비판기에는 아직 물자체로서 모나드가 존재하고, 그것이 (상호외적관계를 통해, 혹은 자신의 작용력에 의해) 직접현상한다고 생각하였다. 그러나 코페르니쿠스적 전회를 통하여 (1) 대상은 현상으로만 인식되고, (2) 이 인식은 물자체에 의한 것이 아니고, 감성과 오성에 의해 성립한 것이며, (3) 애초에 물자체는 이 현상을 타개함으로써 고안되었다는 것이 드러난다. 그러므로 칸트에 의하면, 물자체를 논의의 출발점으로 하는 형이상학은 오류이다. 모나드론도 예외는 아니다. 물자체로서 모나드에 관한 고찰과 모나드에 기반한 세계의 설명은 '아무리 이치에 적합한 것처럼 보여도 공허하다'는 것이 칸트의 진단결과이다.

이처럼 인식론의 코페르티쿠스적 전회, 그것에 수반하는 현상과 물자체의 구별에 의해 칸트는 모나드론 비판을 수행하였다. 그것은 단적으로는 라이프니츠 비판이지만, 동시에 이전의 자기 자신에게 향한 비판이기도 하였다는 사실을 앞의 논의에서 이해할 수 있을 것이다.

나가며

이 장에서는 주마간산이긴 하였지만, 모나드론을 두고 칸트의 철학적 전회에 관해 논해 보았다. 칸트가 모나드론자에서 비판자로 전회할 때, 그리고 그것이 전체로서 라이프니츠와의 사상적 대결이었다는 점은 이상의 논의에서 명확해졌다고 믿는다.

그런데 칸트는 진정으로 모나드론을 극복할 수 있었는가? 칸트의 모나드론 비판의 창끝은 어디까지나 인식대상으로서 모나드에 향해져 있다. 인식주체가 그 표상능력(감성, 오성, 이성)에 의해 현상을 완전히 규정할 수 있다는 주장, 우리의 인식은 물자체가 아니라 표상이고 물자체는 표상의 성립에는 관계하지 않는다는 칸트의 입장은 '창문을 갖지 않은 표상력에 의해서만 세계를 비춘다'는 라이프니츠의 모나드에 오히려 충실하다고 말할 수 있다. 다시 말해 칸트는 온갖 모나드를 밖에서 조감한다는 불가능한 관점을 포기하고, 오히려 **모나**

드의 안으로부터 세계를 표상하는 것에 충실했다고 말할 수 있다. 이처럼 『순수이성비판』에도 여전히 라이프니츠에서 칸트로의 사상적 계승이 이어진다는 점은 간과할 수 없다.

참고문헌

관례에 따라 칸트의 인용에 관해서는 아카데미판을 이용하고(AA로 약호), 권수와 쪽수를 병기하였다. 『순수이성비판』에 관해서는 철학문고판을 이용하고, 제1판(A판)과 제2판(B판)의 쪽수를 병기하였다.

Kuehn, Manfred (2001) *Kant: A Biography*. Cambridge University Press. (『カント 伝』菅沢龍文・中澤武・山根雄一郎訳, 春風社, 2017년.

Schonfeld, Martin (2000) *The Philosophy of the young Kant: The Precritical Project*, Oxford University Press.

犬竹正幸 (2011) 『カントの批判哲学と自然科学──『自然科学の形而上学的原理』の研究』 創文社

プラース, P (1992)『カントの自然科学論』犬竹正幸・中島義道・松山寿一訳, 哲書房

松山寿一 (1993)「力と渦──カントの宇宙発生論と十七,十八世紀の思想諸潮流」『現代カ ント研究』第四巻, 晃洋書房, 33-72.

제7장

마르크스의 원자론

현실의 이상으로부터의 소외

/

타가미 코이치(田上孝一)

제7장

마르크스의 원자론

현실의 이상으로부터의 소외

타가미 코이치(田上孝一)

들어가며

마르크스와 원자론은 어떠한 관계가 있는가? 마르크스는 유물론자이다. 그런 의미에서 라이프니츠의 모나드론과는 달리, 레우키포스와 데모크리토스에서 유래하는 통상의 원자론이 유물론이라는 점에서 유물론이라는 공통성이 있다. 그러나 원자라는 근본원리에 따라 세계를 설명하려는 협소한 의미에서라면, 마르크스는 원자론자가 아니다. 또한 원자론을 넓은 사고방식으로 파악하고, 인간을 마치 원자와 같이 보아서 사회를 설명하려고 하는 사회관, 예를 들어, 방법론적 개인주의에 의한 견해를 가졌는가, 다시 말해 마르크스의 이론이 방법론적 개인주의의 개인에 입각한 사회관과 친화적인가는 마르크스 자신의 말과 글에서 확정하기 어렵다. 그렇게 해석하는 것도

가능하지만,[1] 부르주아적 정신을 원자적 '개인주의'로서 비판한 것으로 생각할 수도 있기 때문이다.[2]

따라서 성숙한 마르크스에서 원자론을 발견하고, 원자론을 마르크스의 사상적 생애를 관통하는 기본 모티브로 볼 만한 가능성은 없다. 원자론은 마르크스의 기본적인 철학적 입장이 아니었다. 마르크스에게 이론적 핵심이 되는 철학적 입장은 소외론이다.[3] 마르크스의 소외론은『경제학 철학초고』에서 확립되고,『독일 이데올로기』에서 발전시킨 것이지만,[4] 소외론이『경제학 철학초고』에서 돌연 나타난 것은 아니다. 소외론의 전제가 되는 기본적인 관점, 현실을 마땅히 그러해야 할 이상에서 어긋난 것으로 파악하고, 현실이 본래 마땅히 그러해야 할 방식에서 소외되어 있다는 생각은 마르크스가 이론적 작업을 개시한 처음부터 그의 사상적 생애를 마칠 때까지 일관하여 지속한 주저음主低音, continuous bass이라 할 수 있다.

그리고 이 소외론이 최초 본격적으로 전개된 것은 그의 박사논문 「데모크리토스와 에피쿠로스 철학체계의 차이」(1841)에서이다. 그

---

1   실제로 엘스터(Elster)는 마르크스를 방법론적 개인주의의 입장에서 재해석하려고 한다(Elster 1985).

2   이런 방식이 마르크스 해석으로서 일반적이지는 않다고 여겨진다.

3   마르크스의 철학이 소외론이라는 것에 관해서는 田上(2013), 특히 제1장 '마르크스의 철학' 참조. 또 소외론인 마르크스철학의 개요에 관해서는 田上(2018) 참조.

4   『경제학 철학초고』의 소외론이『독일 이데올로기』에서 어떻게 발전되었는가에 대해서는 田上(2000), 특히 제4장 '『경제학 철학초고』와『독일 이데올로기』의 분업개념의 차이' 참조.

것은 아직 정리되지 않은 마르크스의 생각이 드러나 있는 초기 자료 '부친에게 쓴 편지'(1837)에서 표명하였던, 이상과 현실에 관해 파악 하는 방법에 대한 최초의 구체적인 이론적 전개였다. 다시 말해 마르 크스의 원자론은 그의 철학인 소외론의 초기 이론적 소재였다. 이런 의미에서 마르크스의 원자론 - 실제로는 마르크스의 에피쿠로스론 이지만 - 을 아는 것은 마르크스 이론에서 철학적 핵심의 원천을 아 는 것이기도 하다.

1
헤겔과의 해후
- '부친에게 쓴 편지'

먼저 '부친에게 쓴 편지'를 검토하고자 한다. 이 편지는 20세 이전 마 르크스의 사상편력, 사상형성의 현장을 생생하게 전하는 기록이다. 이 편지는 제법 장문의 글이어서, 그 내용을 전면적으로 검토할 수는 없고, 여기서는 그 핵심만을 명확히 밝혀 두고자 한다.

마르크스가 어릴 때부터 문학에 친숙하여 스스로 시작詩作에 힘썼 다는 사실은 잘 알려져 있다. 이 편지는 우선 자신의 시에 관한 엄격 한 자기비판으로 시작한다. 즉, 그는 자신의 서정시가 '순수 관념론 적'(Marx 1975a: 10)이라고 반성하고 있다. 그리고 이 관념론적 성격 은 '목전에 있는 것과 있어야 할 것의 완전한 대립'(ibid.)에 근거해 있 다고 한다. 이와 같은 자신의 시작詩作을 청산하기로 한 마르크스는,

예를 들어, 그것이 부친의 강한 권고 때문이라는 외적 요인이 컸다 해도, 법학생으로서 자신의 위치와 철학에 대한 욕구라는 내발적 요구를 조정하려는 시도에서 독자적인 법철학을 구축하려(ibid.) 하였음을 분명히 하고 있다. 그때 마르크스는 몇 가지 형이상학적 명제를 서론으로 내세우고, 이들 추상적 명제로부터 구체적 내용을 연역하려고 시도한다(Marx 1975: 10-11). 그런데 '여기에서도, 또한 그중에서도 특히 관념론의 특징이라 할 수 있는 존재와 당위라는 동일한 대립이 커다란 장애물로 드러났다'(Marx 1975a: 10). 이와 같은 실패가 '현실과 당위의 대립'이라는 순수한 철학적인 문제에 기인한다는 것을 깨달은 마르크스는 '철학 없이는 관철할 수 없을 것이다'(Marx 1975a: 15)는 것을 통감하고, '안심하고 내가 몸을 다시 철학의 품에 던질'(ibid.) 수 있었다. 그 후에 '새로운 형이상학적 근본체계'(ibid.)를 썼지만, 그 결론에서 제삼, 존재와 당위를 외적으로 대립시켜 온 자신의 지금까지 사색 전부가 모순에 빠지지 않을 수 없다는 점을 깨달았다(ibid).

즉, 이제까지의 마르크스는 추상적인 형이상학적 원리(형식)로부터 구체적 내용을 연역하려고 해 왔지만(Marx 1971a: 11), 이제 그는 형식과 내용은 그들이 외적으로 대립하고 있는 한, 분열로 귀결하지 않을 수 없다고 확신하기에 이른다(ibid.). 마르크스는 지금까지 자신의 관념론idealism이 칸트 혹은 피히테Fichte에 영감을 받았음을 토로하고(Marx 1975a: 15-16), 이 관념론에서 벗어나 '현실 그 자체에서 이데아(이상)을 탐구'(ibid.)하게 되었다고 고백한다. 칸트와 피히테라는 그때까지의 '성스러운 것'(Marx 1975a: 15)의 장막이 내려지고, '새로운 신들'(ibid.)이 도입되어야만 한다는 것이다. 이와 같은 새로운 신을 마르크스는 어떻게 얻은 것일까?

그가 일찍이 헤겔의 단편을 읽었을 때, 그것의 '그로테스크grotesque한 바위 같은 멜로디'(Marx 1975a: 16)에 곤혹스러웠던 적이 있지만, 세 번의 좌절을 바탕으로 명확한 목적의식을 가지고 다시 읽고, 『클레안테스 혹은 철학의 출발점과 필연적 진행에 관하여』라는 대화편에 의탁하여 자기 철학의 기반을 새롭게 확립하려고(ibid.) 시도하였다. 그 과정에서 셸링Schelling의 자연철학 등도 조금 알았지만(ibid.), 결국 '나의 최후의 명제가 헤겔 체계의 시작이었다'(ibid.). '이렇게 해서 마르크스는 칸트와 피히테로부터 셸링을 통하여 헤겔이라고 하는, 독일 고전철학 자체와 동일한 진화과정을 통과하였다'(Mclellan 1973; 1995: 23). 이와 같이, 마르크스에게 새로운 신이란 칸트와 피히테가 아니고 셸링에게도 없으며, 헤겔에서밖에 찾을 수 없는 것이 확실했다.

여기에서 마르크스는 '존재와 당위의 대립'을 극복하려고 추구한 결과 헤겔주의자가 되었다고 선언하고 있는 것이다.

마르크스가 헤겔에 동의한 것은 무엇보다도, '존재存在해야 할' 것으로서 '이념'의 파악에 관해서였다. 헤겔에 따르면, 이념이란 칸트와 피히테와 같이 현실과 분리되어 서로 대립하는 것이 아니고, 현실 가운데 그 자신의 자기실현을 발견해 가는 것이다.

이념을 현실로부터 분리하는 것은 특히 오성悟性 아래에서 선호되는 것이고, 오성은 그 추상물의 꿈을 무언가 진실인 것으로 굳게 믿고, 특히 정치의 영역에서도 기꺼이 지시하고자 하는 당위sollen에 대해 자만하고 있다. 마치 세계가 그것이 어떠해야 하는가, 혹은 아닌가 를 경험하기 위해 오성을 가지고 있듯이. 그러나 만약 세계가 있어 야 할 것처럼 있지 않다면, 오성이 가진 당위의 당당함 따위가 어디 에 남아 있겠는가?   (Hegel 1970: 48)

칸트의 당위sollen에 대한 비판은 헤겔이 이론에서 규범적인 요소 가 개입하지 않은 순수 실증주의적인, 따라서 보수적인 체계를 쌓는 기회와 인연이 되었다고 종종 오해되고 있다. 그러나 실제는 오히려 반대로, 헤겔이 당위를 이념의 목적으로서 최고로 평가하기 때문에 그것을 현실과 외면적으로 대립시켜 이념을 원리상 실현불가능한 것으로 만들어 버린 칸트의 입장을 당위의 입장으로 비판한 것이다.

"칸트는 자연 혹은 필연과 자유의 목적이 요청되는 조화라든가, 실현되었다고 생각되는 세계의 궁극목적 중에서 내용으로 보아도 포괄적인 이념을 제기하고 있지만"(Hegel 1970: 140), "그래도 사상의 태만이라 불러도 좋을 만한 것을 위하여, 이것의 최고 이념에 직면하 여 당위라는 너무나도 안이한 도피로를 찾아서 궁극목적의 현실적 인 실현에 대해 이념과 실재의 분리에 고착되어 있다. 이에 반해, 생 명 있는 유기체나 예술미의 현존은 이미 감각과 직감에 대해서도 이 상의 현실성을 보여주고 있다"(ibid.). 따라서 칸트에 의한 도덕과 현 실의 관계는 다음과 같은 것이 된다.

그 가운데 세계의 궁극목적이 정립된 선은 처음부터 단지 우리의 선, 도덕률로서 우리의 실천이성이 규정하는 선이다. 따라서 통일은 세계의 상태와 세계의 사태와 우리의 도덕의 일치를 넘어서서 행위하는 것은 아니다. 그 외에 궁극목적, 즉 선은 이 제한과 함께 마땅히 그러해야 할 의무와 마찬가지로 무규정적인 추상물이다. 이 조화에 대해서 다시 그 내용이 진실이 아니라고 정립된 대립이 싹터서 주장되고, 그 때문에 이 조화란 단지 단순한 주관적인 것으로 규정된다. - 신앙하는 것으로서 단순한 주관적 확신으로, 진리가 아니며, 이념에 상응하는 객관성을 갖지 못한 것에 가깝다.

(Hegel 1970: 142-143)

다시 말해 헤겔에 따르면, 이념은 그것이 궁극목적이지만, 그래서 단순한 당위로서 요청된다는 가능성의 입장에 멈춰 서 있어서는 안 되고, 현실에서 실현 가능한 것이 되어야 한다. 즉 이념은 바로 그것을 지향해야 하는 '해야 할' 것이지만, 그것을 지향해야 한다는 것이 그것이 실현될 수 없다는 것에 대한 변명이 되지 말아야 한다. 현실성을 갖지 않은 실현할 수 없는 이념은 진정한 이념이 아니고 단순한 신앙이다. 이와 같은 헤겔의 리얼리스틱realistic한 윤리사상은 마르크스에 법과 국가를 고찰할 때에 그것들을 단순히 기술하는 것만이 아니라, 그것들의 이상적인 형태도 구상하면서 반드시 따라야만 하는 결정적인 기준을 제시하게 된다.

법, 국가, 자연과 같은 살아있는 사상세계의 구체적인 표현에서 전 철학이 여기에서는 객관 그 자체를, 그 객관의 전개 가운데 귀를 기울여 듣고자 해야 하고, 자의적인 분류는 들여오지 말아야 한다. 물질 그 자체의 이성이 그 자체 안에서 상극하는 것으로서 계속하여 먼저 변화해서 자신 안에서 자신의 통일을 발견해야만 하는 것이다.

(Marx 1975a: 11)

이와 같이, 이념과 현실의 대립에 대해 고민하고, 현실 그 자체에서 이념의 실현을 추구한 헤겔과 자신을 결부시킨 마르크스에게 헤겔과의 만남은 맥렐란의 말처럼 '마르크스의 전생애 가운데 아마도 가장 중요한 지적 진전이었다'(Mclellan 1973; 1995: 22).

그러나 맥렐란은 왜 이 만남이 '가장 중요한' 것인지에 대해서는 충분한 설명을 하지 않는다. 확실히 그 이후 마르크스가 규범을 실현가능성을 제거한 형태로 구상하는 일은 없었다. 또한 변증법이 마르크스 평생의 방법론이 된 것도 맥렐란이 시사하는 대로이다. 그렇지만 이때 마르크스는 맥렐란이 주의하지 않은 중요한 방법론을 헤겔로부터 평생 변화하지 않은 사유 스타일로 계승하였다.

그것은 다음과 같은 헤겔 특유의 진리론을 받아들이는 것에서 유래한다. '이념은 바로 대자적으로 진실한 것이고, 개념과 객관성의 절대적인 통일이다'(Hegel 1970: 369). 진리가 한번 이와 같은 이념으로 파악되면, 진리를 통상의 표상과는 다른 깊은 의미에서 확정할 필요가 생기게 된다.

보통 우리는 대상과 표상의 일치를 진리라고 이름한다. 이 경우 우리는 하나의 대상을 전제하고, 우리의 표상은 그 대상에 상응해야 한다. 그러나 철학적인 의미에서 진리란, 추상적으로 표현하면 어떤 내용이 그것 자체와의 일치를 말한다. 따라서 이것은 앞에서 말한 것 같은 진리의 의미와는 완전히 다르다. 이미 보통의 발화자 안에서도 어느 정도, 진리의 보다 깊은 (철학적인) 의미를 발견한다. 예를 들어, 참된 벗이라면 사람은 그의 말에 대해 그의 행동이 우정의 개념과 어울린다는 것을 이해한다. 마찬가지로 진정한 예술품을 이해한다. 이런 경우 진실하지 않다는 것은 그만큼 나쁘다. 그것 자체의 개념에 적합하지 않다고 하는 것을 의미한다. 이런 의미에서 나쁜 국가란 진실하지 않은 국가이다. 그리고 나쁜 혹은 진실하지 않은 것은 일반적으로 대상의 규정 내지는 개념과 대상의 현존재 사이에서 행해지는 모순 가운데 성립하는 것이다.

(Hegel 1970: 86)

올바름Richtigkeit과 진리Wahrheit는 일상생활에서는 종종 동의어로 간주되고, 그러므로 단순히 올바름이 문제가 되는 곳에서 자주 어떤 내용이 진리라고 말해진다. 올바름은 일반적으로 내용이 어떠한 성질인가라는 것과는 달리, 우리의 표상과 그 내용의 형식적 일치에 관련된다. 그에 반해서 진리는 대상의 자기 자신과의, 즉 그 개념과의 일치 가운데 성립한다. 누군가가 아프다든가, 누군가가 도둑이라든가 하는 것은 어찌되었든 옳은 것일지도 모른다. 그러나 그런 내용이 참되지는 않다. 왜냐하면, 병든 육체는 생명의 개념과는 일치하지 않고, 마찬가지로 절도는 인간의 행위 개념과는 조응하지 않는 행위이기 때문이다.　　　　　　　　　(Hegel 1970: 323)

진리란 개념과 대상의 일치이다. 개념은 그러므로 대상의 본질을 진리로서 파악하기 위한 사유형식이다. 그러나 개념은 헤겔에 의하면, 대상이 사실로서 어떤 것인가를 단순히 기술하기 위한 것만은 아니다. 개념이란 그 자체로 '선한' 것이고, 대상이 그것과의 일치를 지향 '해야 하는' 것이다. 따라서 헤겔에게 개념이란 다음과 같은 것이다.

> 존재와 당위를 통일적으로 파악하는 헤겔에게 대상의 개념은 단지 대상에 관한 지식만으로 성립하는 것이 아니고, 오히려 이 대상의 당위로서 이상을 포함하고 있는 것이다. 따라서 그에게 있어 개념은 어떤 대상이 그것이 존재해야 하는 것처럼 존재하고 있는가 아닌가를 판단하는 기준, 척도를 제공하는 규범적 개념도 있어서, 그러한 개념이 당연히 완수하는 기능, 즉 무엇이 한계인가, 무엇이 부정적이고 긍정적인가를 분명히 하는 비판적 기능도 가지고 있다.
>
> (이와부치岩淵 1986: 11)

이와 같이, 청년 마르크스는 헤겔을 통해서 개념을 오로지 기술적인 것만이 아니라 규범적으로도 사용해야 한다는 것을 배웠다.[5] 이것

---

5 헤겔의 진리관에 대한 허만원의 다음과 같은 지적은 계몽적 의미를 지닌다. "대상을 무조건적으로 전제하는 것으로 인해 자신의 의식을 그것이 전제하는 대상에 의해 바로잡아간다고 하는 진리관은 가상적인 실재를 무조건적으로 전제하는 위험을 내포하고 있다. 따라서 헤겔에 따르면, 자신의 의식을 대상에 합치시키기 전에 먼저 대상적 존재 그 자체가 그렇게 있어야 할 사정이 있어야만 한다는 것이다. 그리고 이것이야말로 근원적으로 심오한 의미에서 진리가 되는 것이다. 즉, 헤겔에서 진리란, 존재(das sein)와 당위(das Sollen)와의 합치로서 'das Sein-sollende'이고, 이를테면 존재적 당위라고 할 것이다. 이렇게 해서 헤겔의 진리론은 가상적 현실에 대한 철저한 비판에 의해 끊임없이 'das Sein-sollende'를 추구해 가는 실천적 진리관이라고 할 수 있다"(허만원

은 맥렐란이 주목하지 않았던, '가장 중요한 지적 전진'의 가장 중요한 내용이다.[6] 그러므로 그 이후 마르크스의 이론적 저작(다시 말해 마르크스의 전 저작)에서 마르크스에게 문제의 본질을 begreifen(개념적으로 파악)한다는 것은 단지 대상의 사실적인 본질구조를 파악하는 것만이 아니라, 동시에 대상 자체가 해야 할 이상을 명확히 한다

1987: 92). 또한 헤겔만이 아니라 마르크스도 다음과 같은 입장에 서 있다. "만약 '인간은 사회적 동물이다'라고 하는 명제가 있고, 그것이 참된 본질을 표현하고 있는 바른 반성명제라고 한다면, 그것은 동시에 '인간이란 사회적으로 형성되어야 한다'는 형성적 당위명제도 되어야 한다. 이것이야말로 확실히 본질적으로 파악된 사실명제(=반성명제)와 실천적 당위명제(=형성명제)의 합치, 즉 'Sein'과 'Sollen'의 합치(das Sein-sollende)인 것, 객관적 진리의 실현에 대한 입장에 다름 아니다"(허만원 1987: 104). 그리고 마르크스의 진리관을 다음과 같이 총괄한다. "마르크스가 본질적으로 파악한 사실명제(=반성명제)를 동시에 실천적 당위명제(=형성명제)로서 파악하고 있다는 것, 즉, 단순히 반성적인 것을 동시에 형성적으로 파악하고 있다는 것은 마르크스가 어떻게 실천적 진리관에 서 있는가를 우리에게 보여주고 있다"(허만원 1987: 105). 다만 허만원은 마르크스가 어떻게 해서 그가 말한 '실천적 진리관'의 입장에 서게 되었는가에 대해서 마르크스의 사상형성사를 추적하는 설명은 하지 않고 있다. 허만원에 대해 다카무라 요시아츠(高村是懿)는 '인식이 객관에 일치한다'(개념을 인식한다)고 하는 인식론적 레벨과, '객관이 인식에 일치한다'(개념을 실현한다)고 하는 존재론적 레벨의 통일이라는 헤겔의 진리관을 허만원처럼 그대로 계승하는 것은 가능하지 않다. "어디까지나 진리는 인식론의 문제로 두면서, 진리의 인식에 '그러해야 할 모습'의 인식도 포함하고, 이 '그러해야 할 모습'을 실천하며, 그 실현을 지향하는 것에 의해 진리가 현실의 것이 된다면 족하지 않을까 생각한다"(高村 1996: 120). 검토를 요하는 문제제기이다.

6   이미 장 입볼리트(Jean Hyppolite)가 선구적으로 다음과 같이 제기하였다(원저 1955). "이상과 현실 사이의 대립, 바로 이것이야말로 1840년부터 1848년에 도달한, 즉 헤겔의 법철학에 관한 초기 저작들에서 사상적 성숙의 시기를 지나 세계사에의 진정한 참가가 가능하게 된 『공산당선언』의 출판에서 도달한 젊은 마르크스의 철학적 저작의 주제이기 때문이다"(입볼리트 1970: 117)(vgl. Hillman 1966: 89-95).

는 의미도 포함하게 된다. 예를 들어, '인간'이란 개념은 단순히 인간의 사실적 본질을 파악하기 위한 것만이 아니라, 인간이 그 본래의 이상에서라면 어떠해야 하는가? 라는 질문을 제기하기 위해서도 사용된다.[7]

마르크스는 헤겔과 만났던 수년 후에 헤겔철학의 관념론적 전제와는 완전히 결별한다. 이미 마르크스에게 개념이란 그것 자체가 객관적으로 실재하는 정신이 아니고, '인간의 머리에서 치환되고 번역된 물질적인 것'(Marx 1991: 17)에 지나지 않는다. 그러나 현실의 운동에서 그러해야 하는 상태를 begreifen하려고 하는 자세는 마르크스의 평생 변하지 않은 이론적 관점perspective이었다.

2
최초의 소외개념
- 자유의 근거로서 파렌클리시스(parenklisis)

현실이 본래 그러해야 할 상태가 아닐 경우, 우리는 일반적으로 그 현실은 '소외되어 있다'고 한다. 이런 의미에서 19세의 마르크스는 이

---

7   이것이 다음과 같은 학문적 판단에 대한 마르크스학적 근거이다. "마르크스의 인간학과 역사철학에서 열쇠가 되는 개념들의 본성은 그의 이론적 사상의 성격을 잘 보여주고 있다. 그 개념들은 단순히 기술적이거나 설명적인 것만이 아니라 가치적이고 비판적이기도 하다"(마르코비치(Markovic Michilo) 1995: 18).

미, 후에 스스로 이론의 기초를 소외이론으로 정초하는 준비를 마쳤다고 해도 좋을 것이다. 『학위논문』에서는 마르크스 최초의 소외개념이 고대원자론 철학에 관한 마르크스의 독자적인 이론적 해명의 열쇠로 사용되고 있다. 여기에서는 이 독특한unique한 저작의 핵심적인 부분만을 마르크스 소외론의 한 단면을 분명하게 보여주는 한정된 관점에서 일별하고자 한다.

『학위논문』은 『데모크리토스와 에피쿠로스의 자연철학의 차이』라는 제목이지만, 내용적으로 보자면 오히려 에피쿠로스 자체에 대한 연구논문이라 할 수 있다. 이 논문의 과제는 데모크리토스의 원자론에 대한 에피쿠로스 원자론의 독자적 의의를 해명하고 제언하는 것이다. 해석에 즈음하여 마르크스가 염두에 두고 있는 것은, 에피쿠로스의 원자론은 레우키포스와 데모크리토스의 원자론 이상의 것은 아니라는 헤겔의 결론(Hegel 1971: 309)이었다. 그뿐 아니라 우연적 현상에서 필연적 본질을 발견해 가는 것을 철학의 정신이라고 생각한 헤겔Hegel(1971: 312-313)에게, 근본원리인 원자운동의 우연성을 강조한 에피쿠로스의 사상은 철학의 이름에 가치가 전혀 없는 것이었다(Hegel 1971: 322).

애초 에피쿠로스 원자론의 최대 특징인, 직선으로부터 원자의 기움 = 비낌parenklisis = swerving을 논제로 삼은 것은 그것을 상세히 기록하고 있는 키케로이며, 그는 이것을 빈정거림이 가득한 어조로 전하고 있다.

에피쿠로스는 주장한다. 원자는 그 무게로 인해 직선으로 아래로 떨어진다. 이 운동은 물체의 자연적 운동이다, 라고. 그렇지만 그는 만약 모든 것이 위에서 아래로 떨어지는 경우에 원자는 단 하나도 결코 다른 원자와 충돌하지 않을 것이라는 사실에 주의했다. 이 남자는 그곳에서 허언을 통해 어려움을 회피하였다. 그는 말하기를, 원자는 극히 조금 비껴 떨어진다고, 그러나 그것은 전혀 불가능하다. 이렇게 해서 원자 상호 간의 복합, 연결 혹은 부착이 발생하고, 그리고 이것으로부터 세계 혹은 세계의 전 부분 그리고 세계 안에 있어야 할 것들이 생겨난다. 그것이 완전히 어린애 같은 허구라는 것과는 별개로, 그것은 결코 그것이 원하는 곳에 도달하지 못할 것이다.[8]

키케로는 다른 저작에서도 동일한 내용을 서술하고 있다. 원자의 비낌 등 허구에 의해 무엇인가를 설명하려 해도 가능할 리가 없다고. 그뿐 아니라 『신의 본성에 관하여』나 『운명에 관하여』에서는, 그런 주장은 말하려는 것을 설명하지 못하는 것보다도 더 수치스럽다고 말한다(Marx 1975b: 34; 키케로 2000b: 50). 이와 같이, 원자가 직선에서 기울어진다고 상정하는 것은 그것이 처음 전해진 초기부터 극히 임시변통ad hoc의 가설로 악명을 떨치고 있었다. 헤겔의 경우에도 자의적인 변덕(Hegel 1971: 312)으로 일소에 부치고 있다. 헤겔의 이와 같은 부정적인 평가는 오히려 철학사의 일반적인 전통에 따른 것이

---

8   키케로 『선과 악의 궁극에 관하여』. Marx(1975b: 33) 발췌 인용(키케로 2000a: 21-22).

라 생각된다. 그런데 마르크스 자신은 다음과 같이 매우 독자적인 주장을 한다.

> 원자가 직선으로부터 기움은 곧 무언가 특수하거나 우연히 에피쿠로스의 자연학에서 나타난 규정이 아니다. 그것이 표현하는 법칙은 오히려 전 에피쿠로스 철학을 관통하고 있다.　　　(Marx 1975b: 37)

이것은 당시의 마르크스가 헤겔주의자였던 점을 고려하면 놀랄 만한 주장이라고 말하지 않을 수 없다. 왜냐하면, 여기서 마르크스는 단순한 철학도로서가 아니라 한 사람의 자각적인 헤겔주의자로서 철학사를 연구하고 있기 때문이다. 헤겔주의자에게 헤겔철학사는 그렇지 않은 연구자와는 비교할 수 없을 정도로 중요성을 가지는 것이다. 이것은 마르크스가 초기부터 자신의 강력한 사색력에 절대적인 자신감을 가졌고 독립 독보적인 사상가였다는 점을 보여준다. 이 젊은 마르크스는 헤겔주의자이긴 하였지만, 스승의 학설을 그대로 삼키는 아류의 추종자epigonen가 아니라, 항상 보다 나은 사상의 구축을 목표로 하여 스승의 사상을 환골탈태하려는 지조를 가진 독창적인 사색가였다.

하여튼 악명높은 비낌parenklisis의 사상을 에피쿠로스의 '옥의 티'로 생각하지 않고, 오히려 에피쿠로스의 핵심으로 파악함으로써, 젊은 마르크스는 에피쿠로스로부터 무엇을 이해하려고 했던 것일까? 이것을 명확히 이해하기 위해서, 그것과 대비되는 것으로서 에피쿠로스의 적극성이 도출되는 데모크리토스의 원자론부터 살펴보도록 하겠다.

데모크리토스는 원자론자로 말해지지만, 남아있는 단편에 원자론에 관한 것은 거의 없고 대부분이 윤리사상에 관한 것이다. 한편, 데모크리토스는 매우 많은 작품을 지은 것으로 알려지며, 저술의 주제는 다방면에 걸쳐 있었다고 한다. 이와 같은 자료적인 조건에서 그의 원자론에 기반한 사상체계 전체를 재구성하는 것은 매우 어려운 일이다. 그러나 '그의 사상의 핵심이 무엇이었는가?'라는 점에 관해서는 디오게네스 라에르티우스의 짧은 소개가 그 내용을 잘 전해주고 있다.

> 만물은 필연ananke에 의해 생하지만, 그것은 그것이 '필연'이라 불리는 곳의 요동dīnē이 만물 생성의 원인이기 때문이다. 또한 '유쾌한 심경euthymia'이 인생의 궁극적 목적이지만, 그것은 일부의 사람들이 잘못 이해한 바와 같은 쾌락과 동일한 것이 아니라, 어떠한 공포나 미신, 그 외 무엇인가의 정념에 의해서도 흔들리지 않는 정신(마음)이 그것에 의해 평온함에 머무는 상태에서 시간을 보내는 것이다. 그러나 그는 이 상태를 '행운euestō'이라고도, 또 그 외 많은 이름으로도 부르고 있다. 또한 사물의 여러 가지 성질은 법률이나 습관nomos상의 일에 지나지 않는다. '자연의 본래physis에는 원자와 허공kenon이 있었을 뿐이다'고 한다.
>
> (디오게네스 라에르티우스 1994: 132)

인용문은 이 자연철학이 애초에 무엇을 목적으로 한 것인가, 다시 말해 '에피쿠로스의 철학의 참된 목적은 무엇인가?'라는 것을 단적으로 표명하고 있다. 철학이란 인생의 목적telos인 쾌락euthymia을 획득하기 위한 수단이다.9 이 철학이 가르치는 것은, 만물은 '필연의 소용돌이'에서 생기 때문에, 원자의 운동은 필연적 운동이고, 원자가 조합해서 될 수 있는 만물은 필연에서 성립된다는 것이다. 따라서 이 철학이 가르치는 것은 생활에서 우연이 좌우하고 그것에 의해 마음이 움직이는 경우가 있다 해도, 그 우연은 노모스이고 자연physis에 있어서는 필연이라고 아는 것이다.

> 인간人間들은 자신의 사려없음을 변명하기 위해서 우연의 여신상을 마련한다. 왜냐하면, 우연이 사려와 서로 다투는 일은 드물고, 인생에 있어서 대부분을 바르게 질서 짓는 것은 분별 있는 혜안이기 때문이다.10

다시 말해 철학의 역할이란 강고한 결정론에 세계관적인 근거를 부여하는 일이다. 여기에서 인생의 목적이라는 쾌락euthymia이 단순히 육체적 쾌락과는 구별되듯이, 에피쿠로스의 아타락시아atharaxia로서

---

9 그러나 마르크스 자신은 두 철학자를 대조하기에 급급해서 데모크리토스도 에피쿠로스와 마찬가지로, 윤리사상의 존재론적 전제로서 자연철학을 구상했다고 하는 공통면을 파악하지 못하고, 견강부회(牽强附會)한 '자연철학자 데모크리토스' 대 '윤리학자 에피쿠로스'라는 일면적 대립도식을 세워 버렸다 (Marx 1975b: 31-32)고 생각된다.
10 딜즈-크란츠 단편번호(Diels-Kranz numbering, DK) B119. 인용은 廣川(1987: 295) 발췌.

의 정신적 쾌락에 가까운 것이라고 생각된다. 그러나 데모크리토스에게서 '필연성의 인식'에 의해 획득되는 것이 에피쿠로스에 있어서는 오히려 반대로 이 세계가 결정되어 있지 않다는 사실을 아는 것에 의해 획득된다.

> 자연학자들이 주장하는 운명의 노예가 될 정도라면 신들에 관한 이야기(신화)에 따르는 편이 더 나을 것이다. 왜냐하면, 신화 쪽이 신들에 대한 공경을 통해 운명을 피하고자 하는 소원이 응답된다는 희망을 보듬어 주는 데 반해, 자연학자들이 주장하는 운명의 방식은 어떤 소원도 이길 수 없는 필연성을 가지고 있기 때문이다.
>
> (에피쿠로스 1959: 73)

동일한 원자론자이면서 한편은 '필연성의 인식'에서 인간 행복의 근거를 찾고, 다른 한편은 인간이 노모스에서 어떠하든 피지스에 있어서는 자유라는 점을 명확히 하는 것에서 철학의 존재 이유를 발견한다. 따라서 당연히 양자의 철학은 동일한 원자론철학에 있으면서도 본질에 있어서 대조적인 것이 아닐 수 없다.

이제 에피쿠로스의 원자가 직선을 우연히 벗어나는 이유가 확실해졌다. 만물이 그것의 피지스에 있어서 완전히 결정되어 있지 않다면, 만물의 피지스인 원자 그 자체에 우연의 여지가 남아있어야 하기 때문이다. 그럼에도 에피쿠로스는 이 우연한 비낌parenklisis이 우연이기 때문에, 이의적으로 어느 쪽이라도 좋은 것으로 간주하고 있을 뿐이다. 확실히 루크레티우스가 해설한 것처럼 원자가 단지 직선상을 떨어지기만 하고 서로 반발하지 않는다면, 원자가 결합해서 만물을 생성시키는 것이 불가능할 것이다(루크레티우스 1961: 71-72). 따라서 에피쿠로스에게 우연은 오히려 본질적인 계기인 것이다.

이것이 마르크스가 헤겔의 철학사에 도전하려고 했던 근거이다. 젊은 마르크스는 철학사를 정신의 발전사로서 파악하는 헤겔철학사를 모범으로 채택한다고 선언(Marx 1975b: 13-14)하면서도, 즉 자신의 입장을 헤겔주의로 정립하면서도 어쩔 수 없는 일이기는 하지만 헤겔이 숲을 보고 나무를 보지 않는 태도로 인해 에피쿠로스학파, 스토아학파, 회의주의자 등의 헬레니즘=로마의 사상의 중요성을 알아차리지 못했다고 비판하고 있다. '이 모든 체계는 진정한 그리스 철학사를 위한 열쇠'(Marx 1975b: 14)임에도 불구하고. 헤겔은 비낌 parenklisis에서 문자 그대로 우연밖에 발견하지 못했다. 그런데 마르크스에 의하면, '우연에 의해서, 필연에 의해서, 자의恣意가 법칙으로 고양되는 것에 의해서 결정론이 굽어진다. ... 따라서 원자가 직선적인 길로부터 기울어짐은 원자의 법칙이고, 맥동이고, 원자의 특별한 성질이라고 말할 수 있다'(Marx 1976: 84).

우연의 가상 아래에서 필연적인 본질을 발견하는 것을 철학의 임무라고 생각한 헤겔은 에피쿠로스의 우연한 비낌에서 단지 우연을 보았을 뿐이다. 그러나 마르크스는 헤겔과 동일한 입장에 있으면서, 스승의 에피쿠로스 해석과는 정반대로, 이 우연은 단순한 우연이 아니라 그 본질에 있어서 하나의 법칙이고, 그것은 헤겔철학사가 본래 파악해야 할 대상이라고 했다. 마르크스는 헤겔의 철학사를 독자적으로 개량하려고 한 것이다.

이처럼 마르크스에게는 비낌이 단순한 자의적인 착상이 아니고, 에피쿠로스가 자유의 철학적 근거로서 필연적으로 요청해야만 했던 '법칙'이었다. 그러나 만약 그것이 법칙이라면, 직선운동과의 우연적인 결합이 아니고 그것의 필연적 연관을 명시해야만 한다. 그래서 마르크스가 끌어낸 것이 스승 헤겔철학의 중요원리이면서 헤겔 자신은 에피쿠로스분석에 사용하지 않았던 소외론이다. 즉, 본질의 외재화外在化에 의한 대상화 논리를 원자의 직선운동과 직선에서 기울어짐으로 전용하려 한 것이다.

> 에피쿠로스는 그러므로 원자의 직선운동에서 원자의 질료성을 표현한다면, 직선에서의 빗나감에서는 원자의 형식규정을 실현하고 있다. 그리고 이들의 대립적인 모든 규정은 직접적으로 대립적인 운동으로 표상된다.　　　　　　　　　　　　(Marx, 1975b, 36)

다시 말해 원자의 직진운동과 비낌은 상호부정적인 상호규정 관계에 있다. 그러나 이 두 계기만으로는 실제로 아무것도 생기지 않는다. 루크레티우스가 말했듯이, 에피쿠로스가 비낌을 상정한 것은 직선적으로 떨어지는 원자가 서로 반발하고 상호 결합해서 현실세계를 만들어 내기 위한 필요조건이기 때문이다. 그러므로 직선과 기울어짐은 반발이라는 '부정의 부정'의 계기(야마나까山中 1972: 7) 안에서 지양되어야 한다.

많은 원자의 반발은 루크레티우스가 기울어짐을 그렇게 이름짓고 있는 것처럼 원자 법칙의 필연적 실현이다.   (Marx 1975b: 38)

반발에 의해 원자는 무규정한 근본요소로부터 특정한 성질을 가진 원소로 전화한다. 이것은 본래 성질을 갖지 않은 무규정한 원자(분할될 수 없는 것)의 개념에는 모순된다. 그러나 이 모순은 다시 그것을 지양하기 위한 필연적인 매개이다.

원자의 개념 안에 존재하는 현존재와 본질 사이, 질료와 형식 사이의 모순은 각각의 원자에 성질이 부여됨으로 인해 각각의 원자 자체에 정립되어 있다. 성질로 인해 원자는 그것의 개념으로부터 소외되는 동시에, 원자는 그 구성에 있어서 완성되어 있다. 성질을 부여받은 원자의 반발과 그것과 관련된 집적체로부터 이제 현상세계가 발생한다.   (Marx 1975b: 47)

다시 말해, '모든 성질에 의해 원자는 그것의 개념과 모순하는 현존재를 가지고 외재화된 것으로서, 그것의 본질로부터 구별된 정유定有, Dasein로서 정립된다. 이 모순이 에피쿠로스의 주요한 관심이다'(Marx 1975b: 40).

그런데 에피쿠로스는 원자의 현존재와, 현존재가 목적해야 할 규범으로서 개념과의 사이에 있는 모순을 어떻게 해결하는 것일까?

여기서 가져오는 것이 에피쿠로스의 독특한unique한 신관념으로 알려져 있는 천체meteor론이다. 원자론은 원래 무신론을 지향하였다.

데모크리토스의 단편에서도 신에 관한 말은 수사적인 이유로 사용되고 있을 뿐이다. 에피쿠로스 이론도 원자론으로서 논리적으로 생각하면 당연히 신의 존재에 대한 부정으로 귀결해야 한다. 그런데 에피쿠로스는 신의 존재를 딱 잘라 단호하게 부정하지 않고, 다음과 같이 서술한다.

> 신들은 투명한 바람이 자유로이 지나가는 것이고, 마치 '두 개의 성전 사이에' 있는 듯이, 두 세계의 중간ta metacosmia에 거주한다.[11]

이와 같은 설정은 비낌parenklisis처럼 에피쿠로스 사색의 불철저함을 보여주는 사례라고 생각되어 왔다. 확실히 신들이 원자 이외의 원리에 의해 존립하는 초월자라고 여기지 않는 한, 원자론의 근본원리와 본질적인 모순이 있는 것은 아니다. 그러나 애석하게도 이 신관념에 무언가 적극적인 의미가 있다고 다른 사람은 도저히 생각조차 할 수 없었다. 그런데 마르크스는 천상의 세계에서 신들이 지복한 생활을 보내고 있다는 에피쿠로스의 설정에 착목한다. 여기에서 마르크스는 천체meteor를 원자의 결합에 의해 생겨난 현상세계의 이상理想 그 자체에 대한 표상으로 다시 파악한다고 생각한 것이다.

> 원자는 독립성, 개별성의 형식에 있어서 질료이고, 말하자면 표상된 무게이다. 그러나 무게의 최고의 실현은 천체이다. 천체에서는

---

11 키케로 『점술에 관하여』. 인용은 山本·戸塚(1985: 61) 발췌.

원자의 발전을 형성한 것처럼, 형식과 질료 사이의, 개념과 현존재 사이의 모든 이율배반이 해소되고, 그곳에서 요구된 모든 규정들이 실현되어 있다. 천체der coelestische Körper는 영원하고 불멸하다. 그것은 중심을 외부가 아니라 그것 자체의 안에 가지고 있다. 천체의 유일한 행위는 운동이고, 천체는 공허한 공간에 의해 분리된 직선에서 굽어지고, 반발과 견인의 형태를 만들고, 이 체계 안에서 동일하게 그 자립성을 잘 유지하고, 최후에는 시간을 그것의 현상형식으로서 자기 자신으로부터 만들어낸다. 천체der Himmelskörper란 그러므로 현실이 된 원자이다. 천체에서 질료는 그 자신의 개별성을 받아들인다. 그러므로 여기에서 에피쿠로스는 그 원리의 최고 현존재, 그 체계의 정점이자 종착점을 엿보고 있는 것에 틀림이 없다.

(Marx 1975b, 55)

이와 같이, 원자는 천체meteor에서 그 개념적 본질을 실현한다. 여기에는 '최초기 마르크스가 가졌던 소외의 지양 개념에 대한 모델이 주어져 있다고 생각할 수 있다'(이와부치岩淵 1986, 41-42). 그러나 마르크스의 분석은 여기서 끝나지 않는다. 만약 천체에서 원자가 가졌던 소외의 지양이 결론난다면, 원자론은 신들에 대한 숭배를 장려하는 것에 종지부를 찍게 될 것이다. 그러므로 에피쿠로스는 천체숭배라는 전 그리스민족의 관점에 대립하였다(Marx 1975b: 51). 에피쿠로스의 원자론이란, 루크레티우스에 의하면 종교와 신들에게 억압된 인간이 그들의 멍에를 벗고 진실로 자유하기 위한 것(루크레티우스 1961: 12-13)이기 때문이다. 그러므로 '에피쿠로스의 원리는 자신을 실현하는 곳에서는 그에게 현실성을 가지는 것을 멈추어 버릴 것이다'(Marx 1975b, 57)는 근본적인 모순을 잉태하고 있다. 그러나 이 모순은 에피쿠로스 철학의 기본성격을 역으로 비추는 것이다.

'현상의 세계와 동일한 원자의 세계에서도 형식은 질료와 다툰다. 일정한 규정이 다른 편 규정을 폐기하고, 바로 이 모순 가운데 추상적인 개별적 자기의식은 그것의 본성이 대상화되어 있음을 감지한다'(Marx 1975b: 56). 그러므로 천체meteor에서 '... 질료는 그 개별성을, 형식을, 그 자신에게 받아들임으로 인해 추상적인 개별성을 멈추고 있다. 그것은 구체적인 개별성, 보편성이 된다'(ibid.). 그러므로 '추상적이고 개별적인 자기인식은 그 때문에 천체 안에서 불구대천의 원수를 인식한다'(ibid.). 그리고 실제로는 이 추상적이고 개별적인 자기의식이 '에피쿠로스의 참된 원리'(ibid.)이고, '자기의식의 절대성과 자유가 에피쿠로스 철학의 원리이다'(Marx 1975b: 57).

따라서 에피쿠로스가 천체에서 이상을 보면서도, 그것을 숭배하지 않고 오히려 '경원시 하는' 것은 '.... 자신을 단지 추상적인 보편성의 형식하에서만 아는 자기의식이 절대적인 원리에까지 고양된다면, 미신적이고 부자유한 신비주의에 문호가 개방되기'(ibid.) 때문이다. 그러므로 개별적 자기의식은 한편으로 보편적인 자기의식으로의 고양에 의해 자기에 평온함을 찾으려는 것이지만, 다른 한편 안주하는 땅은 동시에 그 자신의 상실이다. 거기에서 개별적 자기의식에게 남겨진 길은 어디까지나 현실세계에 멈추어 있으면서 현실에 대해 만족할 줄 모르는 비판을 계속해 간 계몽주의의 길이다. '에피쿠로스는 ... 그리스 최대의 계몽가였다'(ibid.). 그것이 『학위논문』에서 마르크스가 에피쿠로스에 대해 부여한 호칭이었다.

　이상과 같이 자유로운 자기의식을 원리로 하는 계몽적 비판의 정당성을 에피쿠로스에 입각해서 제공하려 했던 것이 『학위논문』의 이론적 과녁이었다. 그러나 이것은 에피쿠로스라는 한 사람의 철학적 과녁을 훨씬 뛰어넘는다고 말하지 않을 수 없다. 에피쿠로스 자신은 오히려 지복한 신들의 생활에 대한 생각을 계속하고 세속세계로부터 단절하여 '평온히 생활하는' 것에 의해 현자의 정원인 고요한 유토피아를 건축하려고 한 철학자였다. 여기에는 동시대의 철학자들에 특유한, 가혹한 현실세계로부터의 도피적인 태도가 농후한 경향을 드리우고 있다.

　그에 대해서 마르크스는 에피쿠로스 철학의 이론적 귀결이 실질적인 계몽적 비판의 선양이라고 주장한다. 바로 이것이 마르크스가 에피쿠로스 원자론의 최종적 귀결은 '원자론의 해소'(Marx 1975b: 58)라고 결론지은 이유이다. 이를 통해 마르크스가 학술적인 고대철학 연구로부터 일대회전하여 저널리즘의 현장에서 현실적인actual 시사비평을 부드럽게 전개해 온 점도 수긍하게 된다. 바로 『학위논문』의 도달점이 『라인신문』의 급진적인radical 현실비판의 출발점을 형성했기 때문이다.

나가며

『학위논문』의 마르크스가 에피쿠로스에 의탁하여 표명한 철학적 입장은 자유로운 자기의식에 의한 계몽적 비판이고, 어떤 것도 두려워하지 않는 비판정신이었다. 그리고 그 정신은 바로 후에『라인신문』에서의 평론활동을 통해 유감없이 발휘되었다. 그러나『라인신문』에서의 현상비판은 마르크스로 하여금 헤겔주의적 입장의 한계를 통감하게 했듯이, 계몽적 비판의 출발점이었던『학위논문』에도 또한 헤겔주의 고유의 한계가 있었다.『학위논문』의 마르크스는『독일 이데올르기』의 마르크스와 달리 의식이 생활을 규정하고, 인간 정신활동이 사회를 변혁하는 원동력이라고 믿었다. 이런 의미에서『학위논문』의 마르크스는『독일 이데올르기』의 마르크스에 의해 이데올로그ideologue로서 비판되었던 면면들과의 공통성을 가지고 있다. 그런 한에서,『학위논문』의 마르크스를, 그중에서도 특히 그곳에서 전개된 에피쿠로스 원자론에 대한 호의적 해석은 성숙한 마르크스 사상을 낳은 부분적 요소라고 볼 수 있을 것이다.

그렇지만『학위논문』에서 마르크스의 원자론연구는 논할 거리가 못 되고, 젊은 날 하나의 에피소드에 불과하다고 주장한다면, 그것은 결코 그렇지 않다. 무엇보다도 마르크스의 원자론 해석은 그의 중심적인 철학적 입장인 소외론에 대한 최초의 구체적 전개이기 때문이다. 그렇다고 하더라도, 그 소외론은 어디까지나 헤겔주의 범위 안에 머물러 있었다. 대상화 일반과 소외의 구별에 입각하는 유물론적 마르크스 독자의 소외론[12]이 확립된 것은 후일 『경제학 철학초고』까지 기다릴 필요가 있다.

그러나 마르크스 독자적인 소외론도 헤겔과 마찬가지로 이상을 피안에서가 아니라 차안此岸에서 실현하는 것으로 파악하고, 현실에서 운동과 이상의 간극을 소외라고 하는 관점을 이론의 대전제로 하는 점에는 차이가 없다. 이 전제 자체는 헤겔주의를 떠난 후에도 변하지 않고 유지되었다. 그런 의미에서 마르크스의 지적활동의 최초기에 전개된 그의 원자론 연구를 추적하는 것은 『자본론』의 저자인 성숙한 마르크스에서도 지속하여 흐르고 있는 주저음을 이해하는 데 이바지할 것이다.[13]

---

12 대상화와 소외의 구별에 관해서는 田上(2000), 제2장 '대상화와 소외의 구별' 참조.

13 이 장은 박사논문(田上 2000)의 제1장 '마르크스 최초의 소외개념 - 「부친에 쓴 편지」와 『학위논문』'을 가필수정하여 재수록한 것이다. 박사논문은 간행 이래 망외의 호평을 받아 많은 독자를 얻을 수 있었지만 출판으로부터 20년 가까이 경과하여 구하기가 어렵게 되었다. 지금 다시 기쁘게도 재간행의 희망을 자주 듣지만, 나로서는 그대로 복간하는 것이 아니라 증보개정판을 내고 싶다는 희망을 가지고 있었다. 하지만 언제나 몇 권의 단독저술이나 편저 집필을 떠안고 있는 상태라 갑자기 개정작업에 착수할 수도 없는 상황이었다. 그런데 이번에 원자론에 대한 공저의 자리를 빌어서 1장이지만 새롭게 빛을 보게 하고 싶다는 염원을 가지고 있던 차제였다. 묵은 원고이지만 마르크스연구에서 주변적인 분야의 하나이고 유사문헌이 드문 점도 있어 지금까지도 독자에게 이론적 의미를 가지고 있다고 자부한다. 이번 재수록에 즈음하여 몇몇의 문헌을 접하였지만, 원래 연구축적이 적은 분야여서 이렇다 하게 취할 만한 가치가 있는 것이 없었다. 그렇다고는 하나, 다른 연구 주제에 힘을 쏟고 있던 상황도 있어서 어떻게 해서라도 다루었어야 할 새로운 연구를 간과하고 있을 가능성이 있다. 식자의 가르침을 기쁘게 받고자 한다.

참고문헌

Elster, Jon (1985) *Making Sense of Marx*, Cambridge University Press.

Hegel, G. W. F. (1970) *Enzyklopädie der Philosophischen Wissenschaften im Grundrissen 1830: Erster Teil Die Wissenschaft der Logik mit den mündichen Zusätzen*, Berlin, Suhrkamp Verlag.

Hegel, G. W. F. (1971) *Vorlesungen über die Geschichte dier Philosophie II*, Berlin, Suhrkamp Verlag.

Hillman, Günther (1966) *Marx und Hegel: Von der Spekulation zur Dialeckik*, Frankfurt am Main, Europäsche Verlagsanstalt.

Marx, Karl (1975a) *Karl Marx an Heinrich Marx in Trier* [Berlin,10./11. November 1837], MEGA III⁻, Berlin, Dietz Verlag.

Marx, Karl (1975b) *Differenz der demokritischen und epikureischen Naturphilosophie nebst einem Anhange von Karl Heinrich Marx Doctor der Philosophie*, Viertes Heft, MEGA IV⁻, Berlin, Dietz Verlag.

Marx, Karl (1991) *Das Kapital: erster Band; Hamburg 1890*. MEGA II-0, Berlin, Dietz Verlag.

Mclellan, David (1973, 1995) *Karl Marx: A Biography*. Paramac.

イポリット, ジャン (1970)『マルクスとヘーゲル』宇津木正・田口栄治訳, 法政大学出版局.

岩淵慶一 (1986)『初期マルクスの批判哲学』時潮社.

エピクロス (1959)『エピクロス』出隆・岩崎允胤訳, 岩波文庫.

キケロー (2000a)『キケロー選集10, 哲学Ⅲ』永田康昭・岩崎務・兼利琢也訳, 岩波書店.

キケロー (2000b)『キケロー選集11, 哲学Ⅳ』山下太郎・五之治昌比呂訳, 岩波書店.

許萬元 (1987)『ヘーゲルにおける現実性と実践的把握の論理 [増補版]』大月書店.

田上孝一 (2000)『初期マルクスの疎外論──疎外論超克説批判』時潮社.

田上孝一 (2013)『マルクス疎外論の諸相』時潮社.

田上孝一 (2018)『マルクス哲学入門』社会評論社.

高村是懿 (1996)「ヘーゲル哲学における『概念論』の意義」, 関西唯物論研究会責任編集

『唯物論と現代』第18号, 文理閣.

ディオゲネス・ラエルティオス (1994)『ギリシア哲学者列伝 (下)』加来彰俊訳, 岩波文庫.

マルコヴィチ, ミハイロ (1995)『コンテンポラリィ・マルクス』岩淵慶一他訳, 亜紀書房.

廣川洋一 (1987)『ソクラテス以前の哲学者』講談社.

山中隆次 (1972)『初期マルクスの思想形成』新評論.

山本光雄・戸塚七郎編訳 (1985)『後期ギリシア哲学者資料集』岩波書店.

ルクレーティウス (1961)『物の本質について』樋口勝彦訳, 岩波文庫.

제8장

니체와 원자론

불가분한 자기로부터 분할 가능한 자기로

/

홍고 아사카(本鄉朝香)

제8장
니체와 원자론
불가분한 자기로부터 분할 가능한 자기로

들어가며

니체의 원자론에 대한 언급은, 대개 '주체'를 그것에 비유하여 비판하는 문맥에서 찾아볼 수 있다. 그것 이상 분할할 수 없는 것, 다른 것으로부터 영향을 받지 않는 것으로서 주체를 원자에 비교하는 방식 자체는 이상한 것이 아니다. 그러나 니체의 경우, 원자적 주체를 비판하기 위하여 원자론을 논박하는 자연과학적 이론을 본격적으로 자신의 이론으로 끌어들이는데, 여기에 그의 독창성이 있다고 생각할 수 있다. 이 장에서는 니체의 그런 자세가 잘 표명된 『선악의 저편』(1886/ 이하 『선악』) 제1장: '철학자들의 편견에 관하여', 12절을 다룬다.

이 장에서 긍정적으로 언급되는 원자론 비판자이자 물리학자 보스코비치Boscovic와 니체의 관계에 관해서는 예전에 슐레흐타Schlechta

가 지적하였으며,[1] 근래에는 위트락Whitlock이나 그 외 여럿에 의해[2] 지금까지 간과되었던 보스코비치의 니체에 대한 영향이 강조되고 있다. 그러나 다수의 지적은 니체에 대한 보스코비치의 영향을, 니체의 후기에 결실을 본 힘에의 의지개념과 영겁회귀사상으로 단순 연결해 버리고, 그 사이의 세세한 과정에 관해서는 아직 부족한 것으로 판단된다.

관련하여 이 장에서는 보스코비치의 역학적 발상이 구체적으로 어떻게 니체에게 받아들여졌는지를 세부적으로 밝혀보고자 한다. 이때 반드시 독자에게 친절하다고는 말할 수 없는 『선악』 제12절의 짧은 글을 어떤 정합성을 가진 것으로 취급하고, 할 수 있는 한 제12절 내부에서 해석을 시도해 보려고 한다.

1
『선악의 저편』, 제1장: 철학자들의 편견에 관하여, 제12절

『선악』 1.12절에서 니체는 이전의 원자론, 아직 존속하고 있는 원자론, 이후 채택해야 할 이론에 관해 기술하고 있다. 말하자면 원자론의 과거, 현재, 미래를 보여주는 셈인데, 이러한 관점에 따라 이하에

---

1 Schlechta: 127-140.
2 Withlock: 200-220, Stack: 224-230, Pearson: 6-35.

인용을 3등분해서 보여주겠다.

(1) 유물론적 원자론die materialistische Atomistick은 할 수 있는 한 최고로 공격을 받았다. [...] 이것은 저 달마티아인Dalmatian인 보스코비치 덕분이고, 그는 폴란드인 코페르니쿠스와 함께 외적 검증augenschein에서 최대의 승리를 거둔 적대자였다. 코페르니쿠스는 우리 모두의 감각Sinn에 반해서, 대지는 고정되어 있지 않다는 것을 믿게 하였지만, 보스코비치는 지상에서 '고정된feststand' 최후의 것 - '물질Stoff', '질료Materie' - 대지의 잔여, 미세한 조각으로서 원자에 대한 신앙의 폐기를 우리에게 가르쳤다. 이것은 예로부터 지구상에서 얻어진, 감각에 대한 최대의 승리였다.

(2) [...] 다음으로 우리는 한 가지 더, 보다 치명적으로 원자론에 치명타를 가하지 않으면 안 된다. 그것은 그리스도교가 가장 교묘하게 가장 오랜 기간에 걸쳐서 가르쳐온 영혼원자die Seelen-Atomistik이다. 이 말에서 내가 의미하는 것은 영혼을 무언가 불멸하는 것, 영원한 것, 분할할 수 없는 것, 즉 모나드나 원자로 생각하는 그런 신앙이다.

(3) [...] 여기에서 이야기지만, 지금은 '영혼die Seele'을 제거하고, 그것의 가장 오래되고 가장 귀중한 가설을 명확히 할 필요가 없다. [...] 영혼가설을 새롭게 해석하고, 그것을 세련하는 길이 열려 있다. '사멸하는 영혼sterbliche Seele', '주체복합체로서의 영혼 Seele als Subjekts-Vielheit', '충동 혹은 정감의 사회적 구조로서 영혼 Seele als Gesellschaftsbau der Triebe und Affekte'이라는 개념은 장래의 학문에서 시민권을 갖게 될 것이다.　　　　(KSA5, JGB12, 26)[3]

다음으로, (1)~(3) 각각에 대해 먼저 간략한 해설을 보충해 둔다.

(1) 원자론의 과거

니체가 여기에서 원자를 굳이 유물론적 원자로 표기하는 것은, 특히 물질입자로서의 원자라는 점을 강조하기 위해서이다. 그러나 니체가 물질입자의 실재를 부정하고 있는 것만은 아니다. (1)의 후반을 보면, 니체의 관심은 사물의 실재 여부가 아니고 감각Sinn에 입각한 인식인가, 감각에 상반된 인식인가라는 사물의 인식방법에 있음을 알 수 있다.[4] 일상의 감각에 입각한다면, 대지는 '고정되어feststand' 있다. 코페르니쿠스의 지동설은 이 감각에 반하는 것이었다. 후에 상술하겠지만, 마찬가지로 보스코비치의 이론도 일상의 감각에 반하는 발상을 갖추었다는 점에서 니체에게 찬사를 받았던 것이다. 따라서 이 장에서는 '감각에 입각해 있다'라는 것이 니체에게 왜 비판할 가치가 있었는가를 확인해야 한다.

---

3   니체의 인용에 있어서, 유고에 관해서는 *Friedrich Neitzche, Sämtiliche Werke, Kritische Studienausgabe* (KSA), Bd.1-15, herausgegeben von Giorgio Colli und Montinari, Walter de Gruyter, Berlin/ New York, 1980의 권수와 쪽수를 제시하지만, 출판된 저작에 관해서는 그 제목과 번호 등도 병기하였다(제목 표기는, 『비극의 탄생』GT, 『선악의 피안』JGB, 『도덕의 계보학』GM, 『즐거운 지식』 FW, 『인간적인 너무나 인간적인』MM으로 한다).

4   이것은 『선악』 1.12절 이후 16절에서 그가 플라톤의 형이상학에서 긍정해야 할 것을, '감각을 즐겁게 하는 것에 반대한다'는 '사고법'이라고 하는 점에서 한층 명료하게 간취할 수 있다.

(2) 원자론의 현재

물질적 원자론 다음으로 타도되어야 하는 '영혼 원자론die Seelen-Atomistik'이란 영혼을 '불멸하는 것, 영원한 것, 불가분인 것, 즉 모나드5나 원자로' 생각하는 영혼관이다. 이 표현에서 영혼원자설이란 영혼에 원자의 성질을 그대로 적용시킨 것, 원자화된 영혼 혹은 의인화된 원자라는 의미로 생각된다. 보스코비치의 발상에 의해 물질계에서 쫓겨난 원자론이 이렇게 정신의 영역에서 살아남아 있다는 것이다.

(3) 원자론의 미래

영혼원자론을 대신해서, 니체가 제안하는 것이 '주체복합체로서의 영혼Seele als Subjekts-Vielheit' 가설이다. 우선 이것은 복수의 주체를 하나로 묶는 영혼이라고 생각할 수 있다. 원자론 혹은 영혼원자론이 '불멸하는 것, 영원한 것, 불가분인 것'이라는 성질을 구비하고 있는 것에 대해서, 주체복합체로서 영혼은 복합체이기 때문에 분할의 가능성에 개방되어 있다. 그 위에 이 복수의 '주체' 하나하나가 『선악』의 다른 곳에서는 '영혼'으로 환언되고 있기 때문에,6 이것은 '영혼 복합체

---

5   원문에서는 '불멸하는 것'에서 기원하는 다섯 가지 특징의 앞에 모두 '-로서als'가 위치하여 병렬되어 있는 점에서, 우선 여기서의 '모나드'는 다른 전통적인 원자개념에서 일탈하지 않은 레벨의 모나드적 특징, 즉 모나드의 어원으로 '하나인 것'이고, 그곳에서 파생하는 '불가분할성' 정도를 의미하여 라이프니츠의 모나드 고유의 '자기전개하는 역동성' 등은 고려하고 있지 않다고 생각된다.

6   "'의지의 자유'란, 명령하는 동시에 자기를 그것의 수행자라고 믿는 의욕자의, 복잡한 쾌락의 상태를 가리키는 말이다. [...] 의욕자는 자신이 명령자라고 하는 쾌락에 참가하고, 그것을 행하고, 성취하는 도구로서의 어떤 유용한 '하

로서의 영혼, '즉 하나의 영혼이 복합의 영혼을 내포하는 상태라고 생각된다.

아래에서는 인용(1), (2), (3)의 순서에 따라, 구체적으로 니체의 주장을 확인해 보고자 한다.

2
원자론으로부터 질점(質點)이론으로

1) 강체로서의 원자

'유물론적 원자'가 물질입자로서의 원자라는 것은 추측할 수 있지만, 이 원자가 어떠한 성질을 갖는 것인지 다시 고찰해 보기로 한다.

인용 (1)에서 원자는 '고정된feststand' 물질로 말해진다. 일반적으로 원자들의 집합과 이산離散으로 현상을 설명하는 원자론의 전통에 따르는 한, 이것은 원자가 운동, 이동하지 않는다는 의미에서의 고정은 아닐 것이다. '유물론적 원자'가 물질입자들이라면, 그것에는 물질로서의 연장, 요컨대 원자의 내부가 있다고 생각할 수 있다. 원자 그 자체가 정지해 있는 것이 아니라면, 고정이 존재할 수 있는 곳은 그 원자의 내부가 될 것이다.

그런데 원자내부의 '고정'이란 무엇일까? '고정'을 단순히 '변화하

위에 있는 의지들' – 또는 – '하위에 있는 영혼들'(우리의 육체는 많은 영혼의 집합이기 때문에)의 쾌락을 자신의 것으로 한다"(『선악』 17절).

지 않는 것'으로 바꿔 읽는다면, 그것을 전통적인 원자의 특징인 '불변성', '불가분할성', '상호불가침투성'으로 환언해서 해석하는 것도 가능할 것이다. 그러나 '고정'이 코페르니쿠스가 논박하는 측면의 성질로 등장하기 때문에, 이것을 코페르니쿠스의 지동설에서 지구의 '운동'과 대조적인 '정지'로 환언 가능한 '고정'으로 해석하는 것이 타당하다. '고정되다feststand'라고 번역하는 fest는 '고체Festkörper'를 표현할 때 사용되는 형용사라는 점에 유의한다면, 더욱 '정지'로서의 측면으로 보기 쉬워진다.

일반적으로 '고체Festkörper'라고 할 때, '물체Körper' 내부의 무엇이 '고정되어fest' 있는가 하면, 그것은 물체를 구성하는 원자나 분자 등의 부분들이다. 원자나 분자의 연결이 촘촘해서 용이하게 위치를 바꿀 수 없고 운동하지 않는 것이 고체, 운동하기 쉬운 것이 액체이며, 그것은 현대에도 사용되고 있는 정의이다. 원자, 분자라는 분류를 하지는 않았지만, 이미 17세기에 데카르트는 고체란 물질이 형상을 바꿀 수 없는 것, '(물질을 구성하는) 모든 극소부분이 서로 간에 정지해 있는 quiescere'(Descartes, 71/ 데카르트, 142) 라고 표현하고 있다. 이와는 반대로 '유체의 극소부분은, 같은 힘에 의해 모든 방향으로 운동한다'(ibid.). 이처럼 힘을 가할 때 물체 내부에 부분들의 운동 여부에 의해 고체, 액체가 결정된다면, 그 운동 정도에 따라 액체로부터 고체까지 사이에 무수한 정도 차이가 상정되더라도, 물체 내부의 부분들이 **완전히** '정지'해 있다면 그 물체는 어떤 힘이 가해지더라도 결코 형태를 변하지 않는 완전히 굳은 물질, 즉 강체가 될 것이다.[7] 따라서 원자 내부의 '고정'을 특히 '정지'라고 한다면, 니체가 (1)에서 언급한 것도 강체로서의 원자라고 생각할 수 있다.

물론 앞에서 언급한 것은 물질 일반에 대한 정의이다. 이것을 원자에 적용할 수 있는 조건은 원자가 물질입자인 경우이다. 입자로서의 연장이 있는 이상, 원자는 이론상 부분으로 분할이 가능하게 된다. 물질적 원자가 아톰atom의 말뜻인 불가분할체라는 특성을 충족하기 위해서는, 데모크리토스가 그러했던 것처럼, 이것에 강도라는 특징을 부여할 필요가 발생한다. 다시 말해 물질적 원자는 강체라고 환언할 수 있다.

그러나 강체성을 현실의 운동에서 변화를 제거한 이상화된 모델로 두는 것이 아니라, 현상을 가능하게 하는 본래적 성질로서 원자에게 부여할 때 어떤 불합리가 지적될 수 있다.[8] 현실에서 강한 물체끼리 충돌할 때는 그때마다 힘의 일정한 감소가 보이는데, 에너지 보존법칙에 대한 이 모순을 제거하기 위해서는 힘의 일부가 물체의 접촉면에서 물체 내부의 부분들로 분산한다고 가정해야 한다. 그러나 강체로서 원자끼리의 충돌에서는 애초 부분으로 분해하는 것이나 내

---

7 데카르트는 정지(靜止, quies)를 운동(motus)과 정반대의 것으로 생각하고 있기 때문에(데카르트: 133), 『철학원리』 제2부 54절에서 말한 고체도 강체라고 생각된다.

8 물체 내의 부분이 다른 부분에 대해 비껴서 움직이지 않는다는 경직된 개념은, 본래는 어느 정도 내부가 비껴서 움직이는 현실의 연장을 가진 물질에 대한 경험과 대비에서 추출된 감각이라고 생각되며, 그렇다고 하면 경험세계를 가능하게 하는 논리적 요청에서 발생하였을 원자에 경험에 기반한 특징을 부여하는 전도가 이루어지는 셈이 된다(카시러: 180-182 참조).

부에 대한 영향은 생각할 수 없다(카시러 1979: 181).

보스코비치의 이론은 이 강체로서 원자끼리의 충돌을 고찰했을 때에 발생하는 불합리를 피하는 해결책으로서 구축되었다. 그러나 그 내용을 알고는 있음에도 여전히 보스코비치의 이론에 많은 영향을 준 라이프니츠의 주장을 알아둘 필요가 있다. 『물체의 힘과 상호작용에 관해 경탄할 만한 자연법칙을 발견하는 동시에 그 원인을 추적하기 위한 역학 개요』(1695)에서 라이프니츠는 강체로서의 원자에 대한 비판을 전개한다. 강체A와 강체B가 서로를 향해서 전진하다가 충돌 순간에 반대 방향으로 다시 튀어 나갈 때, 각각의 강체는 결코 자기 힘을 상대의 내부에 넘겨주지 않지만 두 강체에는 전진운동에서 후진운동으로, 중간적인 여러 단계를 경유하지 않고 순간적인 변화가 일어난다. 예를 들어, 충돌의 순간에 속도 제로가 되었다 해도, 결국 운동으로부터 정지, 정지로부터 운동으로의 변화는 비약적으로 일어난 것이다(라이프니츠: 516-517). 그러나 '어떠한 변화도 비약적으로는 발생하지 않는다'는 연속률의 관점에서 라이프니츠는 이것을 불합리하다고 본다.

라이프니츠는 충돌하는 두 물체를 강체가 아니라 '부풀려진 두 개의 구'로 다시 파악해 볼 필요성을 설명한다. 두 물체는 충돌에서 서서히 압축되고, 충돌의 힘은 양물체의 탄성력으로 전화되면서 운동 그 자체는 약해지고 결국 정지한다. 다음으로 물체의 탄성이 복원된다면, 양 물체는 상호 밀어내어 정지로부터 시작해서 연속적으로 증대하는 후퇴운동을 하고, 따라서 서로 가까워질 때와 같은 속도로 회

복하게 되지만 역방향을 향해서 서로 멀어져가며, 만약 두 물체가 동
등한 크기와 동등한 속도를 가졌다면 출발점으로 돌아와 도착한다
(ibid. 517). 그렇지만 라이프니츠가 여기에서 말한 '정지'는 '소멸해가
고 있는 운동, 혹은 극소의 운동'(ibid. 518)으로서 운동의 한 형태로
해석해 바로잡고 있지만, 그에게는 자연계에 문자 그대로의 정지는
존재하지 않는다. 어떠한 물체도 어느 정도의 연성軟性을 가지고 충돌
할 때에는 변형하며 '모든 반발은 탄성력에 의해 생긴다'(ibid.)는 사
례에서처럼, 라이프니츠는 운동과 정지, 물체 외부와 물체 내부의 이
원론을 연속적으로 이어간다.9 이것은 바로 물체의 운동을, 물체끼리
충돌하는 접촉면으로부터 물체 내부로도 침투하는 것으로, 즉 물체
내부에서의 정지를 추방했다는 의미이다.

2) 보스코비치의 이론

니체가 보스코비치를 알았던 것은 29세 경으로, 1873년에 읽은 랑케
Ranke의 『유물론사』를 통해서였다. 이 저작에서 긍정적으로 소개된
보스코비치에 상당히 흥미를 가졌다고 보여지며, 그 이후 니체는 여
러 번 보스코비치의 『자연철학의 원리』를 바젤대학의 도서관에서
대출하여 직접 그의 이론을 배우려고 한 행적이 있다.10

　다시 한번 보스코비치의 이론을 살펴보도록 하겠다. 분명히 앞에

9　한편 데카르트는 정지와 운동을 정반대의 것으로 위치시키고 있다(데카르
　트: 133).
10　Schlechta: 127-140.

서 언급한 라이프니츠의 강체를 염두에 두고 있다고 생각되는 사례가 보스코비치의 『자연철학의 원리』(1758)에도 등장한다. 속도9로 이동하는 강체가 동일한 방향으로 보다 빠르게 이동하는 강체에 추돌하여 속도12가 된 경우, 추돌하기 전과 후에 속도9로부터 속도12로 순간의 변화가 발생한다. 이 속도변화는 중간적인 과정을 경과하지 않고 발생하는 것으로서 충돌의 '순간'에만 주목하면, 하나의 순간이 두 개의 시간을 가지고, 혹은 하나의 강체가 두 개의 속도를 가지게 된다고 보스코비치는 지적한다(Boscovich: 37).[11]

이같은 급격한 속도변화의 불합리를 해소하기 위해, 라이프니츠는 충돌 후의 힘이 물체의 접촉면으로부터 물체 내의 부분들로 분산하고, 운동이 물체 내부로 들어간 것으로서, 운동을 연속적으로 다시 파악하였다. 그러나 보스코비치는 이러한 라이프니츠의 '연속률'을 참고해서 자신이 명명한 바 '연속법칙'(ibid.: 24)이라는 것에 따라, 다시 두 물체의 충돌 이전에도 속도변화가 발생한다는, 충돌 전과 충돌 후 속도변화의 점진성을 강조한다.

이 과정을 가능하다고 하기 위해, 보스코비치는 물질을 질점質點이라는 것의 집합체로 파악한다. 질점은 입자적인 연장을 가지지 않은, 질량만을 가진 단순한 힘의 중심점이다. 이 질점은 중심으로부터의 거리에 따라, 척력, 인력, 척력, 인력....으로, 상호 교체하는 힘의 장으

---

11 순간에 팽창이 없다고 하면, 충돌한 순간에 속도변화가 일어나는 경우 다른 두 속도가 하나의 순간에 귀속하게 된다. 충돌하는 물체의 관점에서 표현하자면, 이것은 다시 하나의 물체가 일순간 가운데 다른 두 가지 속도를 갖는다고 하는 것이기도 하다.

로 둘러싸여 있으며, 최후에는 완만하게 감소하여 인력권에서 멈춘다고 생각한다.[12] 그 때문에 질점끼리는 결코 충돌하지 않고, 동시에 결코 완전히 떨어져 나가지도 않으며, 서로 일정한 간격을 두면서 상호간에 서로 작용하여 정지하지 않고 항상 완만한 운동을 계속한다.[13]

원자론에 대한 질점이론의 발상에서 근본적인 문제점은 '점' 자체가 이미 작용이 출발하는 원인으로서 작용자라는 지위를 가질 수 없게 한다는 점이다. 질점을 특징짓는 것은, 다른 질점들과 관계의 총체로서 하나의 질점을 특징짓는 것은 다른 질점과의 작용, 반작용 가운데 결정되는 그때마다의 속도변화가 된다. 질점은 그곳에서 활동하는 모든 작용끼리의 길항拮抗/상호작용의 '결과'와 '징조'라는 입장으로 물러난다고도 말할 수 있다. 하나의 질점 운동은 확실히 다른 모든 질점의 운동에 영향을 미치지만, 다른 모든 질점의 운동도 다시 하나의 질점 운동을 결정하는 것으로, 여기에서 원인-결과의 관계는 상대적이 된다.

---

12 이 인력의 크기는 거리의 제곱에 반비례하며, 여기에 뉴턴의 인력법칙이 받아들여지고 있다. 질점의 중심은 우선 척력으로 둘러싸여 있기 때문에, 질점끼리는 일정 이상 접근하는 것이 불가능하고, 일정 이상 떨어지면 최종적으로 인력이 작용을 시작하기 때문에, 따로 떨어지는 것도 아니다.

13 다시 보스코비치는 원자의 불가분할성을 보다 추구하여, 질점이론을 연장이 없는 점으로서의 원자 (여기서는 특히 라이프니츠의 모나드)가 떠안고 있는 전통적인 난제 - 연장이 없는 점들 모아서 어떻게 연장을 가진 물체가 만들어지는가 라는- 를 극복하는 이론으로 위치짓고 있다. 연장이 없는 점들끼리는 애초에 인접하게 되는 것이 불가능하지만, 물체를 처음부터 간격을 두고 배치시키는 점들의 집합이라고 생각하면, 점에 연장이 없어도 점들끼리의 '간격' 자체는 유한한 연장을 갖추고 있기 때문에 물체를 점들끼리의 간격(에서 작용력)의 집합으로서 재파악하는 것이 가능하기 때문이다.

카시러는 여기에서 '물질적인 연속체가 연속법칙에 의해 파기된다는 역설적인 결과'(카시러 2003: 102)를 지적한다. '사건의 연속성을 견지하고 엄밀하게 유지하려면, 존재는 불연속적인 온갖 요소로 분해하지 않을 수 없다.' 연장물체끼리는 접근작용에 의해서 밖에 힘을 미치지 않기 때문에 작용은 일정한 길이밖에 갖지 못하지만, 질점은 이러한 관계를 뒤집어서 외견상은 불연속의 극점으로서 힘의 점點이면서 원격작용에서 자기를 감싸는 모든 환경과의 관계성이라는 연속을 체현한다고 할 것이다.

다시 말해 인용 (1)의 '감각에 반한다'는 것은 이 보스코비치의 독특한 물질관을 가리키고 있다. 시각과 촉각 등 우리 인간의 감각 일반은 물질과 확고한 모양을 가지고 그곳에 고정되어 있는 것으로 파악하기 쉽지만, 질점이론은 그런 물질관을 해체하고, 물질을 유동적인 힘의 집합으로 치환한다. 이미 라이프니츠가 두 물체의 충돌현상에서 물질 내부의 정지를 추방한 것에 이어, 보스코비치는 충돌 이전부터 운동이 시작하고 있다는 질점이론의 도입을 통해, 물질개념 그 자체로부터 정지를 추방했다고 말할 수 있다.

3
영혼원자론으로부터 주체복합체로서의 영혼

1) 영혼에서 고정

다음으로 인용 (2)에서 니체는, 영혼의 형태로 살아남은 원자로서 '영혼원자론'을 타도해야 한다고 주장한다. 이 경우에 영혼의 원자성도 '불멸하는 것, 영원한 것, 분할 할 수 없는 것'이라는 특징이 존재하기 때문에, 인용 (1)의 표현을 사용하여 그것을 고정된 영혼이라고도 고쳐 말하기도 한다.

그런데 고정은 영혼에 어떻게 나타나는 것일까?『선악』1.12절의 내용을 다시 설명하는 것으로 여겨지는 제17절에서 다음과 같이 설명한다.

> "[...] 하나의 생각이 드는 것은, '그것'이 바랄 때에 오는 것이지, '내'가 욕망할 때에 오는 것이 아니다. 그렇다면, '나'라는 주체가 '생각한다'는 술어의 조건이라는 것은 사실의 왜곡이다. [...] '어떤 것이 생각한다es denkt'. 그러나 이 '어떤 것'을 바로 그 이전의 유명한 '나'라고 하는 것은, 온건하게 말해도, 단지 하나의 가정, 하나의 주장일 뿐이고, 어떠한 '직접적인 확실성'도 없다. [...] 여기에서 사람들은 문법적인 관습에 따라 이렇게 생각하고 있다. '사유는 하나의 활동이고, 각각의 활동에는 활동하는 것이 속해 있다. 따라서...'". 이것과 거의 동일한 도식으로, 예전의 원자론은, 활동력에 대해서, 그 활동의 내부에 있고 그곳에서부터 작용하는 물질의 미세조각, 원자

를 요구하였던 것이다.

우리가 무언가를 생각하고 그것을 묘사할 때, '나는 생각한다'고 표현하지만, 이때 이미 '생각한다denken'고 하는 운동 속에, 그 운동을 일으키는 원인으로서의 '나ich'가 있는 것이 아닌가 하는 우리 특유의 관점이 작동하고 있다.

일반적으로는 '내가 생각한다'는 명제는 종합명제라고 할 수 있다. 일상에서 묘사되는 주어 '나'는 '생각하지 않는다'는 술어도 접속 가능하고, 다시 다양한 동작을 그때마다 접속해서 변화시킬 수 있는 어떤 것이라고 생각되기 때문이다. 마찬가지로, '원자가 운동한다'고 하는 경우에도, 이 주어 '원자'에 관해 우리는 '운동하지 않는다'거나, 그 외 종류나 속도가 다른 다양한 운동을 접속하는 것이 가능하다고 생각한다. 이러한 주어의 모양을 환언하면, 다양하게 나타나는 작용 가운데 이 작용을 제약하고 그 자체는 변화하지 않는 것, 즉 실체 혹은 주체가 된다. 그보다는 오히려 이러한 실체나 주체를 현상으로 고려하는 우리의 자세가 우선하고, 그것이 우리의 문법구조에도 영향을 미친다고 해야 할 것이다.

이같은 고찰에 입각하면, 인용 (1)에서 역학적인 의미에서 불변성, 즉 정지로서의 고정이었던 원자의 특징이, 인용 (2)에서는 주어로서의 불변성이나 자기동일성으로 의미를 전이하고 있다고 말할 수 있다.

2) 주어의 성립과정

(1) 동등화

물질 내부의 고정은 그것이 역학적인 불합리를 초래하기 때문에 부정되었다. 그렇다면 현상 안에 주어로서 고정적인 것을 고려하는 것은 왜 부정되는가? 이하에서 우리의 인식 성립과 대상의 고정화 관계에 관해 유고遺稿에서 니체가 말한 것을 참고하여 확인해 보겠다.

니체에 따르면, '우리의 모든 인식기관이나 감관은 보존, 성장의 조건들에 관해서만 발달해 있다'(KSA12: 352). 성장, 보존을 위해 식물을 씹고, 체내에 받아들이는 것처럼 우리는 인식에서 대상을 추상화, 단순화하고, '사물을 나의 것으로 만드는 것을 목표하고 있다'(KSA13: 164)는 것이다. 사물이 우리가 계산하고 취급하기 용이해진다는 '유용성'(KSA13: 334)의 관점에서 행하는 대상의 단순화, 추상화에 관해서 니체는 이렇게 말한다. '진리에의 의지란, 고정적인 것을 손에 넣는 것ein Fest-machen, 참되고 지속적인 것을 만드는 것ein Wahr-Dauerhaft-Machen, [...] 이것을 존재하는 것Seiende이라고 바꿔 해석하는 것이다'(KSA12: 384). 여기에도 '고정'이라는 표현이 나타난다. 우리에게 '진리'란 대상이 있는 그대로를 파악하는 것이 아니라, 본래는 비항상적으로서 각각을 변화시키고 있을지도 모르는 세계를 우리에게 이해하기 쉬운 형태 - 고정화하고, 존재화한 것 - 으로 다시 만드는 것이다. 현상의 고정화에 관해서, 다시 니체는 다음과 같이 말한다.

우리의 사고에 본질적인 것은 새로운 소재를 옛적의 범형範型 안으로 집어넣는 활동 (프로크루스테스의 침대), 새로운 것을 동일한 것으로 만드는Gleich machen des Neuen 활동이다.　　　　(KSA11: 687-688)

　　프로크루스테스가 침대의 길이에 맞추어 객인의 몸을 무리하게 잡아늘리거나 절단하는 것처럼, 인식할 때 우리가 행하는 것은 새로이 마주하는 인식대상을 난폭하게 이미 알고 있는 것에 덧붙여서 형성해 왔다는 사실이다. 시간을 관통하여 고정적으로 지속하는 것에 대해서, 본래는 그때마다 다르게 순간순간 출현하는 것을 어떤 순간에 나타나는 것과 서로 이웃하여 다음 순간에 나타나는 것과 반복적인 동일시가 필요하다. 따라서 니체는 누차 생성이 고정화 혹은 존재화하는 과정 자체에 밀착해서 앞에서 기술한 바와 같이 '동등화 한다 gleich machen' 혹은 '동일identisch'한 것이 '회귀Wiederkehr'한다는 표현을 사용한 것이다.[14]

(2) 현상의 이중화

그러나 '동일한 사물'은 단지 지속물로서 고정되어 있는 것만은 아니

---

14 "생기를 산정할 수 있는 것은 그것이 어떤 규칙에 따르고 있다거나, 또는 어떤 필연성에 복종하고 있다거나, 내지 어떤 인과의 법칙을 우리들이 모든 사물의 위에 투영한다는 것 때문이 아니다. 그것은 '동일한 경우의 회귀(die Wiederkehr identischer Fälle)' 때문이다"(KSA13: 276). 이 장에서는 인간의 인식상태에 관해서 우리의 다수가 인식을 자신의 고유한 입각점에서 자의적으로 행하고 있다고 하는 것에 무자각하다는 점으로 좁혀서 얼마간 비판적으로 소개했지만, 니체의 인식론은 여기에서 끝나는 것이 아니다. 인식자의 고유한 입각점에서 행한 대상의 해석으로서 '가상'의 적극적인 의의를 지적한 저술로는 村井則夫『니체 가상의 문헌학』(知泉書館, 2014)이 있다.

다. 이러한 동등화에서 나아가 현상 속에 있어 불변인 동시에 현상의 제약이 되고 있는 것, 즉 작용에 대한 작용자로서의 실체, 주체라는 개념이 발생한다. 그러나 현상 속에서 작용자를 보는 것 자체를 이제까지 보아온 인식의 성립과정과 대조해 보면 부조리한 점을 발견할 수 있다.

> '주체Subjekt'란, 우리가 가지고 있는 많은 동등한 상태들이 마치 유일한 기체Substrat 덕분인 듯이 간주하는 허구이다. 그러나 우리의 방식이 애초에 이 상태들의 '동등성Gleichheit'를 만들어 놓은 것이다.
>
> (KSA12: 465)

우리는 제현상의 근저에서 그 현상들을 제약하는 원인으로서 주체나 실체를 상정하고, 현상들의 동등화를 이 주체가 제약한 결과로 간주한다. 그러나 이미 상술한 바와 같이, 동등성은 주어진 것이 아니고 우리가 애초에 현상을 동등화해 놓은 것이기 때문에, 동등성의 원인으로서 주체를 두는 것은 동일한 현상을 먼저 결과로 보고, 다음에 그 결과를 일으킨 원인으로 보는 현상의 이중화이다.

그럼에도 "실체라는 개념은 주체라는 개념의 결과이고, 그 반대는 아니다"(ibid.), "우리의 생명감정, 힘감정의 정도[...]가, '존재', '실존성', 비非가상의 척도를 우리에게 부여한다"(ibid.)고 한다. 다시 말해, 타자로부터의 영향을 받지 않고 능동적으로, 사물의 원인으로 행동하고 있다는 우리 자신의 실감實感이 주체개념을 생기고, 주체개념의 타자에로의 전용이 현상의 근저에 있어서 자신은 변화하지 않는 현상의 원인으로서 실체개념이 된다고 하는 것이다.

(3) 단순화

주의해야 할 것은, 우리가 자연계에 주체를 투영하는 것은 그곳에서 무엇인가 변화나 운동이 인식되는 때뿐이라는 점이다. 자연과학적 인식에 있어서 우리는 '원인과 결과를 잘못 물질화verdinglichen'(KSA5; JGB21, 35)하고, '결과가 드러나기까지 원인을 말살하려고 한다'(ibid.). 결과를 현전시키지 않는 것은 원인이라고 간주되지 않으며, 따라서 그곳에는 주체개념도 주체의 의도도 투영되지 않는다. 다시 말해 작용이 없는 곳에는 작용자도 작용자의 의도도 없고, 작용이 있는 곳에는 항상 작용자와 작용자의 의도가 있는 것이다. 게다가 원인도 결과도 물질화된다고 하는 것은, 사건 전체가 '한 다발의 물건'으로 파악될 수 있는 시야의 범위 안에서 만족하고 있는 것이다.[15]

이상의 논의를 정리하면, 고정화란 첫째, 현상의 동등화이다. 둘째, 동등화를 마친 현상의 근저에서 그 동등한 작용을 발생시키며, 그 자체는 불변인 작용자로서 '고정된 것'을 계속해서 불러오는 것이다. 제1단계에서 동등화가 인식자로서 우리가 파악하기 쉬운 명료하고 단기적인 현상의 종류를 수집하는 작업이라 할 수 있다면, 제2단

---

15 이미 니체는 『즐거운 지식』에서도 기술하고 있다. "원인과 결과라는 이원론은 필시 존재하지 않는다. 실제로 그곳에 있는 것은 하나의 지속태이고, 그 약간의 부분을 우리가 분리시키는 것이다. 마찬가지로 우리는 운동을 언제나 분리된 많은 점으로만 지각하며, 따라서 실제로는 운동을 보는 것이 아니라 그것을 추론하고 있다"(KSA3: FW112, 473).

계에서 불러온 고정화된 작용자가 불러 일으키는 것도 당연하면서 단순한 작용이라고 생각할 수 있다. 따라서 원자론에서 원자는 어느 정도 단순한 작용의 원인으로밖에 생각되지 않는다.

3) 영혼원자론의 문제점

인식에서 행해지는 것은 현상의 근저에 실체를 불러오는 것이고, 그 실체개념은 주체개념에서 발생한다. 더욱이 그 주체는 특히 단순한 작용의 주체로서 구상된다. 다시 말해, 여기에서의 '주체'는 보편적인 주체상이라기보다 어떤 특정한 주체상에 대한 투영의 산물이라고 말할 수 있다.

그것이 어떠한 주체상인가에 대해서는 『선악』의 해설서인 『도덕의 계보학』 제1논문 13절이 참고가 될 것이다. 여기에서 니체는 주체라는 것을 강한 주체와 약한 주체로 양분한다. 그런 다음 강함이 다른 주체끼리 서로를 어떻게 인식하는지에 관해 다루고, 특히 강자에 대한 약자의 불평을 비판적으로 소개하고 있다. 여기에서는 비판을 두 가지로 분류한다.

우선 첫 번째부터 보도록 하겠다. 약자가 본 강자는 어린 양이 맹수에 대한 그런 감정과 같이 항상 도덕적으로 '악하다böse'. 이미 살펴보았듯이, 우리는 주어에 술어가 접속되는 종합명제적인 언어구조 안에서 현상을 인식하는 경향이 있다. 이러한 구조에서라면, '맹금猛禽이 어린 양을 덮친다'는 상황은 '맹금'이라는 주어에 '어린 양을 덮친다'라는 술어 이외의 술어가 접속될 가능성 - '맹금이 어린 양을 덮치지 않는다', '맹금이 어린 양을 보호한다' 등 - 을 항상 남기고 있다. 이런 경우, 무수한 술어의 가능성 가운데에서 실현한 술어가 '어린 양을 덮치다'인 경우, 왜 그 술어가 선택되었는가라는 문제가 발생한다. 이 경우, 주어와 술어의 다리를 놓기 위하여 도입된 것이 주어의 '자유의지'이다.

> 마치 일반인das Volk이 번개를 그 섬광으로부터 떼어놓고, 섬광을 번개라는 한 주체의 작용이고, 활동이라고 생각하는 것과 같이, 일반인의 도덕die Volks-Moral도 또한 강함을 강함이 나타남에서 분리하고, 자유롭게 강함을 드러내거나 드러내지 않는 중립적인 기체Substrat가 강자의 배후에 존재하기라도 하는 것처럼 생각한다. 그러나 그러한 기체는 어디에도 존재하지 않는다. [...] 작용이 전부이다.
>
> (KSA5; GM13, 279)

허공의 번개라는 자연현상을 인식할 때, 사람들이 그것을 '번개가 빛난다' 등으로 표현하고, '번개'와 '빛난다'가 분리되어 있는 듯한 언어구조 가운데에서 현상을 파악하듯이, 인간이 관련된 인식 현상에 즈음에서도 인간과 인간이 일으키는 현상의 분리가 행해진다. 특히 인간에 관련된 현상에 관해서는 현상의 주어가 다양한 현상을 **자유로이** 선택하는 주체로서, 즉 현상의 책임을 돌릴 수 있는 원인으로서 해석되기 때문에 이 인식은 도덕적 성격을 띠게 되는 것이다. 다시 말해, 어떠한 현상을 '강자가 힘을 휘두른다'고 표현하는 경우, '강자'라는 주어에 '힘을 휘두른다'라는 술어가 부가되어 있는 것처럼, 작용자와 작용을 분리해서 파악하고 있는 것이지만, 그 해석에는 강자는 힘을 휘두르지 않을 수 있어서 항상 자유의지로 힘을 휘두르는 것을 선택하기 때문에 '악하다'는 도덕적 가치평가까지도 부착되어 있는 것이다. 강자라고 하는 주체에 자유의지가 있다는 상정은 특히 강자에 대한 약자의 불만의 근거가 된다. 그러나 니체는 이러한 자유의지를 가지며, 작용을 일으킬 때까지는 중립적인 주어 같은 것은 존재하지 않고 '작용이 전부이다'라고 본다.

그 근거에 관해서는 이 장 제3절의 2, '주어의 성립과정'에서 살펴본 유고遺稿에 쓰인 니체의 기술을 보도록 한다. 인식의 성립과정에 대한 그의 견해에 비추어 보면, '강자', '강자가 힘을 휘두른다'라는 표현에는 이미 현상의 이중화가 있다고 말할 수 있다. 무엇인가를 '강자'라고 인식하기 위해서는 '힘을 휘두른다'라고 표현하는 두드러진 현상이 반복해서 확인되고, 그와 같은 반복현상 가운데 '힘을 휘두른다'는 현상을 반복해서 일으킬 정도로 강함을 가진 주체를 상정하는 그런 과정이 필요하다. 강자로서 인정되는 근거는 '힘을 휘두른다'는 표상(의 축적)으로 향하는 방향이고, 그 반대는 아니다. 그럼에도 불구하고 '강자가 힘을 휘두른다'는 표현은 그러한 '강자'의 출신을 은폐하고, '강자'가 '힘을 휘두른다'라는 표상의 근거, 원인인 것처럼 보이게 한다. 따라서 강자에게 힘을 발휘하지 않기를 요구하는 것은 불합리하다고 말할 수 있다. 힘을 휘두른다는 표상만을 자의적으로 수집하고, 그러한 현상을 일으키는 존재를 강자라고 이름지었는데, 이후에 당초 현상의 수집단계에서 휘둘렀을 법한 다른 현상을 이 강자가 불러일으키는 것으로 주장하기 때문이다. 마찬가지로 약자가 약함 이외의 현상을 일으킬 것처럼 생각하는 것 또한 잘못이다. 약자는 약함의 표현이 집적된 이름이기 때문이다. 따라서 약자가 스스로를 '선하다'고 하는 것은 '우리는 우리의 힘에 부치는 것은 무엇 하나도 하지 않기 때문에 선인이다'(KSA5; GM13, 280)라고 말하는 것과 같다.

비판의 두 번째는 약자의 자기이해에 관한 것이다. 앞에서 서술한 바와 같이, 자유로이 작용을 선택하는 주체로서 강자를 비판하는 약자는 같은 원리로서 자신들의 상태를 다음과 같이 해석한다. '우리는 악인과는 다른 존재, 즉 선인이 되지는 않을까? 그리고 그 선인이란 폭압을 가하지 않는 것, 어떤 사람도 상처 입히지 않는 것, 공격하지 않는 것, 보복하지 않는 것, [...] 겸손한 자, 공정한 자의 일이다'(KSA5, 280). 이것을 보면 약자는 강자에게 습격당하는 상태를 적극적으로 선택하고 있는 것처럼 자신을 해석하고 있다는 것을 알 수 있다. 다시 말해, 강자에게 습격받는다고 하는, 자신의 행위가 봉쇄되는 일에 관해서도 자신들이 의도적으로 선택한 행위처럼 파악함으로써 자신들에도 주체성이 있다고 주장한다. 강자는 무엇이든 의도대로 일을 행할 수 있고, 행위와 의도가 어쩌면 미분화한지도 모를 정도로 어김없이 일치한다고 생각한다면, 행위에 대해 의도가 반드시 수반한다고 특별히 강조해야 하는 쪽은 오히려 약자라는 것이 분명하다. 행위에 새삼스럽게 의도가 덮어 씌워져 있는 것이다.

그럼에도 여기에서 '행위'라는 것은, 하나의 일 ─ 강자의 관점에서 보면 '약자를 학대한다'고 하는, 또한 약자의 관점에서 보면 '강자에 학대당한다'는 - 것을 가리키고 있지만, 이 일의 처음과 끝을 결정하는 것은 능동적으로 움직임을 시작하고, 만족한 시점에서 행위를 정지할 수 있는 강자 쪽이다. 여기에서 양자의 힘의 차이가 있으면 있는 만큼, 제3자의 관점에서 본 윤곽은 명료한(효과가 크고, 단기적으로 결과가 나온) 것이다. 이것은 물리현상에 대한 인식의 경우와 사정이 동일하다. 우리가 현상 가운데 그 현상을 일으키는 원인으로서 무엇인가의 실체, 주체를 고려하는 것은 거기에서 분명한 운동을 인정할 수 있을 때뿐이었다. 인간끼리의 현상에서도 물리현상에서도 주체는 명료한 작용의 원인에게 부여된 인식표이다. 니체는 실체개념은 주체개념에서 파생한 것이라고 보고, 동시에 그 주체개념은 명료한 현상을 일으킬 수 있는 것만으로 고려하는데, 결국 종래의 주체개념이란 강자를 모델로 한 것이라고 결론짓는다.

또한 의도와 행위가 미분화한 듯한 강자를 현실의 세계에서 발견하기 어려운 점을 생각하면, 대부분의 사람이 약자적 존재방식을 택하고 있다고 말할 수 있다. 그럼에도 불구하고 약자는 (이상화된 비현실적인 존재인) 강자에 대해서 몸을 보호하고 강자를 비판하는 데 있어서 강자를 모델로 한 주체개념에 의지하는 셈이 된다. 약자가 의도했다고 주장하는 '강자에게 당하다'는 현상은 관점을 뒤집으면 '약자를 이기다'는 강자가 일으키는 현상이고, 약자는 자신의 의도에 귀속되는 현상을 항상 단시간에 결과를 나타내는 강자의 작용에 맞추어 짧게 잘라내지 않을 수 없다. 결국 약자가 주장하는 주체는 강자의 주체를 모방하는 것에 지나지 않는다.

따라서 인용 (2)에서 니체의 영혼원자론 비판은 대부분 인간의 주체개념이 '강자'에 맞추어 부당하게 왜곡되어 있다는 점을 향해 있다. 또한 인용 (1)이라는 과거의 문제를 경우하여, 현재의 문제로서 인용 (2), 인용 (2)의 문제에 대한 미래의 해결책으로서 인용 (3)이 있기 때문에 인용 (2)에서 종래의 주체개념비판은 『선악』 1.12절의 요체라 할 수 있다.

4
주체복합체로서의 영혼

1) 질점이론의 의인화

원자론을 해체한 것이 질점이론이기 때문에, 『선악』 1.12절을 독해하면서, 의인화된 원자론으로서 영혼원자론을 해체하는 것은 의인화된 질점이론이 아닐까라고 해석할 수도 있겠다. 실제로 니체가 인용 (3)에서 '우리끼리 말하자면 [...] '영혼'을 제거해서 이것의 가장 오래되고 가장 귀중한 가설을 단념할 필요는 없다'고 말하는 것을 보면, 영혼까지 해체하려고는 하지 않고 의인화의 입장에 머무르려고 한 것으로 파악할 수도 있다.

원자의 객관적인 경도가 영혼원자의 주관적인 지속감각으로 치환되는 것처럼, 질점의 의인화가 있다면 그것은 각 질점의 시점에서 주관적으로 질점적 세계 전체를 다시 파악하는 것이다.

예를 들어, 『선악』 20절을 보면, 니체는 (3)에서 '주체복합체로서의 영혼'을 의인화된 질점과 유사한 모델로 이해하고 있는 것을 알 수 있다. 20절에서 니체는 복합체로서 주체 본연의 상태를, '의욕은 무엇보다도 복합체이다'(KSA; JGB20, 32)라고 표현한다. 그 복수의 의욕 집합체 안에서 '지금은 이것만이 필요하고, 다른 것은 필요하지 않다'(ibid.)는 그때마다의 가치판단에 따라 요구되는 의욕이, 그 외의 불필요한 모든 의욕에 복종을 강제한다. 다시 말해 복합체로서, '우리는 항상 동시에 명령자이고 복종자이다'(ibid.)는 것이다. 이렇게 복잡한 관계에서는, '대부분의 경우에는 **명령의 결과 혹은 복종, 즉 어떤 행위가 기대되는 경우에만 의욕하게**'(ibid.) 된다. 니체는 생리적 충동이라는 의식되지 않는 의욕도 고려에 넣고 있는데, 신체에 그러한 충동을 일으키는 요인을, 예를 들어, 결국에는 신체의 경계를 초월하여 확장된 환경 전부가 가능성으로 부상해 온다. 즉 이것은 하나의 의욕이 생성하는 것에는 그것을 둘러싼 전 환경의 모든 작용이 필요**할 수도 있다**는 통찰이다.[16]

무수한 의욕들 가운데 하나의 의욕이 지배적으로 행동하는 듯한

---

16 "어떤 행위에 직접적으로 접해 있는 선행사상은 그 행위에 연관되어 있다. 그러나 더 거슬러 올라가면, 다시 그것을 넘어서는 것을 암시하는 선행사상이 있다. 각각의 행위는 동시에 훨씬 포괄적인 이후 사실의 하나이기도 하다. 단기과정과 장기과정은 분리되어 있지 않다"(KSA2: 283)라는 주장은 당시 발달하기 시작하였던 심리학이나 생리학에 의해 의식의 활동은 무의식이나 생리적 반응과 무관하지 않으며, 의식할 수 없는 것의 영향은 우리가 생각하는 것보다 훨씬 큰 것 같다는 통찰을 니체가 가지게 되었다는 것과도 관련이 있다고 생각된다.

형세가 되는 경우, 그 한 의욕의 관점에서 '지금은 이것만 필요하고, 다른 것은 필요하지 않다'고 느끼지만, 그러한 감각 자체는 이미 다른 모든 의욕에 의해 충분히 이전부터 준비되어 있었을 가능성이 있다. 따라서 명령은 복종이 기대되는 경우에만 의욕되는 것이다.

이것은 질점의 상황과 유사하다. 하나의 질점의 관점에서는 그 질점의 운동으로 인해 다른 모든 질점이 영향을 받는다고 말할 수 있지만, 그 하나의 질점 운동 자체도 다른 모든 질점으로부터 영향의 산물이기도 하다. 질점의 운동을 다시 의인화 해석하여 하나의 질점에 주관적인 시야를 부여할 경우, 그것은 주변 질점의 힘이 그곳을 향해 밀어닥치는, 그래서 자신의 중심부로 작용하는 척력과 대항하여 싸우는 장이 될 것이다. 또한 시계視界는 하나의 질점에 고정되고 제한되어 있는데, 명료한 현상만이 시야에 들어오기 쉬운 주관의 경향으로 인해 하나의 질점은 거리가 멀어짐에 따라 다른 질점으로부터의 영향을 의식하기 어려워진다. 그러면 하나의 질점 시점에서 자기인식은 자신의 시야와 인식이 미치는 범위 내에 있는 다른 질점과의 주고받기에 한정되는 것이다.

다시 말해, 의욕의 집합체에 대한 예화는 질점의 집합체에서 하나의 질점의 관점에 서서 그 상태를 주관적, 심리적으로 다시 이야기하는 것이라고 생각된다. 주관은 바로 주관으로서 인식의 한계를 가지고 앞서 기술한 복잡한 작용관계를 주관에게 감각될 수 있는 범위에서밖에 묘사할 수 없다. '주체복합체로서의 영혼'이란, 하나의 주체(영혼)가 복수의 주체(영혼)를 포함하는 것 같이 매우 공간적, 시각적인 표상을 환기시키는 명칭이지만, 여기에서 복합체로서 결합의 바깥면이란 하나의 주체가 복수의 주체를 내포해서 바깥과 사이를 두는 경계선이라기보다는 주체의 입장에서 자신이 받은 타자로부터의 영향을 어느 정도 근처까지 밖에 파악할 수 없다는 '의식의 한계'라고 말해야 할 것이다.

2) 자기분할하는 영혼

논의를 알기 쉽게 하기 위하여, 균질한 질점으로 이루어진 질점이론에 맞추고, 영혼에 관한 표현도 균일하게 해 두고자 한다. 주체 내부의 무수한 주체에 관해서, 『선악』 20절에서 니체가 '의욕Wollen', '의지Wille', '사유Denken', '감정Gefühl', '정동Affekt' 등으로 바꿔 말한 것을 보면,17 주체 내부에 북적거리는 것들에 관한 표현은 그다지 통일되어 있지 않다고 할 수 있지만, 이들은 적어도 방향성이 다른 복수의 '지향성'으로 파악될 수 있다.

이 표현을 '주체복합체로서의 영혼'의 '영혼'에 적용해 보고자 한다. 지향성A와 지향성B의 대립이 있는 경우, 그곳에서 층위를 내리면 양자는 각각 A가 보다 작은 지향성a, b를, B가 지향성c, d를 내포하고, 다시 계층을 올리면 A와 B는 지향성 A*에 포괄되는 한 덩어리의 지향성들로서 다른 지향성 B*와 대립하는 구조로 생각할 수 있다. 영혼의 안에 온갖 영혼이 내포되어 있다는 묘사에 즈음해서 내포하는 영

---

17 유고와 동일한 문맥에서 그것들을 '본능(instinkt)'(KSA11: 289), '충동(Trieb)'(ibid.), '욕망(Begierde)'(KSA12: 433), '격동(zug)'(ibid.)으로도 표현되고 있다.

혼과 내포된 영혼 사이에 질적인 차이가 있다는 것을 니체는 부정하지 않는데, '영혼'으로서 양자는 동등한 지위에 있고, 내포하는 영혼이 내포되는 것과 내포된 영혼이 내포하는 것도 가능한 것으로 파악되기 때문이다.[18]

또한 어떤 계층의 지향성에도 공통하는 니체의 관점은 강한 지향끼리는 서로 단절하고, 상호 차이를 두드러지게 하려는 '거리의 파토스'(KSA5; JGB, 257)[19]를 가지고 있지만, 약한 지향끼리는 상호 차이를 잃고 균일화, 범용凡庸화한다는 것이다.[20] 그렇다면 주체복합체로서 영혼을 가능하게 하는 조건이란 지향성들끼리 강함의 동등성에 있다. 서로 길항하는 강함을 가지고 있지 않으면, 지향성들은 병존할수 없고, 보다 약한 지향성은 보다 강한 지향성에 흡수되어 버리기 때문이다.

타자와 융합하지 않고 타자와의 차이를 벌이려는 강한 지향성이 있는 쪽을 니체는 위대하고 고귀하다고 표현하며, 그 위대함을 대타

18　실제로 니체는 『선악』 전편을 통해 지향성들끼리의 관계를 인간 내부만이 아니라 개인 간, 국가 간, 민족 간, 문화 간, 남녀 간, 도덕 간 등 다양한 계층을 오가면서 고찰하고 있다. 요컨대 니체에 따르면, 한 국가의 경향도, 한 의식의 충동도 공히 지향성으로서는 인격화할 수 있는 계기를 갖추고 있고, 그런 지향성의 하나하나에 '영혼'을 할당하고 있다고 생각하기 때문이다.

19　이것과 상호적으로 힘을 길항하면서 '간격'을 비우고 산재해 있는 질점과의 공통점을 보는 것도 가능하다.

20　"'차이가 증오를 일으키는' 대체로 본성에 있어서 비루함은, 무언가 성스러운 도구나 사람의 접근을 허하지 않는 용기에 들어있는 어떤 고가의 물건이나 위대한 운명의 징조를 가진 책이 눈앞을 지나가는 때, 오수처럼 갑자기 분출한다"(KSA5: JGB263, 217).

적인 것뿐 아니라 자신 내부의 본래 상태에도 동시에 적용하고 있다. 위대한 존재는 타자에 대하여 또 사회에서 '가장 고독하고, 가장 숨겨지고, 가장 일탈해 있다'(KSA5: JGB12, 147)지만, 이 존재는 또한 '광범성과 다양성'(ibid.)을 가진 자, '자신의 모든 덕성의 지배자, 풍부한 의지를 가진 자'이기도 하다.[21] 다시 말해 앞에서 본 주체복합체로서 영혼의 양방향성 - 자신도 그 일부인 거시적인 계층에서 투쟁과 자신의 안에 포함된 미시적인 계층에서 투쟁 - 이 여기서도 보인다. 다양성이 통일되지 않고 다양한 그대로 유지되는 상태에 대해서 니체가 사용하는 '독립Unabhängigkeit'(KSA11: 277)이라는 표현은, 따라서 각각의 지향성이 별도의 지향성에 예속되지 않는 상태, 다시 말해 '각 지향성의 독립'을 지시한다.

과연 내부에서 서로 대립하는 온갖 영혼들을 포함한 영혼이란 최종적으로 분열해 버리는 것일까, 그것과도 서로 길항인 채로 결국 어떤 것도 선택하지 않고 끝나는 것일까? 이것에 관해서 니체가 온갖 영혼들 안에서의 '선택'에 대해 언급하는 중요한 부분이 『선악』 220절에 있다. 이 '선택'에 관한 이해를 깊게 하려면, 먼저 『인간적인 너무나 인간적인 I』(1878)에 보다 상세하게 나타나 있는 견해가 도움이

---

21 『선악』(1886) 출판 전후의 유고에 의하면 니체는, 자기를 단일화하지 않고, '활동들이 최대의 다양성을 가지고 있는' 인간, '주체복합체로서의 영혼'인 채로 유지하고 있는 인간이 드물게 존재한다고 생각하는 듯하다. 그는 그것을 '위대한 인간(der grosse Mensch)'(KSA11: 289)이라 부른다. 위대한 인간은 자기의 내면에 위대한 덕과 함께, 그것과 정반대의 것도 동시에 가지는 대립을 내포하여 '활동들의 최대의 다양성'(ibid.)을 갖추고 있다고 한다.

될 것이다. '주체복합체로서의 영혼'개념을 선취하였듯이, '인간의 자기분할로서의 도덕Moral als Selbstzertheilung des Menschen'(KSA2: MM57, 76)[22]이라는 제목을 가진 이 저작의 57절에서 니체는 다음과 같이 묻는다. 누군가가 무엇인가를 위해서 자기를 희생하는 것처럼 보이는 경우에도 '인간은 자기 안의 무언가를, 하나의 사상, 하나의 사색, 하나의 작품 등을 자기 안에 무언가 다른 것보다 한층 더 아끼고 있는 것, 따라서 인간은 자기의 존재양식을 분할하고, 한편을 다른 한편의 희생에 제공하고 있는 것이 분명하지 않은가?(ibid.). 여기에서 니체는 인간이 자기를 '불가분할적인 것individuum'으로서가 아니라 '분할할 수 있는 것dividuum'(ibid.)으로 취급하고 있다. 이 해석에 의하면, 예를 들어 전쟁에서 병사의 죽음은 적에 의한 것이 아니라 병사 자신이 내부에 안고 있는 온갖 욕구 속에 생에 대한 욕구보다도 조국의 승리에서 자신이 바라는 바도 함께 승리를 얻고자 하는 욕구를 우선하여 따른다는 것이다(ibid.).

다시 말해 개인의 자기희생적 몰락으로 나타나는 현상도 개인 내부의 모든 영혼 속에서 본인이 선택한 어떤 것을 잘라버리는 자기분할의 결과라고 한다면, 몰락하는 개인은 오히려 최상으로 자아를 관철하고 있는 셈이다.[23]

---

22 여기서의 '도덕(Moral)'은 개개인의 행위선택의 동기가 되고, 어떤 활동, 희구, 사모에의 경향이라는 의미에서 사용되고 있다.

23 니체는 이런 사람들에 대해서 '나는 이런 인간에게 그 때문에 한 걸음이라도 길을 양보할 정도라면, 오히려 쏘아서 넘어뜨리는 편이 낫다'고 말하는 완고한 자와 본질적으로 차이가 없다고 서술하고 있다.

3) 비극의 영웅

상술한 바와 같은 영혼이 가진 주인의 한 예로서, 혹은 그와 같은 영혼을 그려낼 수 있는 인물로서, 유고에서 니체는 이렇게 언급하고 있다. '최고의 인간은 모든 충동에 대한 최대의 다양성을 가지고 있고, 그리고 그것을 서로 견뎌낼 수 있는 정도로 최강으로 가지고 있음에 틀림이 없다. 사실 (예를 들어, 셰익스피어와 같은) 기인奇人이 자신의 강함을 표명하는 곳에는, 서로 강하게 밀어붙이지만 제어되는 온갖 본능들이 발견된다'(KSA11: 289).

유고에서는 괄호 안에서만 언급되는 셰익스피어에 관한 내용이 명확하지 않지만, 그때부터 2년 거슬러 올라가『즐거운 지식』제2서 (1882)의 98절이 바로 '셰익스피어를 칭송하여'라는 표제를 가진 이 내용을 보충하는 것이라 생각된다. 98절에서 니체는『줄리어스 시저』를 쓴 셰익스피어가 '브루투스Brutus를 믿고, 이런 종류의 덕목에 일말의 의심도 하지 않았기' 때문에 칭송하고 있다. 이런 종류의 덕목을 니체는 '영혼의 독립Unabhängigkeit der Seele'(KSA3; FW98, 452)이라 칭하고, 다음과 같이 말한다. '그것을 위한다면 사람은 자신이 가장 아끼는 벗조차 희생으로 허용해야만 한다. [...] 즉 사람이 위대한 영혼의 자유로서 자유를 사랑하고, 그의 벗을 위한 이 자유가 위험에 처해 있다면 - 이러한 것을 셰익스피어는 느끼고 있었음에 틀림이 없다'(ibid.).

여기에서도 역시 계층적인 영혼의 관점이 있다. 영혼의 자유를 위해서 가장 아끼는 벗을 희생한 것은 극중의 브루투스이지만, 니체는 그 속에서 그와 같은 갈등을 감지한 작자 셰익스피어의 영혼을 꿰뚫어 보고 있다. 주체복합체로서의 영혼 개념과 동시에 순서대로 상황을 정리한다면 영혼이 그곳에서 자유롭게 되고, 그곳에서 독립하는 '그곳'이란 벗에 대한 사랑이기 때문에 '자유'와 '벗에 대한 사랑'이라는 두 가지의 갈등이 아마도 작자 셰익스피어의 영혼 안에 존재하는 것이다. 머지않아 '자유'를 중요시하는 덕을 브루투스가 체현한다고 니체는 보고 있는데, 브루투스가 척살한 벗 시저_{Caesar}는 그대로 브루투스를 포용하는 '벗에 대한 사랑'의 체현이라고 추정할 수 있다. 브루투스 자신도 갈등을 극복하고 시저를 살해하기 때문에[24] 브루투스의 내면에도 셰익스피어 영혼의 내부 모형으로서 '자유'와 '벗에 대한 사랑'의 갈등이 있었다고 생각된다. 다시 말해, 애초 셰익스피어의 영혼 속의 갈등이 브루투수와 시저라는 인격을 만나 연극화된 것이지만, 거듭 브루투스의 영혼 속의 갈등이 브루투스가 사는 현실로서 외화_{外化}되는 가능성을 염두에 두면 여기에는 3단계의 영혼의 계층이 있게 된다.

이와 같은 셰익스피어와 그 작품에 대한 니체의 평가에 따르면, 니체의 비극이해 일반에 대해서도 접근이 가능하다. 비극이란 일반적으로 영웅의 몰락극이지만, 니체는 이 몰락을 다양한 지향성으로 갈라진 것들에 의한 몰락으로 본다.[25] 브루투스의 갈등과 그 이후의

24　검으로 자신의 가슴을 찌르면서, '자네를 칼로 찌르던 그때도, 오히려 지금만큼 나의 마음은 들뜨지 않았다네'라고 시저에게 소리치며 숨을 거둔 브루투스의 최후에는 시저의 암살을 둘러싼 강한 갈등을 읽을 수 있다(셰익스피어: 175).

몰락과 같은 것이 아이스킬로스Aiskhylos의 『속박당한 프로메테우스』의 주인공 프로메테우스로 보인다. 프로메테우스 안에 '인간에게 불을 준다는 지향성'과 '자신의 안정에 대한 지향성'은 결코 양립하지 않고, 전자를 선택한 대가로 후자가 좌절되고, 그는 독수리에게 내장을 먹히는 고통을 계속해서 받는 것이지만, 프로메테우스가 이러한 고통을 적극적으로 받아들이기 때문에 그가 전자의 지향성에 무게를 두고 있는 사실이 두드러지게 된다.[26] 선택되지 않은 지향성이 선택된 지향성의 매력을 역으로 비추는 것이다. 이것은 개인의 내부에 모든 지향성이 분열하면서 동거하고 있기 때문에 가능한 사태인 것이다.

4) 비극의 구조

충동의 다양성은 복수의 충동이 병존한다는 공간적 측면만이 아니라, 최종적으로 다양한 충동의 어느 쪽이 살아남고, 어느 쪽이 멸하

---

25 '활동들의 다양성'(KSA11: 289)은 사람이 '활동들의 모순으로 철저하게 몰락하는'(ibid.) 계기를 내포하고 있다고 한다.

26 니체에 따르면 프로메테우스 전설은 프로메테우스의 위대함이 죄의 무게로 인해 두드러지고, 인류에게 불의 중요성이 (불을 훔친다고 하는) 모독행위에 의해 두드러지는 구조 - 상반되는 가치의 일방이 강해지면 다시 다른 쪽도 동일한 정도로 강해지는 구조 - 를 가지고 있다. 요컨대 『비극의 탄생』에서도 이미 극중 주인공의 영혼의 갈등과 그 작자(혹은 관객으로서 그리스인 전부)의 영혼의 갈등이라는 이중묘사에 대한 니체의 시점이 보인다고 말할 수 있다. 어떤 가치(지향성)는 항상 그것과 상반하는 가치와의 갈등 속에 있다고 하는 구조는 극에서 프로메테우스가 가혹한 벌을 받는 현상이지만, 어떤 지향성의 선택은 언제나 그 나름의 댓가를 수반하지 않을 수 없다는 개념에 대해서 니체는 특히 『비극』에서 그것을 '정의'라고 표현하고 있다(제9장).

는가라는 시간적 추이도 함축한다. 물론 비극에 한정되지 않고 모든 말은 항상 시간적 추이를 가지고 있지만, 여기에서 의미하는 것은 일정 이상의 길이를 가진 인식자 일반의 '감각'을 초월한 추이이다. 보아온 바와 같이, 우리가 대상파악 일반에 즈음하여 행하고 있는 '고정화'란, 빈번하게 일어나는 동등한 현상을 정리하고, 급기야 그런 동등한 현상을 일으키는 하나의 존재, 실체, 주체를 - 타자를 계속해서 이기는 자가 강자, 타자에 계속해서 지는 자가 약자라고 하는 방식으로 - 세우는 것이었다. 이러한 파악방식에 따르면, '영웅'이 '몰락'한다는 것은 본질적으로 있을 수 없다. '영웅'은 영웅적인 현상의 반복에 부여된 명칭이기 때문에 영웅적이 아닌 현상(여기서는 몰락)은 우발적 사태로서 '영웅'의 본질로부터 분리되지만, 만약 그것이 우발적이 아닌 몰락이라고 하면, 그러한 자는 애초에 '영웅'이 아니었던 것이 된다. 그러나 비극에서 확실히 양자는 한쪽이 다른 쪽에 흡수되지 않고 병존하고 있다. 다시 말해, 여기서 '영웅'에 대한 작자 혹은 관객의 인식이 일반적으로 '영웅'이라는 판단을 얻기까지 영웅적 현상의 반복이 요구된 시간을 거듭 넘어서서 인식에서 요구하는 시간의 연장은 '영웅' 개념(나아가서는 주체개념)의 확장에도 연결된다고 할 수 있다.

그리스 비극의 형식도 앞서 언급한 상황을 유지하는 것과 무관하지 않다. 그리스 비극에는 배역을 맡은 자의 수가 적다거나 의상에 의한 제한도 있었고, 등장인물이 사건을 직접 연기하는 경우가 극히 드물었다.[27] 그러므로 많은 경우, 등장인물은 이미 일어난 사건과 그로부터 발생할 사건의 사이에서 괴로워하는 형태로 등장한다.[28]

또한 이야기의 구조로서, 비극은 신화 위에 모든 시대에 걸쳐 신들과 인간들이 직조한 인과의 이야기를 소재로 하고 있어서 공연된 것은 언제나 장대한 역사 이야기의 극히 일부분이게 된다.[29] 게다가 소재는 관객이 누구나 아는 신화이므로, 도입이나 불필요한 설명없이 시작하는 경우도 많다.[30]

이상을 정리하면, 비극에도 원자론에 대한 질점이론과 유사한 상황 – 질점에서 물질원자의 연장을 극한까지 소멸시켜서 오히려 주위에 질점이 미치는 작용영역을 무한으로 연장하는 상황 – 이 발생하는 것을 알 수 있다. 비극의 무대 전체에 관해 말하자면, 긴 신화 이야기의 극히 일부를 절취해서 공연하고, 게다가 배역자의 움직임이 제한되어 있는 탓에 절취한 장면을 명료한 사건과 사건의 '사이'에 설정하는 것은 일견 극의 길이를 더할 나위 없이 잘라내는 것처럼 보인다.

---

27 부르크하르트(Burchhardt)는 고대 그리스 비극의 출연자가 최대 3인이었고, 높은 신발과 가면을 쓰고 움직이기 어려운 모습으로 무대에 오르는 속박이 무대에서의 공연형식을 어느 정도 결정하고, 등장인물이 현장감 있는 장면을 연기하지 않는 결과가 되었다고 지적한다. 다만 그렇다면 왜 배우의 수를 3인 이상으로 하지 않았는가 하는 질문에 대해서 그는 배우의 수를 늘리기보다 배우의 질을 확보하는 편을 당시 그리스인들이 선택한 것 같다는 추측을 언급하는 데 그치고 있다(부르크하르트『그리스 문화사』, 310-311).

28 『결박된 프로메테우스』,『오이디푸스 왕』,『오레스테스』참조.

29 예를 들어,『결박된 프로메테우스』에서 묘사된 프로메테우스가 제우스에 붙잡히는 사건 이전에는 타이탄신족과 올림포스신족의 싸움이 있고, 이후에는 제우스와의 화해가 있다.『오이디푸스』에서 오이디푸스가 범한 죄 이전에는 그의 부친 라이오스의 죄가 있고, 이후에는 오이디푸스의 자식들의 비극이 있다.

30 부르크하르트,『그리스 문화사』, 제3권, 314 참조.

그러나 관객은 국한된 그 장면에서 관객 누구나 이미 지식으로 가지고 있는 신화 전체의 끝없는 이야기를 연결해 갈 수 있으며, 동시에 그 국한된 장면에서 장대한 이야기를 연결하는 인과의 중요한 매듭을 볼 수 있다. 주인공에 관해서도 역시 지나칠 정도로 주인공의 인식과 행위와 자유를 저해하는 적과 운명 그 자체는 그 침해가 앞 시대에서의 저주나 긴 인과연쇄의 끝에 온 경우는 특히 주인공의 주체성 영역을 좁히고, 주인공의 지위를 필연적 인과연쇄의 하나로까지 폄하하는 것으로도 볼 수 있다. 그러나 주인공을 그와 같은 상황에 이르게 된 인과연쇄가 강력해서, 주인공이 특별히 활동할 수 없는 것으로 볼 수도 있는 정도로 그 인과연쇄가 주인공의 내적 갈등 그 자체라는 관점으로 시점을 바꾸는 경우, 앞 단계에서 어떤 하나의 욕구에 쥐버리지 않고 넓게 퍼진 다수의 욕구들을 내부에 병존시킬 수 있는 주인공의 강함이 두드러지게 된다. 그럼에도 온갖 욕구가 투쟁하는 장이 되어 몰락하는 주인공은 단순히 자기 자신과 생명의 보존이라는 협소한 범위에서 자기 지배와는 달리, 자기몰락도 전체에서 극히 일부로 볼 수 있는, 오히려 전체 갈등의 한 징조로 볼 수 있는 극히 넓은 범위의 주체성을 획득한다고 생각할 수 있다.[31]

이러한 비극의 주인공 같은 자신, 분리할 수 있는 자신, 즉 주체복합체의 영혼으로서 자신을 해석하면 약자, 강자라는 구별은 의미가

---

31 각 사람의 개체개념은 이전에 그 사람에게 일어난 일을 한꺼번에 아울러 포함하고 있으며, 세계와의 관계라는 술어를 빠짐없이 내부에 포함하는, 분석명제의 주어와 같은 것에 붙잡힌(『라이프니츠 저작집8』: 160) 모나드적인 인간관, 세계관을 여기에서 읽을 수 있다.

없게 된다. 주체복합체로서 영혼은 단순한 현상을 일으키는 단순한 주체의 형태로 잘라내어진 것을 다시 복잡하고 장기적인 현상으로 되돌려서 약자가 약자답지 않은 상황이 되고, 강자가 강자답지 않은 상황이 되는 것까지도 하나의 주체에 포함하려는 관점이기 때문이다. 고통조차 자신의 내부 갈등에 의한 것이라는 관점은 특히 약자 (결국은 다수의 인간)의 구제에 기여하고, 주체개념의 확장, 쇄신에 기여한다고 생각할 수 있다.

나가며

『선악』 1.12절을 할 수 있는 한 그 내부논리에 조리에 맞게 독해하는 것이 이 장의 목적이었다. 인용 (1)에서 원자론이 질점이론에 의해 논박되었다면, 인용 (2) 이하의 영혼원자론이 주체복합체로서의 영혼으로 논박되는 부분은 영혼원자론을 의인화한 원자론이라 할 수 있기 때문에, 각각 의인화된 원자론이 의인화된 질점이론으로 논박된다고 치환하는 것이 가능하다고 생각할 수 있다. 특히 이 장의 목적은 니체가 말한 주체복합체로서 영혼을 의인화된 질점으로 파악하고, 나아가 의인화된 질점의 구체적인 형태를 자기분할하는 자기로서 비극의 주인공으로 보려고 한 점이다.

의인화된 원자란, 현상을 단순화하기 쉬운 우리의 감각에 의해 파악되는 단순히 하나의 충동을 가지고, 그 충동에 따라 단기간에 단순

명료한 작용을 발휘하는 단순한 주체이다. 다른 한편, 의인화된 질점이란, 같은 정도의 강도로서 서로 대립하는 모든 충동의 갈등을 내부에 떠안으면서 최종적으로 어떤 충동을 선택하고 그 외의 충동을 희생하는 것으로, 자신도 곤경에서 예외에 서지 않는, 장기적으로 복잡한 과정에서 생기하는 주체이다. 후자는 우리의 감각으로부터 가능한 한 분리된 주체상이라 할 수 있다.

물론 후자도 우리 감각의 제약에서 벗어날 수는 없다. 우리가 주체복합체를 주체가 내부에 다수의 주체를 포함하고 있는 듯이 표상할 때, 내부의 주체들 하나하나는 결국 원자적인 단 하나의 충동을 대표하는 단순한 주체가 되기 때문이다. 이 상상력의 한계가 질점이론 자체와 의인화된 질점이론의 다른 점이라 하겠다. 단지 니체는 매우 경제적으로 감각에 따르는 우리 인간의 경향을 이용하면서 그 감각의 틀 밖을 엿보게 하는 데 성공했다고 할 수 있다. 주체는 복수의 주체로 구성된 것, 또 구성하는 주체와 구성된 주체의 사이에 질적 차이를 설정하지 않는 것으로 두고, 주체는 상승방향으로도 하강방향으로도 무한한 층으로 나아갈 가능성이 있으며, 어떤 주체도 그것 이상 분할할 수 없는 최종요소가 아니다. 언제나 계속해서 분할가능하기 때문이다. 인용 (1)에서 감각에 대한 승리를 칭송하면서, 인용 (3)에서 계속하여 '영혼'으로 머무르는 것을 시인하는 니체의 진의도 여기에 있는 것이다. 다시 말해, 감각에 대한 비판이란 감각에 사로잡혀 있는 무자각에 대한 비판이라고 말할 수 있다.

따라서 『선악』 12절이 지시하는 것은 감각이라는 틀의 내부에서 감각 외부의 영역을 의식할 수 있듯이, 주체복합체로서의 영혼이라는 형태로 자기를 다시 파악할 때 우리의 다수가 속하는 약자가 자신의 고난을 자신의 일부로 회수하고, 자기 고난의 주체가 될 수 있다는 것으로 결론짓고자 한다.

참고문헌

Nietzsche, Friedrich (1980) *Friedrich Nietzsche, Sämtliche Werke, Kritische Studienausgabe*, (KSA), Bd. 1–5, herausgegeben von Giorgio Colli und Montinari, Walter de Gruyter, Berlin/New York.

Boscovich, P. Rogerio Josepho (1758) *Theori Philosophia naturalis Redacta ad Unicam Legem Virium in Natura Existentium.* Vienna. / Progeria Josepho Boscovich, Translated by J. M. Child 1966 *A Theory of Natural Philosophy Reduced to a Single Law of the Actions Existing in Nature,* Cambridge, Mass., MITPress.

Schlechta, Karl, Anders, Anni (1962) *Friedrich Nietzsche: von den verborgenen Anfängen seines Philosophierens,* Friedrich Frommann Verlag.

Whittlock, Greg (1999) *Roger J. Boscovich and Friedrich Nietzsche: A Re-Examinatioin (Nietzsche, Epistemology, and Philosophy of Science: Nietzsche and The Science II),* Dordrecht, Kluwer Academic Publischers.

Lange, Friedrich Alberd (1921) *Geschichte des Materialismus.* Leipzig Brandstetter.

Stack, George J. (1983) *Lange and Nietzsche*, Walter de Gruyer.

Pearson, Keith Ansell (2000) "Nietzsche's Brave New World of Force : Thoughts on Nietzsche's 1873 'Time Atom Theory' Fragment & on the Influence of Boscovich on Nietzsche", *Pli* 9, University of Warwick.

カッシーラー, エルンスト (1979) 『実体概念と関数概念』山本義隆訳, みすず書房.

カッシーラー, エルンスト (2003) 『認識問題2 ― 2』須田朗・宮武昭・村岡晋一訳, みすず書房.

デカルト (1964) 『哲学原理』桂寿一訳, 岩波文庫.

松山壽一 (1997) 『ニュートンとカント』晃洋書房.

ライプニッツ (1999) 『ライプニッツ著作集』原亨吉・横山雅彦・三浦伸夫・馬場郁・倉田隆・西敬尚・長嶋秀男訳, 工作舎.

アイスキュロス (1985) 「縛られたプロメテウス」『ギリシア悲劇Ⅰ』呉茂一訳, ちくま文庫.

ソフォクレス (1986)「オイディプス王」高津春繁訳,『ギリシア悲劇Ⅱ』ちくま文庫.

エウリピデス (1986)「オレステス」松平千秋訳,『ギリシア悲劇Ⅳ』ちくま文庫.

シェイクスピア (1980)『ジュリアス・シーザー』中野好夫訳, 岩波文庫.

제9장
하이데거와 고대원자론
고대원자론에 대한 현상학적 해석의 시도

/

타게이 테츠야(武井徹也)

제9장
하이데거와 고대원자론
고대원자론에 대한 현상학적 해석의 시도

타게이 테츠야(武井徹也)

들어가며

이 장의 목적은 1920년대 하이데거에 의한 고대원자론의 존재론적 조건에 관한 해석, 즉 고대원자론의 현상학적 해석을 검토하는 것이다.

20세기를 대표하는 철학자의 한 사람으로 지목되는 마틴 하이데거Martin Heidegger(1889-1976)는 '존재Sein'의 주제를 부흥시켜, 서양철학 전체를 조망하는 시야에서 '존재'를 주제로 사유함으로써 철학에 심대한 영향을 끼쳤다. 1920년대의 젊은 하이데거는 고대 그리스철학을 현상학적으로 해석하는 작업을 통하여 자신의 '존재' 사유를 모색하고 발전시키려 하였다. 그중에서도 고대 그리스철학에서 하나의 정점인 아리스토텔레스의 논의에 대한 현상학적 해석이 하이데거에게 끼친 영향은 매우 커서, 그것이 1929년에 발간된 『존재와 시간』에서 다방면의 논의에 각양각색의 형태로 미치고 있다는 점은 이미 잘 알려져 있다.

그런데 고대 그리스에는 아리스토텔레스와 마찬가지로 종합적인 철학을 전개하였던 철학자로 데모크리토스가 있었다. 데모크리토스는 아리스토텔레스와 나란히 칭송되는 박학한 사람이었고, 그가 스승 레우키포스와 함께 제창하였던 고대원자론은 고대 그리스철학의 전통인 자연철학의 한 정점을 이루고 있다. 그렇지만 하이데거는 아리스토텔레스의 논의에 관해 상세한 해석을 행하는 반면, 그 자신의 사유와 방향성이나 입장에서 크게 차이나는 레우키포스와 데모크리토스의 고대원자론에 관해서는 얼마 안 되는 해석밖에 보여주고 있지 않다.

그 때문에 하이데거의 '존재' 사유와 데모크리토스 등 고대원자론적 사유와의 관계가 거론되는 경우는 거의 없다. 그렇지만 고대원자론은 실질적으로 자연을 일정한 존재론적인 구조에서 파악하려고 시도하는 논의체계이다. 디오게네스 라에르티우스는 그의 저작에서 플라톤이 데모크리토스의 원자론을 강하게 의식하면서도 그것을 신중하게 멀리하였다고 서술하고 있는데,[1] 하이데거도 또한 고대원자

---

1 Vitae Philosophorum, IX. 40. 그런데 칸사키 시게루(神崎繁)는 디오게네스 라에르티우스의 저작을 연구하였던 고전문헌학자 시기의 젊은 니체가 '체계철학자로서 데모크리토스 재평가에 강한 의욕'을 가지고 있었다고 한다. 거기에는 '플라톤 아리스토텔레스에 필적할 만한 철학적 체계를 갖추면서, 자료적 제약으로 부당한 평가를 받고 있다는 그의 데모크리토스에 대한 생각'이 있고, 고대원자론인 '데모크리토스를 기점으로 해서 고대철학사 자체를 고쳐 읽으려는 철학적 야심이 계속해서 비치고 있다'고 지적한다(神崎 1999:

론이 포함하고 있는 가장 중요한 존재의 문제를 파고들지 않았다. 그러나 원자와 허공으로 모든 것을 설명하려는 고대원자론에 대해서 자신의 '존재' 사유의 입장으로부터 그것의 존재론적인 조건을 조명하는 해석을 시도하고 있다.[2]

이 장에서는 1929년 발간된 『존재와 시간』과, 같은 시기인 1926년의 논의에서 행하였던 하이데거의 고대원자론에 대한 현상학적 해석을 살펴보고자 한다. 현상학적 관점에서 존재론적인 문제를 대하

136-141).

2   하이데거가 고대원자론(이 장에서는 레우키포스와 데모크리토스의 원자론을 지시한다)에 관하여 거의 언급하고 있지 않은 이유는 그 저작이 모두 소실되었다는 자료적인 문제도 물론이지만, 4원소설을 채택하지 않고, 운동을 기계론적으로 설명하며, 신을 적극적으로 논하지 않았다는 등 고대원자론의 사유가 이미 고대부터 획기적이면서도 이단적인 사유였다는 점과, 따라서 다음의 본문에서 보는 바와 같이, 데모크리토스의 고대원자론 사유와 하이데거의 '존재' 사유와의 존재론적인 방향성이나 입장 차이가 거론될 수 있다. 이미 플라톤은 그의 저작에서 데모트리토스에 대해 전혀 언급하지 않고 고대원자론을 멀리하고 있다. 한편, 아리스토텔레스는 『자연학』과 『형이상학』 등 많은 저작에서 고대원자론을 취하여 상세하게 검토하면서, 총괄해서 그것을 엄격히 배척하는 태도를 보여주고 있다. 그리고 하이데거는 젊은 시절의 논의에서 단편적인 해석을 보이면서 고대원자론의 근본적인 문제에는 들어서지 않는다. 『존재와 시간』 이래 중후기의 하이데거에서는 '존재의 역사(Seinsgeschichte)'라는 관점에서 철학에서 '원초(Anfang)'의 사유가 중요시되고, 소크라테스 이전 철학자들의 말을 파고들어 해석한다. 그렇지만 그곳에서도 고대원자론은 사실상 다루지 않는다. 그러므로 이 책에서 검토되는 철학의 역사에서 원자론의 계보에 관해서도 하이데거가 적극적인 관심을 보여주는 것은 거의 없다. 중후기의 하이데거와 소크라테스 이전의 철학자들과의 관계에 대해서는 무라이 노리오(村井則夫)의 연구와 히사카베 요시노부(日下部吉信)의 연구가 간결한 이해를 제공한다(村井 2011: 349-388, 日下部 2016: 11-19). 또한 모리 이치로(森一郎)의 연구는 후기 하이데거에 의해 전개된 기술론을 고대원자론과 관련해서 검토한다(森 2013: 169-195).

는 하이데거의 해석은, 고대원자론 속에서 어떠한 존재론적 구조를 발견하고, 고대원자론을 어떻게 규정하고 있는가? 그리고 그와 같은 데모크리토스의 고대원자론 사유는 하이데거의 '존재' 사유와 어떤 관계를 가지는가? 이 장은 원자론의 가능성에 관해서 논한다는 본서의 취지에 따라, 하이데거 자신의 '존재' 사유의 방향성과 입장에서 고대원자론을 조감하는 것이 아니라, 고대원자론이 내포하고 있는 존재론적 사항에 대한 하이데거의 해석이 어떻게 다가오는가를 주시하여 논의하고자 한다.

1
고대원자론의 기본원리

레우키포스와 데모크리토스는 『대우주체계』나 『소우주체계』 등의 저작을 저술하였지만, 지금은 모두 소실되었다. 그 때문에 우리가 그들의 '원자론'이라 부르는 것은 훗날 아리스토텔레스 등의 저작에서 유래하는 단편적인 언급이나 간접적인 증언을 바탕으로 재구성한 것이다. 때문에 고대원자론의 이해는 애초부터 자료적 제약을 받고 있다. 이 절에서는 본격적인 논의에 앞서 이 장의 목적에 이바지하는 범위에서 고대원자론의 기본원리를 간단히 확인해 보고자 한다.

　　레우키포스와 데모크리토스의 고대원자론은 탈레스나 아낙시만드로스, 헤라클레이토스와 같은 초기의 자연철학자들의 사유를 배경으로, 파르메니데스의 사유를 경유하여 전개된다. 파르메니데스는 철학사에서 처음으로 '존재'를 주제로 사유하였고, 이후의 철학에 결정적인 영향을 주었다. 그는 단편으로 전해지고 있는 저작 『자연에 관하여』에서 자연 탐구의 올바른 길을 제시하려 하였다. 그 길에 관해 그는 다음과 같이 말했다.

> 존재한다estin, 그리하여 존재하지 않는 일me einai은 있을 수 없다는 도리, 이것은 설득의 여신이 가는 길이다 - 고 하는 것, 그것은 진리`alētheiē에 따르기 때문이다 -.　　　　　　　　　　　(DK, 28B2)

> 존재하는 것eon이 존재하다emmenai라는 말과 함께 사유해야만 한다. 왜냐하면, 그것이 존재하는 것은 있을 수 있지만, 무無, mēden가 존재하는 일은 있을 수 없기 때문이다.　　　　　　　　　(DK, 28B6)

그리고 그와 같이 불생불멸하고 일원적이고 전체적인 '존재'에 관한 사유의 토대에서 파르메니데스는 감각되는 것들의 생성, 소멸, 대립을 논한 종래 자연철학자들의 사유를 이 '존재'를 올바로 분별하지 못하는 사유로 비판하고 올바른 탐구로부터 엄격하게 배척하였다 (DK, 28B6-8).[3]

레우키포스와 데모크리토스의 최대의 과제는, 파르메니데스의

3　파르메니데스에 있어서 ἔστιν, εἶναι, ἐόν 등에 대한 독해는 주석사나 연구사를 포괄하는 큰 문제이지만, 이 장에서는 주로 ἔστιν을 '존재하다', εἶναι를 '존재하는 일(こと)', ἐόν을 '존재하는 것(もの)'으로 해석한다.

불생불멸하고 일원적으로 전체적인 '존재' 사유의 영향하에서, 변천하고 감각되는 것들에 대한 설명을 새롭게 시도하는 것이었다. 데모크리토스의 근본 사유는 '원자'와 '허공'에 관한 논의이다. 아리스토텔레스 등의 증언에 따르면, 그들은 '불가분한 것to atomon'인 '원자'와 '텅빈 것to kenon'인 '허공'이라는 기본원리에 의해 모든 것을 설명하려고 하였다(vgl. DK, 67A6-19, 68A36-49). 즉 '원자'란 감각할 수 없을 정도로 미세해서 그것 이상 분할불가능하며 무량수의 불생불멸한 것으로, '형상rhysmos', '늘어선 방식diathigē', '방향tropē'이라는 세 가지의 차이를 가진다. 그리고 이들 '원자'의 결합과 분리 운동에 의해 감각되는 것 등이 구성된다고 설명한다. 또한 '허공'이란 '원자'와 마찬가지로 감각할 수 없는 불생불멸한 것으로, '원자'가 결합 분리하는 끝없는 운동의 장이라고 한다. 데모크리토스는 다음과 같이 말한다.

> 단맛은 관습에 있어서 존재하고, 고통은 관습에 있어서 존재하고, 뜨거움은 관습에 있어서 존재하고, 차가움은 관습에 있어서 존재하고, 색깔은 관습에 있어서 존재하지만, 각각의 원자와 허공은 진실로 존재한다vomōi glyky, [kai] nomōi pikron, nomōi thermon, nomōi psykron, nomōi kroiē, eteēi de atoma kai kenon.　　(DK, 68B9; vgl. 68B117, B125)

데모크리토스 등 고대원자론자는 이와 같이 '원자'와 '허공'이라는 기본원리를 사유함으로써, 파르메니데스의 '존재' 사유의 영향 아래에서 변천하고 감각되는 것들을 설명하고 자연을 새롭게 논의하였다.[4]

2
하이데거에 있어서 고대원자론의 현상학적 해석

이곳에서는 하이데거에서 고대원자론의 현상학적 해석을 살펴본다. 하이데거에 의한 고대원자론 해석은 1929년 발간된 『존재와 시간』의 집필과 병행해서 이루어진 1926년 여름학기의 강의 『고대철학의 근본개념들』에서 전개되고 있다. 그 해석의 목적은 고대 그리스철학에 있어서 역사적인 사유의 동향을 하이데거 자신의 '존재' 사유의 관점에서 종합적으로 해석하는 일환으로 고대원자론을 존재론적으로 파악하는 것이었다. 그것은 상세한 해석이 아니라 단편적인 해석이지만, 압축된 독자적 견해를 포함하고 있어서 그것을 통해 해석의 일정한 방향성을 가늠해 볼 수 있다.5 여기서는 그 해석을 파헤쳐 보고

---

4   이 장에서는 '불가분한 것(to atomon)'의 표기로서 '원자'를, '텅빈 것(to kenon)'의 표기로서 '허공'을 사용한다. 아리스토텔레스는 '불가분인 것'을 '텅빈 것'에 대응하여 '충실한 것(to plēres)'이나 '물체(to sōma)'로 표기한다. 원자의 크기에 대해서는 일반적으로 감각되지 않을 정도로 극소라 하지만, 데모크리토스가 우주의 크기를 가진 원자를 상정했다는 증언도 있다(DK, 68A43, A47). 고대원자론에 있어서 원자와 허공에 관한 개설로는 니시카와 아키라(西川亮)의 연구와 죠프리 커크(Geoffrey Kirk)의 연구가 정리되어 있다(西川 1971: 58-240, Kirk, Raven, Schofield 1983: 406-429).

5   『고대철학의 근본제개념』은 고대 그리스철학과의 격투 속에서 사유의 길을 발견한 젊은 하이데거가 1926년 여름학기에 행한 철학개론 강의이며, 탈레스에서부터 아리스토텔레스까지의 주요한 철학자와 관련된 논의를 대부분 통사적으로 다루어 해석하는, 고대 그리스철학사의 체제를 가지고 있다(전집수록의 저작은 하이데거 자신의 강의원고와 수강생의 강의록으로 만들어졌다). 그것의 최대의 특징은 1927년에 출판된 『존재와 시간』의 집필과 병행해서 이루어졌다는 사실이며, 철학자들의 논의에 대한 해석에서 당시 하이

자 한다.

철학적 논의에 대한 하이데거의 현상학적 해석이 그러하듯이, 하이데거는 고대원자론의 현상학적 해석에서도 레우키포스와 데모크리토스가 그 안에서 사유했던 근원적 차원 - '존재'의 차원 - 에서 고대원자론의 존재론적 조건을 해석하려고 한다. 그의 해석은 아리스토텔레스의 『형이상학』에서 고대원자론의 개설을 하나의 밑그림으로 하면서도, 현상학적 시점에서 존재론적으로 보다 파고드는 것이다.6 하이데거는 레우키포스와 데모크리토스의 고대원자론 사유는

데거에 의한 '존재' 사유의 방향성이나 입장이 농도 짙게 반영되어 있다. 하이데거는 '존재'를 사유하는 것이 철학이라는 학문의 본질과 사명이라고 서술하면서, 철학이 시작된 고대 그리스철학을 다룬다. 그리고 아리스토텔레스를 '고대철학의 학문적 정점'(GA22, 22)으로 정립하고, 고대 그리스철학에서 다양한 사유의 동향을 하이데거 독자적인 '존재' 사유의 관점에서 해석하려고 한다. 하이데거 자신의 사유의 방향성이나 입장에 따라 각 철학자의 취급에 강약이 있고 또 개론이기 때문에 단편적인 기술도 많지만, 하이데거에 의한 고대 그리스철학에 대한 종합적인 해석을 보여주는 유일한 저술이다. 레우키포스와 데모트리토스의 고대원자론에 관한 직접적인 해석은 본 강의에서 볼 수 있다.

6   아리스토텔레스는 그 자신의 손으로 쓴 고대철학사라 할 수 있는 『형이상학』 A권의 제4장에서, 고대원자론의 기본원리는 '여러 요소들(stoicheia)' - 충실한 것(원자)이라는 '존재하는 것(to on)'과 허공이라는 '존재하지 않는 것(to me on)' - 이 있고, 그것들이 '모든 존재하는 것(ta onta)'의 원인이라고 한다. 하이데거는 이 같은 아리스토텔레스의 개설(概說)을 '토대를 이루는 것(das Zugrundeliegende)' - 충실한 것(원자)이라는 '존재하는 것(das Seiende)'과 허공이라는 '존재하지 않는 것(Nichtseiendes)' - 이 있고, 그것이 '자신을 드러내는 것(was sich zeigt)'의 원인이라고 해석한다(GA22. 39, 219). '자신을 드러내는 것'은 다시 '다양한 감각경험이 주어진 존재하는 것(das Seiende, das die Sinneserfahrungen geben)'이나 '다양한 것과 변화하는 것이라는 의미에서 존재하는 것(das Seiende im Sinne des Mannigfaltigen und Sichwandelnden)' 등으로 말해진

엠페도클레스와 아낙사고라스의 다원론적 사유와 마찬가지로, 탈레스나 아낙시만드로스, 헤라클레이토스 등 초기 자연철학자들의 '존재하는 것das Seiende'에 대한 사유를 배경으로, 파르메니데스의 '존재 das Sein' 사유를 경유하여 전개되고 있는 '신세대 자연철학die jungerer Naturphilosophie'의 하나로 보고 있다(vgl. GA22, 78f., 241f.).

하이데거에게 고대원자론에 대한 현상학적 해석은 이하의 세 가지 큰 부분, 즉 레우키포스의 단편2의 해석과 데모크리토스의 단편156의 해석, 그리고 인간의 영혼에 관한 데모크리토스의 논의에 대한 해석으로 전개된다.

1) 레우키포스의 단편2의 해석

하이데거의 고대원자론에 대한 현상학적 해석은 레우키포스의 단편2의 해석을 기점으로 한다. 레우키포스는 이 단편에서 다음과 같이 말하고 있다.

> 어떠한 것도 우연히 생하지 않고, 모든 것은 로고스logos로부터의 필연에 의해 생한다ouden krēma matēn ginetai, alla panta ek logou te kai hyp'anankēs.
> (DK, 67B2)[7]

다(GA22, 78, 241). 하이데거에 의한 고대원자론의 현상학적인 해석은 '고대철학의 학문적 정점'(GA22, 22)인 아리스토텔레스에 의한 개론을 밑그림으로 하면서도, '존재'의 문제에 초점을 모아서 현상학적인 관점에서 고대원자론의 존재론적 조건을 해석함으로써 성립한다.

7   이 단편은 하이데거가 사용한 제4판에서는 단편2(D, 54B2)이다. 아에티우스

이것은 일반적으로, 감각되는 것과 그것으로부터 만들어진 원자의 운동에 관해 말하는 것으로 해석된다. 여기에서 모든 것은 '로고스logos'와 '필연ananke'에 의해 발생한다. 실제로 디오게네스 라에르티우스는 '필연'이라는 말에 대해서 "우주kosmos의 생성이 그러한 것처럼 증대도 쇠퇴도 소멸도 필연에 따른 것이지만, 그것이 어떠한 것인지는 그(=레우키포스)가 밝히지 않았다"고 증언하고 있다(DK, 67A1). 또한 아리스토텔레스는 "데모크리토스가 목적to ou enekai을 논하지 않고, 자연에 관련된 모든 것을 필연으로 돌리고 있다"고 한다(DK, 68A66). 이러한 증언을 보면, 레우키포스와 데모크리토스는 부동의 동자to kinoun akineton로서 신theos을 우주의 근원인 궁극의 목적인으로 파악하는 아리스토텔레스의 목적론적인 입장[8]과는 다르고, 우주와 그 운동을 기계론적인 인과관계에서 사유하고 있는 것으로 생각된다.

그러나 하이데거는 단편2를 파르메니데스 이후 신세대의 자연철학에서 공통되는 사유, 즉 감각되는 것의 존재론적 근거에 대한 사유

의『학설사』에서 인용. 레우키포스의 소실된 저술『지성에 관하여』의 말로 전한다.

8　*Metaphysica*, 1071b3-1075a10. 아리스토텔레스는『형이상학』등에서, 레우키포스와 데모트리토스의 고대원자론에서 원자와 허공이라는 기본원리는 운동을 명확히 설명할 수 없다고 비판한다(DK, 67A16, A18). 운동 그 자체를 본격적으로 문제시한 최초의 철학자는 아리스토텔레스이다. 사유의 방향성과 입장이 크게 차이나는 데모크리토스와 아리스토텔레스의 관계에 관해서는 야마구치 요시히사(山口義久)의 연구가 통찰을 제공한다(山口 1988: 31-55). 또한 고대원자론에서는 신도 원자로 설명된다. 데모트리토스의 원자론과 신의 관계에 관해서는 니시카와 아키라(西川亮)의 연구가 상세하다(西川 1995: 191-245).

로 해석한다. 그는 '로고스logos'라는 말에 주목하여, 이 말을 '충족이유율Satz vom zureichenden Grund'의 선구로서 파악한다(GA22, 79, 242).[9] 하이데거는 단편2를 다음과 같이 읽는다.

> 어떠한 것도 우연히 발생하는 것은 아니고, 모든 것은 일정한 근거와 필연의 힘으로부터 발생한다Kein Ding entsteht von ungefähr, sondern alles aus einem bestimmten Grunde und Kraft der Notwendigkeit.
>
> (GA22, 79, 242)

충족이유율에서는 존재하는 것은 일정한 근거에 의해 존재한다고 하는데, 하이데거는 '로고스'를 '근거Grund'로 읽고, 이 '근거'란 '존재하는 것das Seiende'에 있어서 '존재das Sein'이다고 해설한다. 하이데거에 의하면, 신세대의 자연철학은 '다양하게 나타나는 것ta phainomena을 구제하는 것'을 근본적인 성향으로 하고, '존재하는 것의 학문Wissenschaft vom Seienden'을 확립하려고 시도하였다(GA22, 78f., 241f.). 그러므로 레우키포스의 이 말은 파르메니데스에 의한 '존재'의 단일화 사유와 초기 자연철학자들에 의한 모든 '존재하는 것'의 생성, 소멸,

---

9   하이데거가 본 강의에서 전개한 고대 그리스철학의 해석에서, 주제로 이루는 것은 '존재(das Sein)'의 문제이고, 또 그것에 대한 지도의 끝은 '근거(Grund)'에 대한 이해이다. 그리고 이 '근거'는 18세기에 라이프니츠가 정식화한 '충족이유율(Satz vom zureichenden Grund)'의 단서를 고대 그리스철학의 사유에서 탐구한 것을 통해 이루어진다(GA22, 46ff., 79, 225f., 242). 하이데거에 의하면, 고대 그리스철학은 '자연(φύσις; Nature) 등의 '존재하는 것(das Seiende)'에서 그 근거를 이루는 '존재(das Sein)'를 발견하고, 그것을 처음으로 논한 '존재' 사유의 첫걸음이었다(GA22, 11f., 35ff., 216ff.).

대립의 사유를 축출하고, '존재하는 것'은 '존재'를 근거로 한다는 것을 보여주는 것이라고 해석한다(GA22, 79, 242).

여기에 하이데거가 신세대 자연철학의 사유에서 보는 문제의식이 있다. 그것은 다음과 같은 것이다.

> 각양각색의 감각경험이 주는 존재하는 것das Seiende, das die Sinneserfahrungen geben도 존재das Sein에 결부된 모든 구조를 보여주는 것은 아닐까? (GA22, 241)

하이데거에 의하면, 충족이유율에서 감각된 것이 보인다는 것은 '근거'와의 결합을 바라보는 것이고, '그 결합과 함께 비로소 근거와 근거된 것이 그 존재에서 존재하는 것이 된다'고 한다(GA22, 79). 즉 감각된 것은 근거를 가진 것으로서, '근거'인 '존재'와 결부, 감각되는 '존재하는 것'으로 자신을 보여준다. 또한 여기서 '존재'는 파르메니데스가 사유하는 '존재 자체Sein an sich'와는 다르고, **'존재하는 것의 존재** Sein des Seienden', **'존립**Bestand'으로서, 즉 변천하고 감각되는 '존재하는 것'을 가능하게 하는 **'변천의 항상적인 근거**beständiger Grund des Wandels'로서 사유되고 있다(GA22, ebd.).

이 해석을 보충하여 상세히 살펴보면 다음과 같이 된다. 신세대의 자연철학은 파르메니데스의 '존재' 사유의 영향하에서 성립되었지만, 하이데거에 따르면, 파르메니데스가 주제로 삼아 사유한 것은 '하나hen'로서의 '존재', 즉 '존재의 단일성, 유일성, 전체성, 불변성Einheit, Einzigkeit, Ganzheit, Unwandelbarkeit des Seins' – '존재하는 것'으로 준별된 것,

불생불멸, 일원적이고 전체적인 '존재' - 이다(DK, 28B2, B6, B8; GA22, 65-70, 78, 143, 234ff.).[10] 그러나 이와 같은 '존재'는 신세대 자연철학의 사유에서 변질된 것이다. '존재'는 '존재하는 것'과 결부되어 '존재하는 것의 존재'가 된다. 다시 말해 이와 같이 감각되는 '존재하는 것'의 '존재'는 그것의 근거이지만, 하이데거는 '이 근거는 존재와 동일시되지 않는다'고 한다(GA22, 79). 즉 근거로서의 '존재'는 변천을 초래하는 '요소stocheion; Element'의 근거로 보인다. 감각되는 '존재하는 것'의 변천은 '존재'에 대치하는 것이 아니라, '요소' - '항상 존재하는 것das aei on' - 에 대치한다고 말한다(vgl. GA22, 243).

이렇게 해서 파르메니데스의 불생불멸하는 '존재'는 신세대 자연철학에서는 불생불멸하는 요소의 '존재'가 된다. 역시 하이데거는 파르메니데스가 사유했던 '존재'는 '**항상적인 현전성**ständige Anwesenheit'이라는 어떤 특정한 시간적인 성격을 가진다고 해석한다(GA22, 67-70,

---

10   파르메니데스의 '존재' 사유에 관한 하이데거의 현상학적 해석은, 본 강의에서는 고대원자론의 현상학적 해석에 선행해서 단편적으로 전개되고 있다(GA22, 62-70, 234f.). 이 장에서는 지면상 그 해석을 상세히 검토할 수는 없지만, 하이데거는 파르메니데스의 단편 2, 4, 5, 7, 8(DK, 28B3, B4, B8; D,18B2, B3, B5, B7, B8) 등에서 파르메니데스의 '존재'에서 다양한 성격을 읽어내려 한다. 하이데거는 우선 파르메니데스 '존재' 사유의 방향성과 입장을 '존재'와 '존재하는 것'으로 준별하고, '**사유와 존재의 동일성**(Identität von Denken und Sein)'으로 확인하여(GA22, 65f., 69f., 143, 234f.), 단편8, 2-4행의 언급 등에서 '하나(en)'로서의 '존재', 즉 '존재의 단일성, 유일성, 전체성, 불변성(Einheit, Einzigkeit, Ganzheit, Unwandelbarkeit des Seins)'을 해석한다(GA22, 70, 78, 236). 그리고 이와 같은 규정의 '존재'는 '지금(νῦν)'에서만 보인다고 하는 단편8, 5-6행의 말에 즈음해서, '항상적인 현전성(ständige Anwesenheit)'이라는 시간적 성격에서 보다 엄밀하게 규정된다고 해석한다(GA22, 67f.).

234ff.). 그리고 '존재하는 것의 존재'란, 고대 그리스의 '존재 이념'에서는 '**존립**Bestand', '**항상적으로 현전하는 것**beständig Anwesendes'이고, 또한 특히 신세대의 자연철학에서는 '**변천의 항상적인 근거**beständiger Grund des Wandels'가 된다(GA22, 79). 하이데거에 따르면, '존재'의 근원적인 성격은 '시간'으로부터 규정되는 것이고, 고대 그리스에서 '존재'는 '**영속적인 존립**immerwährender Bestand'(GA22, 104), '**사물의 현전성**Dinganwesenheit' (GA22, 141)을 의미하는 것이다.

그런데 고대원자론에서는, 변천하고 감각되는 것은 무수한 불생불멸한 원자의 결합분리 운동으로 이루어진다고 생각하였다. 그것을 감각되는 것과 요소의 관계에 대한 하이데거의 해석에 입각해 보면 다음과 같다. 변천하고 감각되는 것이란, 아리스토텔레스 등이 '각양각색의 감각되는 것ta aisthēta'이나 '각양각색의 나타나는 것ta phaino-mena' 등이라고 한다면(DK, 67A9, 68A37, A49, 68B9, B125), 그것은 '텅 빈 가상eitel Schein'이나 '존재하지 않는 것das angeblich Nichtseiende'이 아니고, '자신을 보여주는 것was sich zeigt', '최초에 주어진 존재하는 것das zunachste gegebene Seiende'이다(vgl. GA22, 39, 79, 242). 또한 불생불멸하는 원자도 마찬가지로 '요소stocheion'라고 하지만(DK, 67A6-10), 그것은 감각된 '존재하는 것'의 '기초를 구성하는 것das Zugrundeliegende', '존재의 구조로서 존재하는 것 그 자체das Seiende selbst als Seinsstructur'이다 (vgl. GA22, 39, 81). 원자는 변천하고 감각되는 '존재하는 것'의 '기체 hypokeimenon; Substrat'이고, '존립Bestand'에 속해 있다(GA22, 81). 그리고 원자가 가진 '형상rhysmos', '늘어선 방식diathigē', '방향tropē'이라는 세 가지의 차이는 근원적으로 항상적인 원자가 감각되는 '존재하는 것'의 변천을 가능하게 하고, 변천하고 감각되는 '존재하는 것'의 항상적인 보존을 가능하게 하는 존재의 구조, '세 가지의 근본 카테고리drei Grundkategorien'이다(vgl. GA22, 39, 219, 243).

충족이유율에서 볼 수 있는 원자의 현상은 감각되는 것의 현상에 비해 애매하고, 원자의 '존립'에는 일정한 존재론적인 불확실성이 수반하는데, 하이데거의 해석에서 보이는 레우키포스 단편2의 속내는 무엇일까? 하이데거에 의하면, 레우키포스는 충족이유율에 있어서 감각되는 '존재하는 것'은 '존재'를 근거로 한다. 그러므로 여기에서 보여주는 것은, 감각되는 '존재하는 것'은 '존립'으로서의 '존재'에서 요소(원자) – '존립'에 있어서 사유되는 불생불멸한 '존재하는 것' – 와 함께 자신을 보여준다는 존재론적 구조이다. 이와 같이 현상학적인 관점에서 고대원자론이 해석된다.

하이데거는 레우키포스 단편2의 내용을 이렇게 해석함으로써, 고대원자론과 그에 속한 신세대 자연철학자들이 감각되는 것을 새롭게 설명하기 위하여 그것 자체의 근거로서 요소(원자)의 '존립'을 사유하고 자연을 일정한 존재론적인 구조로서 파악하고 있다고 확신한다.

2) 데모크리토스의 단편156의 해석

하이데거의 레우키포스 단편2 해석은 '존재하는 것'은 '존재'를 근거로 하고, 감각되는 '존재하는 것'은 '존립'으로서의 '존재'에서 요소(원

자) - '존립'에 관해서 사유되는 불생불멸한 '존재하는 것' - 과 함께 가능하게 된다는 존재론적 구조이다. 이 해석을 통해서 감각되는 것과 원자의 존재론적 근거와 존재론적 지위가 확인된다.

그렇지만 고대원자론에서 변천하고 감각되는 것은 무수한 원자의 결합분리 운동으로 이루어지지만, 원자의 운동은 끝없는 운동의 장으로서 허공을 필요로 한다. 때문에 하이데거가 계속해서 잡는 것이 데모크리토스의 단편156이다.

있는 것이 없는 것보다 더 이상으로 존재하는 것은 아니다(mē mallon to den hē to mēden einai).   (DK, 68B156)[11]

데모크리토스의 이 말은, 파르메니데스의 '존재' 사유의 영향하에서 원자만이 아니라 허공도 또한 존재한다는 것에 대한 역설적인 기술로 해설하는 경우가 많다. 그는 '있는 것(to den)'은 '없는 것(to mēden)'보다 더 존재하는 것이 아니라고 한다. 이것은 '존재하는 것(eon)이 존재

---

11 이 단편은 하이데거가 사용한 제4판에서는 단편156(D, 55B156)이다. 플루타르코스(Plūtarchos)의 『콜로테스 논박』에서 간접적으로 인용. 이 장에서는 단편의 파격적인 술어 τὸ δέν을 '것, 있는 것'으로, 또 τὸ μηδέν을 '없는 것'으로 번역한다. 이 단편에 관해서는, 아래의 각주(12)도 참조. 또한 이 단편과 관계된 레우키포스의 말에 관해서는 심플리키우스에 의한 다음과 같은 증언, '존재하는 것은 존재하지 않는 것 이상으로는 존재하지 않는다(οὐδὲν μᾶλλον τὸ ὂν ἢ τὸ μὴὸν ὑπάρχειν)' (DK, 67A8), '그는 그것(=허공)을 존재하지 않는 것이라 부르지만, 그러나 존재하는 것에 뒤지지 않게 존재한다고 말한다(ὅπερ μὴὸν ἐκάλει καὶ οὐκ ἔλαττον τοῦ ὄντος εἶναί φησι)'(DK, ebd.)가 있다.

하는 것'에 대한 탐구를 권장하는 한편, '각양각색의 존재하지 않는 것me eonta이 존재하는 것', '무meden가 존재하는 것'에 대한 탐구를 금지하였던 파르메니데스의 '존재' 사유(DK. 28B6, B7)를 의식한 말이다. 데모크리토스의 언급과 관련해서, 아리스토텔레스는 다음과 같이 말한다.

> 존재하는 것은 존재하지 않는 것보다 그 이상으로 존재하는 것은 아니라고 그들은 말한다outhen mallon to on tou mē ontos einai phasin.
>
> (*Metaphysica*, 985b8; DK, 67A6)

아리스토텔레스는 『형이상학』에서 '존재하는 것to on'을 그것의 '존재'에서 ─ 그것의 '존재'의 다양성에서 ─ 상세하게 논하지만, 여기에서 그는 '있는 것to den'과 '없는 것to mēden'에 관해서 '존재하는 것to on'과 '존재하지 않는 것to mē on'으로 표현하고, 레우키포스와 데모크리토스가 허공이라는 '존재하지 않는 것'이 충실한 것(원자)이라는 '존재하는 것'보다 열등하게 존재하는 것은 아니라고 기술하고 있다고 증언한다. 하이데거는 단편156을 다음과 같이 읽는다.

> 존재하는 것은 존재하지 않는 것보다 더 높은 정도로 존재하는 것이 아니다Das Seiende ist nicht in einem hoheren Grade als das Nichtseiende.
>
> (GA22, 244)

하이데거는 데모크리토스의 '있는 것to den'과 '없는 것to mēden'을 아리스토텔레스와 마찬가지로, '존재하는 것das Seiende'과 '존재하지 않는 것das Nichtseiende'으로 읽는다. 또한 원자라는 '존재하는 것'과 허공이라는 '존재하지 않는 것'도 동등하게 존재한다고 설명한다. '존재하지 않는 것은 존재하는 것과 완전히 동일하게 존재한다Nichtseiendes ist ebensowohl wie das Seiende'는 것이다(GA22, 39). 또한 하이데거는 '존재하지 않는 것'이 존재하는 것이라는 점에 주목하여 단편156의 내용을 파르메니데스의 '존재'와 관련해서 해석한다. 하이데거는 이 말을 고대원자론자의 파르메니데스에 대한 단순한 비판으로 보지 않는다. 하이데거에 의하면, 데모크리토스는 여기에서 '자연이 존재할 수 있으려면 무엇이 존재해야만 하는가'를 문제로 삼고, 그것으로 파르메니데스가 사유하였던 '존재'를 새롭게 다듬고 있다고 본다.

하이데거는 우선 단편156을 인용한 플루타르코스에 따라, 원자만이 아니라 허공도 또한 '존립hypostasis'과 '본성physis'을 가지고 있으며, 원자와 허공은 '변화와 운동을 위해서 필요한 존립Bestand에 속한다'고 설명한다(GA22, 81).[12] 그리고 하이데거에 의하면, 파르메니데스가 그의 사유에서 주장한 것은, '하나en'로서의 '존재' - '존재하는 것'

---

[12] '존립(ύπόστασις)'과 '본성(φύσις)'이라는 말은, 데모크리토스의 말을 인용한 플루타르코스의 『콜로테스 논박』에서 발견되는 말이다. 플로타르코스는 다음과 같이 말한다. "[데모크리토스의 말에 의하면] '있는 것은 없는 것 이상으로 존재하지는 않는다'고 규정되어 있고, 물체(to sōma)를 '있는 것(to den)', 허공(to kenon)을 '없는 것(to mēden)'이라고 칭한다. 허공도 또한 어떤 본성(physis)과 일정한 존립(hypostasis)을 가지고 있기 때문이다"(DK, 68B156; D, 55B156). 하이데거는 이 '존립'과 '본성'을 원자와 허공의 현상학적 해석에서 이용하고 있다.

이라고 엄격히 구별하고, 불생불멸, 일원적이고 전체적인 '존재' - 이지만(DK, 28B2, B6, B8; GA22, 65-70, 78, 143, 234ff.), 한편으로 데모크리토스 단편156이 파르메니데스의 이와 같은 '존재 이념'을 받으면서도, '가능적인 자연에 속하는 모든 것'을 '존재'로 포함하고, 그것을 '자연 일반의 일종의 도식so etwas wie das Schema einer Natur überhaupt'이라고 한 것을 의미한다.

즉, 데모크리토스는 '존재하지 않는 것으로 적극적인 존재의 조건들Seinsbedinggungen을 세우는 것', 다시 말해 '존재'의 '내적인 구조 구분'을 시도한 것이고, 그것으로 '운동의 다양한 구성요소'를 발견했다고 하이데거는 해석한다(GA22, 244f). 레우키포스와 데모크리토스의 고대원자론은 무수한 원자가 존재하는 것을 인정하고, 또한 그들이 결합분리하는 끝없는 운동의 장으로서 허공이 존재하는 것도 인정하는 것이 자연을 이해하는 기초라고 하였다.

또한 하이데거에 따르면, '존립'으로서의 '존재'에 의해, 원자라는 '존재하는 것'만이 아니라 허공이라는 '존재하지 않는 것'도 또한 존재하는 것을, 즉 원자와 함께 허공에도 일정한 존재론적 근거와 존재론적 위치가 있다는 것을 사유하는 것이 가능하게 되었다. 이 허공의 '본성'은 '그것의 내부에서 운동이 가능하게 되는 하나의 질서 전체'라고 할 수 있다(GA22, 244). 그러므로 단편156은 다음과 같이 해석된다.

파르메니데스도 전체를 말하지만, 그러나 현전성의 순수한 구별이 없는 동일성die reine unterschiedslose Selbigkeit der Anwesenheit에 의해서만 그러하다. 그것에 대해서, **데모크리토스**는 운동의 다양한 구성요인 die konstitutiven Momente der Bewegung을 구분해 나누었다.

(GA22, 81)

단지 하이데거는 고대원자론자가 사유한 이같은 허공의 현상과 그것의 '존립'에는 존재론적인 확실성에 일정한 문제가 있다고 지적한다. 즉 데모크리토스는 허공이라는 '존재하지 않는 것'이 존재한다는 것을 플라톤 정도로 명확하게 논의하지 않았고, 더욱이 이해도 되지 않는다고 한다(GA22, 219, 244f.).

플라톤은 『소피스트』에서 파르메니데스의 일원적이고 전체적인 '존재' 사유를 받아들이면서도, 허위의 언명일 가능성이라는 관점에서 '없음mē'을 존재의 부정이 아니라 존재의 '다른 형태heteron'로 이해하고, '존재하는 것to on'에 대해 '존재하지 않는 것to mē on'이 존재할 일정한 가능성을 인정하고 있다.13 이것은 데모크리토스와는 다른 방향의 이해이지만, 하이데거의 지적에 따라 이것을 수용한다면, 허공이라는 '존재하지 않는 것'이란 원자와는 다른 방식으로 존재하는 '존

---

13 *Sophista*, 241D-259D. 『소피스테스』의 해당 개소에서는 허위의 언명의 가능성이라는 관점에서 파르메니데스의 '존재'의 사유에 대한 플라톤의 비판적 응답이 전개되고 있다. 단지 플라톤에 의해 '존재하지 않는 것(to mē on)'이 존재한다는 이해는 데모크리토스에 의해 허공이라는 '존재하지 않는 것'이 존재한다는 것을 인정하는 것이 아니므로 양자의 이해 방향성은 차이가 있다. 『소피스테스』의 논의에 대한 하이데거의 해석은 1926년 여름학기의 본 강의에서 『테아이테토스』의 진위설에 대한 해석과 연관하여 제시되고 있다(vgl. GA22, 66, 123-128, 193, 273-276).

재하는 것'이라고 해석할 수 있겠다. 그렇지만 하이데거에 의하면, 데모크리토스는 '존재하지 않는 것'이 존재한다는 것이 어떻게 가능한가?라는 질문을 아직 제기하지 않으며, 따라서 아직 그것을 충분히 이해하지 못했다고 생각된다. 이것은 허공이라는 '존립'의 내실內實에 관련된 문제이고, 실제로 '존재'를 주제화하지 않은 데모크리토스는 이것에 관해서 세심한 논의를 하고 있지 않다.

그렇지만 데모크리토스가 허공이라는 '존재하지 않는 것'이 존재한다는 것을 존재론적으로 파고들지는 않았지만, '자연Natur이 존재하려면 무엇인가 존재해야만 하지 않을까'라고 묻고 있다고 하이데거는 이해한다(GA22, 244). 하이데거가 데모크리토스 단편156의 해석에서 보여주는 것은 '존립'으로서 '존재'에서 원자라는 '존재하는 것'이 존재한다는 점과 함께 허공이라는 '존재하지 않는 것'이 존재한다는 것도 가능하게 된다는 것, 그리고 그것에 의해 파르메니데스의 불생불멸, 일원적이고 전체적인 '존재'가 새롭게 다듬어지고, '자연 일반의 일종의 도식'이 새롭게 제시된다는 존재론적 구조이다. 이 해석을 통해서 허공의 존재론적 근거와 존재론적 위치를 볼 수 있다.

하이데거는 데모크리토스 단편156의 내용을 이렇게 해석함으로써, 자연이 존재하기 위한 조건으로서 원자의 '존립'과 함께 허공의 '존립'도 사유한 고대원자론의 존재론적인 구조를 확인한다.

3) 고대원자론의 자리매김과 인간 영혼의 문제

그러면 이처럼 해석된 레우키포스와 데모크리토스의 고대원자론은 하이데거에서 어떻게 자리매김하고 있는가? 앞에서 살펴본 바와 같이, 하이데거는 레우키포스와 데모크리토스의 고대원자론 사유를, 탈레스나 아낙시만드로스, 헤라클레이토스 등 초기 자연철학자들의 사유를 배경으로 하면서, 파르메니데스의 사유를 경유하여 발전된 '신세대 자연철학'의 하나로 간주한다(vgl. GA22, 78f., 241f.). 그렇지만 하이데거에 따르면, 신세대 자연철학자들의 사유는 대개 파르메니데스가 시작한 '존재' 사유의 영향을 받으면서도 '존재하는 것'의 설명에 집중한 사유이고, 그러므로 그들의 사유의 수준은 파르메니데스의 '존재' 사유로부터 오히려 후퇴해 있다.

> 존재의 획득을 향한 최초의 도움닫기, 그러면서 동시에 존재하는 것에 대한 역행. 신세대의 자연철학(**엠페도클레스, 아낙사고라스, 레우키포스, 데모크리토스**)은 파르메니데스의 [존재]테제를 보존하지만, 그럼에도 불구하고 존재하는 것이 학문적으로 인식이 가능한 대상인 것처럼, 존재하는 것을 규정하려고 시도했다.
>
> (GA22, 241)

즉 하이데거는 '존재하는 것의 학문Wissenschaft vom Seienden'의 확립을 시도한 신세대 자연철학자들의 사유는 초기의 자연철학자들의 '존재하는 것das Seiende'에 대한 사유와 파르메니데스의 '존재das Sein' 사유의 중간에 위치하고 있다Zwischenstellung는 것이다(GA22, 81). 하이데거에 의하면, 고대원자론은 피르메니데스의 '히니on'로서의 '존재' - '존재하는 것'과 엄격히 구별되는 불생불멸, 일원적이고 전체적인

'존재' - 사유의 영향하에서 변천하고 감각되는 것의 설명을 새롭게 시도한다. 그리고 그들은 새로운 '존재', 즉 '존립Bestand'으로서 '존재'에 관해, 원자와 허공 - '존립'에 대해 사유되는 불생불멸한 '존재하는 것'과 '존재하지 않는 것' - 이라는 기본원리를 사유하고, 그로부터 변천하고 감각되는 '존재하는 것'을 설명한다. 그와 같이 존재론적인 '자연 일반의 일종의 도식so etwas wie das Schema einer Natur überhaupt'을 새롭게 보여주고, '존재의 문제Seinsproblematik'의 일정한 수준에 도달해 있다는 점에서는 초기의 자연철학보다 진보해 있다.[14] 하이데거는 여기에서 고대원자론의 '독자성das Eigentümliche'을 본다. 그러나 한편으로 '존재'에 관한 사유로서 고대원자론은 '존재'를 주제적으로 논의하지 않았고, 그런 '존립'은 파르메니데스의 '존재'와 같은 '존재론적인 확

---

14 하이데거는 고대원자론에서 원자를 '물질(Stoff)', 원자의 존재를 '물질적인 존재(das materielle Sein)'로 간주한다(GA22, 39, 82). 또한 허공은 '물체(Körper)'로서 원자가 그곳에서 운동할 수 있는 '범위(dimension)', '공간(Raum)이라고 본다(GA22, 81, 244). 단지 하이데거에 따르면, 고대원자론은 '존립'으로서의 '존재'에서 '다양한 원자(atome)'와 '허공(Leere)'이라는 기본원리를 사유하고, 그것에 의해 존재론적인 '자연 일반에 대한 일종의 도식(so etwas wie das Schema einer Natur überhaupt)'을 보여주는 논의이다(GA22, 80f.). 원자가 가진 '형상(rhysmos)', '늘어선 방식(diathigē)', '방향(tropē)'이라는 세 가지 차이도, 근원적으로 항상적인 '존재하는 것' 원자가 변화하고 감각되는 '존재하는 것'의 변화와 유지를 항상적으로 가능하게 하는 존재의 구조, 즉 '세 가지의 근본 범주(drei Grundkategorien)'로 해석된다(vgl. GA22, 39, 219, 243). 그런 의미에서 레우키포스와 데모크리토스의 고대원자론은 고대 초기의 자연철학과 동일한 것이 아니며, 또한 근대 이해의 자연과학과 유물론과도 동일시할 수 없다는 점이 강조된다(vgl. GA22, 81, 220). 고대원자론은 '자연-학의 근본개념에 대한 밑그림(Vorzeichnung der Grundbegriffe der Natur-Wissenschaft)'을 그리고 있다고 하이데거는 해석한다(GA22, 220).

실성 die ontologische Bestimmtheit'을 확보하지 못하는 것으로 간주된다. 하이데거는 이것을, 데모크리토스가 인간 영혼에 대해 논의한 것과 관련하여 고찰한다.

고대원자론은 원자와 허공으로 모든 것을 설명하려고 하였으며, 그것은 인간의 영혼과 인식기능에까지 확장된다. 데모크리토스에 대한 전설이나 아리스토텔레스 등의 증언에 의하면, 데모크리토스 등은 인간의 '영혼psychē'도 또한 원자로 구성된 것으로 생각하고, 그것은 사물을 인식하는 기능, 즉 '감각aisthēsis'이나 '지성nous'을 가진다고 하였다. 그리고 감각이란, 원자로 구성된 감각되는 것을 인식하는 '분별이 없는 인식'이고, 또한 지성이란 감각과 운동하면서 원자와 허공을 인식할 수 있는 '진정한 인식'이라고 한다(vgl. DK, 67A28-32, 68A101-135, 68B6-11).[15] 그러나 하이데거는 이와 같은 설명에 관해서 다음과 같이 말한다.

> 생명 내지는 영혼의 존재양식die Seinsart des Lebens oder der Seele을 자연 내지는 세계의 존재양식die Seinsart der Natur oder der Welt에 관해서 한계 짓는 것에 성공하지 못했다.　　　　　　　　　　　　(GA22, 245)

15　데모크리토스는 감각에 의한 인식에 대해 단편9에서 '우리는 단지 몸의 상태에 대응하고, 몸 속으로 흘러든다거나 몸에 대해서 저항한다거나 하는 다양한 것들의 상태에 대응하여, 변화를 인식하는 것에 지나지 않는다'고 한다 (DK, 68B9; D, 55B9). 하이데거는 '우리는 다만 다양한 분리된 형상(die abgelösten Bilder)[=다양한 모사 영상(eidōla)]을 영혼 속에 가지고 있는 것에 지나지 않는다'고 해석한다(GA22, 245).

인식 자체Erkennen selbst도 우주 그 자체Weltall selbst 내부의 사건에 지나지 않으며, 이 우주 자체와 동일한 존재양식을 갖는다는 것이다.

(GA22, 82)

하이데거에 따르면, 데모크리토스의 인간 영혼과 그것의 인식기능에 관한 논의는, 아리스토텔레스가 『형이상학』에서 '인식은 유사한 것에 의해 유사한 것에 관해서 이루어진다hē gnōsis tou homoiou tō homoiō'라고 소개하는 엠페도클레스의 인식에 대한 논의(DK, 31B106, B109)의 연장에 위치하고, 거기에서 인간의 영혼과 그것의 인식기능은 인식되는 원자와 동일한 것으로 설명되고 있다(GA22, 82, 245). 그렇지만 원자에 관계하는 인식을 동일한 원자에 입각해서 설명하는 것은 '자연의 존재라는 의미에서 존재Sein im Sinne des Seins der Natur가 인식의 존재 구조에 반영된다'는 의미이다(GA22, 245). 즉 '인식되는 만큼 존재하는 것의 존재양식'이 '인식하는 것의 존재'로 되돌려지고, '단지 물질Stoff만이 존재한다'는 것이 된다고 비판한다(GA22, 82).[16]

---

16 또한 '존재하는 것의 구조(die Struktur des Seienden)로 밀고 들어가는 것'은 '밀고 들어가는 것의 존재(das Sein des Vordringens)를 잘못 본다'고도 말해진다 (GA22, 82). 동일한 해석은 1925/26년 겨울 학기의 강의에서 데모크리토스의 감각의 인식에 관한 해석에서도 발견된다(GA21, 373). 하이데거에 따르면, 자연을 인식하는 때의 그와 같은 존재론적인 반영은 이미 파르메니데스의 '존재' 사유에 드러나 있으며, 이후의 철학전통을 만들어 왔다(GA22, 236, 245). 또한 아리스토텔레스의 『영혼에 관하여』 A권 등에 의하면, 데모크리토스에게 있어 인간의 영혼이란 불과 같이 열을 가진 구형의 합성체이고 필시 원자로 구성되어 있다. 그리고 스스로 움직이는 동시에 다른 것을 움직인다고 여겨진다(DK, 68A101-104). 그리고 하이데거는 이와 같이 설명된 영혼이란 '다양한 불의 원자(Feueratome)'이고, 그것도 역시 '물질(Stoff)'이라고 간주

하이데거는, 고대원자론이 '지성nous'과 '로고스logos'의 기능을 발견하지만, 그것의 존재양식은 파악하지 못하였다고 지적한다(GA82, 245). 인식의 존재양식이란 무엇인가? 여기에서 그가 말하는 '로고스'란, '존재하는 것'을 '존재하는 것'으로서 발견하는 인식기능이지만, 그것은 또한 앞에서 레우키포스 단편2의 해석에서 본 바와 같이, '존재하는 것'을 '존재하는 것'으로 현상시키는 '근거'로서 '존재'이기도 하다. 따라서 이 지적은 '근거의 계시성Erschlossenheit von Grund'인 '현존재Dasein'를 지시하고 있다(GA22, 188).

하이데거 자신의 '존재' 사유에 의하면, 애초 '존재'라는 것은 '존재하는 것'과 엄밀히 구별되는 현상이고, 현존재로서 인간 삶의 '존재이해Seinsverstandnis'에서만 현상한다. 그리고 이 '존재'에 있어서 '존재하는 것'은 '존재하는 것'으로 비로소 우리에게 현상할 수 있다(vgl. GA22, 7-11, 51, 102-106, 191, 227).[17] 현존재는 '세계Welt'와 '자기자신

한다(GA22, 82).

17 현존재에서 '존재이해'의 개념은 1926년 여름학기의 본 강의에서 이미 형태를 갖추어 가고 있었다. 존재이해라는 하이데거 독자의 현상학적 존재론적 통찰은 그의 스승인 후설이 1900-1901년에 간행한 『논리학연구』에서 지향성이나 범주적 직관에 대한 논의의 해석에 주로 기원을 두고 있다(vgl. GA15, 372-384, GA20, 34-122, GA22, 123, 272f., Ka, 158-161). 다음 해 1927년 간행된 『존재와 시간』에서, 존재이해는 하이데거의 '존재'의 사유의 중핵으로 자리잡는다(GA2, 6-11). 하이데거는 후설의 범주적 직관에 대한 논의를 존재론으로 해석하고, 범주적 직관을 현존재로서 인간의 삶에서 지향적 활동성의 가능근거로 새롭게 구축한다. 그는 현상학적인 의식의 지향성개념을 채택하면서도 지향성을 가능하게 하는 존재론적인 조건(내적 근거로서의 존재에 대한 이해)을 아울러 통찰하고, 전체적인 이해구조로서 제시한 것이다. 이것은 아리스토텔레스의 『니코마코스 윤리학』 Z권 등의 현상학적 해석을 통하여

sich selbst'을 그와 같이 '존재하는 것'으로 비로소 드러내는 방식으로 존재하고 있다(GA22, 25, 188, 207f.). 그러나 고대원자론에서는 오히려 원자의 존재양식인 '존립Bestand'에서 이와 같은 현존재의 존재양식인 '실존Existenz'(vgl. GA22, 188, 311ff.)이 이해되는 것이다. 즉 인간을 '소우주mikro kosmos'(DK, 68B34)로 설명하는 고대원자론은 '현존재Dasein'로서의 인간을 간과하고, 그리고 '존재'를 근원적으로 사유할 가능성을 스스로 닫아두고 있다는 것이다. 하이데거는 여기에 고대원자론의 '근본적인 어려움Grundschwierigkeit'(GA22, 82)이 있다고 주장한다.[18]

구체적으로 개발되고 다듬어졌다. '지향성은 현존재 고유의 초월을 전제하고 있다'고 하지만, 하이데거는 지향성의 내적 근거를 조명하는 방법으로 '지향성에 속하는 존재이해'를 논한다(GA24, 249ff.). 그것은 현존재가 초월론적 체제이기 때문이다. 이와 같은 사정에 관한 연구로서는 탄기 히로카즈(丹木博一)의 연구가 빈틈이 없다(丹木: 80-104).

18 하이데거에 따르면, 이러한 인간의 '지성(nous)'이나 '로고스(logos)'에 대한 관심에 의해 고대원자론 이래 고대 그리스철학의 중심은 '세계, 자연의 존재 (das Sein der Welt, Natur)'를 묻는 것에서 '인간적인 현존재의 존재(das Sein des menschlichen Daseins)'를 묻는 것으로 이행해 갔다(GA22, 83). 그러나 '지성'이나 '로고스'의 존재양식이 정확히 포착되는 일은 그 후의 고대 그리스철학이나 철학의 역사에서도 없었다고 설명한다(GA22, 82, 245, 313f.). 현존재의 존재양식과 현존재 이외에 존재하는 것의 존재양식의 차이와 관계는 하이데거의 '존재'의 사유에서 중대한 논점 가운데 하나이다. 그것은 하이데거가 자신의 '존재' 사유를 독자적인 현상학적 존재론이라는 형태로서 전개하는 것을 기획하고, 그 기점인 기초적 존재론이라는 범위에서 현존재의 존재양식의 분석이 수행된『존재와 시간』에서도 마찬가지이다(vgl. GA2, 23f., 59f., 441, 576). 단지 그것의 최종적인 해명은 전반부만의 출간에 그친『존재와 시간』에서는 이루어지지 않았다.

3
하이데거에 있어서 고대원자론의
현상학적 해석의 궤적

지금까지 하이데거에 의한 고대원자론의 현상학적 해석을 살펴보았다. 하이데거의 해석은 고대원자론에 대한 학설적인 해석이라기보다 레우키포스와 데모크리토스의 고대원자론이 '존재'라는 사항을 어느 정도까지 이해하였는가?라는 자신의 현상학적 존재론적인 관점에서 해석하였다. 여기에서는 앞에서와 같은 하이데거의 고대원자론에 대한 현상학적 해석의 궤적을 살펴보고자 한다. 앞에서 상세하게 살펴 본 해석을 정리하면서 이와 같은 방향의 해석에서 제시된 것과 제시되지 않은 것을 정리하도록 하겠다.

1926년 하반기의 강의에서 하이데거의 고대원자론 해석은 하이데거의 '존재' 사유에서 일반적인 '존재das Sein'와 '존재하는 것das Seiende'을 엄밀히 구별하는 도식이 전면에서 전개되지 않고, '존립Bestand'으로서의 '존재'에 관해서 원자와 허공 – '존립'에 관해 사유되는 불생불멸한 '존재하는 것'과 '존재하지 않는 것' – 을 해석하고, 그리고 그것으로 이루어진 감각되는 '존재하는 것'을 해석하는 도식이 전개되고 있다. 그 이유는 고대원자론이 파르메니데스의 '존재' 사유의 영향하에서 변천하고 감각되는 것에 대한 새로운 설명의 시도에 주목해서 해석한 때문이지만, 한편으로 하이데거가 이와 같은 원자와 허공의 '존립'에 대한 해석에 어려움을 느끼고 있었다는 점도 확실하다 (vgl. GA22, 81). 고대원자론의 존재론적 조건에 대한 해석을 시도한 하이데거의 현상학적 해석은 감각되는 것이나 그것을 이루는 원자와 허공에 관한 존재론적 구조의 일단을 드러내고, 고대원자론에서 '존립'으로서의 '존재'를 보여주고 있다. 단지 이와 같은 해석은 다른 한편으로 고대원자론이 포함하고 있는 가장 중요한 존재의 문제, 즉 원자와 허공의 '존립'에 있어서 실재의 문제에는 충분히 다가서지 못하고 있다.

이미 살펴본 바와 같이, 하이데거의 고대원자론 해석은 아리스토텔레스에 의한 고대원자론 개설을 하나의 밑그림으로 하면서 현상학적인 관점에서 존재론적으로 보다 깊이 탐구한다. 하이데거는 그것의 기점으로 레우키포스의 단편2를 취하여 그것을 파르메니데스 이후의 '신세대의 자연철학die jungere Naturphilosophie'에 공통적이고, 감각되는 것에 대해 존재론적 근거를 사유한다는 의미로 파악한다(GA22, 79f., 242f.). 그곳에선 '로고스logos'를 '근거Grund'로 읽고, 그것을 '존재das Sein'라고 해석한다. 하이데거에 의하면, '각양으로 나타나는 것ta phainomena의 구제'를 지향해서 '존재하는 것에 대한 학문Wissenschaft vom Seienden'의 확립을 시도한 신세대의 자연철학은, 충족이유율에 있어서 파르메니데스에 의한 '존재'의 단일화 사유와 초기 자연철학자들에 의한 각종 '존재하는 것'의 생성, 소멸, 대립의 사유를 함께 배제하고, '존재하는 것'은 '존재'를 근거로 한다는 점을 보여주고 있다. 또한 여기서 '존재'란, 파르메니데스가 주제로 사유한 '하나en'로서의 '존재' – '존재하는 것'과 엄밀히 구별되고, 불생불멸, 일원적이고 전체적인 '존재' – 가 변질한 '**존재하는 것의 존재**Sein des Seienden', '**존립**Bestand'으로서, 즉 변천하고 감각되는 '존재하는 것'을 가능하게 하는 '**변천의 항상적인 근거**bestӓndiger Grund des Wandels'로서 사유하고 있다고 해명된다. 신세대 자연철학에서 파르메니데스의 불생불멸한 '존재'는 불생불멸한 '요소stoicheion; Element'의 '존립'이라고 해석되는 것이다.

그런데 고대원자론에서 변천하고 감각되는 것은 무수하며 불생불멸인 원자가 결합분리하는 운동에 의해 구성된다고 생각하지만, 이것을 감각되는 것과 요소의 관계에 대한 하이데거의 해석에 입각해 보면 다음과 같다. 변천하고 감각되는 것은 아리스토텔레스 등이 '감각되는 것들ta aisthēta'과 '현상하는 것들ta phainomena' 등으로 말하는데, 그것이 '최초에 주어진 존재하는 것das zunachste gegebene Seiende'이다. 또한 불생불멸인 원자는 마찬가지로 '요소stoicheion' 등으로 불리고, 이것은 감각되는 '존재하는 것'의 기초를 구성하는 것, '존재 구조로서 존재하는 것 그 자체das Seiende selbst als Einsstruktur'이다. 그리고 원자가 지닌 '형상', '늘어선 방식', '방향'이라는 세 가지 차이는 근원적으로 항상적인 원자가 감각되는 '존재하는 것'의 변천을 가능하게 하고, 변천하고 감각되는 '존재하는 것'의 보존을 가능하게 하는 존재의 구조, '세 가지의 근본 범주drei Grundkategorien'로 여겨진다.

충족이유율에서 본 원자의 현상은 감각되는 것의 현상에 비해 애매하고, 원자의 '존재'에는 일정한 존재론적인 불확실성이 수반하지만, 하이데거의 해석에 의하면, 레우키포스의 단편2가 보여주는 내용이란 감각되는 '존재하는 것'은 '존립'으로서의 '존재'에서, 요소(원자) - '존립'에 관해서 사유되는 불생불멸인 '존재하는 것' - 와 함께 자신을 보여주는 존재론적 구조이다. 이러한 현상학적인 관점의 해석으로 인해 감각되는 것과 원자의 존재론적 근거와 존재론적 위치가 해석된다.

이 해석은 원자만이 아니라 허공도 '존립'에 있어서 이해되는 확장을 보여준다(GA22, 81, 244f.). 고대원자론에 의하면, 변천하고 감각되는 것은 무수한 원자의 운동으로 이루어지지만, 원자가 결합분리하는 운동은 끝없는 운동의 장으로서 허공을 필요로 한다. 하이데거는 계속해서 데모크리토스 단편156의 해석에 즈음하여, '있는 것to den'과 '없는 것to mēden'에 관해서 그것을 '존재하는 것to on'과 '존재하지 않는 것to mē on'으로 표현하고 있는 아리스토텔레스와 마찬가지로, '존재하는 것das Seiende'과 '존재하지 않는 것das Nichtseiende'으로 읽는다. 그리고 원자만이 아니라 허공 또한 '존립hypostasis'과 '본성physis'을 가지고 있고, 원자와 허공은 모두 '변화와 운동을 위해 필요한 존립 Bestand에 속한다'고 설명한다. 하이데거에 의하면, 데모크리토스는 이 단편에서 '자연Natur이 존재할 수 있으려면, 무엇인가는 존재해야만 하지 않을까' 질문하고, 파르메니데스의 '하나en'로서의 '존재' - '존재하는 것'과 엄밀하게 구별되고, 불생불멸, 일원적이고 전체적인 '존재' -를 받아들여서 그것을 새롭게 가다듬는다. 즉 '존립'으로서의 '존재'에서 원자라는 '존재하는 것'만이 존재하는 것이 아니라 허공이라는 '존재하지 않는 것'도 또한 존재한다, 원자와 함께 허공에도 존재론적 근거와 일정한 존재론적 위치가 있다고 사유한다. 데모크리토스는 파르메니데스의 불생불멸, 일원적이고 전체적인 '존재'의 내적 구조 구분을 시도하고, 운동의 구성요인을 분별하며, 그것에 의해 존재론적인 '자연 일반의 일종의 도식so etwas wie das Schema einer Natur überhaupt'을 새롭게 보여주고 있다. 허공의 '본성'은 '그 내부에서 운동이 가능한 하나의 질서 전체'이다.

단지 하이데거는 허공의 현상과 그것의 '존립'에 관한 이와 같은 존재론적 구조에는 존재론적 확실성에 일정한 문제가 있다고 지적한다. 즉 데모크리토스는 허공이라는 '존재하지 않는 것'이 존재한다고 하는 것을 플라톤 정도로 명확하게 논의하지 않았고, 또한 충분히 이해도 할 수 없었다고 본다. 플라톤은 파르메니데스의 일원론적이고 전체적인 '존재' 사유를 받아들이면서도 허위의 언명 가능성이라는 관점에서 '없음mē'을 존재의 부정이 아니라 존재의 '다른 형태heteron'로 이해함으로써 '존재하는 것to on'에 대하여 '존재하지 않는 것to mē on'이 존재할 수 있는 일정한 가능성을 인정하였다. 이것은 데모크리토스와는 다른 방향의 이해이지만, 하이데거의 지적에 따라 이 해석을 수용하면 허공도 원자도 다른 방식으로 존재하는 '존재하는 것'이라고 설명할 수 있을 것이다. 이것은 허공의 '존립'에 관한 문제이고, 하이데거 자신은 허공 '존립'의 실상을 이런 방향으로 해석하려고 하였다.

이와 같은 '존립'의 성격을 하이데거는 시간적인 측면에서도 살펴보고 있다(GA22, 79). '존재'의 근원적인 성격에 관해서 하이데거는 '존재와 시간의 사상事象적 연관에 대한 필연성'을 강조한다(GA22, 68). 하이데거에 의하면, 고대원자론의 '존립'은 파르메니데스의 '존재'에서 유래하였다. 그리고 파르메니데스에서는 '존재'란 인간이 '사유하는 것noein'에서 이해되는 현상이고, 불생불멸한 '존재das Sein'라는 현상은 '시간Zeit'이라는 현상으로부터 **항상적인 현전성**standige Anwesenheit' 이라는 어떤 특정한 시간적 성격에 근원적으로 규정되고 있다고 해석된다(GA22, 67-70, 234ff). 그러므로 '존립Bestand' 또한 이 특정한 시간적 성격에서 설명된다. 즉 신세대의 자연철학에서 '존립'은 **항상적으로 현전하는 것**beständig Anwesendes', **'변천의 항상적인 근거**beständiger Grund des Wandels'라는 성격에서 파악된다.[19]

이와 같은 해석을 경과하여 하이데거는 고대원자론이 원자와 허공의 '존립'에 자리 잡은 새로운 존재론적 논의라는 사실을 확인하고,

---

[19] '시간'으로부터 이해되는 '존재', '존재'의 시간규정은 하이데거의 '존재' 사유에서 중심을 이룬다. 하이데거는 1926년 여름학기의 본 강의에서 파르메니데스의 '존재' 사유의 해석에 즈음하여, '철학의 첫걸음은 시간(Zeit)을 바라보고, 존재 개념(Begriff des Seins)을 획득한 것이었다. 그것 자체가 명확히 언명되고 분석된 것은 아니지만, 존재와 시간에 대한 사상(事象)적 연관의 필연성은 그리스인에게는 어둠으로 둘러싸여 있었으며, 그것은 오늘날에 이르러서도 마찬가지이다'고 지적한다(GA22, 68). '존재'의 시간규정 문제는 다음 해 1927년 간행된『존재와 시간』에서 '존재 일반의 의미(Sinn von Sein überhaupt)'에 대한 질문으로 그 일단이 제시되었다(GA2, 24ff.). 당시의 하이데거는 독자적인 현상학적 방법에 의해 '존재'와 '존재하는 것'을 현존재의 존재이해에 입각하여 다른 현상으로서 준별하고, '존재' 현상의 근원적인 규정을 '시간'의 현상에서 구하였다. 하이데거가 이렇게 사유한 이유는 고대 그리스철학 이래 철학의 역사에서, 암암리에 '항상적인 현전성(ständige Anwesenheit)'이라는 어떤 특정한 시간규정에서 '존재'가 이해되었다고 생각하고, 그것과는 다른 시간규정의 '존재' - 보다 근원적인 시간규정에 있어서 '존재'-를 모색하고 있었기 때문이다(vgl. GA22, 241, 313f., 331; GA2, 33-36). 그것은 '존재와 시간'이라는 현상학적, 존재론적 문제설정에 대한 통찰이고, 이 문제설정은『존재와 시간』에서 '존재' 문제에 대한 주제화와 전통적인 철학에 대한 비판적인 '해체' 구상으로 보여진다.

그것에서 고대원자론의 '독자성das Eigentumliche'을 발견하였다. 한편, 이 새로운 '존립Bestand'으로서 '존재'가 파르메니데스가 사유한 '하나 en'로서의 '존재'와 동일한 '존재론적 확실성die ontologische Bestimmtheit'을 확보하지 못하였다는 점을 부각하려 한다(GA22, 81). 이와 같은 해석 에는 인간의 영혼과 그 인식기능에까지 미치는 원자의 '존립'이 애초 '존재'를 이해하고 있는 현존재로서 인간의 삶의 '실존Existenz'을 파악 할 가능성을 폐쇄하고, 그것이 고대원자론의 '근본적인 난점Grund-schwierigkeit'을 이루고 있다는 해석을 추가한다(vgl. GA22, 82, 245, 288, 311f.). 이러한 해석을 통해 고대원자론에 대한 하이데거의 현상학적 해석이 지닌 방향성이 명확하게 드러난다. 그의 '존재' 사유의 방향성 과 입장에 따르면, 인간 삶의 존재양식은 자연의 존재양식과는 다르 고, '존재'라는 것은 대개 '근거의 계시성Erschlossenheit von Grund'인 '현존 재Dasein'에서의 현상이며, 현존재의 존재 이해에 입각해서만 근원적 으로 사유될 수 있다.

그러나 하이데거의 고대원자론에 대한 현상학적 해석은 그 이상 심화되지는 못하고, 고대원자론이 포함하고 있는 가장 중요한 존재 의 문제, 즉 '존립'에 있어서 실재 문제에 관해서는 충분히 파고들지 못하였다. 하이데거의 해석에 의하면, 파르메니데스의 불생불멸인 '하나'로서의 '존재'에서 고대원자론의 불생불멸한 '존립'으로서의 '존재'가 유래하고 있다. 그러나 하이데거에게 양자의 '존재'에 관해 근원적으로 해석되는 '존재'의 성격은 앞에서 본 '항상적인 현전성'이 라는 시간적 성격이지 실재적인 성격이 아니다. 하이데거는 '존립'에서 실재적인 성격도 파르메니데스의 '존재'에서 유래한 것인가, 그리고 이 실재적인 성격을 어떻게 파악될 수 있는가에 관해서 언급하지 않는다. 확실히 레우키포스와 데모크리토스는 '존재'를 주제로 논의하지 않았기 때문에 원자와 허공의 존재론적 구조들에 관한 빈틈없는 논의를 전개하고 있지는 않다. 그렇지만 변천하고 감각되는 것에 대해서 '각양의 원자와 허공은 참으로 존재한다eteēi ... atoma kai kenon'고 말하고(DK, 68B9, B117, B125), 또한 '진실은 깊은 곳에 존재한다en bythōi ... hē alētheia'라고 말하고 있는 것처럼(DK, 68B117), 고대원자론의 존재론적 조건에는 이와 같은 실재 문제가 깊이 뿌리내리고 있다.

나가며

서기전 5세기경 고대 그리스에서 탄생한 레우키포스와 데모크리토스의 고대원자론은 파르메니데스의 '존재' 사유를 받아들여 자연을 새롭게 설명하기 위해 구상된 사변적인 가설, 이론이며, 원자와 허공은 논의상 요청된 사유의 산물로서 간주되는 경우가 많았다. 무엇보다 그들 자신이 원자와 허공의 존재론적인 구조에 관해 자세하게 논의하지 않았다. 그러므로 고대원자론의 존재론적 조건에 관해서는 단순한 실재론적 입장의 설명은 배척되었다고는 해도, 심도 깊은 이해와 해석이 이루어진 경우는 적지 않다.

그러나 레우키포스와 데모크리토스의 고대원자론은 실질적으로 자연을 일정한 존재론적 구조에서 파악하려고 시도하였다. 그리고 현상학적 관점에서 존재론적인 문제를 해석하는 하이데거의 현상학적 해석은 고대원자론의 존재론적 조건을 현상학적으로 조명하려고 시도하였다. 그런 해석은 고대원자론에서 존재론적 구조들의 일단을 드러내고 있지만, 한편으로 그같은 방향의 해석은 그 해석 자체의 배경에 있는 '존재' 사유의 문제도 엿보게 한다.

『존재와 시간』을 준비하고 있던 1926년 젊은 하이데거의 고대원자론에 대한 현상학적 해석은 그 자신의 '존재Sein' 사유를 독자적인 현상학적 존재론이라는 형태로 단련하는 도상에서 '존립Bestand'에 있어서 '실재 문제'라는 존재론적으로 곤란한 문제까지는 파고들지 않는다. 현존재에서 '시간'이라는 현상으로부터 이해된 '존재' 현상, '존재'의 시간 규정은 하이데거가 자신의 '존재' 사유에서 이해한 것이고, 이 '존재와 시간'이라는 현상학적 존재론 문제가 하이데거에게 '존재' 사유의 중심을 이루기 때문에 그에게 서양철학 전체를 조망할 만한 시야를 주게 되었다.[20] 그렇지만 현존재에 관해서, '시간'으로부

---

20 하이데거에 의한 '존재와 시간'이라는 현상학적, 존재론적 문제설정의 단서는 1925년/26년 겨울 학기의 강의『논리학 진리에 대한 물음』에서 시도되었고, 아리스토텔레스의『형이상학』Θ권 10장을 정점으로 하는 '진리(alētheia)' 논의에 관한 현상학적 해석에서 볼 수 있다(GA21, 162-195). 다시 1927년 출간된『존재와 시간』에서 표명된 전통적인 철학에 대한 비판적 '해체'구상은 전통적인 철학의 기반을 이루는 아리스토텔레스의 존재론과의 대결을 의식하고, "존재와 시간"이라는 현상학적, 존재론적 문제설정에 입각하여 최종적으로는 아리스토텔레스의 존재론을 아리스토텔레스 자신의 시간론에 대한 해석으로 비판하려는 것이었다(GA2, 53; vgl. GA2, 35, 556). 아리스토텔레스에 의한 '시간(chronos)' 논의에 관한 하이데거의 현상학적 해석은『존재와 시

터 규정된 것 같은 '존재'의 토대에서 '존립'으로서의 '존재'도 또한 충분히 이해될 수 있을까? 하이데거는 존립한다는 것은 존재한다는 것에 대한 이해의 토대가 될 수 있다고 시사한다.[21] 그러나 하이데거가 이러한 사태를 명확하게 논의한 것은 『존재와 시간』이나 그 이후에도 이루어지지 않았다.[22]

<hr />

간』의 간행 직후, 1927년 여름학기의 강의 『현상학의 근본 제문제』에서 『자연학』 A권 제10장-14장에 대한 해석으로 제시되고 있다(GA24, 327-369). 하이데거에게 아리스토텔레스는 그 자신의 '존재' 사유를 모색하고 개발하는 데 부단히 함께한 반려자였으며, 동시에 '존재' 사유의 방향성과 입장의 측면에서는 근원적으로 극복해야만 하는 대결의 맞수였다. 단지 하이데거에 의한 '존재와 시간'이라는 문제설정은 『존재와 시간』의 후반부 간행이 단념되었기 때문에 상세히 논해지지 못하였다. 그러나 『존재와 시간』 이후, 이 문제설정은 형태를 달리하면서 지속적으로 사유되어 왔다.

21 하이데거는 1927년 여름학기의 본 강의에서 플라톤 『국가』의 이데아론 해석에 즈음하여 '온갖 것들이 지속하여 존재하지(Dinge ... bleiben)'만, 어떤 '것'이 지속하여 존재하는 것으로 파악할 수 있게 되는 것은 '빛 그 자체(Licht selbst)' - '존재 das Sein)'로서의 이데아 - 를 볼 때뿐이라고 한다. 그리고 이 '빛' 속에 있는 '것'이 '존립(Bestand)'을 가진다고 한다(GA22, 104f.). '존재'와 '존립'의 관계에 관해서는 다음의 각주(22)도 참고하라.

22 존립이나 실재의 문제는 하이데거의 '존재' 사유에서 어려운 지점 가운데 하나이다. 하이데거에 의한 존립이나 실재에 관한 언급은 1920년대 중후기의 저작에 산재해 있지만, 어떤 경우에도 당시의 하이데거의 '존재' 사유의 방향성이나 입장, 즉 '존재'는 현존재의 존재이해에만 부여되는 현상이라는 것, 또 존립이나 실재는 현존재 이외에 존재하는 것의 존재양식이며, 그것과 현존재의 존재양식인 '실존(Existenz)'은 다르다는 것, 이 두 가지는 일관하고 있다. 하이데거는 『존재와 시간』에서 '주변에 존재하는 것'도 아니고, 직전에 존재하는 것도 아니며, 단지 '존립하고 있는' 것(was, nicht zuhanden und nicht vorhanden, nur »besteht«)을 '비현존재적으로 존재하는 것(das nichtdaseinsmäßige Seiende)'이라고 부르고, 이것과 현존재를 포함하는 모든 '존재'를 해석하는 충분히 해명된 '존재 일반의 이념(Idee von Sein überhaupt)'이 필요하다고 한다(GA2, 441). '비현존재적으로 존재하는 것'의 존재양식은 '가장 넓은 의미에서

자연 그 자체가 존재할 수 있는 조건으로 원자와 허공의 '존재'를 사유한 데모크리토스와 자연은 자연과는 다른 현존재에 있어서 '존재' 이해를 근거로 해서 비로소 그와 같이 '존재하는 것'으로 드러날 수 있다고 생각한 하이데거, 데모크리토스의 고대원자론 사유와 하이데거의 '존재' 사유의 존재론적 방향성이나 입장에는 큰 차이가 있다. 그렇지만 실재 문제는 어떠한 존재론에서도 피할 수 없는 것이고, 고대원자론은 실재 문제를 정면에서 제시하고 있는 가장 오래되고 가장 중요한 논의들 가운데 하나이다. 존재론의 전개라는 점에서, 데모크리토스의 고대원자론 사유와 하이데거의 '존재' 사유의 관계는 '존재'에 관한 사유의 중대한 과제를 보여주는 것이라고 말할 수 있다.

직전성(Vorhandenheit im weiteste Sinne)이라고도 말해진다(GA2, 60). 그러나 이와 같은 '존재'에 대한 논의는 『존재와 시간』의 후반부가 미간행으로 끝나서 완수되지는 못하였다. 또한 실재에 관해서는 『존재와 시간』의 한 절을 할애하여 논의하고, "실재문제"에 관한 전통적인 철학의 경위를 개관하는 범위에서 그 자신의 일정한 견해가 보여진다(GA2, 266-281; vgl. GA2, 119-135). 그에 따르면, '온갖 실재하는 것(die Realen)'의 '실재성(Realität)'이란 현존재의 존재이해에 선행적으로 주어져 있는 현상이라고 한다(GA2, 280f.). 즉 우리는 '실재성'이라는 존재양식의 이해를 근거로 해서만 무언가 실재한다고 말하는 것이 가능하다. 왜냐하면 "현존재가 실존하지 않는다면, '비의존성(Unabhängigkeit)'도 '존재하는' 것이 아니고, 또 '그것 자체-에서(An-sich)'도 '존재하는' 것이 아니다"(GA2, 281). 하이데거는 이처럼 '존재하는 것'이 현존재의 존재이해에 의존하지 않고, '존재'가 현존재의 존재이해에 의존해 있다고 하지만, '존재하는 것'은 '존재'에 대한 현상의 토대에서 처음으로 '존재하는 것'으로서 현상할 수 있다고 한다. 그리고 또한 현존재의 존재이해가 존재하고, '직전성'의 이해도 존재하는 경우에는 '존재하는 것은 오히려 훨씬 앞까지 존재한다고 할 수 있다'고 한다(GA2, ebd.). 또한 이와 같은 존립이나 실재의 문제는 '자연(Natur)'의 문제와 깊은 관련이 있다. 이것에 관해서는 필자의 다른 글에서 일부 검토하였다(武井 2010: 135-167).

참고문헌

하이데거의 저작은 주로 하이데거 전집(Martin Heidegger Gesamtausgabe, Vittorio Klostermann, 1975-)을 사용하였다.

인용이나 참조 개소를 지시할 경우에는, 다음의 약호를 사용하고, 쪽수를 함께 표기하였다.

GA2   *Sein und Zeit* (1927)

GA15   *Seminare* (1966-973)

GA20   *Prolegomena zur Geschichte des Zeitbegriffs* (1925)

GA21   *Logik. Die Frage nach der Wahrheit* (1925/26)

GA22   *Die Grundbegriffe der antiken Philosophie* (1926)

GA24   *Die Grundprobleme der Phänomenologie* (1927)

Ka   Wilhelm Diltheys Forschungsarbeit und der gegenwärtige Kampf um eine historische Weltanschauung, 10 Vorträge (Gehalten in Kassel vom 16. IV.-1. IV. 1925), in: *Dilthey-Jahrbuch für Philosophie und Geschichte der Geisteswissenschaften*, Bd. 8, Vandenhoeck & Ruprecht, 1992-93 (1925)

* 저작명에 이어서 마지막의 소괄호에 숫자는, 출간연도, 강의연도, 강연연도도 표시한다.
* 레우키포스와 데모크리토스의 저작에서 유래하는 말, 파르메니데스의 저작의 일부로서 전하는 말, 또 그들에 관한 후대의 증언 등의 사용에 즈음해서는, 주로 딜즈-크란츠 (Diels-Kranz, DK) 편찬 『소크라테스 이전 철학자 단편집』을 이용하였다. 인용이나 참조 개소를 지시하는 경우에는, 다음의 약호를 사용하고, 자료번호를 함께 표기하였다.

DK *Die Fragmente der Vorsokratiker, griechisch und deutsch*, von Hermann Diels, hrsg. von Walther Kranz, 3 Bde., 6. Aufl., Weidmann, 1951-1952.

* 하이데거도 같은 책을 사용하고 있지만, 1920년대 중후기에 그가 사용한

것은 딜즈편의 제4판이다. 이 장에서는 기본적으로 상기한 제6판(DK)을 사용하고, 그 자료번호를 표기하지만 필요에 따라 제4판의 자료번호도 표기한다. 그런 경우에는 다음의 약호를 사용하고, 자료번호를 함께 표기한다.

D   *Die Fragmente der Vorsokratiker, griechisch und deutsch*, von Hermann Diels, 3 Bde., 4. Aufl., Weidmann, 1922.

그 외의 저작은 다음과 같다. 인용이나 참조 개소를 지시하는 경우에는 고전의 경우는 관례에 따라 표기하고, 또 그 이외의 저작에서는 저자명, 간행연도, 쪽수를 표기한다.

Aristoteles (1831‒870) Aristotelis Opera, edidit Academia Regia Borussica, Georgius Reimerus.

Aristoteles (1936) *Aristotle's Physics, A Revised Text with Introduction and Commentary*, by W. D. Ross, Oxford.

Aristoteles (1907) *Aristotle De Anima, With Translation, Introduction and Notes*, by R. D. Hicks, Cambridge.

Aristoteles (1924) *Aristotle's Metaphysics, A Revised Text with Introduction and Commentary*, by W. D. Ross, vols. I, II, Oxford.

Diogenes Laertius (1964) *Diogenis Laertii Vitae Philosophorum*, tomus prior, tomus posterior, recognovit brevique adnotatione critica instruxit H. S. Long, Oxford.

Kirk, G. S., Raven, J. E., Schofield, M. (1983) *The Presocratic Philosophers: A Critical History with a Selection of Texts*, (Second Edition), Cambridge.

Platon (1900) *Tetralogias I‒II cotinens: Euthyphro, Apologia Socratis, Crito, Phaedo, Cratylus, Theaetetus, Sophista, Politicus*, Platonis Opera, tomus I, recognovit brevique adnotatione critica instruxit Ioannes Burnet, Oxford.

神崎繁 (1999)『プラトンと反遠近法』新書館.

日下部吉信 (2016)「アナクシマンドロス, ヘラクレイトス, パルメニデス―原初の思索家たち」秋富克哉・安部浩・古荘真敬・森一郎編『続・ハイデガー読本』所収, 法政大学出版局.

武井徹也 (2010)「自然の諸相―前期ハイデガーにおける自然についての議論」西田照見・田上孝一編『現代文明の哲学的考察』所収, 社会評論社.

丹木博一 (2000)「「地平の現象学」から「顕現せざるものの現象学」へ―「カテゴリー的直観」に関するハイデガーの態度変更をめぐって」『思想』第九一六号所収, 岩波書店.

西川亮 (1971)『デモクリトス研究』理想社.

西川亮 (1995)『古代ギリシアの原子論』渓水社.

村井則夫 (2011)「ハイデガーと前ソクラテス期の哲学者たち」神崎繁・熊野純彦・鈴木泉編『西洋哲学史Ⅰ』―「ある」の衝撃からはじまる所収, 講談社.

森一郎 (2013)『死を超えるもの―3・11以後の哲学の可能性』東京大学出版会.

山口義久 (1988)「デモクリトスとアリストテレス」, 井上庄七・小林道夫編『自然観の展開と形而上学―西洋古代より現代まで』所収, 紀伊國屋書店.

제10장

일본 메이지시대 실재론의 계보와 원자론

'일즉다'의 철학 전개

/

시라이 마사토(白井雅人)

제10장
일본 메이지시대 실재론의 계보와 원자론
'일즉다'의 철학 전개

시라이 마사토(白井雅人)

들어가며

일본의 지적전통에 '철학'이라는 호칭에 어울리는가에 관해서는 여러 가지 주장이 있을 수 있다. 잘 알려져 있듯이, 나카에 쵸민中江兆民은 '우리 일본은 고대부터 지금에 이르기까지 철학이 없었다'(나카에 1901: 26)고 주장하였다. 한편 제임스 하이직James Wallace Heisig이 편찬한 『Japanese Philosophy: A Sourcebook』은 '만물의 근원은 물이다'고 주장한 탈레스를 아리스토텔레스가 철학의 기원이라고 한 것에 대비해서 사회의 성립을 훈시한 성덕태자를 일본 철학의 기원이라고 하였다(Heisig James W., et al. eds. 2011: 9).

그렇지만 '서양철학'이 일본에 도입된 것이 에도막부 후기에서 메이지에 걸친 기간이라는 점에는 사람들의 견해가 일치한다. 나카노

쵸에이高野長英의『서양학 스승의 학설西洋學師ノ説』이 가장 빠른 시기 서양철학의 소개이지만, 서양철학의 본격적인 도입은 니시 아마네西周의 네덜란드 유학과 귀국 후 활동을 통해서였다. 그 후에 동경대학에 철학과가 설치되고, 아카데믹한 철학연구가 행해지게 되었다.

동경대학 철학과 교수였던 이노우에 테츠지로井上哲次郎, 이노우에 엔료井上円了, 키요자와 만시清沢満之, 미야케 세츠레이三宅雪嶺 등으로 대표되는 동경대학철학과의 졸업생들은 메이지 20년경부터 자신들의 철학을 표명하고 있다. 그들의 철학은 후나야마 신이치船山信一에 의한 '현상즉실재론'으로 총칭할 수 있으며,1 그 실상은 하나一와 다수多를 둘러싼 형이상학이었다. 후술하는 바와 같이 그들은 동일하게 이원론과 다원론을 통합하는 실재론을 목적하면서, 각각이 특색있는 독자의 철학을 전개하였다.2

예를 들어, 1886년(메이지19년)에 출판된 이노우에 엔료의『철학일석화哲學一夕話』(하루 저녁 철학 이야기)의 주요한 테마는 일원론과 다원론의 관계였다. 서양 철학서의 번역, 번안을 제외하면 일본의 철

---

1 "두 명의 이노우에(井上)[=이노우에 엔료(井上円了)와 이노우에 테츠지로(井上哲次郎): 필자]가 형상즉실재론(現象即実在論)을 주장한 사람이라고는 하지만, 키요자와(清沢)와 미야케(三宅)는 약간 다른 각도에서 논리를 전개한 것으로 주목해 보아야 한다"(船山信一 1959/1999: 107).

2 후나야마 신이치(船山信一)는 현상즉실재론의 계보에 관해 마르크스주의 입장에서 관념론으로 정의하지만(船山信一 1956/1998: 15ff.), 이 장에서는 이노우에 테츠지로 자신의 용어법에 따라서 '실재론'이라는 용어를 사용한다. 여기서 실재론은 존재의 근원적인 방식의 해명을 목표로 하는 형이상학이라는 의미이다.

학서로서 최초기의 저술로 자리매김한『哲學一夕話』에서 전개한 내용은 일원론(무차별)의 입장도 아니고 다원론(차별)의 입장도 아닌 그 양자를 통합하려는 '엔료의 대도大道'였다. 또한 이노우에 테츠지로가 1894년에 발표한「내 세계관의 한 티끌我世界觀の一塵」에서 주장한 것이 '현상즉실재론'이었다. 이 현상즉실재론은 현상(多)과 실재(一)의 관계를 논하면서 다수도 하나도 아닌 현상과 실재가 분리되지 않은 하나라는 입장이었다.

　1911년(메이지 44년)에 간행된 니시다 기타로西田幾多郎의『선善의 연구』도 순수경험은 분화 발전하는 것이라 하고, 통일(一)과 모순대립(多)을 구비한 것으로서 논하였다. 니시다는 '거기에 실재의 근본적인 형식은 하나이면서 동시에 다수, 다수이면서 동시에 하나, 평등 가운데 차별을 가지고, 차별 가운데 평등을 가진 것이다'(NKZ1-57)라고 말하고, 하나와 다수의 양면을 구비한 것으로서 실재를 고찰하였다.

　이와 같은 하나와 다수에 관한 형이상학적 사색 가운데 원자론이 위치한다. 그러므로 메이지시대의 철학에서 원자론에 대한 관심은 오로지 형이상학적인 문제와 관련된 것이었다. 메이지시대 철학은 서양철학과 동시에 진화론을 비롯한 근대과학도 적극적으로 수용하였지만, 화학 물리학적인 원소에 관한 원자론에는 강한 관심을 보이지 않았다. 오히려 일원론과 다원론의 대결 가운데 자신의 철학적 체계를 구축하는 경우에 원자가 어떤 위치를 갖는가 하는 문제에 관심의 초점이 놓여 있었다.

　다만 메이지시대 철학에서 원자론의 문제는 단순히 실재론에 대한 하나의 테마에 머문 것은 아니다. 이노우에 엔료, 이노우에 테츠지로, 키요자와 만시는 현상즉실재론으로 일괄된 경향이 있지만, 여기에서 보이는 것처럼 원자론에 대한 태도에는 세 사람이 각기 큰 차이가 있다. 원자론에 대한 태도의 다양성을 명확히 함으로써 메이지시대 실재론의 다양성도 분명히 할 수 있을 것이다. 그런 의미에서 그들의 실재론에서 원자론의 위치를 묻는 것은 큰 의미가 있다고 할 것이다.

이상과 같은 문제의식에 근거하여, 이 장에서는 메이지시대 철학과 원자론의 관계를 살펴보면서 '하나 즉 다수一卽多'의 논리를 밝혀보고자 한다.[3] 먼저 메이지시대 철학에서 원자론이해를 밝히기 위해 그들의 원자론, 특히 데모크리토스 이해에 관해서 살펴보고(제1절), 다음으로 메이지시대 철학의 선구자로서 이노우에 엔료(제2절), 이노우에 테츠지로(제3절)의 철학을 고찰한 후 키요자와 만시의 철학을 들여다 보기로 한다(제4절).

---

3 또한 원자론을 전개한 메이지 시기의 중요한 철학자로서 나카에 조민(中江兆民)이 있다. 그러나 이 장에서는 메이지 시기의 실재론의 다양성을 밝히는 것이 목적이 아니므로, 메이지 시기의 실재론 계보에 있어서 원자론에 논점을 제한하고, 나카에 조민에 관해서는 다루지 않는다.

1
메이지시대의 원자론 이해

언급한 바와 같이, 메이지시대 철학자의 관심은 일원론과 다원론을 통합하는 형이상학의 전개였으며, 원자론에 대한 관심도 형이상학과 연결하는 형태로서의 관심이었다. 그들은 과학철학적인 관심에서 원자론에 접근하는 것이 아니라 어디까지나 존재의 존재하는 방식에 관한 형이상학적 실재론으로서 원자론을 논하고 있다. 그렇기 때문에 그들의 원자론 이해를 살펴보기 위해서 우선은 그들의 데모크리토스 이해를 살펴보아야 할 것이다. 메이지시대 철학자에게 데모크리토스는 실재의 근원을 해명하려고 한 고대 그리스철학의 계보 가운데 위치한 철학자였고, 실재론으로서 형이상학적 원자론의 전형으로서 받아들여졌기 때문이다.

메이지시대에 철학사 이해의 기저에 있었던 것이 슈베글러Schwegler의 『철학사』 영어역 『Handbook of the History of Philosophy』였다.[4] 당시 동경대학철학과에서 교편을 잡고 있었던 휘놀로사Fenollosa가 교과서로 사용하였고,[5] 토야마 마사카즈外山正一도 철학에 관해 강의할 때 그것을 교과서로 사용하였다.[6] 슈베글러의 영역본에서 하나와 다

---

4 이 교과서의 문제에 관해서는 라이너 슐쩌(Rainer Schulzer, 2010: 289)에서 시사점을 얻었다.

5 '수업중에 학생들이 쓴 참고서가 독일인 슈베글러(Friedrich Schwegler)의 철학사 영역'(三宅雪嶺 1933: 91)이었다는 미야케 세츠레이(三宅雪嶺)의 증언이 있다.

6 이노우에 테츠지로가 토야마 마사카즈(外山正一)에 관하여 "처음 수년간 동경

수의 형이상학에 관련한 부분을 인용해 본다. 슈베글러의 영역본에는 데모크리토스의 약력이 소개된 후, 다음과 같이 기술하고 있다.

> 엠페도클레스와 같이 일정한 수의 서로 다른 성질을 가진 원초적 물질의 집합을 시원으로 가정하는 대신에, 원자론자는 질적으로는 동일하지만 양적으로는 동등하지 않은 무수한 근원적인 요소들이 모든 현상적이고 특수한 성질을 만들어 낸다고 한다. 그들의 원자는 연장을 가지지만 불가분하며 불변하고 물질적이고 극미량인 것으로 서로 크기와 형태와 무게만 차이가 난다. 현존하지만 성질이 없는 것이어서 원자는 변질한다거나 질적으로 변화한다거나 하는 일은 전혀 있을 수 없다. 그러므로 엠페도클레스와 같이 모든 생성은 장소의 변화에 지나지 않는다. 현상적 세계에서 다양한 것은 단지 형태와 순서와 위치에서만 설명될 수 있고, 현존하는 원자들도 또한 다양하게 결합하고 통일되어 있다.
>
> (Schwegler 1867(→ 1875): 35)

이 인용 후, 슈베글러는 충실과 허공의 관계, 필연성의 문제, 헤겔의 평가 등에 관해 서술한다.

앞의 인용문이 중요한 점은 원자론의 원자가 양적으로는 차이가 있지만 질적으로는 동등하다고 서술되어 있다는 점이다. 그러므로

대학에서 밀(J.S. Mill), 스펜서(H. Spencer), 베인(Alexander Bain) 또는 영역 슈에그렐의 철학사 등의 교과서를 사용해서 철학과 논리학을 수업하였다"(TMK-35)라는 기록을 남기고 있다.

메이지시대의 철학자들 다수는 원자론을 원자라는 질적으로 동일한 것으로 환원되는 이론으로 받아들여 일원론으로 규정하게 된 것이다.[7] 원자의 수는 무수하고 또한 당시의 화학 물리학에서 새로운 원소가 발견되어 있었지만, 원자론은 다원론으로 받아들여지지는 않았다.

슈베글러 철학사의 영역본이 큰 영향을 주었다는 사실에 관해서는 몇 가지 방증을 들 수 있다. 예를 들어, 미야케 세츠레이三宅雪嶺는 '희랍철학사'라는 주제의 강의를 하였는데, 거기에서 데모크리토스를 필두로 한 원자론에 관해 '원자론자는 만물의 본원을 원자로 돌리는 자로서 원자란 크고 작음, 모나고 둥긂, 가볍고 무거움을 달리한다고 하더라도 모두 동일한 성질을 가지며, 다소 연장을 가진다 해도 극도로 미세한 것이기 때문에 분해할 수 없는 단순하고 최정밀한 것이다'(미야케 세츠레이 1899: 16ff.)고 서술하고 있다. 또한 슈베글러 철학사의 특징인 헤겔 인용과 변증법적인 철학사 이해도 그대로 답

---

7   예를 들어, 메이지 말기의 것으로 생각되는 니시다 기타로의 강의노트에도 "atomism과 monalology와 같은 것은 일견 pluralism처럼 보이지만 기실은 pluralism이 아니다. Principle에서 본다면 one이다"(NKZ15-179)라고 적고 있다. 단지 니시다는 1927년의 강의록에서는 "그리스에서 대표적인 다원론은 데모크리토스의 아토미즘이다. 그것은 실재의 구성요소를 무한히 많은 아톰이라고 생각한다" (NKZ14-280)고 기술하고, 원자론을 다원론으로서 위치짓고 있다. 이 시기의 니시다는 "그러나 성질이라기보다는 원인적인 것, 힘을 가진 것을 실재라고 생각하는 사고방식으로 보아도 다원론이 성립한다. 예를 들어, 오늘날의 물리학에서 아토미즘이 그것이다"(NKZ14-281)라고 기술한 바와 같이, 원자론을 근대물리학과 연관해서 파악하려 하고 있다.
     또한 오니시 하지메(大西祝)는 예외적으로 메이지 시기에 원자론을 다원론으로 파악하고 있다(大西祝 1904/2010: 114).

습하여 미야케의 강의는 전체적으로 슈베글러의 번안이라는 색채가 농후하다.

또한 이노우에 엔료가 메이지 16년에 작성했다고 생각되는 연구 노트에도 슈베글러 철학사의 발췌가 있고, 거기에 원자론에 관한 기술도 인용되어 있다(시바타 타카유키柴田隆行, 라이너 슐처Rainer Schulzer 2010: 236ff.). 이 연구노트에는 진화론에 관한 기술은 있지만, 과학적인 원자론에 대한 기술은 발견되지 않는다. 적어도 당시의 이노우에 엔료에게 원자론을 이해하기 위한 안내가 된 것은 슈베글러의 영역본이었다고 말할 수 있다.

키히라 타다요시紀平正美도 1911년에 제본한 강의록『철학개론』에서 '원자론자는 마지막까지 추상해서 성질에 있어서는 동일하고, 수에 있어서는 충분히 많은 원자atom라는 것이 실재로서 있고 이것이 허공을 운행하고 있다'(키히라 타다요시 1911, 122)고 기술한다. 이 간결한 요약에서 슈베글러 영향의 대소는 분명하지 않지만, 적어도 성질에서 동등하고 양에서는 다르다는 이해를 가지고 있었다는 사실이 규명된다.

키요자와 만시는 1888년(메이지 21년)부터 1889년에 걸쳐서 집필한 것으로 추정되는 「서양철학사시고西洋哲學史試稿」에서 '미분자[=원자: 인용자주]는 그 내부의 성질상 차이가 없고, 상이한 것은 형상, 순서, 위치의 다름에 의한 형상의 다름이 있기 때문에 미분자에는 대소가 같지 않고, 대소가 같지 않기 때문에 경중의 차별이 있다'(키요자와 만시 2003: 21)고 기술되어 있다. 「서양철학사시고」에서 원자론의 항목은 대부분 위버벡überweg의 『Grundriss der Geschichte der Philosophie des Altertums』를 바탕으로 쓰였지만, '미분자는 그 내부의 성질상 서로 차이가 없다'는 한 문장은 위버벡의 원문에는 존재하지 않는다(Überweg (1862/1920): 121). 「서양철학사시고」의 목차 등 전체 구조는 슈베글러 철학사와 매우 유사하기 때문에 키요자와의 「서양철학사시고」는 슈베글러에게서도 영향을 받았다고 생각할 수 있다. 그러므로 이 문장은 슈베글러에 기초해서 삽입했다고 생각할 수 있을 것이다.

이상과 같이, 메이지 시대 철학에서는 슈베글러 철학사 영역본의 영향하에 원자를 '양적으로는 다르지만 질적으로 동일한 것'으로 이해하였다. 그리고 질적으로 동일한 것으로 환원하는 이론으로서 원자론을 일원론으로 받아들이고 있다. 다음에는 메이지시대 철학자들이 원자론을 어떻게 받아들이고, 어떠한 철학을 전개하였는지 구체적으로 살펴보도록 하겠다.

2
이노우에 엔료(井上円了)의 철학과 원자론

후나야마 신이치에 따르면, 이노우에 엔료는 '일본에서 처음으로 순정철학純正哲學을 문제시한 철학자'(후나야마 신이치 1956→1998: 68)였다.[8] 여기에서 순정철학은 형이상학이고, 실천철학이나 응용철학과 구별되는 이론철학을 의미한다.9 이 순정철학을 이노우에 엔료는 『철학요령哲學要領』과 『철학일석화哲學一夕話』에서 전개하였다. 그곳에서 이노우에 엔료가 어떻게 원자론을 다루고 있는지 살펴보도록 하겠다.

이노우에 엔료는 『哲學要領 後篇(후편)』에서 이원론으로서 유물론의 최종단계로 원자론을 위치시킨다. 거기에서 이노우에 엔료는 다음과 같이 말한다.

이제 물질이 무엇인지 알기 원한다면, 우선 그것의 성분을 모르면 안 된다. 물질에는 기체, 액체, 고체의 차별이 있어도, 그 본체는 모두 분자의 집합으로 이루어진다. 분자는 소분자로 이루어지고, 소분자는 미분자로 이루어진다. 미분자는 즉 화학적인 원소이다. 원소에는 대략 70종 전후의 종류가 있어서, 혹은 서로 집합하고, 혹은 포함해서 만물을 형성한다. 그러므로 물질의 실체는 원소라고 해야 한다.   (IES1-175)

여기에서 이노우에 엔료는 분자와 원소라는 용어를 사용하고 있지만, "레우키포스 혹은 그의 문하 제자 데모크리토스는 내력론을 배

---

8   이노우에 엔료는 이노우에 테츠지로의 학생이었지만(三浦節夫 2016: 96 이하), 순정철학에 관한 논문을 테츠지로에 앞서 발표하였다.

9   예를 들어, 니시다 기타로는 '순정철학(Metaphysics)과 인식론(Theory of Knowledge, Erkenntnislehre)'(NKZ19-134, NKZ19-137)이라고 두 서간에 쓰고 있다. 당시의 '순정철학'이라는 용어는 현재로 말하면 형이상학에 해당하는 것이라는 사실을 알 수 있다.

척하고 원소론을 주장한다. 이로부터 분자가 물질을 구성하다는 주장이 제기된다"(IES1-116)는 어법을 보면, 데모크리토스 원자론을 염두에 두고 있었다는 점은 분명하다. 이노우에 엔료에 의하면, 일원적 유물론을 추구하며 물질의 실체로서 원소를 고찰하는 원자론이 되는 것이다. 그러나 이노우에 엔료는 원자론에 대해서 의문을 제기한다.

> 물질의 본체를 원소로 돌리는 경우에는 의문을 원소로 전이해서 다시 그것이 무엇인가를 연구해야만 한다. 여기에서 원소는 물질인가, 또한 물질이 아닌가라는 의문이 일어난다. 만약 그것을 물질이라고 하는 경우에는 물질을 해석하는 데 물질을 가지고 한다는 난점을 가지며, 물질의 본체는 원소라고 할 수 없다. 만약 그것을 물질이 아니라고 하는 경우에는 물질의 본체는 어떤 것인가라는 의문이 따라서 일어나지 않을 수 없다. 만약 그것을 무형無形무질無質이라고 하면, 형질없는 것이 어떻게 해서 형질있는 것을 구성하는가라는 질문이 일어나고, 그것을 유형유질이라 하면, 그것의 형질은 어떠한 것인가라는 의문이 일어나서 도저히 의문의 해답을 다하였다고 할 수 없다. 이렇게 보면, 원소를 가진 만물의 본체라고 정의하는 것은 논리상의 어려움을 피할 수 없다는 점을 알게 된다.
>
> (IES1-176)

다시 말해, 물질을 구성하는 원소가 물질이라면, 원소로서의 물질을 구성하는 무엇인가가 다시 필요하게 되고, 물질이 아니라면 물질이 아닌 것으로부터 물질이 어떻게 발생하는가라는 문제가 생긴다는 것이다. 그러므로 원자론의 입장에 안주할 수 없다. 이렇게 해서 이노우에 엔료는 원자론을 일원론으로 받아들이면서 원자로 환원하는 일원론을 부정한다. 그런 다음에 일원론에 머무르지 않고, 하나와 다수를 종합한 체계를 기획한다. 이노우에 엔료는 『哲學一夕話』에서 조금 더 신중한 논의를 하면서 자신의 철학 체계를 밝힌다. 이제 『哲學一夕話』의 논의를 살펴보고자 한다.

『哲學一夕話』에서 원자론은 제2편 「신의 본체를 논함」에서 다루어진다. '하루 저녁 철학 이야기哲學一夕話'는 '엔료 선생'이라는 가공의 인물과 그 제자들이 토론하고, 최후에 엔료 선생이 제자들에게 판결을 내리는 형식의 대화편으로 구성되어 있다. 다만 등장인물들이, 엔료円了 선생, 엔토円東, 엔난円南, 료사이了西, 료호쿠了北라는 이름으로 혼동하기 쉽기 때문에 엔료 선생을 제외한 등장인물의 이름은 나타내지 않고, 유물론자, 유심론자, 유신론자(1), 유신론자(2)로 표기하려 한다.

유물론자는 '세계의 만물은 동일한 물질로 구성되고, 만물의 변화는 물질 내에 함유되어 있는 힘에 의해 발생한다고 말한다'(IES1-52)고 하고, 세계를 구성하는 것은 동일한 원자이고, 거기에 포함된 에너지에 의해 다양한 변화가 일어난다고 설명한다. 그리고 그 논거로서 '물질불멸의 규칙'과 '에너지 보존의 법칙'을 든다.10 어떠한 변화가 일어나도 물질은 변화하지 않고, 에너지의 총량에도 변화가 없기

---

10 '세력항존의 원리'란 에너지 보존의 법칙을 표현한 것으로 생각된다. '물질불멸의 이론'은 사물의 변화가 불변하는 원자의 집합과 이산이고, 원자 자체는 불멸이라는 주장으로 생각된다. 이 주장은 질량보존의 법칙을 염두에 둔 것이기도 하다. 물질의 불멸성에 관해서는 이노우에 엔료가 지대한 영향을 받은 스펜서의 논의(Spencer 1863: 238ff.)도 참조.

때문에 물질과 에너지[11]만으로 설명될 수 있으므로, 다른 것을 이 세계의 사상事象으로 상정할 필요가 없다는 주장이다(IES1-52f.).

이같은 주장에 대해 '무기물로부터 유기물의 발전, 인간에 의한 고도의 정신작용이 물질과 에너지만으로 설명될 수 있는가'라는 의문이 생겨난다(IES1-54). 이 의문에 대해 유물론자는 진화론적으로 설명한다. 유기물과 무기물, 동물과 식물 공히 그것의 경계선을 비교하면 거의 차이가 나지 않는다. 또한 고등한 동물은 인간과 마찬가지로 정신작용을 가지고 있는 것처럼 보이고, 인간도 동물과 거의 차이가 없는 것처럼 보이는 부분도 존재한다. 이상과 같은 논거에 따라 자연히 진화해서 '처음에 동일한 물질에서 점차 진화하여 무기물에서 유기물을 생성하고, 동식물로부터 인류를 생기한다'(IES1-55)는 사실은 틀림이 없고, '자연의 진화는 물질 그 자체에 포함된 힘에서 생한 것이지 별도의 천신天神이 있어 그것을 발생한 것이 아니다'(IES1-55)는 것이다.

유물론자의 주장을 간단히 요약하면, 모든 것은 원자와 그것의 운동으로 환원할 수 있다. 원자와 그것에 고유한 에너지에 의해 물질의 관계가 변화하고 복잡화해서 보다 복잡한 기능을 가진 것으로 진화한다. 이렇게 해서 유기물이 생기하고 고등한 정신작용도 발생시켜온 것이다.

이상과 같이 원자론과 진화론을 융합시킨 유물론에 대해서 유심

---

11 후나야마 신이치(舩山信一)도 지적한 바와 같이(舩山信一 1950/1999: 61), 엔료는 에너지에 심적인 것도 포함하고 있다.

론자가 반론을 가한다. 첫 번째 반론은 '물질을 구성하는 원자가 과연 물질인가 아닌가?' 하는 점이다. 이것은 이미 보았던 『哲學要領』의 논의와 같은 것이지만, 유물론자는 대답을 찾을 수 없다(IES1-56).

두 번째 반론은 '물질 속에 있는 에너지는 어떻게 알 수 있는가?' 라는 것이다. 이 질문에도 유물론자는 대답하지 못한다(IES-56f.).

세 번째 반론은 '물질과 그것의 운동을 가능하게 하는 공간과 시간을 어떻게 생각하는 게 좋을까?'라는 문제이다. 공간이 없다면 물질은 성질을 갖지 못하고, 시간이 없다면 운동도 있을 수 없다. 물질과 운동이 가능하게 되는 장으로서의 공간과 시간도, 물질과 운동으로 환원될 수 있는 것인가 라는 질문이다. 유물론자는 물질이 있기 때문에 공간도 있고, 운동이 있기 때문에 시간도 가능하게 된다고 주장하지만, 그것이 억측에 지나지 않는다는 것을 인정하지 않을 수 없다(IES-57).

이렇게 해서 유물론자에 대해 유심론자는 모든 것은 마음에서 발생한 것이라는 이론을 전개한다. 그러나 유신론자(1)이 유심론을 비판한다. 그것은 "인간의 마음은 변화를 볼 수는 있지만, 물질에 변화를 일으키는 힘은 없다. 물질에 변화를 일으키는 힘은 마음의 밖에 상정할 수밖에 없다"라는 것이다(IES1-59). 유심론자는 이 비판에 대답할 수가 없다.

유신론자(1)는 변화를 일으키는 조물주로서 '천신'의 존재를 주장한다. 이 천신은 조물주인 이상 우주의 외부에 있다고 상정한다(IES1-60). 그러나 우주의 외부에 있는 조물주가 어디에서 우주의 재료를 가져온 것인가, 시간공간의 외부에 있는 신을 어떻게 생각할 수 있는가 라는 유신론자(2)의 비판에 대답하지 못한다(IES1-62).

그러나 천신의 일부는 우주의 내부에 있고, 일부는 우주의 외부에 있다고 주장하는 유신론자(2)는 왜 특별히 우주의 외부에 천신을 상정해야만 하느냐는 비판에 대답하지 못한다 (IES1-63f.). 거기에서 유신론자(2)는 물질과 마음의 전체와 천신의 전체는 일치한다고 주장한다.

여기까지 논의가 진행한 곳에서 유물론자가 유신론자(2)의 주장과 자신의 주장이 일치한다고 말한다. 유물론은 물질을 떠나서 마음이 없다고 해도 완전히 차별이 없다고 할 수는 없다. '일대물체—大物體'의 운동에서 각양각색의 차별이 발생하고, 거기에서 심성도 나타난다는 것이다. 이 차별을 가능하게 하는 일대물체의 다이나미즘을 유물론자는 '무차별의 물체'라고 부르지만, 이것을 '천신'이라고 부른다면 유신론(2)의 주장과 일치한다고 주장한다(IES1-64). 즉 물질의 운동은 '일대물체'라는 실재의 본체 운동이라고 바꾸어 읽고, 이 실재의 본체를 신이라 부르면 유신론과도 합치한다는 것이다.

또한 유심론자도 두 사람의 주장과 일치한다고 말한다. 모든 것이 마음 가운데 있다고 해도, 차별이 없을 수는 없다. 무차별의 평등한 마음과 차별의 물심物心이 있고, 무차별의 평등심을 '천신'이나 '무차별의 물체'라고 부르면 양자의 주장도 일치한다(IES1-64). 다시 말해 물질과 마음의 차별상은 실재 본체로서 무차별의 평등한 마음에 근거하는 것이고, 이 무차별의 평등심은 유물론자의 주장과도 유신론자(2)의 주장과도 일치할 수 있다고 주장한다.

또한 유신론자(1)도 주장이 일치한다고 말한다. 평등심으로서 천신과 차별의 물심이 동일하지 않다면, 차별의 물심 밖에 있는 천신을 생각할 수 있다. 그러므로 물심의 밖에 천신이 있다는 자신의 주장과 모순되지 않다고 주장한다(IES1-64f.).

여기에서 유신론자(2)도 천신의 일부가 물심의 밖에 있고, 일부는 내부에 있다는 최초의 주장에 잘못이 없다고 주장한다. 평등심과 차별의 물심을 구분하면 물심의 밖에 천신이 있고, 차별의 물심 본체가 평등심이라고 하면 물심 안에 천신이 있다고 할 수 있다는 것이다(IES1-65).

이런 일치에 도달한 4인의 제자들은 엔료 선생에게 의견을 구하는데, 엔료 선생은 한 사람의 소견은 진리가 아니나, '4인의 주장이 서로 합쳐서 비로소 순전한 진리가 된다'(IES1-65)고 주의를 준다. 4인의 제자 누구의 주장에도 치우치지 않는 중도中道가 '엔료의 길'이다. '엔료의 길'에 물체物體의 이름을 부여하면 유물론이 되고, 심체心體의 이름을 부여하면 유심론이 되며, 신체神體의 이름을 부여하면 유신론이 된다. 이 엔료의 길은 '불생불멸', '부증불감不增不減', '무시무종無始無終', '무애무한無涯無限'의 본체를 가지고(엔료의 본체), 그 자신의 힘으로부터 '무량무수無量無數'의 변화를 일으키고(엔료의 힘), 열어서는 차별의 만 가지 풍경을 보여주고, 합해서는 무차별의 일리一理로 돌아간다(엔료의 대화大化). 이렇게 해서 유물론도 유심론도 아닌, 또한 단순히 유신론도 아닌, 그들의 정중앙에 선 엔료의 대도가 진리의 도道라는 것이다(IES1-67). 이노우에 엔료가 목적하였던 것은 차별과 무차별, 하나와 다수를 포함하는 종합적인 체계였다.

이노우에 엔료의 『哲學一夕話』 제2편의 내용을 통해 이노우에 엔료의 원자론에 대한 스텐스도 명료하게 될 것이다. 이하 간단히 정리해 보도록 하겠다.

먼저 원자론의 관점 자체는 확립되어 있지 않은 것이 분명하다. 이노우에 엔료에게 원자론은 모순이 있고, 원자론의 입장에서 그것은 해소될 수 없다.

그렇지만 동시에 단순히 원자론을 배척하는 것도 아니다. 엔료의 길에서 물체에 따른 이름을 부여하면 그것은 유물론이 된다고 말하는 부분이 중요하다. 엔료는 원자론적인 사고 방식을 포섭하는 체계를 구상하는 것이다. 원자론적 유물론만이 진리가 아니고, 유심론, 유신론의 정중앙에 설 때, 유물론도 '엔료의 길'을 표현하는 체계가 된다. 물질이 불멸하고, 에너지의 총화가 항상 일정하다는 것은 '엔료의 본체'의 '불생불멸', '부증불감'을 표현한다. 또한 원자에 고유한 에너지가 있다는 사실은 '엔료의 힘'을 표현하고, 이 고유한 에너지로부터 동일한 물질(무차별)이 결합하여 각양각색의 복잡한 구조가 생성한다(차별)는 점은 '엔료의 대화化'를 표현하는 것이다. 원자론적 유물론만이 진리는 아니지만, 정중앙의 입장에 설 때 원자론적 유물론도 진리의 일면을 표현한다는 것이다. 원자에 실재를 환원하는 일원론의 입장은 채택하지 않지만 원자론을 포섭하는 관점을 지향한다고 말할 수 있다. 일원론을 부정한다고 해서 물심이원론이나 다원론을 채택하는 것은 아니라는 의미이다. 이노우에 엔료의 기획은 일원론이 거기에서 가능하게 될 만큼 하나와 다수가 결부된 실재론이다.

한층 더 특징적인 부분은 원자론적 유물론이 진화론과 결부되어 있다는 점이다. 이노우에 테츠지로가 '자신은 동경대학에서 독일철학의 초기에 진화론과 불교철학의 영향을 받았지만, 진화론자는 자칫 유물론적인 방향으로 기우는 경향이 있었다. (...) 그래서 유행하는 유물주의, 기계주의, 공리주의 등에 반대해서 끊임없이 이상주의 편에 서서 싸워왔다'(TMK-73)고 증언하듯이 당시는 유물론과 결부된 진화론이 성행하였다.[12]

이상과 같이, 이노우에는 자신의 체계인 '엔료의 대도大道' 안에 원자론을 포섭하려고 기획하였다. 그러나 유물론, 유심론, 유신론 각각의 한계가 설명되고, 그 정중앙이 '엔료의 대도'라고 하지만 그들이 어떻게 통합되는가, 그것들의 정중앙이 어떻게 가능한가는 분명하지 않다. 유물론이 부정되어 유심론으로 이행하고, 유심론이 부정되어 유신론으로 이행하며, 다시 유신론이 부정된다. 이 부정의 결과, 최종적으로는 그들의 입장을 포함하는 실재의 본체가 명확하게 된다는 원리이다. 그러나 그런 이치가 어떻게 가능한가에 대해서는 충분한 논리적 기초를 가졌다고 말하기 어렵다. 또 이 실재의 본체가 물질도 아니고, 마음도 아니고, 신도 아니라는 주장인데, 그렇다면 그것이 구체적으로 어떤 것인가에 관해 적극적으로 제시한 근거는

---

12 예를 들어, 가토 히로유키(加藤弘之)는 진화론에 기초한 유물론적 입장에서,
    천부인권설을 부정한다(加藤弘之 1882: 13ff.).

없다. 그러므로 오오니시 하지메大西祝가 '선생의 설명은 참으로 비난하기 어렵다. 왜냐하면 명백明白하지 않은 나머지, 이노우에 선생이 인간을 향해 인간이 이해할 수 있는 언어로 말하고 있는지 의심이 든다'(大西祝 1887→2001: 91)고 한 혹독한 비판을 부정하기도 어렵다.

그렇지만 실재를 물질이나 마음으로 환원하는 일원론의 한계를 지적하면서 동시에 그것을 포함하려는 이론을 구상했다는 공적도 부정할 수 없다. 서두에서 인용한 바와 같이, 니시다 기타로가 『선善의 연구』에서 주제로 삼은 '순수경험'은 하나와 다수, 차별과 무차별의 양면을 가진 실재였다. 또한 실재를 원자나 마음으로 환원하는 일원론을 부정하면서 서로 대립하는 것들로부터 성립하는 근원적 실재를 구상했다는 점은 훗날 니시다 철학의 전개(주관과 객관이 그곳으로부터 성립하는 '바쇼場所'의 논리를 구상했다)를 고려하면, 일본 철학에서 최초의 일보一步라는 중요한 위치를 점한 철학이라 할 수 있다.

3
이노우에 테츠지로(井上哲次郎)의 현상즉실재론과 원자론

이노우에 테츠지로가 현상즉실재론을 제창했다는 사실은 잘 알려져 있다. 이노우에 엔료가 그러했듯이, 테츠지로도 원자론을 자신의 체계 안에 자리매김하려고 시도한다. 이노우에 테츠지로의 현상즉실재론을 통해 원자론이 어떻게 받아들여졌는지 살펴보도록 하겠다.

앞의 인용에서 보았듯이, 이노우에 테츠지는 자신이 유물론에 비해 '이상주의 쪽에 서'있다고 이해하였다. 다만 이노우에 테츠지로는 협의의 의미에서 유심론의 입장에도 서지 않는다. 그는 현상즉실재론을 처음으로 공개하였던 1894년의 「我世界観の一塵」에서, 모든 것을 주관으로 환원하는 유심론과 자신의 입장을 구별하고 있다. 시간, 공간, 인과 등은 주관에서 나오지 않고 '주관에 앞서 실재한다'(TWS-506)고 말한다. 또한 유심론의 입장에 선다면, '진리가 말 그대로 진리이다, 혹은 아니다라고 확정할 수 있는 표준이 없기'(TWS-506) 때문에, 객관적 진리라는 것이 불가능하게 된다. 이노우에 테츠지로에게 진리란 '주관과 객관의 접합'이고, '경험에 의해 획득된 개념과 객관세계의 어떤 현상에 대한 관계의 접합'이다(TWS-506). 한편으로 유물론도 유심론의 주관주의를 논파한다는 측면에서는 평가할 수 있지만, 시간이나 공간 등은 물질로 환원될 수 없기 때문에 유물론의 입장도 지지할 수 없다(TWS-502). 그러므로 유심론도 아니고 유물론도 아닌 실재론으로서 현상즉실재론의 입장에 서게 된다.

이노우에 테츠지로는 「我世界観の一塵」에서는 유심론과 유물론의 문제점을 지적하기만 하고, 현상즉실재론의 내용 자체에는 파고들지 않았지만, 『철학잡지』에서 2회에 걸쳐 게재한 「現象卽實在論の要領」(1897)에서는 현상즉실재론의 내용과 근거에 관해서 기술하고 있다.

이노우에 테츠지로에 따르면, 현상은 '차별', '변화적', '객관적 세계에서 경험하는 것', '유형'이고, 실재는 '무차별', '상주', '불가지적', '직접 내적으로 자중自證을 통해 얻는 것', '무형'이라는 특징을 갖는다

(TY1-385). 현상은 변화하고, 경험의 대상으로 형태를 갖는다. 또한 이 형태는 타자와 차별할 수 있는 것으로 각종의 형태를 갖는 다수라고도 말할 수 있다. 한편, 실재는 변화하지 않고, 경험의 대상이 아닌 무형이고, 차별이 없는 하나이다.

그러나 이노우에 테츠지로는 '실재와 현상은 우리가 추상해서 구별하기는 해도 그것은 본체와 하나이며, 두 가지 양태이지만 한 몸이어서 서로 분리되지 않는 것으로 근저에서는 다르지 않다. 현상을 떠나서 실재하지 않고, 실재를 떠나서 현상하지 않으며, 양자가 합일해서 세계를 구성한다'(TY1-383)면서 현상과 실재는 하나라고 말한다. 이 현상과 실재가 하나라는 점에 관해서 이노우에 테츠지로는 세 가지 논거를 든다. 하나는 주관상의 논거, 두 번째는 객관상의 논거, 세 번째는 논리상의 논거이다. 세 가지 논거에서 설명에 가장 지면을 할애하여 논하는 부분이 객관상의 논거이고, 동시에 원자론을 다루는 부분도 포함하고 있으므로, 우선은 객관상의 논거를 살펴보고 다른 논거에 관해서는 간단히 보도록 하겠다.

이노우에 테츠지로는 객관상의 논거로서 감각에 나타난 현상들도 무차별로 돌아간다는 점을 든다. 예를 들어, 촉각의 대상인 굳기 등의 차이는 온도가 높아서 기체가 되면 촉각할 수 없게 되어 무차별로 돌아간다(TY2-489). 또 소리나 빛은 진동운동으로 환원될 수 있다(TY2-491ff.). 진화론을 참조하면, 현재의 차별적인 세계도 원래의 한 가지 물질로까지 거슬러 올라갈 수 있다(TY2-495ff). 이와 같은 논거에 의해 차별을 가지고 나타나는 각종 현상은 무차별인 하나의 실재로 환원이 가능하다.

이같은 논거를 제시한 후, 이노우에 테츠지로는 원자를 사용하여 차별과 무차별이 하나라는 현상즉실재론을 다음과 같이 설명한다. 책상은 원자로 만들어져 있다. 그런 의미에서 책상을 원자라고 부르는 것도 가능하지만, 그러나 책상 이외의 것도 원자라고 말할 수 있기 때문에, 책상을 가리켜 원자라고 부르는 것은 적절하지 않다. 오히려 '일체의 객관적 대상은 모두 원자로 구성되어 있다'고 하는 편이 적절하다. 이와 같이, 세계는 원자라는 무차별의 존재에 의해 구성된다고 볼 수도 있고, 또한 각각의 책상이나 의자 등 차별이 가능한 대상에 의해 성립된다고 볼 수도 있다(TY2-504f.). 책상이 원자로 구성되어 있는 이상, 원자를 떠나서는 존재할 수 없다. 마찬가지로 원자는 책상과 별개의 것이 아니다. 이렇게 해서 '현상과 실재는 우리가 추상해서 그것을 구별한다 해도 실제로 그것을 나누어서 둘로 만들수는 없으며, 현상이 거하는 곳이 곧 실재가 거하는 곳이고, 우리가 평등한 측면에서 표상하는 실재는 차별의 측면에서 고찰하는 현상과 합하여 하나가 된다'(TY2-505)고 생각할 수 있다.

현상과 실재가 하나라는 주장에 대한 주관상의 논거는, 심적 현상은 본체로서 마음의 실재를 전제하지 않으면 생각될 수 없다는 것이다(TY1-387ff.). 논리상의 논거는 세 가지로, 하나는 '동서남북'이나 '춘하추동' 등의 차별은 상대적인 것이어서 차별의 입장만을 고수할수는 없다(TY2-506)는 것이다. 제2의 논거는 개체로서 차이가 있는 것도 '종'으로서는 '동일하고, 종으로서 차이가 있는 것도 '유類'로서는 동일하며...라는 형태로, 최후에는 '현상, 물체, 대상, 만유의 존재 등 광범위한 명칭하에 일체를 망라'해서 일괄해 파악하는 것이 가능하다(TY2-507ff.). 이렇게 해서 차별은 무차별로 돌아간다. 세 번째, 현상이 보편법칙에 따른다는 점도 차별이 무차별로 환원할 수 있는 논거가 된다(TY2-509).

이상과 같이, 이노우에 테츠지로는 차별·다수로서의 현상과, 무차별·하나로서의 실재는 하나라고 하는 현상실재론의 정당성을 주장한다. 그리고 그 주장의 논거로서 원자론을 적극적으로 파고든다. 원자라는 단일한 실재로부터 다양한 현상이 생한다는 점에서 현상즉실재론을 보강하는 논거가 된다. 그러므로 이노우에 엔료와는 달리, 이노우에 테츠지로는 원자론 자체에 관해서는 비판적 언급을 하지 않는다. 확실히 이노우에 테츠지로도 이노우에 엔료와 마찬가지로 유물론을 비판하고, 원자론이 유물론이라면 비판의 대상이 될 것이다. 그러나 '인식과 실재의 관계'(1900)에서 "**원자론은 하나의 이론에 불과함에도 이 하나의 이론을 신빙**信憑**해서 화학적 작용을 해석한다면, 하나로서 해석하지 않을 수 없다**"(TNJ-390, 원문 강조)고 말하고 있듯이, 이노우에 테츠지로에 의한 원자론은 사상事象을 설명하는 것에 안성맞춤인 하나의 이론에 지나지 않는다. 원자론은 사상事象을 잘 설명할 수 있으므로, 유물론과 결부되지 않는 한에서 이론적 근거로 채택되는 것이다.

그러나 모든 것을 원자와 그것의 운동으로 환원할 수 있다는 '객관상의 논거'와 심적 현상은 마음의 실재를 상정하지 않을 수 없다는

'주관상의 논거'는 양립가능한 것인가라는 문제는 여전히 남아있다. 다양한 현상도 하나인 실재로 환원할 수 있다는 주장이 테츠지로의 현상즉실재론이지만, 마음과 원자가 어딘가로 환원할 수 없다면 적어도 '마음'과 '원자'라는 별개의 실재가 있다는 것이 아니겠는가? 이런 문제에 관해서는 1900년에 출판된 논문 「인식과 실재의 관계」에서 논하고 있다. 그것에 의하면, 객관적 실재는 주관 없이는 인식될 수 없지만 (TJN-406), 동시에 주관은 객관 없이는 사유가 불가능하다 (TNJ-408f.). 그런 의미에서 주관과 객관은 상보적이며 서로 독립적인 존재가 아니다. 그리고 이것들의 주관실재나 객관실재의 근거로서 '하나인 실재-如的實在'가 있다고 한다. 이노우에 테츠지로는 자신의 주장이 유물론자나 유심론자와 다른 점은 객관적 실재와 주관적 실재 쌍방의 존재를 인정하기 때문이며, 그 위에서 그것들의 근거로서 일여-如적 실재를 상정하기 때문이라고 주장한다.

이노우에 테츠지로는 다양한 근거를 들어서 현상과 실재의 결합에 근거를 제시하려 했다. 그러나 어떻게 일여적 실재에서 심적현상이나 객관적 현상이 발생하는지에 대해서는 묻지 않은 채로 남아있다. 이런 점에서 역시 논증에 불철저가 있었음은 틀림이 없다.[13] 또한 원자론을 논거로 들면서 객관적 실재는 인식되지 않으면 존재할 수 없다고 해서 주관과 객관의 상보성에 대한 설명도 불철저하다고 말

---

13 이타바시 유진(板橋勇仁)은 "현상의 인식과 실재의 내부직관의 상보성에 관해서 고찰하면서도, 양자의 상보적인 관계 그 자체가 어떤 방식으로 성립하는가에 관해서는 주관화하지 않고 끝내 버렸다"(板橋勇仁 2004: 21)고 지적한다.

할 수 있다. 앞에서 이노우에 엔료가 상정했던 원자론자라면, 주관의 기능도 복잡화한 원자의 결합으로 환원하기 때문이다. 그러나 이노우에 테츠지로의 논의에서는 유물론을 잘못된 입장으로 보기 때문에, 원자론은 유물론에 결부되지 않은 채 사상事象을 설명하기 좋은 이론으로 채택된 것이다. 이노우에 엔료에 비해 이노우에 테츠지로는 논리적 기초에 대한 의식이 강했다고 말할 수 있다. 그러나 원자론을 유물론적으로 철저히 하지 않고, 이론적 논거로서만 채택하려는 자세에 관해서 말한다면, '그의 실재론, 현상즉실재론, 원융실재론은 결국 절충주의에 지나지 않는다'(후나야마 신이치船山信一 1959/ 1999: 145)라는 후나야마 신이치의 비판이 적합하다.14 유물론과의 대결을 철저히 한 것은 이노우에 엔료였다는 평가도 가능할 것이다.

4
키요자와 만시(清沢満之)의 철학과 원자론

이노우에 엔료는 원자론에 대해 비판적이었지만, 동시에 자신의 체계내에 원자론을 일정하게 자리매김하고 있다. 한편, 이노우에 테츠

---

14 이타바시 유진(板橋勇仁)은 "완수하지는 못했다고 하지만, 이노우에가 철저하게 추구한 철학적 방법론이 학문의 근거부여라는 지향에 있어서 '절충적'이라는 평가에는 도저히 인정하기 힘든 점이 있다"(板橋勇仁 2004: 22)고 적고 있다. 학문의 근거부여라는 지향 자체는 절충적이 아니라는 점은 확실하다. 그런 점에서 말하자면, 이노우에 엔료보다도 뛰어나다고 할 수 있다. 그러나 논리의 불철저로 인해 절충적으로 남아있다고 하는 평가는 가능할 것이다.

지로는 보다 적극적으로 자신의 논거로서 원자론을 활용하였다. 그러한 차이에도 불구하고, 두 사람은 하나(무차별)와 다수(차별)가 하나임을 논하려 한 점에서는 동일하다. 이 두 철학자와 동시대에 순정철학을 구상한 사람으로 키요자와 만시를 들 수 있다. 키와자와는 두 명의 이노우에와는 달리, 라이프니츠의 모나드론을 원자론으로 참조하여 자신의 주장을 구성하였다. 이런 점에서 특히 주목할 만한 가치가 있다.

키요자와 만시는 『순정철학(철학론)』(1888)에서 로체Lotze에 의거하여 철학개론을 전개하였다. 키요자와 만시는 자신이 많은 점에서 로체에 의거한 이유로, 로체가 '유심唯心에 기울지도 유물唯物에 국한하지도 않고 항상 양자의 중용을 취한다'(키요자와 만시 1888/2003: 3)는 점을 든다. 키요자와는 이노우에 엔료나 이노우에 테츠지로와 마찬가지로 유물도 아니고 유심도 아니 입장을 목표로 그것을 위해 로체의 철학을 참조하였다.

『순정철학(철학론)』에서 키요자와가 원자론을 다룬 것은 라이프니츠와 관련한 부분에서이다. 이 부분에 이르기까지 키요자와는 그것으로만 존재하는 독립된 실체를 부정한다. 이 실체의 부정은 독립해서 존재하는 사물의 부정인 동시에, 사물을 떠난 이데아와 같은 실체의 부정이기도 했다. 오히려 변화하는 사물과 그것의 변화 중에 활동하는 보편적인 법칙의 일치가 참된 의미에서의 실체이다.[15] 여기

---

15 "많은 사물 가운데 통기(統記)가 있고(?) 혼란된 이법이 유행하는 것, 즉 사물의 실체 (...) 이법의 유행이란 만물의 운동 가운데 규율이 존재하는 것을 말하

에서 만물의 변화와 상호관계가 문제된다. 그리고 이 만물의 변화를 설명하는 원리로서 라이프니츠의 예정조화설이 검토된다.

라이프니츠의 주장은 독립자존하는 무수한 원자가 예정조화에 따라서 자연히 전개한다는 것이라고 키요자와는 설명한다(키요자와 1888/2003: 42). 그렇지만 일어나는 사태가 모두 확정되어 있다면, 각각의 사태에는 그 자체의 가치가 존재하지 않게 된다.[16] '가치 없는 것을 만든 신을 생각하면 우스꽝스럽지 않은가?' 라면서, 키요자와는 결국 예정조화설이 '정도론定道論(=결정론)'에 다름 아니다'(키요자와 1888/2003: 43)고 비판한다.

또한 예정조화설의 난점으로 독립해서 자연히 움직이는 원자가 상호작용을 일으키는 것처럼 보이는 현상도 설명할 수 없다는 점을 든다. 라이프니츠는 별개의 시계가 동일한 시각을 가리키는, 예를 들어 상호작용을 일으키는 것처럼 보이는 사태를 설명한다. 그렇지만 '시계와 같이 동일한 물질과 메커니즘으로 구성된다면 시각이 맞을지도 모르지만, 각기 다른 원자의 운동이 상호작용을 일으키는 것에 대한 설명은 주지 못하는 게 아닌가?' 라고 키요자와는 논박한다(키요자와 1888/2003: 43).

키요자와는 따라서 예정조화설에서는 다수의 원자 운동과 상호관계를 설명할 수 없다고 한다. 때문에 다수의 원자 운동과 상호관계

는 것이다"(清沢満之 1888/2003: 32ff.)라고 키요자와는 적고 있다.

16   "과연 우주는 의미없고 가치없는 사변의 계기에 지나지 않을 것인가"(清沢満之 1888/2003: 43)라고 결론짓는다.

를 설명하기 위해서는, '수미일관한 정도론을 취하는'(키요자와 1888/
2003: 44)) 방법밖에 없다. 원자론은 결정론적으로 모든 인과관계를
설명하는 것에 다름 아니다.[17] 이처럼 원자로 구성되어 있는 결정론
적 세계관이 과학자의 입장이지만, 그것은 인간의 '실제적 감정'에 적
합하지 않다(키요자와 1888/2003: 44). 그 때문에 인과론적, 결정론적
원자론의 관점이 아니라 '만물일체'의 주장을 채택하는 것이다. 만물
일체의 주장이란, '여러 가지 사물이 상호작용한다면 만물이 한 실체
의 부분이 되지 않을 수 없다'(키요자와 1888/2003: 44)는 것이다. 각
각의 사물은 한 실체의 부분이고, 만물은 한 실체의 운동 안에서 성
립한다. 이것에서 키요자와도 하나와 다수를 하나의 실체로 보는 두
이노우에의 철학계보에 속해 있음을 확인할 수 있다. 단지 키요자와
자신이 '만물과 하나는 도저히 합일하지 않는다'(키요자와 1888/2003:
47)고 인정하듯이, 만물과 일체가 어떻게 결합하는가?라는 문제는 미
해결인 채로 남아있다.

키요자와 만시에게 원자론이란, 그것이 라이프니츠의 예정조화
설이라면, 부정할 수밖에 없는 것이었다. 그러나 철저한 결정론으로
서 원자론적 과학적 세계관을 그 자체로서는 부정하지 않고, 감정적
으로 용인할 수 없다는 자세를 취한다. 또한 다수(만물)와 하나의 결
부가 어떻게 가능한지도 미해결이다. 이런 의미에서 키요자와의 철
학은 하나의 체계로 완성된 것이 아니었다. 그러나 그것은 근대과학

17 　키요자와도 읽었던 슈베글러의 철학사에서도, 원자론은 우연을 배열한 필연
　　적인 인과론이라는 것이 논해지고 있다(Schwelger 1867/1875: 26).

에 기초한 세계관이 반드시 인간에게 행복을 가져다주지는 않는다는 점을 자각하면서, 부정할 수 없는 현실로서 근대과학의 시대를 끌어들이는 태도를 의미한다. 더욱이 안이하게 일자와 합일할 수 있다고 생각하지 않고, 합일할 수 없는 일자와의 연결을 위해 자진해서 고투하는 것이다. 철학체계로서는 불완전하지만, 훗날 키요자와의 종교철학적 깊이와 연결된 철학이 전개되고 있다.

나가며

이상과 같이, 메이지시대의 철학을 '일즉다' 논리의 계보로 살펴보면서 원자론과의 관계를 개관하였다. 메이지 시대의 철학자들은 일원론이나 다원론도 아니고, 유물론이나 유심론도 아닌 그들의 정중앙으로서 '엔료의 대도'를 구상하고, 차별(다수)과 무차별(하나)이 일체라고 생각하는 철학을 전개하였다. 엔료에게 원자론은 그것만으로는 모순을 초래하는 이론이지만, 동시에 자신의 체계에 포함할 수 있는 이론이었다. 이노우에 테츠지로는 '차별로서의 현상과 무차별로서의 실재가 하나이다'라는 현상즉실재론을 구상하였다. 테츠지로에게 원자론은 하나인 실재의 증명으로서 자신의 현상즉실재론에 대한 적극적인 논거가 되었다. 키요자와 만시는 만물일체 이론을 전개하였지만, 결정론적인 원자론을 그 자체로는 부정할 수 없었다.

원자론에 비판적인가 아닌가의 차이는 있지만, 메이지시대의 철학자들이 일즉다의 논리를 전개하는 경우에도 역시 원자론이 일정한 역할을 하였다고 할 수 있다. 그리고 각각의 원자론 이해를 보면, 각 철학자가 동일하게 하나와 다수의 관계를 문제로 삼으면서 완전히 다른 논의를 전개하였던 사실을 확인할 수 있다. 이노우에 엔료는 유물론이나 유심론 등의 일원론을 부정하면서 일원론이 가능하게 되는 실재를 탐구했다는 점에서 일본철학의 선구자로서 확실한 위치를 점하고 있다. 이노우에 테츠지로는 원자론을 논거로 채택하면서도 일원론을 철저하게 부정한 것만은 아니다. 그런 점에서 말하자면, 유물론과 유심론을 절충적으로 연결하였다는 비판도 가능하다. 그러나 학문적인 기초를 세운 의식의 높이는 아카데믹한 철학적 논의의 성립에 공헌했다고 말할 수 있다. 키요자와 만시는 논리적으로 완성된 체계를 전개했다고 말할 수는 없고, 때문에 반대로 현실을 끌어들여 일자를 구하는 종교적인 실재가 내세워진다. 이상과 같이, 원자론을 길잡이로 해서 하나一와 다수多의 실재론에서 공통점과 다양성이 명확해졌다고 말할 수 있다

범례

1. 인용문에서, 번체 한자는 모두 일본식 신한자로 바꾸었다.
2. 이노우에 엔료(井上円了)의 인용은, 東洋大学創立一〇〇周年記念論文集編纂委員会編『井上円了選集』(東洋大学, 1987-2004년)에서 (IES 권수-쪽수) 형식으로 인용한다.
3. 이노우에 테츠지로(井上哲次郎)의 인용은 다음의 약호에 기초하여 (약호-쪽수) 형식으로 인용한다.

   TWS: 井上哲次郎 (1894)「我世界観の一塵」『哲学雑誌』第九巻 八九号.

   TY1: 井上哲次郎 (1897)「現象即実在論の要領」『哲学雑誌』第一二巻 一二三号.

   TY2: 井上哲次郎 (1897)「現象即実在論の要領 (承前)」『哲学雑誌』第一二巻 一二四号.

   TNJ: 井上哲次郎 (1900)「認識と実在との関係」, 井上哲次郎編『哲学叢書』第一巻 第二集, 集文閣.

   TMK: 井上哲次郎 (1932)『明治哲学界の回顧』岩波書店.

4. 니시다 기타로(西田幾多郎)의 인용은 Klaus Riesenhuber et al. 편,『西田幾多郎全集』(岩波書店, 2002-2009년)에서 (NKZ 권수-쪽수) 형식으로 인용한다.
5. 그 외 다른 인용은 본문 혹은 각주에서 '저자명, 출판년도: 쪽수'의 형식으로 적었다. 해당문헌은 아래의 참고문헌에서 알 수 있다. 또한, 전집 등 재수록된 것이나 개정된 것을 참조한 경우에는 '초판연도/재수록연도' 형태로 표기하였다. 이 경우 인용의 쪽수는 참고문헌에 있는 재수록된 것의 쪽수를 지시한다.
6. 인용문 가운데 (...)는 생략기호이다. 또한 필자에 의한 주해를 인용문에 삽입하는 경우에는 그곳을 [ ]로 표시하였고, 그 취지를 명기하였다.

참고문헌

舩山信一 (1956/1998)『日本の観念論者』『舩山信一著作集』第八巻, こぶし書房.

舩山信一 (1959/1999)『明治哲学史研究』『舩山信一著作集』第六巻, こぶし書房.

板橋勇仁 (2004)『西田哲学の論理と方法』法政大学出版局.

加藤弘之 (1882)『人権新説』谷山楼.

紀平正美 (1911)『哲学概論』早稲田大学出版部.

清沢満之 (1888/2003)『純正哲学(哲学論)』『清沢満之全集』第三巻, 岩波書店.

清沢満之 (2003)「西洋哲学史試稿」『清沢満之全集』第四巻, 岩波書店.

三浦節夫 (2016)『井上円了―日本近代の先駆者の生涯と思想』教育評論社.

三宅雪嶺 (1899)『希臘哲学史』「哲学館第12学年度高等教育学科講義録」哲学館.

三宅雪嶺 (1933)『明治哲学界の回顧(附記)』岩波書店.

中江兆民 (1901)『一年有半』博文館.

大西祝 (1887/2001)「哲学一夕話第二篇を読む」『大西祝全集』(新装版) 第七巻, 日本図書センター.

大西祝 (1904/2001)『西洋哲学史上巻』『大西祝全集』(新装版) 第三巻, 日本図書センター.

ライナ・シュ…ルツァ (2010)「井上円了『稿録』の研究」『井上円了センター年報』vol. 19, 東洋大学.

柴田隆行, ライナ・シュ…ルツァ (2010)「井上円了『稿録』の日本語訳」『井上円了センター年報』vol. 19, 東洋大学.

Heisig, James W., Kasulis, Thomas P., and Maraldo, John C. eds. (2011) *Japanese Philosophy: A Sourcebook*, Honolulu: University of Hawai'i Press.

Schwegler, Albert (1867/1875) *Handbook of the History of Philosophy*, translated and annotated by Stirling, James Hutchinson, New York: G. P. Putnam's son, fifth edition.

Spencer, Herbert (1863) *First principles*, London: Williams and Norgate.

Ueberweg, Friedrich (1862/1920) *Grundriss der Geschichte der Philosophie des Altertums*, Berlin: E. S. Mittler.

제11장

소립자와 미립의 자기동일성

양자역학적 대상과 입자 개념

/

히가시 카츠아키(東 克明)

제11장
소립자와 미립의 자기동일성
양자역학적 대상과 입자 개념

히가시 카츠아키(東 克明)

들어가며

원자론에 대해 한마디로 그것이 어떠한 사유방식인가를 규정하기는 어렵다. 여기에서는 원자론이란 분할불가능하고 원자라고 불리는 무언가가 존재하며, 그것에 의해 모든 물질이 구성된다고 생각하는 입장이라는 해석으로부터 시작하려고 한다. 그것은 데모크리토스와 레우키포스라는 고대 그리스의 철학자에서 유래하는 사유방식이다. 물론 잘 알려져 있는 바와 같이, 현재에 원자로 불리는 대상은 전자, 양자, 중성자로 구성되고, 나아가 양자와 중성자에는 다시 내부구조가 있는 것으로 고찰되고 있다. 그리고 전자를 비롯하여 물질을 구성하는 최소 단위는 현재 소립자라고 불린다. 이처럼 원자는 이제 분할가능한 대상이지만, 그것에 의해 원자론이라는 사고구조 자체가 부정되는 것은 아니다. 소립자가 현대의 '원자'라고 생각하면, 물질을 구성하는 최소단위가 존재한다는 사고방식 그 자체는 유지될 수 있다.

또한 현대적 관점에서 원자론에 관해 말하는 경우, 원자론에 어떠한 사유까지 포함하는지를 확인해 둘 필요가 있다. 예를 들어, 원자론은 '환원주의'와 함께 말해지는 경우가 많다.[1] 그런 경우, 원자론에는 암암리에 환원주의까지 포함된다. 물질에는 그것을 구성하는 최소단위가 존재한다는 사고방식은 구성요소의 성질과 그것들의 조합을 조사하면 모든 물질의 성질을 알 수 있다는 환원주의와 상생하기 좋다는 점을 이해하기는 어렵지 않다. 환원주의가 아닌 원자론은 말하자면 핵심이 빠진 원자론이라 하겠다. 환원주의에 의문을 제기하는 흥미로운 논의가 존재하기는 하지만,[2] 환원주의를 포함한 원자론적 발상은 여전히 현대물리학 그리고 화학에서 강하게 지지받는 사고방식이다.

환원주의라는 관점에서 원자론에 대한 고찰이 매우 흥미로운 주제이긴 하지만 그것은 별도의 기회에 다루기로 하고, 여기서는 환원주의와 마찬가지로 역사적으로는 원자론과 함께 논의되어 온 입자 개념에 관해서 고찰해보기로 한다. 많은 경우 원자론은 물질을 구성하는 최소단위가 입자라는 사실을 전제해 왔다. 공간 안에 연장을 가

---

1   필자가 여기서 염두에 두고 있는 것은 돌턴에서 시작된 화학적 원자론과 열 현상의 통계역학적 환원 등이다.

2   예를 들어, Bohm(1980).

지고 존재하는 물체는 그 자체도 연장을 가진 입자라는 최소단위에 의해 구성된다고 생각하는 것이 자연스럽다. 만약 최소단위가 연장을 가지지 않는다면 그들로 구성되는 물체가 어떻게 연장을 가질 수 있겠는가라는 의문이 일어날 것이다. 이처럼 입자개념과 원자론은 개념적으로 강하게 연결되어 있다. 실제로 원자론이라고 할 때, 많은 사람은 암묵적으로 입자적 묘사까지를 포함할 것이다.

그러나 여기서 잠깐 멈춰 서서 생각해 보도록 하자. 도대체 입자란 무엇인가? 입자개념이 충족해야 할 필요충분조건을 명확히 하는 일은 필자에게는 과중한 부담이고, 애초에 그런 조건은 시대와 더불어 변화하게 될 것이다. 그러나 지금까지 입자개념이 충족해야 한다고 생각되어 온 몇 가지 특징을 짚어보는 것은 어려운 일이 아니다.

(1) 어떤 대상이 입자라면, 하나, 둘 등의 개수로 셀 수 있다.
(2) 어떤 대상이 입자라면, 언제나 확정된 위치를 갖는다.
(3) 어떤 대상이 입자라면, 자기동일성을 갖는다.

소립자는 그 명칭의 일부에 입자라는 말이 있지만, 과연 그것들이 세 가지 입자적 성질을 가지고 있는가? 이제부터 이 질문에 관해 흥미로운 사실이나 논의를 소개하고 논평을 추가해 보려 한다.

현대물리학의 중심이론 가운데 하나인 양자역학은 크기가 작은 물리적 대상을 취급하는 이론이고, 그것은 전자를 비롯한 소립자에도 적용된다. 제1절에서는 소립자를 포함한 양자역학적 대상이 '중첩된' 상태라는 묘사하기 곤란한 상태를 취할 수 있다는 사실을 소개한다. 그 경우, 소립자가 앞에서 기술한 성질 (1), (2)를 가지는가에 관해서도 논할 것이다.

제2절 이하에서는 소립자가 성질 (3)을 가지는가에 관해서 집중적으로 논의한다. 제2절에 소개한 대로 노벨상 수상 물리학자인 토모나가 신이치로朝永振一郎는 유명한 에세이「소립자는 입자인가?」(토모나가 1976)에서 소립자는 (미립 등과는 달리) 자기동일성을 갖지 않는다고 분석했다. 그것에 대해 과학철학자 탄지 노무하루丹治信春는 소립자에는 자기동일성이 없음에도 불구하고 미립에는 그것이 있다는 사실이 문제라고 지적하고, 그 차이를 해소하는 매우 도발적인 고찰을 제시하였다(탄지 1977). 제3절에서 탄지의 고찰을 개관한다. 필자가 '소립자에는 자기 동일성이 존재하지 않는다'는 분석을 처음 알게 된 것은 토모나가에 의한 것이 아니라, 역시 노벨상을 수상한 물리학자인 리차드 파인만Richard Feynman의 유명한 교과서(Feynman et al. 1965)에서였다. 제4절에서는 파인만의 분석과 함께 탄지의 논의에 대해 논할 것이다. 그리고 마지막 절에서 소립자는 이미 입자들이 아니고, 장場의 현상이라는 사고방식을 소개하고 논의해 보기로 한다.

역시 이 논문집의 성격을 고려하여 수식은 일부 예외를 제외하고는 거의 사용하지 않았다. 이에 따라 약간 부정확한 표현을 사용하게 된 부분이 있다면 그 점은 양해를 구한다.

1
'서로 중첩된' 상태

입자라고 하면, 많은 사람은 크기에서 매우 작은 야구공이나 당구공을 상상으로 그려볼지도 모르겠다. 그와 같은 묘사에서 입자는 개수를 헤아리는 것은 물론이고, 어떤 시각에 어떤 특정한 장소(위치)에 존재한다는 특징을 가진다. 소립자도 그러한 특징을 가지는 것일까? 이 절에서는 전자를 구체적인 사례로 들어 이 문제에 관해 생각해 보겠다.

전자를 직접 육안으로 보는 것은 불가능하다. 그와 같은 전자를 측정하는 한 가지 수단은 전자가 도달할 곳에 형광물질을 바른 스크린을 두는 것이다. 그러면 전자가 스크린에 도달할 때마다(섬광 scintillation이라는) 약한 발광현상이 발생한다. 섬광의 횟수를 세어보면, 전자가 스크린 상의 어디에 몇 번 도달하였는가를 알 수 있다. 이 사례에서 알 수 있듯이 전자는 개수를 헤아리는 것이 가능한 대상이고, 그런 의미에서 입자성을 가진다.

전자가 스크린에 도달한 경우, 전자는 섬광이 발생한 위치에 존재한다. 그러나 전자가 존재하는 위치를 항상 특정할 수 있는 것이 아니다. 이제부터 설명하듯이, 전자가 (위치에 관해서) '중첩'이라 부르는 상태에 있을 때, 전자의 위치를 특정하는 것은 불가능하다. 그림 1과 같이, 단순한 측정장치를 생각해 보자. 이 장치를 사용해서 전자가 어떤 성질을 가지는지 측정한다고 하자. 예를 들어, '스핀(전자의 자전각운동량을 표시하는 물리량) 값이 … 이다'는 성질을 가지는지

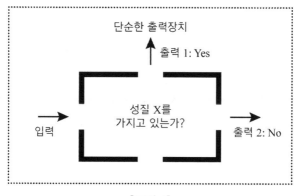

[그림 1]

측정한다. 그림 1과 같이, 전자가 좌측에서 입사入射하여, 측정하려는 성질을 가진 경우에는 출력 1로, 가지지 않는 경우에는 출력 2로 나온다.

　이같은 측정장치를 두 종류로 고안한다. 하나는 어떤 성질 (A)를 가지는지 측정하고, 다른 하나는 그것과 다른 성질(B)을 가지는지 측정한다. 양자역학에서는, 예를 들어 '위치'와 '운동량'처럼 동시에 측정할 수 없는 물리량이 존재한다. 그와 같은 관계에 있는 두 물리량의 값을 동시에 알기 위해 어느 한쪽의 물리량을 측정한다면, 다른 하나의 물리량 값이 불가피하게 혼란스러워지고 만다. A와 B는 이와 같은 관계에 있는 물리량에 관한 성질이라고 한다.[3] 그리고 이와 같은 성질 A와 B의 측정장치를 그림 2와 같이 조합해서 수행하는 '2경로 실험'을 생각해 보자.

3　물리적인 구체 사례로서는 '스핀의 x성분값이 $+h/2$이다'를 성질A로, '스핀의 y성분값이 $+h/2$이다'를 성질B로 생각하면 좋다.

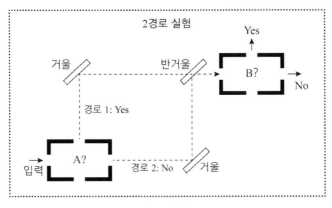

[그림 2]

먼저, 성질 B를 가진 것으로 미리 알려진 전자의 집단을 준비한다. 그런 집단을 어떻게 준비할 수 있는가에 대한 의문을 가질지도 모르지만, 단순히 2경로 실험에 앞서, 어떤 전자 집단에 대해 성질 B를 가지는지 측정하고, 출력1로 나온 전자만을 모으면 된다.

그런데, 이렇게 성질 B를 가진 것으로 알려진 전자의 집단을 준비하고, 그것들을 하나씩 2경로 실험장치에 투사한다. 투사된 전자에 관해서, 그림 2와 같이, 먼저 성질 A를 측정하고, 그 결과에 대응해서 두 경로로 나눈다. 전자는 성질 A를 가진 경우에는 경로 1을, 그렇지 않은 경우에는 경로 2를 통한다. 곧바로 두 경로는 합류하고, 이번에는 성질 B를 측정한다. 이 B측정의 결과에 대해서 고찰한다.

이와 같은 2경로 실험을, 다음의 세 가지 상황하에서 각각 수행하면, B측정의 결과는 다음과 같이 된다.

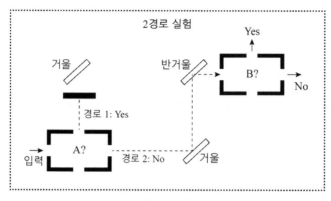

[그림 3]

• 경로 1에 장벽을 둔 경우:

(그림 3과 같이 경로 1에 장벽을 두고, 그 경로를 통한 전자가 B 측정장치에 도달하지 않는 경우)

B측정장치에 도착한 전자에 관해서 'Yes', 'No'로 나올 확률은 모두 50%이다.[4]

• 경로 2에 장벽을 둔 경우:

(경로 2에 장벽을 두고, 그 경로를 통한 전자는 B측정장치에 도달하지 않는 경우)

B측정장치에 도달한 전자에 관해서, 'Yes', 'No'로 나올 확률은,

---

4   성질 B를 가진 전자만을 준비해서 경로2의 장치에 투사했기 때문에, 마지막의 측정 B에서는 전부 "Yes"에서 나올 것이라고 생각할지도 모르겠다. 그러나 측정 B보다 먼저 측정 A를 행한다. 본문 중에 기술한 바와 같이, 두 가지 성질 A와 B는 위치와 운동량에 의해 한쪽을 측정하는 것에 의해 다른 쪽의 값을 교란시키는 관계에 있다. 그러므로, 측정 B에서 반드시 "Yes"로 나와야만 한다고 말할 수 없다.

모두 50%이다.

- 어느 경로에도 장벽을 두지 않은 경우:

  어느 경로에도 막힘이 없기 때문에, 투사된 모든 전자가 B측정
  장치에 도달한다. 이 경우 모든 전자가 'Yes'로 나온다.

세 가지 상태에서 실험결과는 놀랄 만한 것이다. 첫 번째와 두 번
째 상태에서 실험결과에 따르면, 전자가 경로 1을 통한 경우와 경로 2
를 통한 경우, 어쨌든 전자는 'Yes'와 'No'에서 반반의 비율로 출력된
다. 그렇다면, 세 번째 상황처럼 어느 쪽 경로도 막히지 않은 경우에
도, 전자는 경로 1이나 경로 2 어느 쪽인가를 통과해서, 'Yes'와 'No'로
반반의 비율로 되어야 한다. 그러나 어느 경로도 막히지 않은 경우에
는, 놀랍게도 'No'에서 출력되는 전자는 존재하지 않는다.

그렇다면 어느 경로도 닫히지 않은 경우(세번째의 상황에서), 전
자는 어떻게 해서 B측정장치에 도달하는가? 바로 생각할 수 있는 세
가지 가능성은 곧바로 부정된다.

- 가능성 1: 경로 1을 통한다. 이 경우, 전자는 'Yes'에서 50%, 'No'
  에서 50% 확률로 나와야 하겠지만, 'No'에서 출력하는 전자는
  존재하지 않는다.
- 가능성 2: 경로 2를 통한다. 이 경우, 전자는 'Yes'에서 50%, 'No'
  에서 50% 확률로 나와야 하겠지만, 'No'에서 출력하는 전자는
  존재하지 않는다.
- 가능성 3: 양방향의 경로를 통한다. 양방향의 경로를 통하면, 경

로 1 혹은 경로 2에서 (거의) 반분의 질량을 가진 전자를 검출할 수 있어야 하지만, 그와 같은 전자가 검출되지는 않는다.

이처럼 전자의 존재 방식은 지금까지의 상식적 범위 안에서는 이해하기 어렵다. 그리고 지금까지의 설명은 실험결과에 대한 단순한 기술이 아니다. 양자역학은 이런 실험결과를 정확히 예측하고 있다. 양자역학에서는 경로 1을 통과했다고도, 경로 2를 통과했다고도 말할 수 없는 경우, 전자는 '서로 중첩된' 상태에 있다고 한다. 경로 1을 통과한 상태와 경로 2를 통과한 상태가 '서로 중첩되어' 있다. 이런 상태에 있는 경우, 전자는 두 가지의 경로 가운데 어느 한쪽에 존재한다고 생각하는 것이 원리적으로 불가능하다. 왜냐하면 이미 말한 바와 같이, 어느 한 방향의 경로에 존재한다고 생각하는 경우, 실험결과와 부정합이 발생하기 때문이다. 따라서 전자는 임의의 시각에 특정한 위치에 있고 그 위치가 시시각각으로 변화한다는 방식으로 묘사하는 것은 불가능하다.[5]

원자는 그 개수를 헤아릴 수 있다. 그런 의미에서는 입자적이다. 그러나 전자는 '서로 중첩된' 상태를 가진다. 그 경우 특정한 위치에 전자가 존재한다고 생각할 수 없다.

---

5   양자역학을 불완전한 이론이라고 생각하고, 이 이론 자체가 요청하지 않는 물리적 실체가 존재한다고 생각한다면 결론은 다르다. 예를 들어, Bohm and Hiley(1993) 참조.

2
소립자의 자기동일성

서론에서 서술하였듯이 토모나가 신이치로朝永振一郎는 유명한 에세이 〈소립자는 입자가 아닌가〉에서 미립과 소립자를 대비하고, 미립에는 자기동일성이 있지만 소립자에는 자기동일성이 없다고 한다. 우선, 미립을 위시하여 일상적으로 흔히 있는 크기의 입장에 관해서 토모나가는 다음과 같이 말한다.

> 단순화하기 위해 두 개의 미립이 있다고 하자. 이때 각각의 미립을 제1미립과 제2미립으로 구분할 수 있다. 다시 말해, 한쪽의 미립에, 예를 들어, 오성이라는 이름을 붙이고, 다른 미립에 한음이라는 이름을 붙여서 그들 서로를 구별할 수 있다. 그리고 이 미립을 어떻게 뒤섞어도 오성은 언제나 오성이고, 한음은 언제나 한음이다. 이것을 어렵게 말하면, 각각의 미립은 자기동일성을 가지고 있다. [...] 이론적으로는 완전히 동일한 형태를 가진 미립을 생각해 볼 수 있다. 이 경우, 쌍생아의 이름을 사람들이 종종 헷갈리듯이 누가 오성이고, 누가 한음인지를 알 수 없는 경우도 있을 수 있다. 그러나 그런 경우가 있다고 하더라도, 그것은 보는 사람이 구별해서 알아보지 못했을 뿐이지 실제로 오성은 역시 오성이고, 한음은 역시 한음이다. 이러한 성질을 가지고 있는 것이 통상의 입자이다.
>
> (토모나가 1976: 54)

한편, 소립자에 관해서는 다음과 같이 말한다.

소립자란 물질구성의 궁극요소이고 같은 종류의 소립자는 어떤 두 개를 들어도 서로 완전히 동일한 판박이 성질을 가지고 있다. 따라서 완전히 동일한 형태를 한 쌍생아의 경우와 같이, 이름을 부여해도 보는 사람이 완전히 구별해서 알아보지 못하는 경우가 있을 수 있다. 그러나 두 소립자에서는 보는 사람이 구별해서 알아보지 못하는 것만이 아니라 그것의 구별을 사유하는 것이 원리적으로 불가능하다. 어렵게 말해서, 소립자 하나하나는 자기동일성을 갖고 있지 않다.　　　　　　　　　　　　　　　　(토모나가 1976: 55)

두 개의 소립자 사이에 '구별을 사유하는 것이 원리적으로 불가능하다'는 근거로서 다음의 통계적 사실이 자주 거론된다. 좌우에 둔 두 개의 상자에 두 개의 미립자를 넣는다고 하자. 넣은 입자가 미립인 경우, 각각의 미립에 명칭을 부여할 수 있다. 여기에서는 각각 미립 1, 미립 2로 칭한다. 집어넣은 미립은 '미립 1, 2, 모두 좌측', '미립 1, 2, 모두 우측', '미립 1 좌측, 미립 2 우측', '미립 1 우측, 미립 2 좌측'이라는 네 가지 경우 가운데 어느 하나이다. 그와 같은 실험을 되풀이한다고 하자. 미립의 초기조건(위치나 속도, 집어넣은 각도 등)에서 집단 전체로는 치우침이 없다고 하면 네 종류의 사태 각각이 발생할 확률은 동등하게 1/4이다. 그 경우 그림 4에 표시한 바와 같이,

X: 왼쪽 상자에 두 개의 입자가 들어가 있다.
Y: 오른쪽 상자에 두 개의 입자가 들어가 있다.
Z: 각각의 상자에 하나씩의 입자가 들어가 있다.

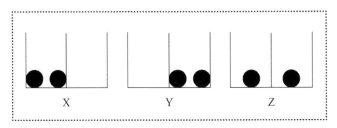

[그림 4]

라는 세 가지의 사태가 발생하는 상대빈도의 비율은 (이상적으로는)

$$1/4 : 1/4 : (1/4+1/4) = 1 : 1 : 2$$

가 된다. 이를테면 '집어넣은' 입자가 소립자더라도 동일한 빈도율을 얻는다고 생각할 것이다. 그러나 사실은 다르다. 예를 들어, 광자의 경우 X, Y, Z에 각각 대응하는 세 가지 사태가 발생하는 상대빈도는 모두 1/3이 되는 것으로 알려져 있다. 그래서 그들 세 가지 사태가 발생하는 빈도는 1 : 1 : 1이 된다. 여기서 주목해야 하는 점은, 광자의 경우 Z에 상당하는 사태가 발생하는 빈도가 X와 Y 각각에 상응하는 사태가 발생하는 빈도와 동등하다는 점이다.

만일 광자가 미립과 동일하게 자기동일성을 가진다면, X, Y, Z 각각에 상응하는 사태가 앞에서 기술한 것 같은 빈도의 비율로 발생하는 일은 있을 수 없다. 따라서 소립자에는 자기동일성이 없다는 결론이 된다.

3
탄지 선생의 분석
- 미립의 자기동일성

서론에서 서술하였듯이, 토모나가의 '소립자에는 자기동일성이 없다'라는 도발적인 분석에 대해 과학철학자 탄지 노무하루丹治信春는 흥미로운 논의를 제공한다(탄지丹治 1977). 이 절에서는 그 논의를 소개하고, 다음 절에서 논평을 첨부하려 한다. 먼저 탄지는 일반적으로 자기동일성이나 개체의 구별이라는 것이 문제가 되는 경우를, 다음의 세 가지로 분류한다.

- 장면 1: 시간을 도외시하고, 또는 한 시각을 지정하고, 현실에 존재하는 한 개체의 개체성 혹은 두 개체의 구별성을 문제로 하는 경우
- 장면 2: 시간에서 개체의 지속적 동일성이 문제가 되는 경우
- 장면 3: 하나의 개체에 관해서 각양의 가능한 상황을 생각하는 경우에. 가능한 상황들을 통해서 개체의 동일성이 문제가 되는 경우

가장 이해하기 쉬운 것은 장면 2라고 생각된다. 물리적 대상의 4차원 시공간 궤적을 세계선世界線이라 하지만 그 세계선의 연속, 불연속을 이용해서, 개체의 구별이나 자기동일성의 유무를 생각하는 것이 장면 2이다.

나머지 두 장면은 다음과 같다. 장면 3에서는 실제 상황에 더해 가능적 상황들을 고찰한다. 한편으로, 장면 1에는 어디까지나 실제의 상황에서만, 하나의 개체의 개체성이나 복수의 개체의 구별성을 고찰한다. 예를 들어, 신장이나 체중, 혈압 등 모든 물리적 특징만이 아니라 기분이나 성격 등 모든 심리적 특징도 동일하지만, 그럼에도 불구하고 개별적인 사람으로서 생각되는 두 명의 사람 1과 사람 2가 있다고 하자. 이런 경우, 장면 1에서 논의 대상이 되는 것은 실재하는 1과 2의 구별가능성이다. 한편으로, 장면 3에서 논의되는 것은, 실제 상황에서의 1이 2로 치환되는 가능적 상황이나, 혹은 실제 상황에서 1과 2가 교체되는 가능적 상황이다. 요컨대, 이 장면에는 반사실적 추론에서 가능적 상황과 근본적 상황에서 식별가능성이 고찰되고 있다.

그렇다면 '소립자에는 자기동일성이 없다'고 말하는 경우, 그것은 어떤 장면(문제설정)에서 고찰된 것일까? 탄지의 진단에 따르면 장면 3이다. 장면 1이나 장면 2가 아니라는 점은 각각 다음과 같이 정당화된다.

서론에서 보았듯이, 소립자는 헤아리는 것이 가능한 대상이다. 헤아린다고 하는 것은 복수의 대상을 구별할 수 있다는 것이다. 거기에서 각각의 시각에 각양의 소립자에 번호를 부여하는 것도 가능하다. 번호를 부여하는 것과 이름을 부여하는 것에 큰 차이는 없다.[6] 따라

---

6   개수를 헤아리는 것이 가능하다는 것과 이름을 붙이는 것이 가능하다는 것이 동일한 일인가에 대한 (적어도 양자역학의 테두리 안에서는) 의문이 있다.

서 '소립자에 자기동일성이 없다'고 말하는 것은 장면1이 아니라는 결론이 된다.

나머지는 장면 2와 장면 3이다. 먼저 탄지는 토모나가가 장면 2와 장면 3을 구별하지 않은 점을 지적하고, 그 후에 '소립자에 자기동일성이 없다'고 말하는 것은 엄밀한 의미에서 장면 3이어야 한다고 결론짓는다.

> 토모나가 씨가 말한 '자기동일성이 없다'는 의미는 대개 다음과 같이 규정해도 좋다. 즉, '대상 1이 상태 A에 있고, 대상 2가 상태 B에 있다'는 사태와 '대상 2가 상태 A에 있고, 대상 1이 상태 B에 있다'는 사태는 하나의 동일한 사태이고, 그들을 구별하는 것은 원리적으로 불가능하다는 것이다. 다시 말해, 대상 1과 대상 2를 '교환한다'는 것이 의미를 갖지 않는다는 것이다. 그러나 그것의 교환이 시간적 추이로서의 교환을 의미하는가, 그것과 반사실적인 추론으로서의 교환을 의미하는지는 명확하지 않다. 토모나가는 이 둘의 '교환'을 완전히 구별하지 않는 것 같다. [...] 미립의 '자기동일성'과 소립자의 '비자기동일성'과의 차이는 미립이나 소립자의 통계적인 거동에 관한 확률론적인 고찰에서 근거를 갖는 것이지만, 확률론적인 사고의 대상은 '있을 수 있는 다양한 경우'라는 가능적 상황들이다. 따라서 문제장면은 장면 3이 될 것이다.   (탄지 1977: 111).

예를 들어, 두 개의 동종 입자끼리의 충돌에서 다른 방향에서 쏜 입자 각각에 입자 1, 입자 2라고 이름을 부여하는 것은 무의미하다. 왜냐하면 그와 같이 이름 붙인 상태와 두 개의 입자가 치환된 상황을 구별하는 것은 원칙적으로 불가능하기 때문이다.

이렇게 해서 탄지는 소립자의 '비자기동일성'은 장면3에서 논해야 한다고 생각하고 논의를 진행한다. 토모나가에게 '미립에는 자기동일성이 있지만, 소립자에는 자기동일성이 없다'는 것은 놀라운 사실이다. 소립자도 역시 입자라면, 입자와 동일하게 소립자에도 자기동일성이 있어야 할 것이다. 그러나 소립자에는 자기동일성이 없다. 이것은 놀라운 사실이다. 다만 그 이유는 다르다. 소립자의 경우 그림 4를 사용해서 (비유적으로) 설명하였듯이, 하나하나의 소립자 교환은 의미를 갖지 않는다. 소립자보다 더 작은 크기의 입자를 고려한다 해도 사태는 바뀌지 않는다. 예를 들어 α 입자는 두 개씩의 양자와 중성자로 구성된다. 그들 양자와 중성자를 각각 별도의 양자와 중성자로 치환해도 그 교환에 의해 어떠한 차이도 발생하지 않는다. 그런데 미립도 역시 소립자로 구성되어야 한다. 그렇다면 미립을 구성하는 하나하나의 소립자 교환, 또는 모든 소립자 교환도 의미를 갖지 않아야 한다. 만약 정말로 소립자에 자기동일성이 없지만, 미립에는 자기동일성이 있다면 자기동일성이 없는 소립자로 구성된 미립이 어떻게 자기동일성을 획득하기에 이르는가 하는 것도 놀라운 문제인 것이다.

그런데 탄지가 이 문제에 제시한 해답은 조금 놀랄 만한 것이다. 그것은 일견하면 미립에는 언제나 자기동일성이 있는 것처럼 보이지만, 완전히 동일한 성질을 가진 경우에는 미립의 경우에도 자기동일성이 없다고 하는 것이다(다음의 인용부에서 자기동일성은 장면 3에서 고찰되었다는 것을 잊지 않기 바란다).

'자기동일성'이 없다는 것은 거듭 되풀이 하였듯이 두 개의 대상이 '완전한 규정'을 교환한 상태가 원래의 상태와 동일하다는 것이다. '완전한 규정'에는 성질, 공간적 위치 등 모든 상태규정이 포함된다. 그와 같은 '완전한 규정'을 교환한 상태라는 것은 결국 현실과 아무런 차이도 없고, 따라서 그와 같은 '교환'은 의미를 갖지 않는다.

(탄지 1977: 115)

그와 같이 생각할 경우, '자기동일성이 없는 소립자로 구성된 미립이 어떻게 자기동일성을 갖기에 이르는가'라는 탄지의 문제는 해소된다. 다만 소립자만이 아니라 미립에도 자기동일성이 없다고 주장하는 경우, 미립에 자기동일성이 없음에도 불구하고 어떻게 제2절에서 서술한 바와 같이 빈도비율이 1 : 1 : 2가 되었는가를 설명해야만 한다. 여기에서는 상세하게 소개하지 않지만, 탄지는 미립이 두 개의 상자에 들어가는 무수한 변수를 고려하고, 미립에 자기동일성이 없다고 가정한 경우에 제2절에서 서술한 실험적 상황에서 빈도비율이 1 : 1 : 2가 된다는 사실을 실제로 도출해 보여준다.

4
시간적 추리를 이용한 자기동일성 기준

제2절에서 소립자에 자기동일성이 없는 경우에 대한 토모나가의 설명을 살펴보았다. 단지 서론에서 기술하였듯이 필자가 소립자에 자

기동일성이 없다는 사실을 처음 알게 된 것은 토모나가에 의한 설명이 아니고, 파인만Feynman의 유명한 교과서『파인만의 물리학』에서 설명을 보고 난 후였다.[7] 파인만은 알파입자를 구체적 사례로 설명한다. 알파입자는 헬륨 4 원자이고, 그것 자체는 소립자가 아니다. 그러나 지금부터의 서술과 같은 것은 어떤 특정한 경우에는 단일체 소립자에서도 성립한다. 그래서 파인만의 독창적인 사례에 따라 알파입자 그대로 설명한다.

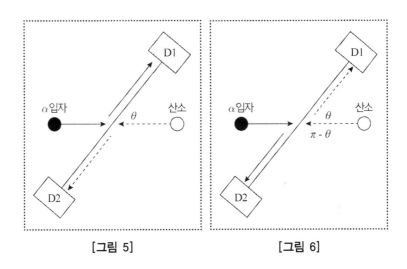

[그림 5]   [그림 6]

먼저 다음과 같은 알파입자와 산소酸素의 충돌실험을 생각해 보자.[8] 두 개 입자의 충돌을 그들의 중심을 원점으로 갖는 (질량중심계

---

7   이하의 설명은 물리적 엄밀성보다 개념적으로 용이한 이해를 우선한다. 상세한 설명을 요하는 경우에는 파인만(Feynman) 자신의 서술을 참고하기 바란다.

라고 하는) 좌표에서 기술한다면 그림 5(혹은 그림 6)에서 표시된 것처럼, 충돌 전후의 각각의 시각에 알파입자와 산소의 핵은 정반대 방향의 속도를 가진다.

그림에서와 같이, 각도 θ의 방향에 검출기 D1이 있고,[9] 다른 하나의 검출기 D2가 두 개의 입자가 충돌하는 위치에 대해 D1과 정반대에 있다고 하자.[10] 그림 5와 같이, 검출기 D1이 알파입자를 검출하는 비율을 그것의 입자가 충돌 후 처음 진행방향에 대해서 나아간 각도 θ를 사용해서 P(θ)로 표기한다. 이 확률값은 실험에 의해 확정할 수 있다.

그림 6과 같이 D1에 도달하는 것이 알파입자가 아니고 산소인 경우도 있을 수 있다. 되풀이 말하지만, 알파입자와 산소는 충돌 후에 정반대 방향의 속도를 가진다. 따라서 이 경우에는 알파입자는 검출기 D2에 도달한다. 검출기 D2가 알파입자를 검출하는 비율을 그 입자가 충돌 후 처음 진행방향에 대해서 나가는 각도 π-θ를 사용해서 P(π-θ)로 표시한다. 이 확률값은 산소가 검출기 D1에서 검출되는 확

---

8 여기서 '충돌'이라고는 해도 당구공처럼 진짜 충돌하는 것은 아니고 전기적인 척력(쿨롱의 힘, Coulomb force)에 의해 속도의 방향이 변화한다는 것을 뜻한다.

9 물론 정확히는 충돌 전의 진행방향에 대한 각도 θ만으로는 D1을 어느 방향으로 둘 것인가를 하나로 지정할 수 없다. 정확히는 더 하나의 파라미터(매개변수)를 잡고 그 값을 지정할 필요가 있다.

10 실험적 상황에 관한 이러한 기술은 모두 질량중심계에 대한 기술이라는 점에 주의하기 바란다. 실험실계에 있어서 D1과 D2가 (충돌점에 관해) 반대방향이라고는 한정할 수 없다.

률이기도 하다. 거기에서 검출기 D1에 의해 어느 쪽인가 입자가 검출될 확률은 P(θ) + P(π-θ)가 된다. 이것에는 어떤 부자연스러움도 없다. 단지 'D1에서 어느 쪽인가의 입자가 검출되는 확률' = 'D1에서 알파입자가 검출되는 확률' + 'D1에서 산소가 검출되는 확률'이라는 사실이다.

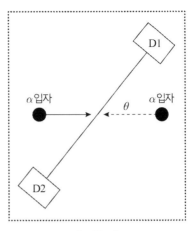

[그림 7]

이제까지 실험적 상황에서는 알파입자와 산소라는 다른 입자가 각각 좌우에서 투사되었다. 그들은 다른 성질을 가진 입자이기 때문에 검출기에서 검출되는 입자가 어느 쪽에서 투사된 것인가를 판별할 수 있다. 그러나 그림 7과 같이, 동종의 입자 종류를 맞부딪히는 경우는 어떻게 될까? 알파입자끼리의 충돌실험을 생각해 보자. 좌측에서 투사된 알파입자를 입자 1, 우측에서 투사된 알파입자를 입자 2라고 하자.11 이제까지의 논의에서 상상할 수 있지만 이와 같은 인식표를 붙인다 해도 어느 쪽인가 검출기에서 검출된 알파입자가 입자 1인가 아니면 입자 2인가는 원칙적으로 판별불가능하다. 여기에서 판별불가능이라는 표현을 사용했지만, 이제까지의 사례와 마찬가지로

---

11 여기에서 전후 각각에서 쏜 입자를 입자 1과 입자 2라고 부른다지만, 그것은 어디까지나 논의를 진행하기 위해 편의상 그렇게 부르는 것에 지나지 않는다. 동종의 입자는 원칙적으로 구별할 수 없기 때문에 실제로는 그것에 대해 이름을 붙이는 것은 의미가 없다.

이것은 인식 차원의 문제가 아니다. 실제로 D1에서 검출된 것은 입자 1이나 입자 2 어느 한쪽이지만, 그것을 우리가 인식할 수 없다고 생각해서 D1에 어느 하나의 입자가 검출되는 확률을 산출한 것임에도 그 값은 실험값과 차이가 나기 때문이다.

파인만의 예는 제2절에서 서술한 사례와 동일한 것으로 왜 그와 같은 사례를 반복하는가 의심스럽게 생각할지도 모르겠다. 그러나 필자는 이들 두 가지 사례는 무엇에 주목하는가에 있어서 크게 다르다고 생각하고 있다. 앞 절에서 인용한 바와 같이 탄지는 토모나가가 자기동일성을 논할 때 구별해야 할 두 가지의 장면(장면 2와 장면 3)을 구별하지 않았다고 지적하고, 그 다음에 소립자의 비자기동일성은 장면 3에서 논의해야 한다고 결론지었다. 탄지는 자기동일성의 문제를 두 가지 장면에 대한 차이를 의식하지 않고, 장면 2의 문제로서 설명해 버린 토모나가의 부주의를 다음과 같이 지적한다.

> [...] 토모나가 씨는 유명한 예로 '전광뉴스'의 비유를 끄집어내지만, 이 비유에서 말하고 있는 것은 정확히 '지속적인 동일성'의 문제, 즉 장면 2의 문제이다. 또한 '오성'이라는 이름의 미립과 '한음'이라는 이름의 미립을 '아무리 뒤섞어도 오성은 언제나 오성이고, 한음은 언제나 한음이다'고 말하는 것도 (ii)의 장면 [장면2]를 문제로 하는 것이다. 다시 말해 시간이 경과한 뒤의 재-동일성reindentification에 관한 것이다.   (탄지 1977: 111)

그런데 파인만의 실험은 장면 2와 장면 3의 어느 쪽에서 자기동일성의 유무를 논하고 있는 것일까? 필자에게는 '전광판 뉴스'의 비유와 마찬가지로('전광판 뉴스'의 비유에 관해서는 다음 절의 첫 단락을 참조) 장면 2인 것으로 생각된다(실제로 '전광판 뉴스'의 비유는 장면 2이지만 파인만의 실험을 장면 3이라고 주장하기는 어려울 것 같다).

그런 다음 장면 2 문제로서 미립의 동일성을 고찰하는 경우, 역시 미립에는 자기동일성이 있다고 생각하는 것이 자연스럽다. 두 소립자의 상태함수가 '오버랩overlap'할 수 있는 것과는 달리, 충돌에서 실제 두 미립은 동일한 공간적 위치를 점하는 것이 불가능하다. 한편, 장면 3의 문제로서 생각할 경우 현실적 상황에서 미립 1과 가능적 상황에서(미립 1과 치환된) 미립 2가 동일한 공간적 위치를 점하는 것은 가능하다. 그러나 그와 같은 미립의 '교환'이 가능적 상황들 사이에서가 아니라 시간적 추이에 의한 교환일 경우 두 미립이 공간적으로 동일한 위치를 점유하는 것은 불가능하다. 그 경우 4차원 시공간에서 세계선의 연속성을 사용하여 두 미립을 식별하는 것은 (철학적으로는 완전히 재미없는 결론이라 변명의 여지가 없지만) 당연할 수 있다.[12]

앞에서 '실제로 D1에서 검출된 것은 입자 1이나 입자 2 어느 한쪽

---

12 동종의 입자끼리 충돌을 구체적인 사례로, 소립자에 자기동일성이 없다고 설명하는 것은 파인만에 한정되지 않는다. 예를 들어, 코이데(小出 1999), 11과 J. J. Sakurai(桜井純 1989), 494 등을 참조하라. 이들 교과서에서 소립자에 자기동일성이 없다는 것을 설명하는 경우에는 장면 2에 있어서 동일성을 생각하고 있다.

이지만, 그것을 우리가 인식할 수 없기 때문에 D1에 어느 하나의 입자가 검출되는 확률을 산출한 것임에도 그 값은 실험값과 차이가 난다'고 하였다. 확률값이 다르게 된 원인은 양자역학에 특유의 간섭항이다. 한편, 미립과 같은 거시적인 크기의 계界에서는 간섭효과를 고려할 필요가 없다. 자기동일성의 유무는 간섭효과의 유무에 상응해서 정해진다고 생각하는 편이 자연스럽다. 그리고 그 경우 '자기동일성이 없는 것으로부터 어떻게 자기동일성을 가진 것이 구성되는가'라는 탄지의 물음은 거시적인 계에서 왜 간섭효과가 발생하지 않는가라는 순수한 물리적 문제로 해석될 수 있다.

실제로 탄지는 다른 곳에서 '반사실적 가상적 교환이라는 것도, 시간적 교환의 표상을 개입시켜서 고찰할 수밖에 없을지 모른다'(탄지 1977: 112)고 말한다. 필자는 그것이 정확하다고 생각한다. 단지 시간적인 교환의 표상을 개입시켜 어떻게 반사실적 가상적 교환이 고찰될 수 있는가에 관해서는 양자역학의 수리에 기초한 정치한 분석이 필요하다. 그것에 관해서는 다른 기회에 논의하고자 한다.

나가며
- 입자에서 장(場)으로

'소립자에 자기동일성이 없다'는 사태에 대해 토모나가는 입자가 자기동일성을 갖지 않는 것은 기묘하지만, '장場'의 사고방식을 도입하면 이해할 수 없는 것도 아니라고 한다. 그리고 '장'을 설명하기 위하여 앞에서도 다루었던 전광게시판의 비유를 든다. 최근에는 그다지 볼 수 없게 되었지만, 이전에는 좋은 빌딩에 많은 전구가 부착된 전광게시판이 있었고, 그 위에 뉴스 등의 문자열이 이동하는 것을 보여주었다. 물론 실제로는 문자열이 이동하는 것이 아니라 고정된 복수의 전구가 점멸한 결과로서 마치 문자열이 이동하고 있는 것처럼 보인다. 전광게시판의 복수의 전구를 시간차를 가진 일정한 시간 간격마다 조화롭게 점멸한다면 마치 입자가 이동하고 있는 것처럼 보일 것이다. 만약 그와 같은 두 입자의 궤적이 교차하고 굴곡진 것이라면, 그것은 마치 두 개의 입자가 충돌하는 것처럼 보일 것이다.

앞에서 서술한 두 개의 광자를 '넣은' 때에 1 : 1 : 1 빈도문제는 좌우에 나란한 두 개의 전구의 비유를 생각하면 다음과 같이 해소된다. 전구는 두 단계로 밝기를 조절할 수 있도록 하고, 1번 밝기 상태를 2, 절반 정도의 밝기로 점등된 상태를 1, 전구가 점등하지 않은 상태를 0으로 표시한다. 좌우에 나란히 상자에 두 개의 광자가 들어가 있는 것을, 좌우에 나란히 있는 두 개의 전구가 밝기의 합이 2인 예로 들어보자. 밝기의 합이 2일 때, 좌우에 나란히 있는 전구의 밝기는 (2, 0), (0, 2), (1, 1)의 세 종류 가운데 하나이다. 여기에서 (2, 0)은 좌측에 전구의 밝기가 2, 우측에 전구의 밝기가 0인 것을 표시한다. 다른 것도 마찬가지이다.

그런데 빈도문제가 발생하는 것은 소립자에 자기동일성이 있다면, '광자 1이 좌, 광자 2가 우'와 '광자 1이 좌, 광자 2는 우'는 다른 상태이어야 한다고 생각되기 때문이다. 그렇지만 두 전구의 비유에서 그것들은 단순히 좌우에 나란히 있는 두 개의 전구가 동등한 밝기로 점등해 있는 동일한 상태에 불과하다. 앞에서 기술한 세 가지 종류의 점등방식이 같은 확률로 발생하기 때문에 빈도는 1 ; 1 ; 1이 되고, 문제는 해소된다.

그런데 현대물리학에서는 입자개념보다 장場의 측면이 우세한 것으로 보인다. 실제로 물리학자 와인버그Steven Weinberg는 입자를 기본요소로 하는 양자역학과 장을 기본요소로 하는 양자론을 대비해서 다음과 같이 말한다.

> [...] 정리定理라고 말할 수는 없지만, 장場의 양자론이라는 문맥 이외에 양자역학과 상대론을 화해시키는 것은 불가능하다고 널리 받아들여지고 있다. 양자장 이론이란 구성요소가 입자라기보다는 오히려 장(場)이라는 이론이다. 입자란 장에서 에너지의 작은 다발에 지나지 않는다. (Weinberg 1987: 78)

다만, 장의 사고방식을 채택한다고 하여 어떤 문제도 발생하지 않는 것은 아니다. 도대체 장이란 무엇인지도 확실하지 않다. 이 질문에 대한 좋은 해답은 '장이란 시공점의 성질이다'라는 것이 있다. 장을 4차원 시공간에서 시공점이 가진 성질로 가정하고 해석한다. 이 해석은 전자기장에 의해 각 시공간점에 부여된 값이 무언가 실재물을 표상한다고 생각하는 경우에 이해할 수 있다. 그러나 양자장에서 각 시공간점에 부여된 값이 실재하는 무엇인가를 표상한다고 곧바로 생각할 수는 없다.

시공간점의 성질이라는 생각이 옳다고 가정해 보자. 성질에는 그 것을 떠맡는 대상이 필요하고, 그것을 시공간점이라 하는 것이다. 그 러나 각 시공간점 자체는 체적을 갖지 않는다. 그렇다면 실재물로서 떠맡는 주체가 없이 단지 성질만이 존재하는 것이 된다. 더욱이 우리 인간도 역시 소립자로 구성되어야 하는데, 우리가 단순히 성질로부 터 만들어질 수 있는 것일까? 또한 인간이 이동하는 때 여러 시공간 점을 횡단하는 것에 지나지 않는다지만, 인간의 이동은 궁극적으로 는 전광게시판상의 문자열의 이동移動과 같은 것일 뿐인가? 현재의 입 자 개념은 불리한 측면이 있다. 그럼에도 불구하고 입자 개념을 유지 하고 싶어하는 동기가 있다고 생각하는 것은 어째서일까?

참고문헌

Bohm, David (1980) Wholeness and the implicate order Routledge. (『전체와 접힌 질서』, 이정민 역. 서울: 시스테마, 2010).

Bohm, David and Hiley, Basil (1993) The Undivided Universe: An Introduction of Ontological interpretation of Quantum Theory, Routledge.

Feynman, Richard, Leighton, Robert, and Sands, Matthew (1965) Feynman Lectures on Physics, Volume 3: Quantum mechanics, Addison-Wesley. (『파인만의 물리학 강의 Volume 3』, 김충구, 정무광, 정재승역, 서울: 승산, 2009)

Weinberg, Steven (1987) Elementary Particles and the Laws of Physics, The 1986 Dirac Memorial Lectures, Cambridge University Press.

小出昭一郎 (1999)『量子力学 II』(改訂版) 裳華房.

J・J・サクライ (1989)『現代の量子力学 下』San Fu Tuan 編, 桜井明夫訳, 吉岡書店.

丹治信春 (1977)「米粒の自己同一性—古典統計と量子統計」『科学基礎論研究』13—3, 111-115.

朝永振一郎 (1976)「素粒子は粒子であるか」『鏡の中の物理学』所収, 講談社学術文庫.

역자 후기

　1905년 '기적의 해annus mirabilis'에 아인슈타인은 현대물리학의 기초를 놓은 네 편의 논문을 발표하였다. 이 가운데 특수 상대성이론 연구와 질량-에너지 등가원리를 정립한 에너지 방정식($E = mc^2$)은 대중에게도 잘 알려져 있다. 하지만 1921년 아인슈타인에게 노벨상을 안겨준 연구는 빛의 입자성을 증명한 '광전효과'에 관한 논문이었으며, 기적의 나머지 4분의 1은 원자의 존재를 입증하는 '브라운 운동'에 관한 논문이었다. 또한 볼츠만의 기체분자운동론과 통계열역학은 원자의 존재를 전제하여 이론이 정립되었다. 하지만 그는 한 해 전 기적의 해에 아인슈타인의 연구를 통해 자신의 주장이 입증되었음을 알지 못한 채로 휴양지에서 생을 마감하였다. 반면 닐스 보어는 마치 태양계와 같이 원자의 핵을 중심으로 전자가 회전하는 원자모형을 제시한 연구성과로 1922년 노벨상을 수상하였다.

　서기전 4세기 레우키포스와 데모크리토스의 형이상학적 원자론은 19세기 돌턴의 원자가설이 등장하기까지 실질적으로 어떠한 발전도 이루지 못하였다. 돌턴의 원자모델은 '더 이상 쪼개지지 않는 강한 구체'라는 점에서 데모크리토스의 원자 개념을 충실히 계승한 것이었다. 톰슨(1907년)은 그 구체의 원자 내부에 건포도처럼 전자가 박혀 있는 모형을 고안하였으며, 러더퍼드(1913년)는 대부분의 질량이 집중된 양성자 핵과 그 주위를 도는 전자들로 구성된 잘 알려진 원자모델을 제시하였다. 러더퍼드 모델이 지닌 고전역학적 난점과 관측과의 모순을 극복하기 위하여, 보어(1913년)는 전자들의 불연속적인 궤도를 가정하는 양자화된 원자모형을 구상하였다. 이후 현대 원자모델에서 전자의 궤도는 파동함수에 따른 확률분포로 새롭게 해석되었다.

데모크리토스 이래 가설적 차원에서 제시되었던 형이상학적 원자모델은 기적의 해를 전후하여 과학적 모형으로 실험적 관측의 대상으로 존재가 입증되었다. 그러나 '더 이상 쪼개질 수 없는 기본단위'로서 원자의 지위는 불과 한 세대를 지나지 않아 1932년 케임브리지대학 채드윅의 중성자neutron 발견에 의해 무효화되었다. 원자의 핵은 더 작은 입자들, 양성자와 중성자로 분할되고, 그것들은 다시 더 작은 입자들로 구성되어, 더 이상 고전적인 입자성으로 설명되지 않는 소립자들의 테이블이 제시되었다. 현재의 표준모형에 따르면 만물은 쿼크와 렙톤, 게이지 보손과 힉스 보손입자로 구성되어 있다. 이 모형이 최종적인 기본입자들을 설명하는지는 확정할 수 없지만, '더 이상 쪼개질 수 없는' 기본단위라는 개념이 '무한히 쪼개지는' 입자를 의미하지 않는다는 점은 분명해 보인다.

20세기를 원자의 세기라고는 하나, 물리적 원자의 존재는 입증과 거의 동시에 그것의 물질성과 입자성 개념이 모두 붕괴되는 곤란한 운명을 맞았다. 이제 우리의 경험세계는 물질이면서 파동인, 장소적으로 한정되면서도 확률적으로 분포하는, 공간적으로 배타적이면서도 중첩되는 양자들로 구성되어 있다. 그렇다면 물리적 원자모델이

종말을 고한 지금 원자론은 과거의 지적 유물에 지나지 않게 되었는가? 이 질문에 대해서는 다음과 같은 파인만의 답변으로 대신할 수 있을 것이다. 파인만은 인류문명이 파괴되어 모든 과학적 지식이 소멸하는 위기에서 후손들에게 단 한 문장으로 가장 중요한 정보를 남겨야 한다면,

> "만물은 원자, 즉 끊임없이 움직이며, 멀리 떨어져 있을 때는 서로 끌어당기지만, 서로 밀착하였을 때는 밀쳐내는 미세한 입자들로 구성되어 있다."

는 한 문장을 남기겠다고 선언하였다.

우리가 살아가는 경험세계는 기본적인 구성요소로 이루어져 있으며, 그것들은 끊임없이 운동하고 있고, 서로를 끌어당기는 힘에 의해 조대한 물질을 구성하지만, 너무 가까이 밀착하게 되면 서로 밀쳐내어서 독자적인 공간의 장을 확보한다. 그리고 이 명제는 데모크리토스의 원자모델에서 현대의 기본입자 표준모델에까지 여전히 유효성을 지닌다고 할 수 있다.

그러나 지중해와 인도의 철학사에서 원자론은 늘 비판의 대상이자 비정통적인 학파적 관점으로 폄하되어 왔다. 세계를 구성하는 만물이 원자로 환원된다는 주장은 손쉽게 유물론으로, 나아가 무신론과 등치되었으며, 원자론자들을 타락한 도덕부정론자로 낙인찍은 근거가 되었다. 따라서 주류철학에서 원자론은 언제나 비판의 맥락에서만 언급되거나 인용되면서 그것의 존재를 증거해 왔다. 지중해

문명에서 에피쿠로스철학의 원자설, 인도에서 니야야-바이셰시카 그리고 불교의 설일체유부Sarvāstivāda와 경량부의 극미설은 철학사에서 다소 예외적인 돌출사건이었다. 원자론과 유물론의 전통은 주류 철학의 이러한 배척에도 불구하고 사물의 실재성에 근거한 이성적 사유체계를 강화하는 도전적 전통을 유지하였으며, 20세기 물리적 원자개념에 기반한 폭발적인 과학지식의 증가로 명예를 회복하였다. 그러나 물리, 화학적 영역에서 원자론의 복권에 반해, 원자론의 철학사적 평가와 이론적 재정립은 충분히 이루어지지 못하고 있었다.

최근에 이르러서야 이러한 학문적 결핍을 채워주는 연구가 일본과 서구에서 이루어졌다. 일본에서의 연구로는 2018년에 출간된 타가미 코이치, 홍고 아사카 편,『原子論の可能性: 近現代哲学における古代的思惟の反響』(東京: 法政大学出版局)으로 이번에 번역 출간하게 되었다. 이 저술의 편저자인 타가미 코이치는 서론에서 고대그리스의 원자론에서 가상디, 라이프니츠, 마르크스, 니체 등 각 장에서 다룬 주제에 대해 개괄적인 소개를 하고 있으므로 여기서는 재론하지 않겠다, 또한 서구의 영어권 연구서로는 2020년에 출간된 우고 질리올리 편(2020),『형이상학적 원자론: 고대부터 현대까지 원자론 연구사Atomism in Philosophy A History from Antiquity to the Present』이 있으며, 이 역서의 후속작으로 번역 출간을 준비 중에 있다.

원자론에 대한 이 두 권의 연구서에서 편저자들은 인도 원자론(극미론)에 대한 연구의 미진함에 대해 아쉬움을 표하고 있다. 역자는 인도원자론과 불교철학에서 극미론 연구를 주제로 학위논문을 제출한 이래로 '극미결합방식에 대한 연구'와 '형이상학적 원자론 연구'를 진행해 오고 있다. 두 저술의 번역은 지금까지 역자의 연구논문이나 저술에서 다루지 않은 그리스 원자론, 서구철학사에서 원자론 연구 그리고 원자론과 관련된 철학적 주제들에 대한 논의를 집대성한다는 의미를 지닌다. 이 저술들의 연구에 인도와 불교철학에서의 원자론에 대한 역자 자신의 연구성과를 보충하여 머지않아 완결된 형태의 형이상학적 원자론 연구를 발표하고자 한다. 원자론과 관련된 보다 상세하고 흥미로운 논의를 기약하면서, 『원자론의 가능성』 출간의 인연을 갈음하고자 한다.

색인

저자 및 역자 소개

▎편저자

타가미 코이치(田上孝一)

1967년생. 릿쇼대학(立正大学) 인문학연구소 연구원 및 강사. 저서로『マルクス疎外論の視座』(本の泉社, 2015),『環境と動物の倫理』(本の泉社, 2017),『権利の哲学入門』(編著, 社会評論社, 2017) 등이 있으며, 마르크스주의, 환경, 동물윤리 등의 철학적 주제를 중심으로 연구 저술활동을 하고 있다.

홍고 아사카(本郷朝香)

1972년생. 릿교대학(立教大学) 강사. 논문으로「ニーチェから見たライプニッツ」(『ライプニッツ読本』, 法政大学出版局, 2012),「遅れてきた主体」(『理想』No.684「特集 哲学者ニーチェ」, 2010),「ニーチェの歴史観における人間の位置づけ」(『現代文明の哲学的考察』社会評論社, 2010) 등이 있으며, 니체연구와 강의활동에 전념하고 있다.

▎저자

카나자와 오사무(金澤修)

1968년생. 도쿄 가쿠게이대학(学芸大学) 연구원. 수도대학 도쿄 비상근강사. 문학박사. 논문으로「「ギリシア哲学」とは何か」(『内在と超越の閾』知泉書館, 2015), 역서로 アリストテレス『宇宙について』(『アリストテレス全集6』岩波書店, 2015), アリストテレス『動物誌』上下(『アリストテレス全集8・9』岩波書店, 2015) 등이 있다.

사카모토 쿠니노부(坂本邦暢)

1982년생. 메이지대학(明治大学) 문학부 전임강사. 박사(학술). 저서로 Julius Caesare Scaliger,『Renaissance Reformer of Aristotelianism』(Leiden: Brill, 2016),『いま, 哲学が始まる. ―明大文学部からの挑戦』(共著, 明治大学出版会, 2018) 등이 있다.

아오키 시게유키(青木滋之)

1974년생, 츄오대학(中央大学) 문학부 철학전공 교수. 박사(인간 환경학). 논문으로 "Descartes and Locke on the Nature of Matter: a Note"(*Studies on Lockce: Sources, Contemporaries, and Legacy*, Dordrecht: Springer, 2008), 「宇宙における我々の位置」(『科学と文化をつなぐ』東京大学出版会, 2016) 등이 있다.

이케다 신지(池田真治)

1976년생. 토야마대학(富山大学) 준교수. 박사(문학). 논문으로 「虚構Wを通じて実在へ──無限小の本性をめぐるライプニッツの数理哲学」(『ライプニッツ研究』第5号, 2018), 공역서로 『デカルト 数学・自然学論集』(法政大学出版局, 2018) 등이 있다.

키지마 타이조(木島泰三)

1969년생. 호세이대학(法政大学) 비상근 강사. 논문으로 「現代英語圏におけるスピノザ読解」(『主体の論理・概念の倫理』以文社, 2017), 역서로 ダニエル・C・デネット『心の進化を解明する──バクテリアからバッハへ』(青土社, 2018) 등이 있다.

코타니 히데오(小谷英生)

1981년생. 군마대학(群馬大学) 교육학부 준교수. 박사(사회학). 논문으로 「道徳と 〈幸福であるに値すること〉」(『現代カント研究』第14巻, 2018), 「カントとコモンセンス」『思想』第1135号, 2018) 등이 있다.

타게이 테츠야(武井徹也)

1972년생. 릿쇼대학(立正大学) 인문과학 연구소 연구원. 릿쇼대학 비상근 강사. 논문으로 「自然の諸相──前期ハイデガーにおける自然についての議論」(『現代文明の哲学的考察』社会評論社, 2010), 「M・ハイデガーにおける 〈二つのアレーテイア〉 の解釈」(『存在の意味への探求』秋田書店, 2011) 등이 있다.

시라이 마사토(白井雅人)

1979년생. 토요대학(東洋大学) 이노우에 엔료(井上円了) 연구센터 객원연구원. 릿쇼대학 비상근 강사. 박사(철학). 논문으로 「個の確立と善なる世界─西田幾多郎『善の研究』における人間観と世界観」(『近代化と伝統の間』 教育評論社, 2016), 「「事」実」とは何か─滝沢哲学の出発点と方法」(『滝沢克己を語る』 春風社, 2010) 등이 있다.

히가시 카츠아키(東克明)

박사(문학). 논문으로 「EPR 論証とベルの不等式」「コッヘン＝ シュペッカーの NO-GO定理」(『量子という謎』 勁草書房, 2012), "The limits of common cause approach to EPR correlation"(*Foundations of Physics*, vol. 38, 2008) 등이 있다.

▍역자

이규완(하운)

서울대학교 철학과 인문학연구원 선임연구원으로 재직 중이며, "3원적 사유구조의 철학적 고찰"과 "형이상학적 원자론 연구 – 희랍, 인도, 불교 철학에서 현재까지"라는 주제의 연구를 진행하고 있다.

거친 사유와 흔들리는 방랑의 시절은 불협화음의 흔적을 남겼다. 성서 학과 고대근동학을 공부한 보스톤 시절, 인도불교철학과 동양사상을 파고든 서울 생활을 거쳐, 지금은 대관령 동쪽의 계곡으로 이동 중이다.

「「부르짖음 – 응답」 사건을 통해 본 출애굽기의 구원개념 연구」(1995)
What Makes the Woman Stranger so Strange: A Socio-literary study of the Function of Woman Stranger in the Book of Proverbs 1–9」(1998)
「정중 무상의 선사상 연구」(2010)
「불교에서 믿음과 진리인식의 수단(pramana)에 관한 연구」(2012)
「삼예논쟁의 배경과 전개과정에 대한 사회 – 사상적 고찰: 8세기 티베트 의 정치변동과 종교사회적 요구를 중심으로」(2017)
「유식 삼성설의 관점에서 본 F. H. 브래들리의 실재 개념」(2017)
「유식가 세친의 극미설 – 극미의 결합방식에 대한 일고찰」(2017)
「지평융합 – 불설(buddha vacana)은 해석의 지평에서 현존한다」(2018)
「자이니즘의 paramanu와 pradesa에 관하여」(2018)
「원적 사유구조 – 원효『기신론』주석과 이익의『사칠신편』을 중심으로」(2019)
「5위75법체계의 성립과 경량부 해석에 관하여」(2022)
「구사론주 세친과 유가사 세친의 (불)연속성 문제에 관하여」(2022)

『새빨간 논리』. 서울: 왼손잡이(이하운, 2012)
『세친의 극미론』. 서울: 씨아이알(2018)
『유식이십론술기 한글역』. 서울: 씨아이알(2022)

원자론의 가능성 근현대철학에서 고대적 사유의 반향

초판 발행 | 2023년 2월 28일

편저자 | 타가미 코이치, 홍고 아사카
역　자 | 이규완
펴낸이 | 김성배
펴낸곳 | 도서출판 씨아이알

책임편집 | 신은미
디자인 | 안예슬, 김민수
제작책임 | 김문갑

등록번호 | 제2-3285호
등록일 | 2001년 3월 19일
주소 | (04626) 서울특별시 중구 필동로8길 43(예장동 1-151)
전화번호 | 02-2275-8603(대표)
팩스번호 | 02-2265-9394
홈페이지 | www.circom.co.kr

ISBN | 979-11-6856-098-7 (93110)